国家骨干院校重点建设专业校企合作教材

Gonglu Sheji Jishu
公路设计技术

严莉华 **主　编**
钱晓鸥　陈　丽 **副主编**

人民交通出版社

内 容 提 要

本书为国家骨干院校重点建设专业校企合作教材,是在高等职业院校积极践行和创新先进职业教育理念,深入推进"校企合作、工学结合"人才培养模式的大背景下编写而成。

本教材以公路勘察设计为主线,共设置了6个项目,20个学习情境。第一个项目是基本知识,包括2个学习情境;第二个项目是公路的选线、定线及勘测,包括3个学习情境;第三个项目是路线设计,包括3学习情境;第四个项目是路基设计,包括5个学习情境;第五个项目是路面设计,包括4个学习情境;第六个项目是交叉设计,包括3个学习情境。

本书可作为高职高专道路桥梁工程技术专业、公路监理专业等交通土建类专业教材,也可作为继续教育和职业培训教材。

图书在版编目(CIP)数据

公路设计技术/严莉华主编.—北京:人民交通出版社,2014.7
国家骨干院校重点建设专业校企合作教材
ISBN 978-7-114-11333-8

Ⅰ.①公… Ⅱ.①严… Ⅲ.①道路工程–设计技术–高等职业教育–教材 Ⅳ.①U412

中国版本图书馆 CIP 数据核字(2014)第 064554 号

国家骨干院校重点建设专业校企合作教材
书　　名:公路设计技术
著 作 者:严莉华
责任编辑:薛　民
出版发行:人民交通出版社
地　　址:(100011)北京市朝阳区安定门外外馆斜街3号
网　　址:http://www.ccpress.com.cn
销售电话:(010)59757973
总 经 销:人民交通出版社发行部
经　　销:各地新华书店
印　　刷:北京虎彩文化传播有限公司
开　　本:787×1092　1/16
印　　张:20.25
字　　数:515千
版　　次:2014年7月　第1版
印　　次:2018年12月　第3次印刷
书　　号:ISBN 978-7-114-11333-8
定　　价:60.00元

(有印刷、装订质量问题的图书由本社负责调换)

青海交通职业技术学院

国家骨干院校重点建设专业校企合作教材编审委员会
道路桥梁工程技术专业建设委员会

主 任 委 员 李文时

副主任委员 刘建明　王海春　李元庆　张建明
　　　　　　　陈湘青　许　云

委　　　员 段国胜　严莉华　商　可　李海岩
　　　　　　　莫延英　李令喜　尹　萍　姚青梅

企 业 委 员 史国良　王文祖　王　毅　夏长青
　　　　　　　刘　宁　杨洪福　徐昌辉　吴海涛
　　　　　　　王伦兵　张发军

序

　　2010年青海交通职业技术学院跻身于全国百所骨干高职院校行列，成为青藏高原和西北地区唯一一所交通运输类国家骨干高职院校，道路桥梁工程技术专业及专业群是中央财政重点支持建设的项目之一。

　　道路桥梁工程技术专业是青海省唯一培养公路桥梁大、中专学历层次的专业。经过了35年的发展，形成了高原特色鲜明的专业底蕴。近年来在"以就业为导向，以服务为宗旨，走产学研结合的发展道路"的办学方针指导下，结合行业和区域需求，突出职业教育的特点，积极探索校企合作培养模式，深化"校企合作、工学结合"的人才培养模式，形成符合"自然条件恶劣、地理条件复杂、工程建设艰难"特点的"知行合一、项目贯通、三合三段"的工学结合人才培养模式。

　　本套教材基于道路桥梁工程技术专业"知行合一、项目贯通、三合三段"的工学结合人才培养模式，在企业调研的基础上，吸收高职高专专业建设与课程体系开发的先进理念，结合现代教育技术，以"勘察设计、招标与投标、材料试验与应用、施工与组织、验收与评定"5个专业核心能力为目标，按照"专业与产业和职业岗位对接，专业课程内容与职业标准对接，教学过程与生产过程对接，学历证书与职业资格证书对接，职业教育与终身学习对接"的五对接原则，组织企业技术人员和学院教师共同编写，体现了学校教学和企业实践的有机统一，并严格贯彻最新的技术标准和行业规范，突出高原特色。编写过程中注重教学对象的认识能力和认知规律，采用图文结合的形式，力求直观明了，提高学生职业素养和职业能力，做到理论够用、重在实践。

　　本教材的主要特点：

　　1. 从企业需求出发，重塑教学目标

　　本教材是从企业的需要及学生职业发展出发，让学生通过对专业学习，能够切实找到自己的职业发展方向或能更好地适应未来企业的用人需要。

　　2. 从人才培养的目标出发，重整教学内容

　　根据道路桥梁工程技术专业人才培养目标，与企业合作进行职业岗位分析，确定道路桥梁工程技术专业岗位和岗位群，根据行动体系重新构建学习领域，以工作过程为导向培养学生的知识和能力。

　　本教材在编写过程中参考了许多不同版本的相关教材和规范规程，在此谨向各位参考文献编写的专家们致以诚挚的谢意！

青海交通职业技术学院
国家骨干院校重点建设专业校企合作教材编审委员会
道路桥梁工程技术专业建设委员会
2012年12月

前 言

  高等职业教育培养的是面向市场的高技能应用型人才,按照教育部高教司关于高职教育发展与改革的要求,职业教育应以社会需求为依据,参照职业岗位职能要求,明确人才培养目标,教学活动应与企业的生产过程紧密结合,以培养学生的职业能力为目标,增强学生就业竞争力。

  《公路设计技术》课程是道路桥梁工程技术专业的一门综合性、实践性很强的职业能力课程,是以培养学生实际工作能力为目标的项目化课程。教材编写模式充分体现了工学结合的原则,即"学习的内容是工作,通过工作实现学习"。将《工程测量》、《路桥基础》、《工程制图》等专业基础课程与《公路施工技术》、《工程造价与招投标》等专业核心技术课程衔接起来,实现了课程与勘测、设计、施工等职业岗位的对接,是高职高专工学结合、课程改革教材。

  按照"项目导向、任务驱动、学生主体"的一体化课程设计要求,其内容编排上以公路勘察设计的全过程为主线,以职业能力为核心,打破传统的以理论为核心组织教学内容的模式,基于工作过程进行内容整合和序化,使教材项目化、内容一体化,共设6个项目、20个学习情境,每个学习情境设置若干个工作任务,主要包括基本知识、选、定线及勘测、路线平面、路线纵断面、路基横断面、路基设计、路面设计及公路交叉等。针对工作任务制订教学目标。教学目标分为职业技能目标和知识目标。并设计了能力训练项目,强化对学生职业能力的培养,力求理论与实践相结合,实现"学习内容与工作内容、学习过程与工作过程",体现了针对性、实用性、先进性和可操作性。通过学习,学生能够具备利用设计标准和技术规范进行道路勘察的能力;公路选、定线的能力;路线平、纵、横断面的设计能力;道路施工图识读能力以及根据施工图计算工程量的能力,以满足职业岗位的需求。

  本教材由青海交通职业技术学院严莉华担任主编,青海交通职业技术学院钱晓鸥、陈丽担任副主编。其中:项目一、项目二由钱晓鸥编写;项目三由严莉华编写;项目四的任务一~任务三由青海交通职业技术学院商可编写;项目四的任务四、五由青海交通职业技术学院张生连编写;项目四的任务六~任务十一由陈丽和青海公路局李炳林编写;项目五的任务一~任务三由青海交通职业技术学院雍海滨编写;项目五的任务四~任务七由青海交通职业技术学院衡秀云编写;项目五的任务八~任务十二由青海机场有限公司唐黎钢编写;项目五的任务十三~任务十七由青海交通职业技术学院莫延英和青海育才勘察设计有限公司王春编写;项目六由青海交通职业技术学院吴婧编写。

  由于时间仓促,水平有限,疏漏与不妥之处在所难免,请在使用中及时反馈以便修改完善。

编 者
2012 年 12 月

目 录

项目一 基本知识 ... 1
学习情境 认识公路 ... 1
- 任务一 道路与公路 ... 1
- 任务二 公路的分类、分级与技术标准 ... 3
- 思考与练习 ... 6

学习情境 认识公路勘测设计 ... 6
- 任务三 公路勘测设计的依据 ... 7
- 任务四 公路勘测设计的程序和内容 ... 9
- 思考与练习 ... 12

项目二 公路的选线、定线及勘测 ... 13
学习情境 公路的选线 ... 13
- 任务一 选线的概要 ... 13
- 任务二 选线要点 ... 15
- 任务三 路线方案比选 ... 29
- 思考与练习 ... 32

学习情境 公路定线 ... 33
- 任务四 定线的概要 ... 34
- 任务五 定线的步骤与方法 ... 34
- 思考与练习 ... 42

学习情境 公路勘测 ... 43
- 任务六 初测 ... 43
- 任务七 定测 ... 46
- 思考与练习 ... 54

项目三 路线设计 ... 55
学习情境 路线平面设计 ... 55
- 任务一 公路平面线形的基本知识 ... 55
- 任务二 平曲线形设计 ... 60
- 任务三 行车视距 ... 71
- 任务四 平面线形设计成果 ... 76
- 思考与练习 ... 81

学习情境 纵断面线形设计 ... 81
- 任务五 公路纵断面线形的基本知识 ... 81

任务六　纵坡设计 ··· 83
　　任务七　竖曲线设计 ··· 89
　　任务八　平、纵面线形组合 ·· 94
　　任务九　纵断面设计 ··· 98
　　任务十　纵断面设计成果的编制 ·· 102
　　思考与练习 ··· 106
　学习情境　公路横断面设计 ··· 106
　　任务十一　公路横断面的基本知识 ··· 107
　　任务十二　加宽与超高 ··· 115
　　任务十三　横断面设计 ··· 126
　　任务十四　路基土石方数量计算及调配 ······································· 130
　　思考与练习 ··· 137

项目四　路基设计 ·· 139
　学习情境　路基设计基本知识 ·· 139
　　任务一　路基的基本知识 ·· 139
　　任务二　路基土及土基干湿类型 ··· 143
　　任务三　路基的强度与稳定性 ·· 149
　　思考与练习 ··· 153
　学习情境　路基稳定性分析 ··· 153
　　任务四　边坡设计的认知 ·· 153
　　任务五　稳定性分析方法 ·· 155
　　思考与练习 ··· 161
　学习情境　路基排水设计 ·· 162
　　任务六　路基排水设计的基本知识 ·· 162
　　任务七　路基排水设施的构造与布置 ··· 163
　　思考与练习 ··· 172
　学习情境　路基防护与加固 ··· 172
　　任务八　路基防护 ·· 172
　　任务九　软土地基加固 ·· 179
　　思考与练习 ··· 186
　学习情境　挡土墙的设计 ·· 186
　　任务十　挡土墙的基本知识 ··· 187
　　任务十一　挡土墙设计 ·· 190
　　思考与练习 ··· 196

项目五　路面设计 ·· 197
　学习情境　路面的认识 ··· 197
　　任务一　路面的作用及结构组成 ··· 197
　　任务二　路面等级与分类 ·· 201

  任务三 路面材料的工程特性 ··············· 202
   思考与练习 ································· 205
 学习情境 常见路面类型 ····················· 206
  任务四 石料路面 ····························· 206
  任务五 无机结合料稳定土基层 ··········· 210
  任务六 沥青路面 ····························· 219
  任务七 水泥混凝土路面 ···················· 227
   思考与练习 ································· 230
 学习情境 沥青路面设计 ····················· 230
  任务八 常见沥青路面病害成因分析 ····· 231
  任务九 沥青路面设计的基本知识 ········ 238
  任务十 沥青路面设计指标 ················· 246
  任务十一 沥青路面结构组合设计 ········ 248
  任务十二 沥青路面结构设计的方法 ····· 255
   思考与练习 ································· 265
 学习情境 水泥混凝土路面设计 ············ 266
  任务十三 常见水泥混凝土路面病害成因分析 ··· 267
  任务十四 水泥混凝土路面设计基本知识 ··· 268
  任务十五 水泥混凝土路面的构造 ········ 273
  任务十六 水泥混凝土路面结构层组合设计 ··· 279
  任务十七 普通混凝土路面板厚计算 ····· 283
   思考与练习 ································· 289

项目六 交叉设计 ································ 291
 学习情境 平面交叉 ·························· 291
  任务一 平面交叉设计的基本知识 ········ 291
  任务二 平面交叉设计方法与步骤 ········ 295
 学习情境 立体交叉 ·························· 300
  任务三 立体交叉的基本组成 ··············· 300
  任务四 立体交叉的类型及使用条件 ····· 301
  任务五 立体交叉设计 ······················· 304
 学习情境 公路与其他路线交叉 ············ 309
  任务六 公路与铁路交叉 ····················· 309
  任务七 公路与乡村道路交叉 ··············· 310
  任务八 公路与管线交叉 ····················· 310
   思考与练习 ································· 311

参考文献 ·· 312

项目一　基本知识

学习情境　认识公路

我国的交通运输系统是由铁路、道路、水运、航空及管道5种运输方式组成。各种运输方式在技术、效率、经济上各有特点。其中道路运输的表现为机动灵活,辐射区域广,可以深入到村庄与矿区等偏僻地方,实现门到门的运输,服务的深度与广度均优于其他运输方式。因此,道路运输在我国运输份额中占据很高的比重,是最为活跃的运输方式。

知识目标

1. 了解道路的定义、分类以及我国道路网的规划。
2. 掌握公路的定义、分类及分级。
3. 掌握公路的结构组成。

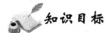

能力目标

1. 能够准确区别道路和公路。
2. 能准确描述公路的分类、分级情况。
3. 能根据已知条件,参照相关标准确定公路的等级。

任务一　道路与公路

一、道路

1. 道路的定义

道路是供各种车辆(无轨)和行人等通行的工程设施。按其服务对象可分为公路、城市道路、厂矿道路、林区道路及乡村道路等。

2. 道路的分类

(1) 公路指连接城市、乡村和工矿基地等,主要供汽车行驶,具备一定技术和设施的道路。

(2) 城市道路指城市范围内,供车辆及行人通行的,具备一定技术条件和设施的道路。

(3) 厂矿道路指主要为工厂、矿山运输车辆通行的道路。通常分为厂内道路和厂外道路及露天矿山道路。厂外道路为厂矿企业与国家公路、城市道路、车站、港口相衔接的道路和厂矿企业分散的车间、居住区之间连接的道路。

（4）林区道路指修建在林区，主要供各种林业运输工具通行的道路。由于林区地形及运输木材特征，其技术要求应按专门制定的林区道路工程技术标准执行。

（5）乡村道路指建在乡村、农场，主要供行人及各种农业运输工具通行的道路。由于乡村道路主要为农业生产服务，一般不列入国家公路等级标准。

根据道路的服务功能、对象和特点，可分为公路和城市道路两大类。位于城市郊区和城市以外的道路均称为公路，位于城市范围内的道路称为城市道路。各类道路由于其位置、交通性质及功能的不同，在设计时依据、标准及具体要求也有不同。

二、公路的主要组成部分

公路是一种承受行车荷载的线形带状三维空间结构物，主要由路基、路面、桥涵、隧道、排水系统、防护工程和交通服务设施组成。

1. 路面（图1-1）

路面是公路的表面部分，是用某种筑路材料或混合料分层铺筑于路基之上供车辆行驶的层状结构物。路面要求平整，具有足够的强度，良好的稳定性和抗滑性能。路面质量的好坏，直接影响到行车的安全性、舒适性和车辆的通行能力。

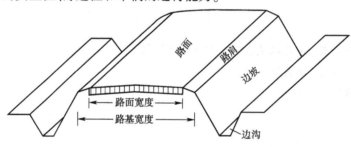

图1-1 路面

2. 路基（图1-2）

路基是公路的重要组成部分，是在天然地面上填筑成路堤（填方路段）或挖成路堑（挖方路段）的带状结构物，是路线的主体又是路面、路肩、边坡、边沟等部分的基础。路基作为行车部分的基础，必须保证有足够的强度和稳定性，能防止水及其他自然灾害的侵蚀。路基根据填挖高度的不同，分为路堤、路堑、半填半挖3种类型。

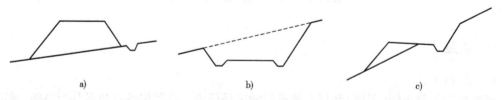

图1-2 路基的基本形式
a) 路堤；b) 路堑；c) 半填半挖路基

3. 桥涵（图1-3）

桥涵是公路跨越河流、山谷、通道等障碍物而架设的结构物。一般用钢筋混凝土、块石等材料建造而成。

4. 隧道（图1-4）

隧道是连接山岭两侧公路的一条山洞。隧道修筑施工技术复杂，工程造价比一般路面高，但它缩短了两地间行车距离,提高了公路的技术等级,保证了行车快速安全,从而降低运输成本。通常用块石、混凝土、钢筋混凝土和钢等材料修建。

图 1-3　桥涵
a) 桥梁；b) 桥洞

5. 排水系统

公路的排水系统是为了排除地面水和地下水而设置的,由各种拦截、汇集、输送及排放等排水设施所组成。除桥梁、涵洞之外,排水设施主要有边沟、截水沟、排水沟、暗沟、渗沟、跌水、急流槽等构造物组成。公路的排水往往需要多个设施共同完成,因此,必须构建合理的排水系统。

6. 防护工程

防护工程是指为了加固路基边坡,确保路基稳定而修建的构造物。按照其作用的不同,可分为坡面防护、冲刷防护和支挡防护等3大类。

7. 交通服务设施

交通服务设施,一般是指公路沿线设置的交通安全、养护管理、服务、环保等设施的总称。一般有交通标志、标线、护栏、中央分隔带、声屏障、照明设施、停车场、加油站养护管理房屋以及绿化设施等。

图 1-4　隧道

任务二　公路的分类、分级与技术标准

一、公路的分类

按照重要性、使用性质和行政等级,公路可划分为：国家干线公路(简称国道)、省干线公路(简称省道)、县公路(简称县道)以及专用公路等。

(1) 国道是指在国家干线网中,具有全国性的政治、经济、国防意义,包括重要的国际公路,国防公路,连接首都与各省、自治区、直辖市首府的公路,连接各大经济中心、港站枢纽、商品生产基地和战略要地的公路。国道中跨省的高速公路由交通运输部批准的专门机构负责修建、养护和管理。

(2) 省道是指在省公路网中,具有全省性的政治、经济、国防意义,并经确定为省级干线的公路。

(3) 县道是指具有全县性的政治、经济意义,并经确定为县级的公路。

(4) 乡道指主要为乡(镇)村经济、文化、生活服务的公路,以及不属于县道以上公路的乡与乡之间及乡村与外部联络的公路。

(5)专用公路指专供或主要供厂矿、林区、农场、油田、旅游区、军事要地等与外部联系的公路。

二、公路的分级

根据《公路工程技术标准》(JTG B01—2003)的规定,公路根据功能和适应的交通量分为以下5个等级。

(1)高速公路:为专供汽车分向、分车道行驶并应全部控制出入的多车道公路。四车道高速公路应能适应将各种汽车折合成小客车的年平均日交通量25000～5500辆;六车道高速公路应能适应将各种汽车折合成小客车的年平均日交通量45000～80000辆;八车道高速公路应能适应将各种汽车折合成小客车的年平均日交通量60000～100000辆。

(2)一级公路:为供汽车分向、分车道行驶,并可根据需要控制出入的多车道公路。四车道一级公路应能适应将各种汽车折合成小客车的年平均日交通量15000～30000辆;六车道一级公路应能适应将各种汽车折合成小客车的年平均日交通量25000～55000辆。

(3)二级公路:为供汽车行驶的双车道公路。双车道二级公路应能适应将各种汽车折合成小客车的年平均日交通量5000～15000辆。

(4)三级公路:为主要供汽车行驶的双车道公路。双车道三级公路应能适应将各种车辆折合成小客车的年平均日交通量2000～6000辆。

(5)四级公路:为主要供汽车行驶的双车道或单车道公路。双车道四级公路应能适应将各种车辆折合成小客车的年平均日交通量2000辆以下。单车道四级公路应能适应将各种车辆折合成小客车的年平均日交通量400辆以下。

在我国的公路网中,高速公路、一级公路为骨干线,二、三级公路为基本线,四级公路为支线。

三、公路等级的选用

公路等级应根据公路网的规划,从全局出发,按照公路的使用任务、功能和远景交通量综合确定。

(1)确定公路等级的主要因素是交通量。因此,在确定公路技术等级以前,首先应做好可行性研究。掌握该公路各路段的远期、近期交通量。

(2)高速公路和具有干线功能的一级公路的设计交通量应按20年预测;具有集散功能的一级公路以及二、三级公路的设计交通量应按15年预测;四级公路可根据实际情况确定。

(3)设计交通量预测的起算年,应为该项目可行性研究报告中的计划通车年。

(4)设计交通量的预测,应充分考虑走廊带范围内远期社会、经济的发展和综合运输体系的影响。

(5)预测的设计交通量介于一级公路与二级公路之间时,拟建公路为干线公路,宜选用一级公路。

(6)干线公路宜选用二级及二级以上公路。

(7)技术标准的线形指标的规定值是在一定车速下的极限值(如最大纵坡、极限最小平曲线半径)。当在地形平坦情况下,困难且不过分增加工程量时,应尽可能采用较高指标,以提高公路的使用质量,只有在地形困难或受限制情况下,才采用相应指标的极限值。

(8)对于同一条公路可分段采用不同的等级。公路建设是带状的建设项目,沿途的社会环境、经济环境和自然环境都会有很大的差异,其地形、地物以及交通量就不会完全相同,甚至会有很大的差别。因此,对于一条比较长的公路可以根据沿途情况和交通量的变化,可分段选用不同的公路等级或同一公路等级不同的设计速度、路基宽度,但不同公路等级、设计速度、路基宽度间的衔接应协调,过渡应顺适。

(9)等级或标准的变更处,原则上应选在交通量发生变化处,如交叉路口、互通式立体交叉处,或视野开阔、驾驶员能明显判断情况、行车速度易变换处。在高低标准分界点处,应设置过渡段。同一公路相邻设计路段的公路等级的差不应超过一级。

(10)按不同设计速度设计的路段长度不宜太短。高速、一级公路一般不小于20km,特殊情况下可减至10km;其他等级公路及城市出入口一级公路一般不小于10km,特殊情况可减至5km。

四、公路工程技术标准

公路工程技术标准是根据一定数量设计车型的车辆,在公路上以设计速度行驶时,对公路平、纵、横几何指标和各项工程结构物的技术要求。它是根据科学理论和总结公路设计、修建、营运管理的经验而拟定的,它反映了我国公路建设的技术方针和设计理论、建筑材料、施工技术、运营管理的水平。各级公路的主要技术指标汇总表如表1-1所示。

各级公路的主要技术指标汇总表 表1-1

公路等级		高速公路、一级公路							二级公路		三级公路		四级公路	
设计速度(km/h)		120			100			80	60	80	60	40	30	20
车道数		8	6	4	8	6	4	6	4	4	2	2	2	2	2或1
路基宽度(m)	一般值	42.00	34.50	28.00	41.00	33.50	26.00	32.00	24.50	23.00	12.00	10.00	8.50	7.50	6.50(双车道) 4.50(单车道)
	最小值	40.00	—	25.00	38.50	—	23.50	—	21.50	20.00	10.00	8.50	—	—	
圆曲线最小半径(m)	一般值	1000			700			400		200	400	200	100	65	30
	极限值	650			400			250		125	250	125	60	30	15
回旋线最小长度(m)		100			85			70		50	70	50	35	25	20
停车视距(m)		210			160			110		75	110	75	40	30	20
最大纵坡(%)		3			4			5		6	5	6	7	8	9
设计洪水频率		1/100									1/50		1/25		按具体情况确定
汽车荷载等级		公路—Ⅰ级									公路—Ⅰ级				

注:本表仅为简单对公路工程技术标准的汇总,表列各项指标应按有关条文规定选用。

公路技术标准大体可归纳为3类,即线形标准、载重标准、净空标准。对路线来讲关键是线形标准。由于我国幅员辽阔,各地地理位置和自然条件各不相同,故对标准的掌握、应用,应视具体情况,在满足基本要求的前提,结合实际灵活应用。使用标准时必须慎重,应注意两个方面的问题:一是不考虑路线的作用和运输的要求,采用低标准以压缩工程费用;二是盲目轻率,贪大求全,采用高标准,即增加了投资,又多占用土地。

思考与练习

1. 试辨别图1-5中两张图片显示道路的种类,并说明理由。

图1-5 图片辨析

2. 辨别图1-6中两张图片显示的道路有何不同,并说明理由。

图1-6 图片辨析

3. 试说明道路与公路的区别。
4. 公路的主要组成部分有哪些?
5. 简述我国公路是怎样确定等级的?

学习情境 认识公路勘测设计

公路勘测设计旨在研究汽车行驶与道路各个几何元素的关系,以保证在设计速度、预测交通量以及地形和其他自然条件下,行驶安全、经济、旅客舒适以及路容美观。

公路勘测设计在工程建设中起着十分重要的作用。勘测设计的成果直接决定工程的使用功能与经济效益、美学价值。经过优化的道路指能提供更为安全与舒适快捷的服务。勘测设计工作既是对业主意念的表达,也决定着工程的经济性与施工的难易程度。因此,细致地对待勘测设计工作,是保证工程质量的前提。

知识目标

1. 掌握公路勘测设计的依据、步骤与内容。
2. 了解公路勘测设计的程序和内容。

能力目标

1. 能够准确描述公路设计依据的定义及作用。
2. 能够根据拟建项目的条件,参照《公路工程技术标准》(JTG B01—2003)和《公路路线设计规范》(JTG D20—2004)确定公路的等级;并根据拟建公路的等级以及所在地区地形、气候等自然条件,确定公路设计的技术指标。

任务三 公路勘测设计的依据

公路是为在公路上行驶的各种车辆服务的,因此道路线形和结构设计的标准必须与车辆的性能相适应。反映车辆特性的数据就是道路几何设计和各部分结构设计的基本依据。即:设计车辆、设计车速和设计交通量。

一、设计车辆

1. 定义

作为道路设计依据的车型叫做设计车辆。在道路几何设计中,车辆的几何尺寸、质量、性能等,直接关系到行车道宽度、弯道加宽、道路纵坡、行车视距、道路净空、路面及桥涵荷载,因此设计车型的规定及采用对决定道路几何尺寸和结构具有极其重要的意义。设计车辆是设计时所采用的有代表性的车型。

2. 设计车辆的种类及标准

我国《公路工程技术标准》(JTG B01—2003)将设计车辆分为3类,即:小客车、载货汽车和鞍式列车。设计车辆所采用的外廓尺寸规定如表1-2和图1-7所示。

公路设计车辆外廓尺寸表　　　　　　　　　　表1-2

车辆类型	总长(m)	总宽(m)	总高(m)	前悬(m)	轴距(m)	后悬(m)
小客车	6	1.8	2	0.8	3.8	1.4
载货汽车	12	2.5	4	1.5	6.5	4
鞍式列车	16	2.5	4	1.2	4+8.8	2

注:自行车的外廓尺寸采用宽0.75m,高2.00m。

二、设计速度

1. 定义

设计速度又称计算行车速度,是指道路几何设计所采用的车速。设计速度是在气象条件良好,车辆行驶只受道路本身条件(几何要素、路面、附属设施)影响时,具有中等驾驶水平的驾驶员能够安全、舒适行驶所维持的最大速度。设计速度是决定道路几何形状的基本依据。曲线半径、超高、视距等技术指标都直接与设计速度有关。

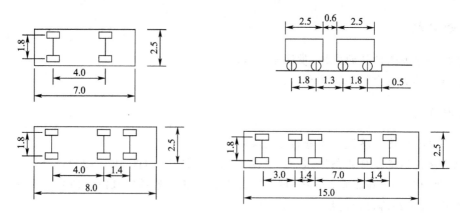

图 1-7 各种设计车辆的平面尺寸和横向布置图(尺寸单位:m)

2. 各级公路设计速度的规定

《公路工程技术标准》(JTG B01—2003)规定各级公路的设计速度如表 1-3 所示。

各级公路的设计速度 表 1-3

公路等级	高速公路		一级公路		二级公路		三级公路		四级公路		
设计速度(km/h)	120	100	80	100	80	60	80	60	40	30	20

设计速度的选用有以下 3 个方面:

(1)高速公路特殊困难的局部路段,且因新建工程可能诱发工程地质病害时,经论证,该局部路段的设计速度可采用 60km/h,但其长度不宜大于 15km,或仅限于相邻两互通式立体交叉之间,与其他相邻路段的设计速度不应大于 80km/h。

(2)一级公路作为干线公路时,设计速度宜采用 100km/h 或 80km/h,作为集散公路时,根据混合交通量、平面交叉间距等因素,设计速度宜采用 60km/h 或 80km/h。

(3)二级公路作为干线公路时,设计速度宜采用 80km/h,作为集散公路时,混合交通量较大、平面交叉间距较小的路段,设计速度宜采用 60km/h。二级公路位于地形、地质等自然条件复杂的山区,经论证该路段的设计速度可采用 40km/h。

三、设计交通量

1. 定义

交通量是指单位时间内(每小时或每昼夜)通过道路上某一横断面处的往返车辆总数,又称交通流量。

设计交通量是用以作为道路设计依据而确定的,预期到设计年限末的交通量。

2. 分类

公路的设计交通量分为年平均日交通量和小时交通量两种:

(1)设计年平均日交通量是指拟建道路到达交通预测年限时能达到的年平均日交通量(辆/日),是确定公路等级、论证公路的计划费用或各项结构设计的重要依据。

二、三、四级公路通常以设计年平均日交通量作为设计依据。即以现有交通量为准,考虑将来经济的发展和公路改造引起交通量变化的需要,推算到设计年限末的交通量。

年平均日交通量(简写为 AADT),用全年总交通量除以 365 而得。

$$\text{AADT} = \frac{\text{一年内交通量总和}}{365} \tag{1-1}$$

预测设计年限年平均日交通量以道路使用任务及性质,根据历年交通观测资料推算求得。一般按年平均增长率累计计算确定。

$$N_d = N_o(1+\gamma)^{n-1} \tag{1-2}$$

式中：N_d——预测年平均日交通量,辆/d；

N_o——起始年平均日交通量,辆/d,包括现有交通量和道路建成后从其他道路吸引过来的交通量；

γ——年平均增长率,%；

n——远景设计年限。

(2)设计小时交通量(辆/h)是以小时为计算时段的交通量,是指根据交通量预测所选定的作为高速公路、一级公路设计依据的小时交通量,是确定车道数和车道宽度或评价服务水平时的依据。

作为设计依据的小时交通量的取值,一般认为将1年中8760h交通量按交通量大小顺序排列,序号为第30位的小时交通量作为设计小时交通量是最合适的,也可根据当地条件选择第20~40位小时交通量采用最为经济合理的位置。

设计小时交通量按下式计算：

$$N_h = N_d KD \tag{1-3}$$

式中：N_h——设计小时交通量,辆/小时；

N_d——预测设计年平均日交通量,辆/日；

K——设计小时交通量系数,即第30位小时交通量与年平均日交通量的比值,一般平原区取13%,山区取15%；

D——方向不均匀系数,一般取0.6。

对双车道道路,设计小时交通量取双向交通量；对单向两条车道以上的道路,取单向交通量作设计交通量,则上式须再乘以交通量的方向不均匀系数。

3.交通量换算

在确定设计交通量时,应将在公路上行驶的各种车辆按规定折算为标准车型。我国公路设计时是以小客车为标准车型。设计时应将公路行驶的各种车辆(含非机动车辆)按规定折合成小客车的年平均日交通量。各种汽车的折算是为了有统一尺度才能比较交通量的大小。确定公路等级的各汽车代表车型和车辆折算系数,如表1-4所示。

各汽车代表车型和车辆折算系数　　　　表1-4

汽车代表类型	车辆折算系数	说　　明
小客车	1.0	≤19座的客车和载质量≤2t的货车
中型车	1.5	>19座的客车和载质量>2t~≤7t的货车
大型车	2.0	载质量>7t~≤14t的货车
拖挂车	3.0	载质量>14t的货车

任务四　公路勘测设计的程序和内容

一、公路勘测设计的程序

为了改进建设项目的管理,重大项目的审批要做好项目建议书、设计任务书(相当于可行性研究报告)。它是基本建设程序中的重要组成部分,是建设项目决策的依据,可提高建设投资的综合效益。项目建议书是根据国民经济长期规划、地区规划和行业规划等要求,经过调查、预测、分析后提出在技术、工程、经济和外部协作条件上是否合理和可行,进行全面分析、论证,并做多方案比较,认为项目可行后推荐的最佳方案。经批准后,由部门、地区或企业负责组织编制设计任务书(或可行性研究报告)上报。设计任务书批准后,所有新建、改建、扩建和技术改造的公路工程都必须编制勘测设计文件。

二、公路勘测设计的阶段

公路勘测设计应根据公路的性质和要求分阶段进行,其具体做法有:一阶段、两阶段和三阶段设计3种。

1. 一阶段设计

对于技术简单、方案明确的小型建筑项目,可采用一阶段设计,即直接根据批准的设计任务书的要求,一次作详细测量并编制施工图设计。一阶段施工图设计应根据批准的任务书(或测设合同)和初测资料编制。

2. 两阶段设计

公路工程基本建设项目,一般应采用两阶段设计,即按初步设计和施工图设计两阶段进行。两阶段施工图设计应根据批准的设计任务书(或测设合同)和定测资料编制。其中:

第一阶段,根据批准的设计任务书,进行踏勘测量,并编制初步设计文件。

第二阶段,根据批准的初步设计和审批意见,进行详细测量,并编制施工图设计文件。

3. 三阶段设计

对于技术上复杂而又缺乏经验的建设项目或建设项目中的个别路段、特殊大桥、互通式立体交叉、隧道等,必要时应采取三阶段设计,即分初步设计、技术设计和施工图设计3个阶段。三阶段设计时,技术设计应根据批准的初步设计和补充测量资料编制。

公路勘测设计的程序,如图1-8所示。

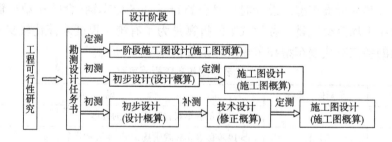

图1-8 公路勘测设计程序示意图

(1)初步设计:是项目决策后,根据设计任务书要求所作的具体实施方案,应能满足项目投资包干、招标承包、材料设备订货、土地征用和施工准备等要求。根据批准的设计任务书和收集的勘测设计资料,编制初步设计文件,确定设计原则、技术标准、工程规模、工程数量、工程概算、材料数量等。其组成内容为:①设计说明书,包括设计依据及概述,设计技术准备,对道路工程设计的各个方案进行技术经济论证和提出推荐方案,存在问题和注意事项等;②主要工程数量和主要材料数量表;③工程概算,说明编制概算所采用的定额,各项费率标准,材料价格、施工方法及施工费用的依据;④设计图纸,包括公路位置示意图、平面地形图(包括征地、拆迁线)、纵断面图、横断面图、道路交叉、广场设计图、绿化、照明布置等。

技术设计,主要用于技术上相当复杂的公路工程。初步设计经审批后就可进行技术勘测,根据技术勘测资料做技术设计或施工图设计。技术设计是对初步设计中一些复杂工程内容,如公路和广场的竖向设计,难度较大的道路交叉,交通组织措施,全面性的综合排水设计,有关地上、地下管线平面和立面的综合协调等,进行深一步较详细的技术设计。

(2)施工图设计内容包括:绘制公路平面、纵断面、横断面、平面交叉口、立体交叉、广场设计等的各部详细尺寸和高程;路面结构设计组成及厚度;排水设计;中小桥、涵洞、灌溉渠道连通管及其他附属构筑物的位置、高程、孔径、结构设计等施工详图和必要的施工说明,提出征地、房屋拆迁、迁移管线和障碍物等的数量,编制工程预算。当与初步设计有较大变动时,应修正初步设计和概算,报上级批准后实施。

三、公路勘测设计的内容

公路勘测设计工作是指具体完成一条公路所进行的外业勘测和内业设计工作。外业勘测包括对路线的视察、踏勘测量和详细测量工作。内业设计包括路线设计和结构设计以及概、预算编制等工作。

公路勘测设计的内容是根据设计任务书提出的公路路线,或按照城市规划所拟定的城市道路路线进行查勘与测量,取得必要的勘测设计资料,以便按照规定编制设计文件。设计要体现国家有关的方针、政策,切合实际,技术先进,经济合理,安全、适用、美观并符合交通工程的要求。公路还应综合考虑山、水、田、林、路等统筹安排、布置协调。设计标准应根据工程的不同性质,不同要求,区别对待。

公路勘测设计时沿线应做好以下调查:

(1)工程地质调查。调查沿线土和岩石的种类、性质、结构特性和含水状态,地质构造、岩石风化情况等。

(2)路基路面调查:

①收集公路沿线的气象资料,进行路基水文调查;

②公路经过路线如为沿江、沿河或滨海地区,应调查河、海的水文资料,河流变迁,冲淤情况,确定路基高程时应考虑是否需要设置防水墙和合理布置排水等设施;

③查明沿线筑路材料,包括城市筑路材料来源和工业废料等的质量和产量;

④新建公路应测算交通组成和交通量;

⑤改建公路观测现有和预计发展的交通情况,了解原有路面结构的宽度、类型、厚度、高程、养护等情况,并对老路基作出鉴定,作为利用、改善和重建的依据。

⑥路面设计还应根据土基状态,综合气候、水文、筑路材料、交通性质、公路纵断面等因素通过计算论证公路路面结构类型和厚度,材料用量和工程造价,还可根据公路性质分段提出不同的路面结构。

(3)桥、涵、灌溉渠道调查。调查收集河流水文资料,包括水位、流量、流速等,根据勘定的桥、涵、灌溉渠道位置方案选定桥位、桥型、孔径(包括涵洞和灌溉渠道的连通管)及必要的调治构筑物。

(4)经济调查。查明影响路线修建性质、用途、运量流向、车辆组成等因素,论证采用的交通量、技术指标和设计依据的合理性以及公路建成后所取得的经济效果。

思考与练习

1. 公路勘测设计的程序是什么?
2. 简述公路勘测设计的阶段及适用条件。
3. 公路勘测设计的基本依据有哪些?其作用分别是什么?
4. 简述拟定公路等级应考虑哪些因素?
5. 简述设计交通量和设计车速的含义。
6. 根据所学知识拟定公路等级,并确定设计指标。

假设某省会城市为中等城市,经济水平一般。现拟在该城市与某县城之间修建一条公路。请根据调查资料确定拟建公路等级。并参照《公路工程技术标准》(JTG B01—2003)拟定设计车速、车道数、路基宽度等设计指标。

勘测资料:该县城是一少数民族自治县,有浓厚的民族特色和文化底蕴。该县城附近有城隍庙、寺院等古建筑3处,历史悠久。沿线居民点较少,属于山岭地区,山上树木茂盛,属原始林木,水源丰富。交通量调查结果得知目前的交通量为年平均日交通量968辆/日。

项目二 公路的选线、定线及勘测

学习情境 公路的选线

知识目标

1. 了解公路选线的原则,掌握选线的步骤与方案比选的方法。
2. 掌握不同地形条件下的公路选线要点。

能力目标

1. 能够针对不同地形条件进行简单的选定线工作。
2. 能够利用经济技术指标分析不同的路线方案,进行方案比选。

任务一 选线的概要

公路选线就是根据路线的性质、任务、等级和标准,结合当地的地形、地质、地物及其他沿线条件和施工条件等,综合考虑平、纵、横3方面因素,在实地或纸上选定一条技术上可行、经济上合理,又能符合使用要求的公路中心线的工作。

选线的目的:就是根据国家建设发展的需要,结合自然条件,选定合理的路线,使筑路费用与使用质量达到统一,且行车迅速安全、经济舒适、构造物稳定耐久及易于养护的目的。

选线的主要任务:确定公路的走向和总体布局;具体确定公路的交点位置和选定公路曲线的要素,通过纸上或实地选线,确定公路的平面位置。

公路选线是整个公路勘测设计的关键,是公路线形设计的重要环节,它对公路的使用质量和工程造价都有很大的影响。选线人员必须认真贯彻国家规定的方针政策,注重生态环境保护,维护群众利益,深入实际,调查研究,反复比较,正确解决技术指标与在自然条件下实地布线之间的矛盾,综合考虑路线、路基、路面、桥涵、隧道、交叉等,最后选定出合理的路线。

选线需要考虑自然环境和社会经济条件以及线形技术指标等各方面的因素。因此,选线是一项涉及面广、影响因素多、政策性和技术性都很强的工作。

一、选线的方法与步骤

1. 一般方法

(1)实地选线。实地选线是由选线人员根据设计任务书的要求,在现场进行勘察测量,经过反复对比,直接选定路线的方法。即我国的传统选线方法。

其优点是方法简便,切合实际。实地勘察容易掌握地质、地形、地物等情况,方案比较可靠,定线时一般不需要大比例尺地形图。缺点是野外工作量很大,体力劳动强度大,野外测设受气候、季节的影响大。同时,由于实地视野的限制,地物、地貌、地物的局限性很大,使路线的整体布局有一定的片面性和局限性。

实地选线适用于一般等级较低、方案比较明确的公路。

(2)纸上选线。纸上选线是在已经测得地形图上进行路线布局、方案比选,从而在纸上确定路线,再将此路线放到实地的选线方法。

纸上选线其优点是野外工作量小,定线不受自然因素干扰,能在室内纵观全局,结合地形、地物、物质条件,综合平衡平、纵、横3方面因素,所选定的路线更为合理;缺点是必须要求有大比例尺地形图,地形图的测设需要花费较大的工作量和具备一定的设备。

纸上选线的一般步骤如下:

①实地敷设导线;
②实测地形图;
③纸上选定路线;
④实地放线。

2. 一般步骤

一条路线的选定是一项由大到小、由粗到细、由轮廓到具体,逐步深入的工作。按照测设程序分阶段、分步骤进行,比较分析后,选定最合理的路线。一般要经过以下3个步骤。

(1)全面布局。全面布局是解决路线基本走向的工作,即在路线总方向(起、讫点和中间必须经过城镇或地点)确定后,从全面到局部的进行总体布置的过程。此项工作最好先在1/10000～1/50000地形图上进行路线整体布局,选定出可能的路线方案,然后进行踏勘与资料收集,根据需要与可能结合具体条件,通过比选,落实必须通过的主要控制点,放弃那些避让的控制点,逐步缩小路线活动范围,进而定出大体的路线布局。例如,在公路的起、终点及必须通过的控制点间可能沿某条河、越某座岭;也可能沿几条河、越几座岭,为下一步定线工作奠定基础。

路线布局是关系到公路质量的根本性问题。如果总体布局不当,即使局部路线选得再好、技术指标确定得再恰当,仍然是一条质量很差的路线。因此,在选线中首先应着眼于总体布局工作,解决好基本走向问题。全面布局是通过路线视察,并经过方案比较完成的。

(2)逐段安排。在总体路线方案既定的基础上,以相邻主要控制点间划分段落,根据公路标准,结合其间具体地形通过试坡展线方法逐段加密细部控制点,进一步明确路线走法,即在大控制点间,结合地形、地质、水文、气候等条件,逐段定出小控制点,这样就构成了路线的雏形。这一步工作的关键在于研究与落实路线方案,为实现具体定线提供可能的途径。这一步工作应仔细研究,以减少今后的不必要的改线与返工。逐段安排路线是通过踏勘测量或详测前的路线勘察来解决的。

(3)具体定线。明确了路线轮廓,就可以进行具体定线。根据地形起伏与复杂程度的不同,可分为现场直接插点定线或放坡定点的方法。插出一系列的控制点,然后从这些点位中穿出通过多数点(特别那些控制较严的点位)直线段,延伸相邻直线的交点即为路线的转角点。随后拟定曲线半径,至此定线工作基本完成。做好上述工作的关键在于摸清地形情况,全面考虑前后线形衔接与平、纵、横协调关系,恰当选用合适的技术指标,以使整个线形得以连贯协调。这是一步更深入、更细致、更具体的工作。具体定线在详测时完成。

二、选线原则

(1)在路线设计的各个阶段,应用先进的手段对路线方案进行深入、细致研究,多方案论证、比较,最终选定最优路线方案。

(2)路线设计应在保证行车安全、舒适、迅速的前提下,力求工程数量最小、造价低、营运费用省、效益好,并有利于施工和养护。在工程量增加不大时,应尽量采用较高的技术指标,不宜轻易采用低限指标,也不应片面追求高指标。

(3)选线应同农田基本建设相配合,做到少占田地,注意尽量不占高产田、经济作物田或经济林园(如橡胶林、茶林、果园)等。

(4)充分利用有利地形、地势,尽量回避不利地带,正确运用技术标准,从行车的安全、畅通和施工、养护的经济、方便着眼,认真研究路线与地形的配合,做好路线平、纵、横面的结合,力求平面短捷舒顺,纵面平缓均匀,横面稳定经济。

(5)通过名胜、风景、古迹地区的公路,应与周围的环境、景观相协调,并适当照顾美观。注意对原有的自然生态环境和重要的历史文物遗址的保护,做到少破坏,尽量不破坏。

(6)认真做好工程地质和水文地质的深入勘测,查清其对公路工程的影响程度,并提出相应的技术措施。

对于滑坡、崩塌、岩堆、泥石流、岩溶、软土、泥沼等严重不良地质地段和沙漠、盐渍土、多年冻土等特殊地区、应慎重对待。一般情况下,路线应设法绕避;当路线必须穿过时,应选择合适的位置,缩小穿越范围,并采取必要的工程措施。

(7)大、中桥位应在服从路线总方向的原则下,对路桥综合考虑,不要因桥位而过多地增长路线,桥位应尽量选择在河道顺直、水流稳定、地质良好的河段上,并注意方便群众。小桥涵位置应服从路线走向,但在不降低路线技术指标的情况下,也应适当照顾小桥涵位置的合理。

(8)对于高速公路和一级公路,由于路幅宽,必要时可根据通过地区的地形、地物、自然环境等条件,利用其上下车道分离的特点,本着因地制宜的原则,合理采用上下行车道分离的形式布线。

(9)考虑施工条件对选定路线的影响,推荐路线方案时要注意结合可能的施工方式和施工力量,并积极采用新结构,新材料和先进的施工技术。

(10)选线应重视环境保护,注意因道路修筑以及汽车运行所产生的影响与污染等问题,主要应注意以下几个方面:

①路线对自然环境与资源可能产生的影响;
②占地、拆迁房屋所带来的影响;
③路线对城镇布局、行政区划、农耕区、水利排灌体系等现有设施造成分割而产生的影响;
④噪声对居民生活的影响;
⑤汽车尾气对大气、水源、农田所造成的污染及影响;
⑥对自然环境、资源的影响和污染的防治措施及其对策实施的可能性。

任务二 选线要点

一、平原地区选线

1. 自然特征

平原区主要是指一般平原、山间盆地、高原等地形平坦地区。其地形特征是:地面起伏不大,一般自然坡度都在3°以下。耕地较多,在农耕区农田水系沟渠纵横交错;居民点多而散,建筑设施多,交通网系较密;在天然河网、湖区,还密布有湖泊、水塘和河岔等。

从地质和水文条件来看,平原区一般不良地质现象较少,但由于地面平坦,排水困难,地面易积水,地下水位较高。平原区河流较宽阔,河道平缓,泥沙易淤积,河床低浅,洪水泛滥时河面较宽。有时会遇到软土和沼泽地段。

2. 路线特征

平原地区路线特征一般是:平面线形顺直,以直线为主体线形,弯道转角较小,平曲线半径较大。在纵断面上,坡度平缓。路基设计以矮路堤为主。

3. 布设要点

平原区路线布设应重点考虑政治、经济、文化和人民生活的方便,正确处理好路线与地物、地质与排水的关系。对于草原、戈壁、沙漠等空旷、周围景观相对单调的地区应避免采用过长的直线,但也不应随意转弯。路线布设时,平面应主要考虑平面线形如何绕避地物障碍等。纵断面应结合桥涵、通道、交叉等构造物的布局,合理确定路基设计高度,纵坡不应频繁变化,也不应过于平缓,要考虑车辆的行驶顺畅以及排水要求。

综合平原区自然和路线特征,布线时应着重考虑以下几点。

(1)正确处理路线与农业的关系。修建公路时占地是难以避免的。如何解决好路线与农田规划、农业灌溉水利设施的关系,是平原区选线时的关键问题。布设路线时,要注意既不片面要求路线顺直而占用大面积的良田;也不片面要求少占耕地而降低线形标准,甚至恶化行车条件。路线的布置尽可能与农业灌溉系统相配合,除较高等级的公路外,一般不要破坏灌溉系统,布线要注意尽量与干渠相平行,减少路线与渠道的相交次数,最好把路线布置在渠道的上方非灌溉区一侧或者是渠道的尾部。尽量做到少占良田,不占高产田。

注意筑路与造田、护田相结合。在可能条件下,布线要有利于造田、护田,以支援农业。路线通过河曲地带,当水文条件许可时,可考虑路线直穿,裁弯取直,改移河道,缩短路线,改善线形。

当路线靠近河边低洼的村庄或田地通过时,应尽量争取靠河岸布线,利用公路的防护措施,兼作保存护田的措施。

(2)处理好路线和桥位的关系。大、中桥位往往是路线的控制点,应在服从路线总方向的原则下,路、桥综合考虑,选择有利的桥位布设路线。既要防止只考虑路线顺直、不顾桥位条件,增加桥跨的难度;又要防止片面强调桥位,使路线绕线过长,标准过低。一般情况下,桥位中线应尽可能与河水主流流向正交,桥梁和引道都在直线上。桥位应选在水文地质、跨河条件较好的河段。

小桥涵的位置原则上应服从路线走向,但遇到斜交过大(夹角小于45°时)或河沟过于弯曲时,可考虑采取改沟或改移路线的办法,调整交角,布线时应比较确定。

路线通过洪泛区时,对桥涵、路基应根据水文资料留有足够的孔径、跨度和高度,以保证洪水泛滥时不会造成村庄和农田的威胁。有条件时,路线应设在洪水泛滥线以外。

(3)处理好路线与城镇居民点的关系。平原地区有较多的城镇、村庄、工业设施等,路线布设应正确处理好路线与它们的关系,必要时可采取以下技术措施通过。

①国防公路与高等级的干道应采取绕避的方式远离城镇、村庄及工矿区,必要时考虑采用支线联系。

②较高等级的公路应尽量避免直穿城镇、工矿区和居民密集区,以减少相互干扰。但考虑

到公路对这些地区的服务性能,路线又不宜相离太远,往往从城镇的边缘经过。做到近村而不进村,利民而不扰民,既方便运输,又保证交通安全。这种路线布线时,要注意与城镇等的规划相结合。

③一般公路应考虑县、区、村的沟通,经地方同意可穿越城镇,但要注意有足够的视距和必要的公路宽度以及必要的交通设施,以保证行人和行车的安全。

④路线应尽量避让重要的电力、电信设施,当必须靠近或穿越时,应保持足够的距离和净空,尽量不拆或少拆各种电力、电信设施。

(4)注意土壤、水文条件。平原区的水位条件较差,取土较为困难。为了保证路基的稳定性和节约用土,在低洼地区,应尽可能沿接近分水岭的地势较高处布线,以使路基具有较好的水文条件;在排水不良的地带布线时,要注意保证路基最小填土高度;路线要尽量避开较大的湖塘、水库、泥沼等,不得已时可选择最窄、最浅和基底坡面较平缓的地方通过,并采取措施保证路基稳定。

(5)注意处理新、旧线的关系。平原区布线应与铁路、航道及已有公路运输相配合。若沿线有老路与新布路线相距较近、而且走向一致时,在条件许可时,应尽量地将其改造后加以利用,以减少耕地的占用和提高路基的稳定性。

(6)注意考虑就地取材。修建公路需要消耗大量的筑路材料,为节省工程造价,应充分利用当地的材料。平原地区一般缺乏砂石建筑材料,布线时应注意考虑施工、运输等问题。有条件时可利用地方上的工业废料。

【案例】 如图2-1所示,拟在普安村与和丰村之间修建一条二级干线公路,试确定路线的选线方案。

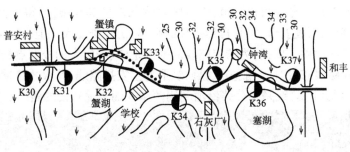

图2-1 平原区布线方案

(1)对路线总方向必经的控制点之间进行实地调查,选定中小控制点。一般情况下,如果没有充分理由或并非不利的长直线情况,平原区选线应该从一个控制点直达另一个控制点,尽量不要随意转弯。需要转弯时,应在控制点附近选择有利地形,定出交点,再敷设曲线。

(2)项目要求的是一条一般二级公路的路段,根据图2-1所示条件可以看出,路线是应以普安桥位、蟹湖、蟹镇、学校、石灰厂、钟湾、塞湖以及和丰桥等作为控制点,在有利位置选定转角点,用直线直接连接各转角点。

(3)因为是一般二级公路,所以考虑尽可能连接较多的城镇居民点、工矿区。图2-1中实线直线安排较合理,线形标准较高,无不利条件的长直线;路线靠近居民点,却又不穿越居民点;沿线地形利用较合理。

(4)作为比较方案的虚线,为了绕避蟹湖而使路线降低了技术指标,影响了线形的美观。避让点虽然避开了蟹湖,但靠居民太近,有拆迁的可能。

综合考虑以上因素,选择实线方案。需要注意的是路线经过蟹湖处应采取相应的措施确保路基稳定,同时尽可能减少对蟹湖及周边生态环境的影响。

二、山岭区选线

1. 自然特征

山岭区地形包括山岭、突起的山脊、凹陷山谷、陡峻的山坡、悬崖、峭壁等,地形复杂多变,一般地面自然坡度在20°以上。其主要特征如下:

(1)地形条件。山高谷深,地形复杂。由于山区高差大,加之陡峻的山坡和曲折幽深的河谷,形成了错综复杂的地形。

(2)地质条件。岩石多、土层薄、地质复杂。由于山区的地质层理和地壳性质在短距离内变化很大,岩层的产状和地质构造复杂,不良地质现象(如岩堆、滑坡、崩塌、碎落、泥石流等)较多。

(3)水文条件。山区河流曲折迂回,河岸陡峻、河底比降大;雨季暴雨集中、流速快、流量大,冲刷和破坏力很大。

(4)气候条件。山区气候多变,气温一般较低、冬季多冰雪(海拔较高的山区),一年四季和昼夜温差很大,山高雾大,空气较稀薄,气压较低。

2. 路线特征

按照公路的走向可分为越岭线和沿河(溪)线两大类。按照山岭区公路行经地区的地貌和地形特征,一般可分为沿河(溪)线,山腰线、山脊线3种。在山区一条公路的总长度中,应根据地形、地貌分段选用不同的路线形式,互相连接沟通。所以,常常是由沿河线转到山腰线转到山脊线。

从山岭区的自然特征分析可以知道,山岭区自然条件极其复杂,使得公路路线的线形差、路基的稳定性、车辆的行驶安全、均受自然条件的影响,工程难度大。但山岭区山脉水系分明,这也给山区公路走向提供了依据,为选定路线的基本走向、确定大的控制点指明了方向。

山岭区路线在路线布设时,一般多以纵面线形为主安排路线,其次才是横断面和平面。

(1)沿溪线。沿河(溪)线是指公路沿河利用两岸开阔台地布设的路线。如图2-2所示。

图2-2 沿溪线高速公路

沿溪线的特点是:路线走向明确,纵坡相对较小,平面受纵面线形的约束较少,容易争取较好的线形;沿溪线傍山临河,砂、石材料丰富,用水便利,为施工和养护提供了有利条件;山区的溪岸两侧多是居民密集的地方,沿溪线能更好地为沿线居民点服务,充分发挥公路的作用。

沿溪线的缺点是:路线临水较近,受洪水威胁较大;峡谷河段,路线线位摆动的余地很小,难以避让不良地质地段;在路线通过陡岩河段时,工程艰巨、工程量集中、工作面狭窄,给公路测设和施工带来很大困难;沿溪线线位低,往往要跨过较多的支沟,桥涵及防护工程较多;河谷两岸台地往往是较好的耕作地,筑路占地与农田及其水利设施的矛盾较为突出;河谷工程地质情况复杂,河谷两岸通常处于路基病害如滑坡、岩堆、坍塌、泥石流的下部,路线通过时,容易破坏山体平衡,给公路的设计、施工、养护、运营带来困难。

(2)越岭线。当公路的两个控制点分别位于山岭两侧时,路线需要由一侧山麓升坡至山脊,在适当的地点穿过垭口,然后从山脊的另一侧展线降坡而下的路线就是越岭线。越岭线一般是由山腰线、山脊线组成的。

越岭线需要克服很大的高差,路线的长度和平面位置主要取决于路线的安排。因此,越岭线选线中,是以路线纵断面为主导的。

越岭线的优点是:布线时不受河谷限制,布线较为灵活;越岭线不受洪水威胁和影响,路基稳定,沿线的桥涵及防护工程较少。

越岭线的缺点是:里程较长、线形差、指标低;越岭线的线位高,远离河谷,施工和运营条件较差。

(3)山脊线。山脊线是指大致沿分水岭方向所布设的路线。山脊线的平面线形随分水岭的曲折而弯曲,纵面线形随控制垭口间的高差变化而起伏。山脊线一般不单独使用,多与山坡线相结合,作为越岭线垭口两侧路线的过渡段。能否采用部分山脊线,还必须有适宜的山脊。一般服从路线走向,分水线平顺直缓,起伏不大,岭脊肥厚,垭口间山坡的地形、地质情况较好的山脊是较好的布线条件。

山脊线的优点是:当山脊条件好时,山脊线一般里程短,土石方工程量小;水文、地质条件好,路基病害少且稳定;地面排水条件好,桥涵人工构造物少。

山脊线的缺点是:线位高,远离居民点,服务性能差;山势高、海拔高、空气稀薄,冬季云雾、积雪、结冰较大,对行车和养护都不利;远离河谷,砂石材料及施工用水运输不便。

3.布线要点

(1)沿河(溪)线。沿溪线的路线布设的首要任务就是充分利用有利条件、避让不利条件。沿溪线布局时,需要解决的主要问题有:路线走河流的哪一岸?路线设于哪一高度?路线在何处跨河换岸?这3个问题是相互联系又相互影响的。路线布设中,应抓住主要矛盾,根据公路的性质和技术等级,因地制宜地解决问题。

①河岸的选择。沿溪线两岸的情况并不相同,优缺点并存。适宜布线的优点也不是集中于一侧河岸,选择时应深入调查、全面权衡、综合比较确定。主要应考虑以下几方面因素:

a.地形、地质、水文条件。路线布线时应优先选择台地较宽、支沟较少、地质水文条件较好的一侧河岸。

b.气候条件。如果路线处于积雪冰冻地区,山脉的阳坡和阴坡、迎风面和背风面的气候条件差异很大,在不影响路线总体布局的前提下,一般走阳坡面和迎风面比较有利,可以减少积雪和流冰对公路行车的影响。

c.城镇、工矿和居民点的分布。除高等级公路和国防公路以外,一般路线应优先考虑选在工矿企业较集中、村镇较多、人口较为密集的一岸,以促进山区的经济发展和方便居民出行。

d.其他因素,例如为革命史迹、历史文物、风景区等的联系创造便利条件。

具备上述有利条件的一岸即为选线时应走的河岸,当有利条件交替出现在两岸时,需要深入调查,进行技术论证和经济比较,最终确定一条合理的方案。

如图 2-3 所示,某一沿溪线开始走条件较好的左岸,但前方遇到两处陡崖,甲方案是对山崖地段进行处理,集中开挖一段石方后,仍坚持走左岸;乙方案是为了避让两处陡崖,而选择了跨河走右岸,但是右岸前方不远处,出现了更长、更陡的山崖,还需要重新再换回到右岸,在约 3km 的路段内,为了跨河,需要修建两座中桥。对上述两方案进行比较,甲方案技术上可行,经济费用较低,故作为终选方案。

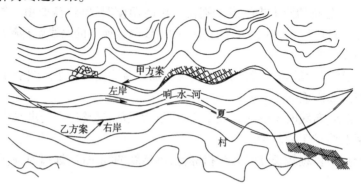

图 2-3　河岸选择方案示意图

②线位的高度。沿溪线线位高度是路线纵面线形布局的问题。路线沿岸布设高度,首先应考虑洪水的威胁。不管是高线位还是低线位,均应在设计洪水位以上的一定安全高度。因此,在选线时应认真做好洪水位调查工作,以确保路线必需的最低线位高度。

a. 低线位。低线位是指高出设计洪水位不多,路基一侧临水很近的布线方案。

低线位主要优点是:一般情况下在山岭地区越靠近河边,地势越平缓。因此,低线位有较宽的台地可以利用;地形较好,平面线形较顺适,纵面不需要较大的填挖,容易达到较高的指标;路线低,填方边坡低,边坡较稳定,路线活动的余地较大,跨河时利用有利条件和避让不利条件较容易;养护和施工用水、材料运输均较方便。

低线位主要缺点是:线位低,受洪水威胁大,防护工程较多;山岭区洪水的冲沟越接近山脚,冲积扇越大,水流速度越慢,会形成较多的支沟,低线位一般会在山沟的沟口附近跨越较多的支沟,因此桥涵等构造物较多;路线与农田矛盾较大,处理废方较为困难。

b. 高线位。高线位是指路线高出洪水位较多,完全不受洪水威胁的布线方案。

高线位的主要优点是:不受洪水影响;废方易于处理,当采用台口路基时,路基比较稳定。

高线位的主要缺点是:路基挖方往往较大、废方多;由于线位高,路线势必随着山形走势绕行,平面线形指标低;跨河时线位高,构造物长大,工程费用高;支挡、加固工程较多;施工、养护用料取水较困难。

③桥位的选择。沿溪线需要跨河布线时,需要明确两个问题:一是为什么跨河;二是在哪里跨河。一般情况下,如果路线的起讫点在同岸,且距离很近,则不考虑跨河,以免因跨河建桥而增加工程费用。只有当跨河布线或跨河建桥比开挖防护直接布线更为经济时,可考虑跨河,跨河布线常见的原因有:

a. 中间主要控制点的需要。当路线起讫点在河岸两侧,至少必须跨河一次。有时起讫点在同一岸,中间控制点在对岸,则可以考虑两次跨河或支线跨河。

b. 避让严重不良地质地段的需要。当布线遭遇严重的地质病害地段,无法穿越,同岸侧又无法避让时,可考虑跨河避让。

c. 避让艰巨工程的需要。在峡谷中布线时,适宜布线的地形往往交替出现在河谷两岸。

为了利用有利地形,避开艰巨的石方工程,提高施工、养护、营运的条件,也可采用跨河两岸交替布线。但必须与其他方案进行经济技术比较,最终选择最优方案。

d. 避让保护区、大型水利工程等重要地物的需要。

e. 路线等级和标准的需要。在高等级公路建设中,为了线形的顺直,当河沟较小、工程量不大时,可选择跨河布线,这样既可以缩短线路,又能够改善线形。

沿溪线跨越河流分为跨主河与跨支流两种情况。跨支流时桥位的选择,一般属于局部方案问题,而跨越主河道时桥位的选择多属于路线布局问题。在桥位选择上,除了考虑地质水文情况,还要特别注意处理好桥位与路线的关系。对于跨越主河的桥位,是确定路线走向的控制点。当路线走向与河流接近平行时,如何利用地形并使桥头路线平顺是选择桥位应考虑的重要因素之一。常见的情况如下。

ⓐ利用河曲河段跨河。如图2-4所示,利用河湾附近的有利位置跨越,可以避免路线在桥头处多次转弯,提高了线形质量。但此时应注意防止河曲地段水流对桥台的冲刷,采取必要的防护措施。

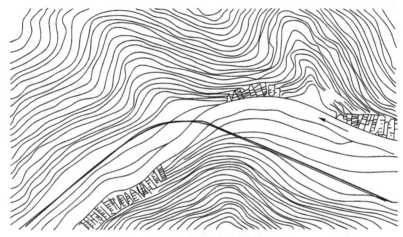

图2-4　利用河曲跨越河流

ⓑ利用"S"形河段跨河。如图2-5所示,将跨河位置选在"S"形河段的腰部,使桥头线形得以显著改善。

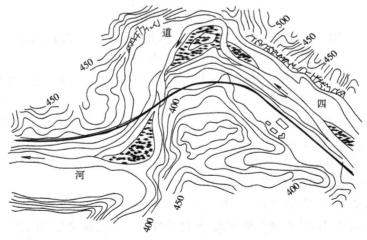

图2-5　"S"形河段跨河示意图

ⓒ改善桥头线形。路线跨越河流,若没有河曲或"S"形河段可利用时,由于沿溪线与河谷走向平行,在跨主河时往往形成"之"字形路线,桥头平曲线半径较小,线形差。对于中、小桥可用适当斜交的方法改善桥头线形,如图2-6a)所示。

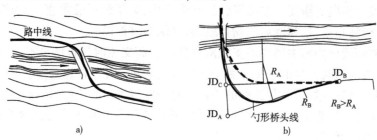

图2-6 桥头线形处理示意图
a)斜交改善线形;b)勺形桥头线

对于大桥不宜斜交时,可对桥头路线适当处理,形成勺形桥头线。如图2-6b)所示,可改善桥头线形,争取较大半径。

④特殊河谷地段的布线。

a. 开阔河谷。开阔河谷岸坡平缓,一般在坡、岸之间有较宽的台地,且有农田。路线可分以下3种走法:

一是沿河线,如图2-7中的实线方案。路线坡度均匀平缓,并对保村护田有利。但一般路线较长,路基受洪水威胁较大,防护工程大。

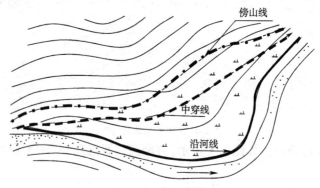

图2-7 开阔谷地布线方案示意图

二是傍山线,如图2-7中点画线方案,占田少,路基远离河岸,故较稳定且无防护工程,但纵面线形略有起伏,土石方工程稍大,是常采用的一种方案。

三是中穿线,如图2-7中的虚线方案。线形好,路线短,标准较高,但占田较多,路基稳定性差,施工时需换土,一般不宜采用。

b. 山嘴或河湾。当路线遇到山嘴时,可采用以下两种方式布线,如图2-8所示。

沿山嘴自然地形绕行,见图2-8a)。

这种路线由于线路展长,在坡度受限地段有利于争取高度(隧道除外),但容易受到不良地质的危害和河流冲刷的威胁,路线的安全条件较差。

以路堑或隧道的方式取直通过,见图2-8b)。

这种布线方式路线的优点是短捷顺直,安全条件良好。但隧道过长时,工程造价较大,应与其他方案必选确定。一般情况下,如果取直和绕行方案的工程量相等或接近时,应优先选择取直。

c. 切山嘴、填河湾。对于个别突出的山嘴,可以采用这种方法处理。但布线时应注意纵向填挖平衡,注意废方的处理,避免侵占河道,造成堵塞,如图2-9。

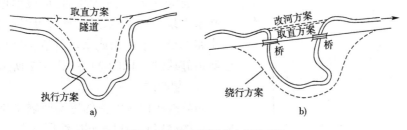

图2-8 山嘴、河湾路线方案示意图
a) 山嘴;b) 河湾

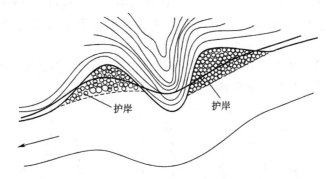

图2-9 切山嘴、填河湾的路线布置

当路线遇到河湾时,可以采用沿河绕行、建桥跨河和改移河道3种方式(图2-8b)。

ⓐ沿河绕行。绕行路线曲折迂回,岸坡陡峭,水流的冲刷现象严重,路基防护工程大,路线的安全条件差。

ⓑ建桥跨河。这种布线方式路线距离最短,对周边的生态环境的影响最小,但工程量较大。

ⓒ改移河道。这种布线方式裁弯取直,路线短,安全条件好,但要注意与农田水利建设相结合。

无论是建桥还是改移河道,均应该根据地形、地质、水文条件细致研究。具体定线时,等级较高的道路宜取直,以争取较好的线形指标。等级较低的道路则应综合考虑技术、经济条件比较确定。

d. 陡崖峭壁河谷。山区河谷中时常会有河床狭窄,水流湍急的峡谷河段,两岸交替出现陡崖峭壁。当路线通过这种地段时,一般有绕避和穿越两种方案。

绕避:绕避一般适用于低等级道路。方法有两种:一种是翻上峡谷陡崖的顶部,选择有利的地带通过。这种方法需要崖顶有可供布线的地形;一种是另辟越岭线,这需要河段附近有基本符合路线走向的低垭口。这两种方法纵断面均是上而复下,需要有合适的地形过渡,而且上下线位高差越大,展线的距离就越长,工程量比较集中。

穿越:路线的平、纵面均受到岸边山崖的形状和洪水水位的限制,活动余地不是很大,低线位布线时较多采用。根据河床宽窄、水文条件、岩壁陡缓情况,可采用与水争路、侵河筑堤、硬开石壁的方式穿过。

当河床较宽,水流不深,压缩部分河床不致引起洪水位过度抬高时,路基可全部或大部分紧靠崖脚的水中或滩地上设置,借石或少量开挖石崖填筑。注意临水一侧需设置防护工程。

当河床较窄,压缩后洪水位有较大的太高时,可采用"开砌结合"的方式占用部分河道,即路基填石防护所占用的泄水面积应从对岸河槽开挖中补偿,如图 2-10 所示。

当岩陡壁高、河床较窄时,可根据地质条件、施工技术力量,通过技术经济比较可考虑在石壁上开挖出路基形成半山洞或采用隧道、半山桥及悬出路台等措施通过,如图 2-11 和图 2-12 所示。

（2）越岭线

越岭线布设应解决的主要问题是垭口选择、过岭高程的确定和垭口两侧路线展线方案的拟订。这3者是相互联系、相互影响的,布设时应综合考虑。

①垭口的选择。垭口是分水岭山脊上的凹形地带(又称作鞍部),由于高程低,常常是越岭线的重要控制点。

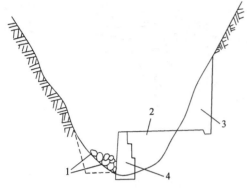

图 2-10 路基侵占部分河床示意图
1-清除;2-填筑路基;3-开挖;4-浆砌挡墙

垭口选择,应在符合路线总方向的前提下,综合各方面因素,根据垭口的位置、高程,以及垭口两侧地形、地质等条件反复比较确定。

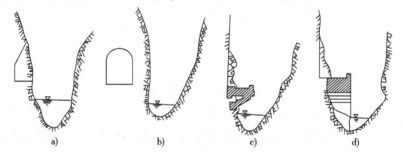

图 2-11 硬开石壁特殊措施示意图
a)半山洞;b)隧道;c)悬出路台;d)半山桥

a.垭口的位置。垭口位置的选择应在符合路线基本走向的前提下,与两侧路线展线方案一起考虑。首先,选择高程较低且展线后能很快与山下控制点直接相连的垭口;其次,再考虑稍微偏离路线方向,但是接线较顺、增加路线里程不多的垭口。

如图 2-13 所示,A、B 控制点间有 C、D 两个垭口,从平面位置看,C 垭口在 AB 直线上,D 垭口稍微偏离在 AB 直线方向,但从符合路线基本定向来看,穿 D 垭口比穿 C 垭口反而展线短些,而且平面线形较好。因此,D 垭口比 C 垭口更有优势。

图 2-12 太行山王莽岭公路

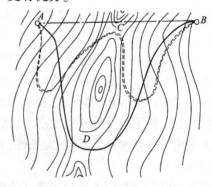

图 2-13 垭口位置的选择

b. 垭口的高度。垭口与其山下控制点的高差,直接影响路线展线长度、工程数量大小及运营条件。在展线条件相同时,垭口降低的高度 Δh 和缩短的里程 Δl 有如下的关系:

$$\Delta l = 2 \cdot \Delta h \cdot \frac{1}{i_{均}} \quad (2\text{-}1)$$

式中:$i_{均}$——展线的平均坡度,一般可取5‰~5.5‰。

由式(2-1)可知,若垭口越低,里程越短,在地形困难的山区,能减少路线长度而节省的工程造价和运营费,这都是很难得的。

c. 垭口的展线条件。山坡线是越岭线的重要组成部分。而山坡坡面的曲折与陡缓、地质的好坏等情况直接关系到路线的标准和工程量的大小。因此,垭口选择要与侧坡展线条件结合考虑。选择时,如有地质稳定、地形平缓有利于展线的侧坡,即使垭口位置略偏或垭口较高,也应比较,不要轻易放弃。

②越岭高程。越岭高程是越岭线布局的重要控制因素。不同的控制高程,不仅影响工程大小、路线长短、线形标准,而且直接关系到垭口两端的展线布局,决定越岭高程的因素。

a. 垭口及两侧的地形。当越岭地段山坡平缓,垭口又宽厚时,一般宜采用展线的方式翻越山岭。

b. 垭口的地质条件。垭口通常是地质构造薄弱,常有不良地质现象的山脊凹陷地带。地质条件较差的垭口有以下3种类型:

ⓐ松软土侵蚀型垭口。如图2-14所示,由于坡积或沉积形成的土层,经长期侵蚀而形成的山脊低凹地。当土质松软、地下水较严重时,不宜深挖。并在可能条件下尽量绕避。

ⓑ软弱岩层垭口。如图2-15所示,在单斜硬软岩交互层的地带,软岩层经雨水和风化作用长期侵蚀形成的垭口。从外形看。垭口一般不对称。一般岩层外倾侧的边坡渗水性强、稳定性差,常引起顺层滑坡,不宜深挖。

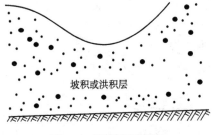
图2-14 松软侵蚀型垭口

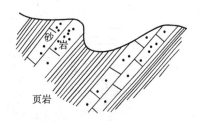
图2-15 软弱岩层垭口

ⓒ构造破碎带垭口。由地层褶曲部或断层带经侵蚀风化所形成的垭口,如图2-16所示。这类垭口岩层破碎、地表水容易下渗、路基及边坡稳定性差,是地质条件最差的地带。特别是图中b)、c)两种垭口最为不利。对这类垭口一般应绕避,必须通过时,不能深挖,并结合岩层破碎程度、风化情况、断层及地下水状况慎重决定开挖深度,并要采取加固及排水措施。

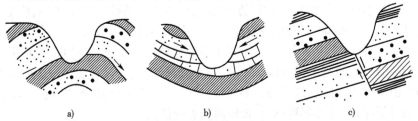
图2-16 构造破碎带垭口
a)背斜侵蚀垭口;b)向斜侵蚀垭口;c)断层破碎带垭口

③越岭方式选择：

a. 浅挖低填垭口。当越岭地段的山坡平缓、容易展线、垭口地带的地形宽而且厚时，宜采用浅挖或低填的形式通过，越岭高程与垭口高程基本保持一致。

b. 深挖垭口。当垭口比较瘦削时，常采用深挖的方式通过。虽然深挖处的土石方数量集中，但有效地减低了越岭高程，缩短了展线长度，而且改善了行车条件。深挖的程度应视地形、地质、气候等条件以及展线对越岭高程的要求而定，一般不要超过20m。此时的越岭高程为深挖后的高程。

c. 隧道穿越。当垭口地挖深较大，超过30m以上时，应与隧道方案相比较。隧道穿越山岭具有里程短、纵坡小、线形好，有利于行车、战时隐蔽，受自然因素影响小，路基稳定等特点。特别在高寒地区，隧道穿山，海拔低，不受冰冻、积雪等的影响，大大改善了运营条件。

在采用隧道方案时，应注意以下4点：

ⓐ必须做好方案比较，有充分的理由方可采用。主要是修建隧道与缩短路线里程的比较；隧道投资与运营费比较；明挖与隧道方案的比较；施工期限的限制。

ⓑ注意地质问题，隧道是在岩土内的地下建筑物，周围岩体的稳定性直接影响隧道的设计、施工和使用。

ⓒ隧道定位宜选在山脊薄、山坡陡、垭口窄的部位，以缩短隧道长度。

ⓓ在少量增加工程造价的情况下，尽可能将隧道高程定低一些，以改善路线条件，发挥隧道优势。

④展线布局。展线就是采用延展路线长度的方法，逐渐升坡克服高差的布线方式。展线的基本形式有3种，如图2-17所示。

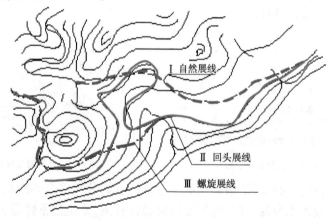

图2-17 越岭线展线方式

a. 自然展线。图2-17中Ⅰ方案，当山坡平缓、地质稳定时，以适当的纵坡绕山嘴、沿侧沟延展路线以克服高差的展线方式。这种方式的优点是符合路线的基本走向，纵坡均匀，路线短、线形好、技术指标较高；缺点是路线避让艰巨工程和不良地质的自由度不大。

b. 回头展线。图2-17中Ⅱ方案，利用回头曲线延展路线克服高差的布线方式。其优点是能在短距离内克服较大的高差，并且用回头曲线布线灵活，利用有利地形避让艰巨工程和地质不良地段的自由度较大。缺点是平曲线半径小，同一坡面上下线重叠，对施工、行车和养护都不利。图2-18所示的是利用有利地形，布局回头展线的实例。

回头位置对于回头曲线的线形和工程大小以及展线布局有很大关系，选择时应多调查、多比较。回头地点在满足展线布局的前提下，宜选在地面横坡平缓，地形开阔，以使上、下线路能布置的地点；相邻回头曲线间距应尽量拉长，以减少回头的次数，利用时要与纵坡安排相结合，既不因回头位置过高利用不上，也不要使其位置过低，而使纵坡损失过大而增长路线。

图 2-18 回头展线实例

一般较肥厚的山包、山脊平台、平缓的山坡、山沟、山坳均是回头的有利地形。如图 2-19 所示的地形均适合于布置回头曲线。

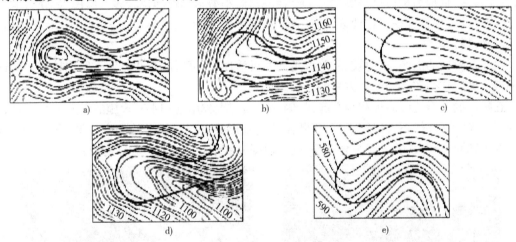

图 2-19 适宜设置回头曲线的地形

a) 利用山包回头；b) 利用山脊平台回头；c) 利用缓坡回头；d) 利用山沟回头；e) 利用山坳回头

c. 螺旋展线。当路线受到地形、地质限制，需要在某一处集中提高或降低一定高度才能充分利用前后的有利地形时，可以采用螺旋展线的方式。这种展线的路线转角大于360°，其优点是路线利用有利的山包或瓶颈形山谷，在很短的平面距离内就能克服较大的高差，它比回头曲线有较好的线形，避免了路线的重叠；缺点是需建桥或隧道，工程造价高。

螺旋展线可有上线桥跨和下线隧道两种方式，如图 2-20 所示。

三、丘陵区选线

1. 自然特征

丘陵区是介于平原区和山岭区之间的地形，其地形特征是山丘连绵、岗坳交错、此起彼伏，山丘曲折迂回，岭低脊宽，山坡较缓，相对高差不大。丘陵区包括微丘和重丘两类地形。

微丘区起伏较小，地面自然坡度在20°以下，山丘、沟谷分布稀疏，坡形缓和，相对高差在100m以内，而且有较宽的平地可以利用。

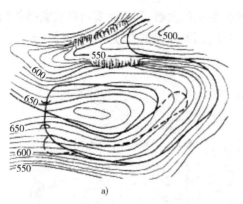
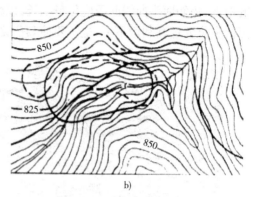

图 2-20 螺旋展线类型
a) 上线桥跨；b) 下线隧道

重丘区起伏频繁，相对高差较大，地面自然坡度在 20°以上，山丘、沟谷分布较密，而且具有较深的沟谷和较高的分水岭，路线平、纵面部分受地形的限制。

随着丘陵区地形的起伏，地物的变化也较大。一般丘陵区农业都比较发达，土地种植面积广，种类繁多，低地为稻田，坡地多为旱地或经济林，小型水利设施也较多。居民点、建筑群、风景、文物点及其他设施在平坦地区时有出现，如图 2-21 所示。

2. 路线特征

由于丘陵区的山冈、谷地较多，路线走向的灵活性大，可行的布线方案一般比较多，一条路线的最终确定往往需要经过多方案的比较。

丘陵区的地形迂回曲折和频繁起伏，因此平面与农林用地和水利设施的矛盾较大，多以曲线为主。纵断面起伏不大但较频繁，横断面的路基形式多以半填半挖为主。平、纵、横 3 方面相互约束和影响较大，若 3 者组合合理，则可以提高线形技术标准（见图 2-22）。

图 2-21 丘陵区地形地貌　　　　　　图 2-22 丘陵区道路

3. 丘陵区路线布设要点

丘陵区选线，需摸清丘陵地区的地形、地质和水文特点，选择方向顺直、工程量少的路线方案。

(1) 微丘地区。微丘地区应充分利用地形，处理好平、纵线形的组合，不应迁就微小地形，造成线形曲折，也不宜采用长直线，造成纵断面线形起伏。

(2) 重丘地区应注意以下 4 点：

①注意利用有利条件减少工程量。路线应随地形变化布设，在确定路线平、纵面线形的同时，应注意横向填挖的平衡。对于横向坡度较缓的地段，应采用半填半挖或多填少挖的路基形式。对于横向坡度较陡的地段，可采用全挖或挖多填少的路基形式。但应注意挖方的边坡坡度，不要因为挖方边坡过高、过陡而造成失稳。同时还应该注意纵向土、石方平衡，以减少废方

和借方。

②注意平、纵、横综合设计。应注意避免只考虑纵坡平缓,而使路线平面弯曲。也不应只考虑平面顺直,纵面平缓,而导致高填深挖,工程量过大。也不能只讲究经济,过分迁就地形,而致使平、纵面线形指标过多的采用极限或接近极限指标。

③注意少占耕地,不占良田。丘陵地区的种植耕地种类较多,分布较广。因此布线时需慎重,尽量做到少占农田,不占经济林园。

a. 当路线经过个别高台地或山鞍时,应结合地质、水文条件,做好开挖与建设隧道的方案比较,以节约耕地或避免病害。

b. 当路线跨越宽阔沟谷或洼地时,应结合用地的要求,本着节约的原则做好旱桥与高填的方案比较。

c. 注意修建桥涵要符合农田灌溉及水利设施的要求,避免引起水害,冲毁或淹没农田。

④注意避让地质不良地段。遇到地质不良地段,首先应该考虑绕避,并采取必要的工程防护措施及排水设施,确保边坡及路基稳定。当遇到冲沟比较发育的地段时,高等级公路可采用高路堤或高架桥的方式直穿,低等级公路则适宜采用绕越方案。

4. 丘陵区路线布设的方式

根据地形情况的不同,一般按3类地带分段布线(见图2-23),其要点有以下3个方面:

(1)平坦地带——走直线。两个控制点之间的地势平坦,一般按平原区以方向为主导的方式布线。如果没有地物、地质或风景、文物等障碍物,一般应按直线布线。如有障碍等,则应加设中间控制点,设置转折小、半径较大的长缓曲线为主。

(2)陡坡地带——走匀坡线。匀坡线是指在两点之间,沿自然地形以均匀坡度确定地面点的连线。匀坡线是通过多次试坡后才可得到。当两控制点之间无障碍等

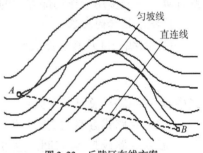

图2-23 丘陵区布线方案

因素影响时,可直接按匀坡线布设。若有障碍等,则应在障碍处加设中间控制点,分段按匀坡线控制。

(3)起伏地带——走直线与匀坡线之间。起伏地带地面横坡较缓,所谓"走中间"就是路线在匀坡线和直线之间选择平面顺适,纵面均衡的合理路线。

任务三　路线方案比选

方案比较是选线中确定路线总体布局的有效方法,在可能布局的多种方案中,通过方案比较和取舍,选择技术合理、费用经济、切实可行的最优方案。路线方案的取舍是路线设计中的重要问题,方案是否合理,不仅关系到公路本身的工程投资和运输效率,更重要的是影响到路线在公路网中的作用,直接关系到是否满足国家政治、经济及国防的要求和长远利益。

根据方案比较的深度上的不同,可分为原则性方案比较和详细的方案比较两种。从比较形式上看,方案比较可分为质的比较和量的比较。

一、原则性方案比较

对于原则性的方案比较,主要是质的比较,多采用综合评价的方法,这种方法是综合各方

面因素进行评比。主要综合的因素有以下4个方面。

(1)路线在政治、经济、国防上的意义,国家或地方建设对路线使用任务、性质的要求,以及战备、支农、综合利用等重要方针的贯彻和体现程度。

(2)路线在铁路、公路、航道等网系中的作用,与沿线工矿、城镇等规划的关系以及与沿线农田水利建设的配合及用地情况。

(3)沿线地形、地质、水文、气象、地震等自然条件对公路的影响,要求的路线等级与实际可能达到的技术标准及其对路线的使用任务、性质的影响;路线的长度、筑路材料的来源、施工条件以及工程量、三材(钢材、木材、水泥)用量、造价、工期、劳动力等情况及其运营、施工、养护、的影响,以及施工期限长短等。

(4)路线与沿线历史文物、革命史迹、旅游风景区等的联系。

影响路线方案选择的因素是多方面的,而各种因素又多是互相联系、相互相影响的。路线在满足使用任务和性质要求的前提下,应综合考虑自然条件、技术标准、技术指标、工程投资、施工期限和施工设备等因素,精心选择、反复比较,才能提出合理的推荐方案。

二、详细的方案比较

详细的方案比较是在原则性方案比较之后进行的量的比较,它包括技术和经济指标的详细计算。一般多用于作局部方案的分析比较。

1.技术指标的比选

(1)路线长度及其延长系数。

$$\lambda_0 = \frac{L}{L_0} \tag{2-2}$$

式中:λ_0——路线总延长系数;

L——路线方案的实际长度,m;

L_0——路线起、终点间的直线距离,m;

λ_1——路线技术延长系数;

$$\lambda_1 = \frac{L}{L_1} \tag{2-3}$$

L_1——路线方案中各大控制点间的直线距离,m。

(2)转角数。包括全线的转角数n(个)和每公里的转角数(个/km)。

(3)转角平均度数,转角是体现路线顺直的一种技术指标,转角平均度数按下式计算:

$$\alpha = \frac{\sum_{i=1}^{n} \alpha_i}{n} \tag{2-4}$$

式中:α——转角平均度数;

α_i——任一转角的度数;

n——全线的总转角数。

(4)最大与最小平曲线半径,m;

(5)回头曲线的数目,个;

(6)最大与最小纵坡;

(7)最大与最小竖曲线半径,m;

(8)与既有公路及铁路的交叉数目(包括平面交叉和立体交叉);

(9)限制车速的路段长度(指居住区、小半径转弯处、交叉点、陡坡路段等)。

2. 经济指标的比选

(1)路基土石方工程数量;
(2)桥涵工程数量(大桥、中桥、小桥涵的座数、类型及其长度);
(3)隧道工程数量;
(4)挡土墙工程数量;
(5)征占土地数量及费用;
(6)拆迁建筑物及管线设施的数量;
(7)主要材料数量;
(8)主要机械、劳动力数量;
(9)工程总造价;
(10)投资成本—效益比;
(11)投资内利润率;
(12)投资回收期。

三、方案比较步骤

一条较长的路线,可能的方案很多,不可能对每一个方案都进行实地视察和比选。只能事先尽可能收集已有资料,在室内进行筛选,然后就较佳的且优劣难辨的有限方案进行实地视察和比选。一般步骤分为以下5点:

(1)收集资料;
(2)在小比例地形图上布局路线,初拟方案;
(3)室内初步比选,确定可比方案;
(4)实地视察、踏勘测量(或在地形图上进行);
(5)进一步比选,确定推荐方案。

【案例】 图2-24为某干线公路,根据公路网规划要求按三级公路标准修建,视察后拟订4个方案进行比较,各方案的技本经济指标汇总见表2-1,试确定推荐方案。

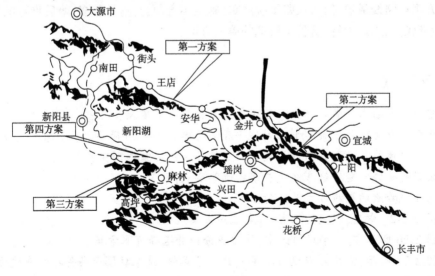

图2-24 路线比选

路线方案比较表   表 2-1

指标		单位	第一方案	第二方案	第三方案	第四方案
通过县市		个	29	29	32	31
路线长度		km	1360	1347	1510	1476
新建		km	133	200	187	193
改建		km	1227	1147	1323	1283
平原、微丘区		km	567	677	512	615
山岭、重丘区		km	793	670	998	861
用地		亩	2287	2869	3136	2890
工程数量	土方	万立方米	382	492	528	547
	石方	万立方米	123	75	82	121
	次高级路面	千立方米	5303	5582	5440	5645
	大、中桥	m/座	1542/16	1802/20	1057/13	1207/15
	小桥	m/座	1084/47	846/54	980/52	1566/82
	涵洞	道	977	959	1091	1278
	挡土墙	m³	73530	53330	99770	111960
	隧道	m/座	300/1	—	290/1	—
材料	钢材	t	1539	1963	1341	1469
	木材	m³	18237	19052	18226	19710
	水泥	t	30609	39159	31288	33638
劳动力		万工日	1617	1773	1750	1920
总造价		万元	81015	85110	77835	89490
比较结果			推荐			

比选的结果是第三、四方案过于偏离总方向，较第一、二方案增加了 100～150km，虽能多联系 2～3 个县市，但对发展地区经济的作用不大。而且第三方案线形指标较低，将来改建难以利用原有路线；第四方案又与现有高压电缆线连续干扰，不易解决。因而三、四方案不宜采用。第二方案虽路线最短，但与铁路干扰严重，施工不方便，且占地较多；最后推荐的是路线较短、线形标准较高，用地最省，造价也较低的第一方案。

思考与练习

1. 道路选线的基本步骤是什么？简述各个步骤的一般要求和要点。
2. 试根据平原区的地形、地物特征简述平原区的路线特征，并简要说明平原区选线的要点。
3. 什么是沿溪线？沿溪线布线的关键问题是什么？应掌握哪些要点？
4. 什么是越岭线？越岭线布线时应掌握哪些要点？
5. 试简述越岭线的展线方式及其特点。
6. 分析图 2-25 中虚、实线的优劣，确定采用方案。
7. 如图 2-26 所示，有 3 个跨河方案，试比较分析并选择可取方案。
8. 如图 2-27 所示，拟在 A、B 两点之间修建一条路线，试根据图示条件拟订布线方案。
9. 如图 2-28 所示，拟订某一丘陵区 AB 路段的路线方案。

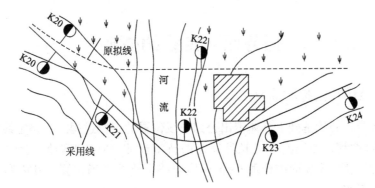

图 2-25 平原区选线占地比较图

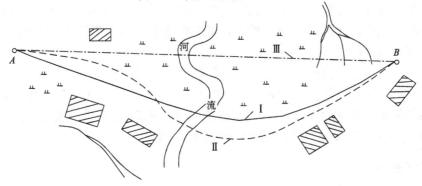

图 2-26 跨河选线示意图

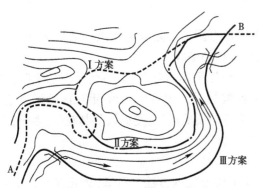

图 2-27 布线方案

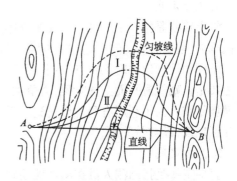

图 2-28 丘陵区路线布线方案示意图

学习情境 公路定线

知识目标

了解公路定线的任务,掌握公路定线的方法。

能力目标

1. 能够在大比例尺地形图上进行纸上定线和局部移线。
2. 能够准确描述道路初测(定测)的目的、任务和内容。

任务四 定线的概要

一、定线的目的、任务和意义

定线是在选线布局的基础上具体定出公路中线位置的工作过程。公路定线的基本任务是在选线布局确定的"路线带"范围内，按照既定的技术标准，结合细部地形、地质等自然条件，综合考虑路线的平、纵、横3面的合理安排，确定道路中线的准确位置。其内容包括确定交点和曲线定线两项工作。

定线在公路设计中起有关键的作用，不仅要解决工程和经济的问题，而且还要充分考虑道路与生态环境的关系，道路与周围环境的配合与协调，道路自身线形的技术要求以及车辆行驶时驾驶员的视觉、心理要求等问题。

公路定线是一项复杂、面广、技术要求很高的工作。定线时除了受地形、地质、地物等限制外，还受技术标准、国家政策、社会影响、道路美学、风俗习惯等因素的约束。因此，设计人员必须具有广博的知识和熟练的定线技巧，同时还应具备不怕麻烦，精益求精的态度。实际工作中，复杂条件下的定线需要进行方案比选来确定最优方案。

二、定线的方法

常用的定线方法有直接定线和纸上定线两种。

1. 纸上定线

纸上定线是指在 1:1000~1:2000 的大比例尺地形图上确定公路中线位置的方法。地形图范围大，视野开阔，定线人员在室内就可以定出合理的路线。

不同的地形定线时侧重点不同。平原、微丘区地形平坦，路线一般不受坡度的限制，定线时主要是正确绕避平面上的障碍，力争控制点间路线短、捷、顺、直。山岭重丘区地形复杂，地面横坡陡峻。为了利用有利地形避让艰巨工程、不良地质地段等，受纵坡限制较严，因此，山岭重丘区定线，纵坡是关键。

2. 直接定线

直接定线是指勘测人员在实地现场确定道路中线位置的方法。平原、微丘区直接定线工作的侧重点和步骤与纸上定线相同，不同之处是交点坐标或转角及交点间距应经实测获得。山岭、重丘区直接定线，原则上和纸上定线相同。但定线条件不同，工作步骤有所改变。

任务五 定线的步骤与方法

一、定线的步骤

1. 纸上定线

纸上定线是指在 1:1000~1:2000 的大比例尺地形图上确定公路中线的位置。地形图范围大，视野开阔，勘测人员在室内就可以定出合理的路线。

不同的地形定线时侧重点不同，平面、微丘区地形平坦，路线一般不受坡度的限制，定线时主要是正确绕避平面上的障碍，力争控制点间路线短捷顺直。山岭重丘区地形复杂，地面横坡陡峻,为了利用有利地形,避让艰巨工程、不良地质地段等,受纵坡限制较严,因此山岭重丘区定线,纵坡是关键。

(1)平原、微丘区纸上定线步骤:

①定导向线。在选线布局确定的控制点之间,根据平原、微丘区路线布设要点,通过比较分析,确定可以穿越、接近和绕避的点以及活动范围,建立中间导向点。

②试定路线导线。参照所定导向点试穿一系列直线,并交汇出交点,作为初定路线导线。

③初定平曲线。读取交点坐标计算或直接量测转角和交点间距,初定圆曲线半径和缓和曲线长度,计算曲线要素。

④定线。检查各项技术指标是否满足《公路工程技术标准》(JTG B01—2003)要求以及平曲线线位是否合适,不满足时应调整交点位置或圆曲线半径或缓和曲线长度,直至满足技术《公路工程技术标准》(JTG B01—2003)的要求。

(2)山岭、重丘区纸上定线步骤。

①定导向线:

a.分析地形,找出各种可能的路线走向。

在地形图上研究路线布局阶段选定的主要控制点之间的地形、地质情况,选择平缓顺直的山坡、开阔侧沟,适合设置回头的地点等有利地形拟定路线可能的多种走向。

b.求平距 a,定坡度线。由等高线间距 h 和选用的平均纵坡 $i_{均}$(5% ~ 5.5%,视地形曲折程度和高差而定),按 $a = h/i_{均}$ 计算等高线平距 a。

c.确定中间控制点,分段调整纵坡,定导向线。分析坡度线利用地形、避让地物或不良地质情况,找出应穿越或应避绕的中间控制点。

②修正导向线:

a.试定平面和纵断面。导向线定出直线和平曲线即平面试线,按地形变化特征点量出或读取桩号及地面高程,点绘纵断面图的地面线,参考地面线和前面分段安排的纵坡设计理想纵坡,量出或读取各桩的概略设计高程。

b.定修正导向线。定修正导向线的目的是用纵断面修正平面,避免纵向大填大挖。在平面试线各桩的横断面方向上点出与概略设计高程相应的点子,这些点的连线是具有理想纵线、中线上不填不挖的折线,称为修正导向线。当纵断面上填挖过大时,应进行修改。

c.定二次修正导向线。二次修正导向线的目的是用横断面最佳位置修正平面,避免横向填挖过大。对修正导向线各点绘制横断面图,用路基模板逐点找出最经济或起控制点作用的最佳中线位置及其可移动范围。

③定线。定线是在二次修正导向线的基础上进行。二次修正导向线是一条平面折线,不满足技术标准的要求,为此,必须适当取直,并用平曲线连接,定出中线的确切位置。定线必须按照二次修正导向线上各特征点的性质和可活动范围,经过反复试线才能定出满足要求的中线。

【案例】 如图 2-29 所示,拟在 A、B 两点之间布设一条路线。

纸上定线的步骤如下:

(1)拟定方向。通过在地形图上仔细研究地形、地质情况发现,该地区为山岭地区,左侧地形较陡,右侧地形较缓。B 点为可利用的山脊平台,C 点为应避让的陡崖,A-B-C-D 为路线的一种可能走向,需要放坡试线。

(2)试坡。选用平均纵坡5%,根据地形图可知 $h = 2\text{m}$,则等高线平距 $a = 2/0.05 = 40\text{m}$,

根据地形图比例尺 1∶2000 可换算出图上距离为 0.02m，即 2cm。使两脚规的张开度为 2cm，从固定点 A 点开始，沿拟定走向依次截取每一根等高线可得 a、b、c、d……点，在 B 点附近回头（图中 j 点）后再向 D 点截取。当最后一点的位置和高程都与 D 点接近时，说明该方案成立，否则应修改走法（如改变回头的位置）或调整 $i_{均}$，重新试坡至方案成立为止。

连线 $Aabcd……D$ 为具有平均纵坡的折线，称为匀坡线。

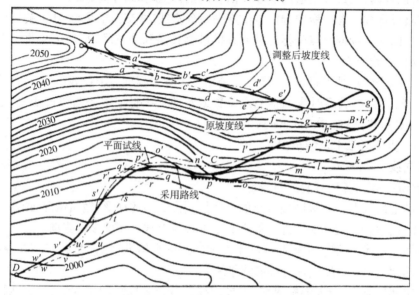

图 2-29 山岭区纸上定线示意图

（3）调坡，定导向线。分析匀坡线发现，B 出有利于设置回头的地点未能利用，C 处的陡崖未能避让。若调整 B、C 前后的纵坡（可在最大和最小纵坡间选用，但不宜采用极限值，并且不要出现反坡），就能避开陡崖和利用有利回头的地点，因此将 B、C 定为中间控制点。然后再仿照上法分段调整纵坡试定匀坡线，各段匀坡线的连线 $Aa'b'c'd'……D$ 为具有分段安排纵坡的折线，称为导向线。

（4）修正导向线。

①试定平面和纵断面。参照导向线定出直线和平曲线，即平面试线，按地形变特征点量取或读取桩号及地面高程，点绘纵断面图的地面线，参考地面线和前面分段安排的纵坡设计理想纵坡如图 2-29 所示，量出或读取各桩的概略设计高程。

②定修正导向线。如图 2-30 所示中 K0+2000～K0+400，实地地面线（对应平面试线）挖方较大，该段纵坡已接近极限值无法调整，如将路线移到崖顶通过（平面采用路线），平面线形并无多大变化，但挖方工程减少很多，如图 2-31 所示中虚线地面线。

③定二次修正导向线。对修正导向线各点绘制横断面图，用路基模板逐点找出最经济或起控制作用的最佳中线位置及可移动范围。如图 2-31 所示中的②③，根据最佳位置的性质分别用不同的符号点标注到平面图上，这些点的连线是具有理想纵坡、横向位置最佳的折线。

（5）定线完成即可。

2. 直接定线

直接定线是勘测人员在实地现场确定公路中线位置的方法，即称为实地定线。平原微丘区直接定线工作侧重点和步骤与纸上定线相同，不同点是交点坐标或转角及交点间距应经实测获得。山岭、重丘区直接定线，原则上和纸上定线相同，但定线条件不同，则工作步骤有所改变。

山岭、重丘区直接定线是采用带角手水准进行的。带角手水准如图2-32所示,寻找该坡度上的另一点目标,即放坡测量。

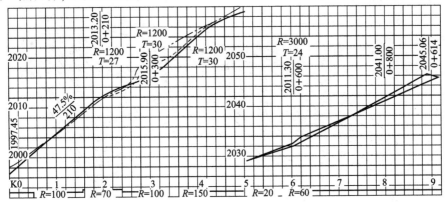

图2-30 纸上定线纵断面图

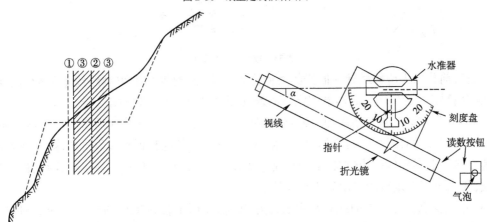

图2-31 横断面最佳位置示意图　　图2-32 手水准示意图

下面以山岭区越岭线为例说明直接定线的工作步骤。

(1)分段安排路线。在选线布局阶段所定的主要控制点之间,沿拟定方向用试坡的方法,逐段粗略定出沿线应穿越或应避让的一系列中间控制点,是路线方案更加明确。

(2)放坡、定导向线。放坡就是利用手水准在现场定出坡度点的作业过程,其目的是要解决控制点之间纵坡的合理安排问题,实质上就是现场设计纵坡的操作过程。在纵坡安排和选择坡度值时应考虑以下几点:

①纵坡线形要满足《公路工程技术标准》(JTG B01—2003)要求,例如坡长限制、缓坡设置、合成坡度等要求,并力求两控制点之间坡度均匀,避免出现反坡。

②结合地形选用坡度。尽可能不用最大纵坡,但也不宜过缓,以接近两控制点间均坡线(平均坡度)为宜,在地形整齐地段可稍大一些,曲折多变处宜稍缓。

放坡由受限较严的控制点开始,按手水准的第二种用法,一人持手水准对好选用纵坡相应的角度站立于控制点处指挥另一持花杆的人在山嘴或山坳等地形变化处,计划变坡处以及顺直山坡每隔一定距离处,上下横向移动,找到两人距地面同高点后定点,插上坡度旗或在地面做标记,以该点为固定点继续向前放坡。如果一边放坡一边进行后续工作,应先放完一定长度

(一般不应小于4~5条导线边长)的坡度点后,利用返程进行下一步操作。通过放坡定出的这些坡度点的连线如图2-33所示的$A_0A_1A_2$……,相当于纸上定线的修正导向线,起到指引路线方向的作用,称其为导向线。

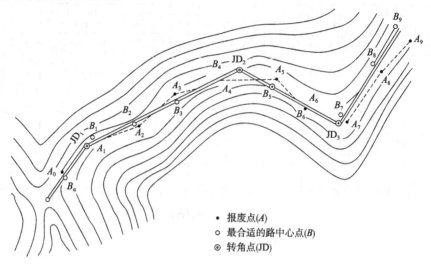

图2-33 放坡定线示意图

放坡时前找点人应能估计平曲线的大概位置和半径,对因标准限制路线不可能自然绕过的窄沟或山嘴应"跳"过去,而当能够绕行时坡度要放缓,以便坡度折减。

(3)修正导向线。坡度点就是概略的路基设计高程,由于各点的地面横向坡度陡缓不一,平面线位横向移动对路基的稳定的填挖工程量影响很大,故应根据路基设计要求,在各坡度点的横断方向上选定最佳中线位置,插上标记。如图2-33所示,$B_0B_1B_2$……点的连线,称为修正导向线,相当于纸上定线的二次修正导向线。

(4)穿线交点。修正导向线是具有合理纵坡、横断面上位置最佳的一条折线。即根据修正导向线确定平面线形直线的位置和长度、定出路线导线并考虑平纵组合问题。所穿直线应尽可能多的靠近或穿过修正导向线上的坡度点,特别要满足控制较严的点,适当的裁弯取直,使平、纵、横3个方面合理组合,试穿出与地形相适应的若干直线,延长这些直线交汇出交点,即为路线导线,如图2-33所示JD_1、JD_2、JD_3。穿线交点工作需要定线人员反复试穿和修改才能定出合理的路线。

(5)插设曲线。直接定线的插设曲线时面对自然地形,与纸上定线面对地形图的曲线插设相比要困难得多。在地形复杂的山区道路中,往往需要设置曲线的地方正是地形困难处。对于单交点,双交点或虚交点曲线,其曲线插设和调整相对简单,曲线插设方法与纸上定线方法相同。但回头曲线在现场插设比较复杂,应按照一定步骤插设,以免造成外业返工过多,增加工作强度。

凡设回头曲线的地方,地形对路线都带有强制性。如图2-34所示,主曲线和前后的辅助曲线的纵面、平面相互约束很严,稍有不慎,线形就会受到影响,或造成大量的填挖方。因此,插设曲线必须反复试插试算,才能取得满意的结果。

(6)纵断面设计。直接定线的纵坡设计,一般都是在对平面线形基本肯定之后进行的。要求设计纵坡不仅满足工程经济和技术标准的规定,还要考虑平、纵面线形配合的问题。因此,必须反复试验修改,才能做出满意的结果。检查修改时应注意以下3点:

①只须调整纵坡就能满足要求时,按需要调整纵坡线形。

②仅调整纵坡无法满足需要时,应综合考虑确定调整方案,平面线形可采用纸上移线的方法解决。

③工程经济与平、纵配合矛盾很大时,应结合路线等级、工程量大小等因素具体分析,确定调整方案。

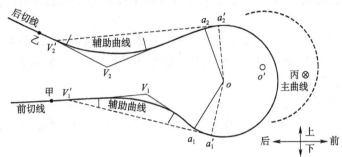

图 2-34 回头曲线插设示意图

二、定线的方法

1. 直线型定线方法

直线型定线方法是根据控制点或导向线和相应的技术指标,试穿出一系列与地形相适应的直线作为基本线形单元,然后,在两直线转折处用曲线予以连接的定线方法,即传统的一直线为主的穿线交点法。路线上每一条直线的方向,平原、微丘区应以布局确定的控制点为依据,山岭、重丘区应参照导向线试定,最终路线要经过多方面分析比较才能确定。这种方法一般适用于地形简单的平原、微丘区。

(1)路线标定。公路中线确定后,为标定路线需要很据选定的圆曲线半径及缓和曲线计算平曲线要素、曲线主点桩、加桩里程等。如果需要计算逐桩坐标时,则应采集交点的坐标。交点坐标的采集方法主要有以下两种:

①直接采集法。在绘有网格的地形图上读取各交点的坐标,一般只能估读到米,适用于交点前后直线方向和位置限制不严的情况。

②定前后直线简介推算法。在绘有格网的地形图上先固定交点前后的直线(即在直线上读取两个点的坐标),然后,再用相邻直线相交的解析法计算交点坐标,一般适用于交点前后直线方向和位置限制较严的情况。

当已知交点前直线上两点的坐标(X_1,Y_1)和(X_2,Y_2),后直线上两点的坐标(X_3,Y_3)和(X_4,Y_4),则交点坐标(X,Y)可按下式计算:

$$K_1 = \frac{(Y_2 - Y_1)}{(X_2 - X_1)}, K_2 = \frac{(Y_4 - Y_3)}{(X_4 - X_3)}$$

$$X = \frac{K_1 X_1 - K_2 X_3 - Y_1 + Y_3}{(K_1 - K_2)} \qquad (2\text{-}5)$$

$$Y = K_1(X - X_1) + Y_1$$

当 $X_1 = X_2$ 时,

$$\begin{aligned} X &= X_1 = X_2 \\ Y &= K_2(X - X_3) + Y_3 \end{aligned} \qquad (2\text{-}6)$$

当 $X_3 = X_4$ 时，

$$X = X_3 = X_4$$
$$Y = K_1(X - X_1) + Y_1 \tag{2-7}$$

(2) 曲线设置。曲线设置是在定出直线和交点组成的路线导线后进行，主要工作是确定圆曲线半径 R 和缓和曲线长 L_S。曲线设置主要是根据技术标准和地形条件，通过试算或反算的办法确定。

试算是根据经验先初定 R 和 L_S，计算切线长 T、曲线长 L 和外距 E 等曲线要素，检查线形是否满足技术标准和线位是否适应地形条件。如果不满足，应调整半径 R 或缓和曲线 L_S 或二者都调整，直至满足要求为止。

反算是根据控制较严的切线长 T（或外距 E）和试定的 L_S 计算半径 R，取整并判断 R 是否满足标准要求，否则应进行调整。试算或反算的结果经调整后仍然不能满足技术指标时，应调整导线。

(3) 坐标计算。先建立一个贯穿全线统一的坐标系，一般采取国家坐标系统。根据路线地理位置和几何关系计算出道路中线上各桩点的统一坐标，编制逐桩坐标表，然后，根据逐桩坐标实地放线。

2. 曲线型定线方法

曲线型定线方法是根据导向线和地形条件及相应技术指标，先试定出合适的圆曲线单元，然后，将这些圆曲线用适当的直线和缓和曲线连接的定线方法，即与传统的先定直线后定曲线相反的以曲线为主的定线法。当相邻圆曲线之间相距较远时，可插设适当的直线段。

(1) 定线步骤：

①参照导向线或控制点，徒手画出线形顺适、平缓并与地形相适应的概略线位。

②用直线或不同半径的圆曲线弯尺拟合徒手线位，形成一条由圆弧和直线组成的具有错位（即设缓和曲线后圆曲线的内移值）的间断线形。

③在圆弧和直线上各采集两点坐标固定位置，通过试定或试算，用合适的缓和曲线将它们顺滑连接，形成连续的平面线形。

(2) 确定回旋线参数。曲线型定线法的缓和曲线仍然采用回旋线，确定回旋线参数 A 值是采用曲线型定线法的关键，目前常用计算的方法确定。

①近似计算法

$$A = \sqrt[4]{24DR^3} \tag{2-8}$$

式中：D——基本型曲线时的内移值 p，S 形和卵形曲线，如图 2-35 所示时为圆弧之间距离；

R——基本型为单元曲线半径，S 形和卵形曲线时分别按下式计算：

S 形曲线换算半径

$$R = \frac{R_1 R_2}{R_1 + R_2} \tag{2-9}$$

卵形曲线换算半径

$$R = \frac{R_1 R_2}{R_1 - R_2} \tag{2-10}$$

式中：R_1——大圆半径；

R_2——小圆半径。

计算出 A 值后，应检查其大小是否满足 $A \geq A_{\min}$ 或 $R/3 \leq A \leq R$ 的要求，不满足时可调整圆弧位置,使 D 值变化后重新计算 A 值,直至满足要求为止。S 形曲线是由两条回旋线构成的,为了计算简便,宜采用等参数 A 的回旋线,对于两个不等参数的 S 形曲线计算比较复杂,一般很少使用。

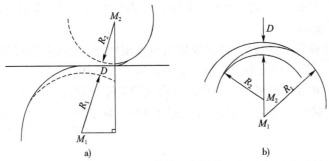

图 2-35　S 形和卵形曲线计算图

②解析计算法。解析计算法是根据几何关系,建立含有参数 A 的方程式,通过精确计算确定 A 值的过程。

定线操作是一个由粗到细的工作过程。近似法计算只保留了级数展开式中的第一项,因此,计算简单但精度不高,适用于初定线位或精度要求不高的定线。解析法精度高,但计算复杂,需要借助计算机,适用于精细定线。

(3)坐标计算。直线型和曲线型定线方法本质上并无区别,定线成果都是直线、缓和曲线和圆曲线组成的中线,但在定线手法上二者正好相反。另外,直线型定线法既可以用于纸上定线,也可用于现场直接定线,而曲线型只能用于纸上定线。

三、纸上移线

直接定线因地形复杂、定线人员视野受到限制和可能产生错觉,难免出现个别路段线位不当,此时,利用地形图进行路线的局部移线是有效的办法,因此,直接定线的局部移线也称为纸上移线。

1. 移线条件

(1)路线平面技术标准前后不协调,需要调整交点位置和改变半径或室内纵断面定坡后发现局部地段工程量过大时。

(2)路线位置过于靠山使挖方过大,或过于靠外使挡土墙较高时。

(3)增加工程量不大,但能显著提高平、纵线形标准时。

2. 方法步骤

(1)绘制移线地段的大比例尺(一般用 1:200～1:500)路线图,标注导线交点和平曲线各桩桩位,如图 2-36 中实线所示。

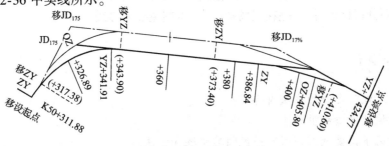

图 2-36　纸上移线平面示意图

(2)依据移线目的,在纵断面图上试定出合理纵坡,读取各桩填挖值。

(3)根据各桩的填挖值,用路基模板在横断面上找出最经济或控制性的路基中线位置,量出偏离原中线的距离即移距,分别用不同符号标志在线路图上。参照这些标记,在保证重点照顾多数的原则上,经多次反复试定修改,直到定出满足移线要求、线形合理的改移导线,如图2-36所示中虚线所示。

(4)用正切法计算各交点转角,转移与原线角度要闭合,否则应进行调整,先应调整短边和角度值小的转角。拟定半径,计算曲线元素并绘制出平曲线。

(5)量取原线各相邻桩横断面方向线切割移线的实际长度,推算移线上的桩号,量取原线各桩的移距,与新老桩号一并记入移距表(见图2-37)。算出断链长度,记于接线桩号处。

JD	a_z	a_y	R(m)	T(m)	L(m)	E(m)
175		68°49′	25	17.12	30.03	5.30
176	21°44′		100	19.20	37.93	1.83

a)

JD	a_z	a_y	R(m)	T(m)	L(m)	E(m)
175		68°49′	25	17.12	30.03	5.30
176	21°44′		100	19.20	37.93	1.83

b)

桩号	移距	
	左	右
+311.88	0	0
+326.89	2.7	
+314.89	4.9	
+360	5.0	
+380	4.8	
+386.84	4.2	
+400	2.4	
+405.80	1.8	
+424.77	0	0

c)

图2-37 纸上移线移距表
a)原曲线表;b)移线曲线表;c)移距表(m)

(6)按各桩移距,在横断面图上读取新老桩比高(见图2-38),据此用虚线在原纵断面图上点绘出移线的地面线和平曲线,重新设计纵坡和竖曲线。

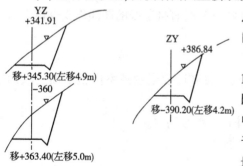

图2-38 纸上移线横断面示意图

纸上移线后,如果随即进行现场改线,可只做1~4步工作。纸上移线的主要数据资料是从原线横断面图上获得,而一般横断面施测范围有限,且距离中线越远精度就越低,所以,移距不能过大,一般以小于5m为宜。当移距很大时,应在定出改移导线后实地放线重测。纸上移线具有一定的作用,但移线后对外业勘测、内业设计以及施工等都带来不变,因此,纸上移线只是一种不得已时的补救措施,不应该依赖纸上移线解决问题,而应在直接定线中深入调查研究,全面分析比较,把问题在现场解决,尽量避免纸上移线。

思考与练习

1. 什么是定线?定线的方法有哪些?
2. 试述放坡的方法和步骤。
3. 什么情况下需要纸上移线?并说明其步骤和方法。

学习情境　公路勘测

公路勘测设计通常分为两个阶段,即初步设计阶段和施工图设计阶段,每一个阶段都有不同的目的和要求,因此,在公路勘测设计的方法上也有所不同,对应于初步设计的称为道路初测;对应于施工图设计的称为定测。

知识目标

1. 掌握初测的目的、任务、准备工作。
2. 掌握初测的步骤与工作内容。
3. 掌握定测的目的、任务、准备工作。
4. 掌握定测的步骤与工作内容。

能力目标

1. 能够准确描述初测(定测)的目的、任务和内容。
2. 能够完成初测(定测)的资料收集和整理。
3. 能够明确定测的分组。
4. 能够完成勘测的内业工作。

任务六　初　　测

初测是两阶段设计中第一阶段(初步设计阶段)的外业勘测工作。

初测指的是根据任务书确定的修建原则和路线基本走向,通过现场对各比较线方案的勘测、调查工作,以确定采用的路线,并搜集编制初步设计文件所需的资料。

初测的任务是要对路线方案作进一步的核查落实,并进行导线、高程、地形、桥涵、路线交叉和其他资料的测量、调查工作。

一、初测的准备工作

1. 搜集资料

为满足初测和初步设计的需要,初测前应收集、掌握以下4方面资料:

(1)可供利用的各种比例地形图、航测图、三角点、导线点、水准点资料。

(2)了解沿线自然地理概况,收集沿线的工程地质、水文、气象、地震基本烈度等资料。

(3)搜集沿线农林、水利、铁路、公路、航道、城建、电力、环保等有关部门的规定及规划、设计、科研成果等资料。

(4)对于改建公路还应收集原路的测设、施工及路况等资料。

2. 室内研究路线方案

根据工程项目可行性研究报告所拟定的路线基本走向,在既有地形图上进行各种可行方案的研究,并进行初步的方案比选,拟定需要勘测的方案及比较路线,确定现场需要调查和落实的问题。

3. 路线方案的现场核查和落实

开测前,应组织路线、地质、桥涵等专业的主要人员(必要时邀请当地政府和有关部门派员参加)进行现场路线方案的核实工作。核实的主要内容和要求如下:

(1)按初拟的路线方案进行核查:

①核查所搜集的地形图与沿线地形、地物有无变化,对拟定的路线方案有无干扰,并研究相应的路线调整方案。

②核查沿线居民的分布、农田水利设施、主要建筑设施等,并研究相应的路线调整方案。

③核查路线各种地上、地下管线,重要历史文物,名胜古迹;旅游风景区,自然保护区,景观区点等,应研究路线布设后对环境和景观的影响。

④对沿线重点工程和复杂的大、中型桥、隧道、互通立交等,应逐一核查落实其位置及设置条件。

⑤了解沿线主要建筑材料的产地、质量、储量和开采条件,对缺乏的筑路材料应提出解决的途径。

(2)核查工作应与当地政府或主管部门取得联系,对重要的路线方案、同地方规划或设施有干扰的方案,应征求相关部门的意见。

(3)核实中应充分考虑对环保的影响。

除此之外,在现场核查中还应对沿线的村镇、已建或计划修建的建筑设施、拆迁、占地工程地质、筑路材料、布线地形条件、改建公路路线方案等情况进行调查,确定路线的具体布局。

4. 其他资料的调查

(1)了解沿线地形情况,拟定路线途径的地形分界位置。

(2)了解沿线涉及测量工地的地形、地貌、地物、通视、通行等情况。拟定勘测工作的困难类别。

(3)调查沿线生活供应、交通条件等情况。

5. 资料整理

通过收集资料和现场的查实调查,应提出以下3方面资料:

(1)根据已掌握的资料,概略说明沿线的地形、河流、工程地质、水文地质、气象等情况;指出采用路线方案的理由,提供沿线主要工程和主要建筑材料情况,提出勘测中应注意的事项、需要进一步解决的问题等。

(2)估计野外工作的困难程度和工作量,确定初测队伍的组织及必备的仪具和其他装备,编制野外工作计划和日程安排。

(3)提出主要工程(如桥涵、隧道、立交等)的工程地质勘察工作量和要求。

二、初测的工作内容

初测工作应分组进行,主要内容、步骤及要求如下:

1. 导线测量

导线是在地面上布设的若干直线连成的折线,作为路线方案比较的控制线。初测的导线测量主要是对导线长度、转角和平面坐标的量测工作。

(1)布设导线。初设导线的布设,应根据现行《公路路线设计规范》中的选线原则全线贯通。导线点一般要求尽可能符合或接近路线位置,并应选在稳定,便于测角、量距、测绘地形及定测放线,且易于保存标志处。导线点间距不宜大于500m和小于50m。

布设导线点时,应做好现场记录,并绘出草图。

(2)导线长度测量。导线点距离优先采用光电测距仪测量。也可用钢尺和基线法测量,其相对限差为1/1000,取位至厘米(cm)。钢尺丈量一次可与经纬仪视距核对,限差为±1/200。

(3)水平角测量。水平角测量采用全测回法测量右侧角,经纬仪精度指标不低于J_6级。两个半测回限差在60″内取其平均值,附合导线和闭合导线闭合差为$±60″\sqrt{n}$(n为置镜点总数)。施测中每天至少观测一次磁方位角,其校核差不大于2。

三角形的角度及角值观测要求,见表2-2。当角值限差在规定范围内时,取其平均值。

角 度 测 量 精 度　　　　　　表2-2

仪器等级	三角形度数(°)		测回数	半测回线差
	最小	最大		
J_2	7	130	1	20″
J_6	12	120	1	40″

当路线起、终点附近有国家或其他部门平面控制点,且引测较方便时,可根据需要进行联测,形成闭合导线。

2. 高程测量

高程测量即水准测量,其方法同定测。

3. 地形测量

初测路线地形图必须全线贯通测绘,在具体测绘时,为保证测设精度,应尽量以导线点作测站。必要时可以根据导线点用视距法或交会法设置地形转点。

4. 小桥涵勘测

初测阶段小桥涵(包括漫水工程)勘测的主要工作内容包括:搜集有关资料,拟定桥涵位置、结构类型、孔径、附属工程的基本尺寸、初步计算工程数量。具体要求参见《公路小桥涵测设》。

5. 概算资料调查

概算资料的调查应按《公路基本建设工程概、预算编制办法》(交公路发[2007]358号)的有关规定进行。调查的内容与预算资料调查大致相同。

此外,在初测工作中,还应进行路线交叉勘测、临时工程资料调查、杂项调查及勘测工作。

6. 内业工作

初测内业工作内容包括以下4个方面:

(1)复核、检查、整理外业资料。公路路线设计一般应做到逐日复核、检查外业原始记录资料,做到资料准确无误。对于其他部门收集的资料,应做到正确取用。

(2)进行纸上定线及局部方案比选。按照《公路路线设计规范》(JTG D20—2006)的规定,进行路线平、纵、横断面协调布置,定出线形顺适、工程经济的线位。对地形、地质,水文等条件复杂、工程艰巨的路段,应拟定出可能的比较线位方案,进行反复推敲,确定采用方案。

(3)综合检查定线效果。综合检查路线线形设计及有关构造物布设的合理性,并进行必要的现场核对。

(4)图表制作和汇总。根据初步设计及现行《公路基本建设工程设计文件编制办法》的有关要求,对初测的原始资料进行整理及图表制作和汇总。

任务七 定 测

一、定测的任务和目的及内容

定测即定线测量,是指两阶段设计(或一阶段设计)施工设计阶段的外业勘测和调查工作。定测的任务是,根据上级批准的初步设计,具体核实路线方案,实地标定路线,并进行详细测量。其目的是为施工图设计和编制施工预算提供资料。

定测的内容包括以下11项:

(1)对初步设计所定的方案进行补充勘测,如有方案变更应经上级主管部门批准。

(2)实地选定路线或实地放线(纸上定线)时,进行测角、量距、中线测设、定桩、固定交点与转点桩位等工作。

(3)引测水准点,并进行路线水准测量。

(4)路线横断面测量。

(5)测绘或勾绘路线沿线的带状地形图。

(6)测绘局部路段地形图,如大中桥桥位、渡口、隧道、大型防护工程、交叉口等工程设施地点的大比例地形图。

(7)桥、涵、隧道的勘测与调查。

(8)路基、路面及其他人工构造物设计资料调查与搜集。

(9)沿线土壤地质调查及筑路材料勘查。

(10)占地、拆迁调查及预算资料搜集。

(11)检查及整理外业资料,并完成外业期间规定的内业设计工作。

二、定测的工作内容

定测分为选线组、测角组、中桩组、水平组、横断面组、调查组、路基路面组、桥涵组、内业组等作业组进行。如果定线采用纸上定线方法进行,则此时可将选线和测角组合并一个放线组。

1.选线组

(1)任务。选线组是整个外业勘测的核心,其他作业组都是根据它所插定的路线位置开展测量工作。

选线是公路定线的第一步,其主要任务是实地确定公路中线位置。主要工作是进行路线察看,并进一步确定路线布局方案;清除中线附近的测设障碍物;确定路线交点及转角并钉桩,选定曲线半径,会同桥涵组确定大、中桥位,会同内业组进行纵坡设计等工作。在越岭线地带,还需进行放坡定线工作。

(2)分工及工作内容:

①前点——放坡插点。前点一般由1~2人担任(需要放坡时2人),其主要工作是根据路线走向,通过调查、量距或放坡,确定路线的导向线,进一步加密小控制点,插上标旗(一般可用红白纸旗),供后面定线参考。

②中点——穿线定点。中点一般由2人担任,其主要工作是根据技术标准,结合地形及其他条件,修正路线导向线,用花杆穿直线的办法,反复插试,穿线交点,并在长直线或在相邻两互不通视的交点间设置转点,最后选定曲线半径并对交点进行编号。

③后点——测角钉桩。后点1人,其主要工作是用森林罗盘仪施测路线转角,以供选择曲线半径用;钉桩插标旗;并给后面的作业组留下半径及其他有关控制条件的纸条。

2. 导线测角组

(1)任务。导线测角组紧跟选线组工作。其主要任务是标定直线与修正点位;测角及转角计算;测量交点间距;平曲线要素计算;导线磁方位角观测及复核;经纬仪视距测量;交点及转点桩固定,作分角桩;测定交点高程,设置临时水准点;协助中桩组敷设难度大的曲线等工作。

(2)分工及工作内容。导线测角组一般由4人组成,其中司仪1人,记录计算1人,插杆跑点1人,固桩1人其主要工作内容如下:

①标定直线与修正点位。

②测角与计算。用测回法测右角后,计算转角(见图2-39)。

③平距与高程测量。通常多用光电测距仪测定两相邻交点间的平距和高差。测点(交点或转角)间的距离,一般不宜长于500m。

④作分角桩。为便于中桩组敷设平曲线中点桩(QZ),在测角的同时需做转角的分角线方向桩。分角桩方向的水平度盘读数按下式计算:

$$\text{分角读数} = (\text{前视读数} + \text{后视读数})/2 \quad (\text{右转时})$$
$$\text{分角读数} = (\text{前视读数} + \text{后视读数})/2 + 180° \quad (\text{左转时})$$

⑤方位角观测与校核。

⑥交点桩的保护和固定。

在测设过程中,为避免交点桩的丢失及方便以后施工时寻找,交点桩在定测时,必须加以固定和保护。

交点桩的保护,一般采用就地浇注混凝土的办法进行。混凝土的尺寸一般深30～40cm,直径15～20cm或10～20cm。

固桩则是将交点桩与周围固定物(如房角、电杆、基岩、孤石等)上某一不易破坏(损坏)的点联系起来,通过测定该点与交点桩的直线距离,将交点位置确定下来,以便今后交点桩丢失时及时恢复该交点桩。

用作交点桩固定的地物点应稳定可靠,各点与交点桩连接之间的夹角一般不宜小于90°。固定点个数一般应在两个以上,如图2-40所示。

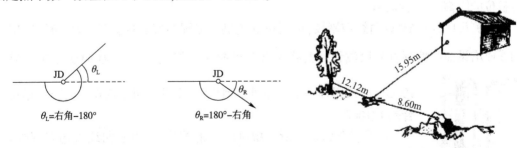

图2-39 测角示意图　　　　图2-40 固桩示意图

固桩完毕后,应及时画出固桩草图,草图上应绘出路线前进方向、地物名称、距离等,以便将来编制路线固定表之用。

3.中桩组

(1)任务。中桩组的主要任务是:根据选线组选定的交点位置、曲线半径、缓和曲线参数(或缓和曲线长度)及导线测角组所测得的路线转角,进行量距、钉桩、敷设曲线及桩号计算。

(2)分类及工作内容:

①分工。中桩组作业内容较多,因此,人员也较多,一般由7人组成,其中,前点1人,负责寻找前方交点,并插前点花杆;拉链2人,分别为前链手和后链手,其中后链手负责指挥前链手进行穿线工作,卡链1人,负责卡定路线中桩的具体位置;记录计算1人,负责进行桩号计算,并记录中桩编号,累计链距等工作;写桩1人,负责中桩的具体书写工作;背桩及打桩1人。

②工作内容:

a. 中线丈量是指丈量路线的里程,通常情况下是把路线的起点作为零点,以后逐链累加计算。

量距一律采用测量水平距离。量距时一般采用皮卷尺进行,公路等级要求较高时,最好是采用钢尺或光电测距仪进行。量距累计的导线边边长与光电测距仪测得的边长的校差不应超过边长的1/200,否则应返工。

b. 中桩钉设。中桩钉设与中线丈量是同时进行的。

需要钉设的中桩包括:路线的起终点桩、公里桩、百米桩、平曲线控制点(主点桩)、桥梁或隧道中轴线控制桩以及按桩距要求根据地形、地物需要设置的加桩等。

直线路段上中桩的桩距一般为20m,在平坦地段亦不应超过50m。位于曲线上的中桩间距一般为20m,但当平曲线半径为30~60m,缓和曲线长为30~50m时,桩距不应大于10m;当平曲线半径及缓和曲线长小于30m或用回头曲线时,桩距不应大于5m。

此外,在下列地点应设加桩:

ⓐ路线范围内纵向与横向地形有显著变化处;

ⓑ与水渠、管道、电讯线、电力线等交叉或干扰地段起、终点;

ⓒ与既有公路、铁路、便道交叉处;

ⓓ病害地段的起、终点;

ⓔ拆迁建筑物处;

ⓕ占用耕地及经济林的起、终点;

ⓖ小桥涵中心及大中桥隧道的两端。

中心桩位置丈量用花杆穿线定位,桩位容许误差,纵向$(\frac{s}{1000}+0.1)$(式中,s为交点或转点至桩位的距离,m),横向10cm。

曲线测设时,应先测设曲线控制桩,再测设其他桩。当圆曲线长度大于500m时,应用辅助切线或增设曲线控制点分段测设。曲线闭合差纵向应不超过$\pm\frac{1}{1000}$,横向误差应不超过10cm。中线闭合差不应超过下列规定:水平角闭合差$60\sqrt{n}$;长度相对闭合差1/1000。

c. 写桩与钉桩。所有中桩应写清桩号,转点及曲线桩还应写桩名,如图2-41所示。为了便于找桩和避免漏桩所有中桩应按每公里在背面编号。中桩的书写常用红油漆或油笔。

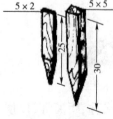

图2-41 桩志

d. 断链及处理。在丈量过程中,出现桩号与实际里程不符的现象叫断链。断链产生的原因有很多,但主要有两种:一种是由于计算和测量发生错误造成的;另一种则是由于局部改线、分段测量等客观原因造成的。

断链有"长链"和"短链"之分,当实际里程短于路线桩号时叫短链,反之则叫长链。其桩号写法举例如下:

长链: GK3+110=K3+105.21 长链4.79m
短链: GK3+157=K3+207 短链50m

所有断链桩号应填在"总里程及断链桩号表"上,考虑断链桩的影响,路线的总里程应为:

$$路线总里程 = 终点桩里程 - 起点桩里程 + \sum 长链 - \sum 短链$$

4. 水平组

(1)任务。水平组的任务是对中线各中桩高程进行测量,并沿线设置临时水准点,为路线纵断面和横断面设计和施工提供高程资料。

(2)分工及工作内容。水平组通常由6人组成,分基平和中平两个组。中平主要对各中桩进行水准测量,基平则主要是设置临时水准点的测量。当导线测角采用光电测距仪时,可不设基平组,其任务由导线测角组代替。

①水准点的设置。水准点的高程应引用国家水准点,并争取沿线联测,形成闭合导线。采用假定高程时,假定高程应尽量与实际接近,可借助于1:10000或1:50000军用地图进行假定。

水准点沿线布设,应有足够的数量,平原微丘区间距为1~2km;山岭重丘区间距为0.5~1.0km。在大桥、隧道、垭口及其大型构造物所在处应增设水准点。水准点应设在测设方便、牢固可靠的地点。设置的水准点应在记录本上绘出草图,并记录位置及所对应的路线的桩号,以便编制"水准点表"。

②基平测量。基平测量应采用不低于S_3级的水准仪,采用一组往返或两组单程测量。其高程闭合差应不超过$\pm 30\sqrt{l}$ mm(l为单程水准路线长度,以km计),符合精度要求时取平均值。水准点附合、闭合及检测限差也应满足上述精度要求。测量时的视线长度,一般不大于150m,当跨越河谷时可增至200m。

③中平测量(见图2-42)。中平测量可使用S_{10}级的水准仪采用单程进行。水准路线应起、闭于水准点,其限差为$\pm 50\sqrt{l}$ mm。中桩高程取位至cm,其检测限差为± 10cm。导线点检测限差为± 5cm。

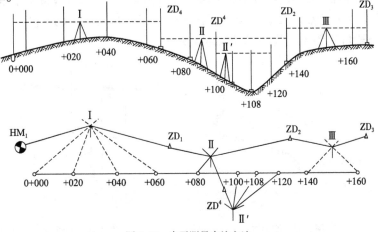

图2-42 中平测量实施方法

5.横断面组

(1)任务。横断面组作业的主要任务是在实地逐桩测量每个中桩在路线的横向(法线方向)的地表起伏变化情况,并画出横断面的地面线。

路线横断面测量主要是为路基横断面设计、土石方计算及今后的施工放样提供资料。

(2)工作内容

①横断面方向的确定。要进行横断面测量,必须先确定横断面的方向。在直线路段,横断面的方向与路线垂直,而在曲线段,横断面的方向与该点处曲线的切线相垂直,即法线方向。

直线上的横断面方向,用方向架或经纬仪作垂线确定。曲线上的横断面方向,根据计算的弦偏角,用弯道求心方向架或经纬仪来确定。具体方法详见《工程测量》(第三版,人民交通出版社)教材。

②测量方法。横断面测量以中线地面点即中桩位置为直角坐标原点,分别沿断面方向向两侧施测地面各地形变化特征点间的相对平距和高差,由此点绘出横断面的地面线。

横断面测量方法常用的有:

a.抬杆法。如图2-43所示,利用花杆直接测得平距和高差。此法简便、易行,所以被经常采用,它适用于横向变化较多较大的地段,但由于测站较多,测量和积累误差较大。

b.手水准法。此法原理与抬杆法相同,仅在测高差时用水平花杆测量,量距仍用皮尺,如图2-44所示。与抬杆法相比,此法精度较高,但不如抬杆法简便,一般多适用于横坡较缓的地段。

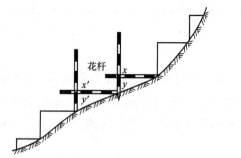
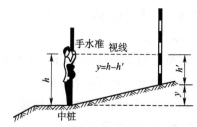

图2-43 抬杆法　　　　　　　图2-44 手水准法

在不良地质地段需作大断面图时,可用经纬仪作视距测量和三角高程测量施测断面。对于一些陡岩地段,如图2-45所示,可用交会法定义 A、B 点,用经纬仪或带角手水准测出 α_A、α_B 和丈量 l。图解交会出 C 点。交会时交角不宜太小,距离 l 应有足够的长度。

对于深沟路段可用钓鱼法施测,如图2-46所示。

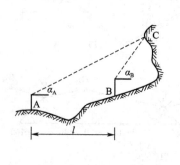
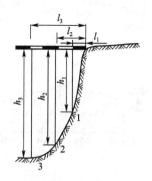

图2-45 交会法　　　　　　　图2-46 钓鱼法

对于高等级公路,应采用经纬仪皮尺法、经纬仪视距法等方法施测。

③横断面图的点绘。横断面图的点绘,一般采用现场一边测量一边点绘的方法。其优点是:外业不作记录,点绘出的断面图能及时核对,消除差错。点绘的方法是:以中桩点为中心,分左右两侧,按测得的各侧相邻地形特征点之间的平距与高差或倾角与斜距等逐一将各特征点点绘在横断面图上,各点连线即构成横断面地面线。

当现场无绘图条件时,也可采用现场记录、室内整理绘图的方法,其记录方式见表2-3。横断面图应点绘在透明坐标纸上,点绘时应按桩号的大小先从图下方到上方,再从左侧到右侧的原则安排断面位置。绘图的比例一般为1:200,对有特殊需要的断面可采用1:100,每个断面的地物情况应用文字在适当位置进行简要说明,如图2-47所示。

横断面记录格式　表2-3

左　侧	桩　号	右　侧
……$+\dfrac{0.2}{1.6}+\dfrac{0.4}{2.2}\ \dfrac{0}{1.7}$	K1+240 K1+260	$+\dfrac{1.0}{1.6}+\dfrac{0.4}{2.0}\ \dfrac{1.3}{1.9}$……
……		……

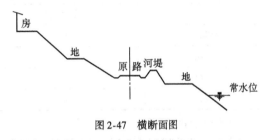

图 2-47　横断面图

④测量精度及测图范围。横断面的检测应用高精度方法进行,其限差规定如下(单位:m)。

一级公路:

高程：　　　$\pm\left(\dfrac{h}{100}+\dfrac{l}{200}+0.1\right)$

水平距离：　$\pm\left(\dfrac{l}{200}+0.1\right)$

二级~四级公路:

高程：　　　$\pm\left(\dfrac{h}{50}+\dfrac{l}{100}+0.1\right)$

水平距离：　$\pm\left(\dfrac{l}{50}+0.1\right)$

式中:h——检测点与路线中桩的高差;

l——检测点到路线中桩的水平距离。

检测面的测量范围,应根据地形、地质、地物及设计需要确定,一般中线左右宽度不小于20cm。在回头曲线有干扰时,应连通施测。

6.地形组

(1)任务。地形组的任务就是根据设计的需要,按一定比例测绘出沿线一定宽度范围内的带状地形图(或局部范围的专用地形图),供设计和施工使用。

地形图分为路线地形图和工点地形图两种。路线地形图是以导线(或路线)为依据的带状地形图,主要供纸上定线或路线设计之用。工点地形图是利用导线(或路线)或与其取得联系的支导线,进行测量的为特殊小桥涵和复杂排水、防护、改河、交叉口等工程布置设计的专用地形图。

(2)测设要求:

①比例及范围。路线地形图比例尺采用1:2000,测绘宽度两侧各为100~200m,对于地物、地貌简单、地势平坦的地区,比例可采用1:5000,测绘宽度每侧不应小于250m。

②测设精度要求。

a. 等高距规定如下：

比例 1:500   0.5m、1m
比例 1:1000   1m
比例 1:5000   1m、2m
比例 1:5000   2m、5m

b. 地形点观测要求见表2-4。

地形点观测要求   表2-4

比 例	视距最大长度		竖直角
	竖角≤12°	竖角≥12°	
1:500	100	80	≤30°
1:1000	200	150	
1:2000	350	300	
1:5000	400	350	

c. 地形点的密度：

ⓐ地面横坡陡于1:3时，图上距离不宜大于15mm；

ⓑ地面横坡等于或缓于1:3时，图上距离不宜大于20mm；

ⓒ地形点在地形图上的点位中误差：1:500～1:2000时，不应超过±1.6mm；1:5000时，不应超过±0.8mm。

7. 调查组

(1)任务。调查组的工作主要是根据测设任务的要求，通过对公路所经过地区的自然条件和技术经济条件进行调查，为公路选线和内业设计收集原始资料。

(2)分工及调查内容。调查的主要内容有：工程地质情况调查、筑路材料情况调查、桥涵调查、预算资料调查及杂项调查等。对于旧路改建，还应对原路路况进行调查。调查组可由2～3人组成，综合调查组也可分小组同时调查。

①工程地质调查。工程地质资料是公路设计的重要资料，通过调查、观测和必要的勘探、试验，进一步掌握与评价路线通过地带的工程地质和水文地质情况，为正确选定路线位置、合理进行纵坡、路基、路面、小桥涵及其构造物的设计提供充分准确的工程地质依据。

工程地质调查的主要内容有：

a. 路线方面：

ⓐ在工程地质复杂和工程艰巨地段，会同选线人员研究路线布设及所采取的工程措施；

ⓑ调查沿线范围的地貌单元和地貌特征、地质构造、岩石、水文地质、植被、土壤种类、地面径流及不良地质现象等情况，并分段进行工程地质评价；

ⓒ分段测绘代表性工程地质横断面，标明土、石分类界限，并划分土、石等级；

ⓓ调查气象、地震及施工、养护经验等资料；

ⓔ编写道路地质说明书。

b. 路基方面：

ⓐ调查分析自然山坡或路基边坡的稳定状况，根据地质构造其他影响边坡稳定的因素，提出路堑边坡或防护加固措施；

ⓑ沿溪线应查明河流的形态、水文条件、河岸的地貌、地质特征、河岸稳定情况、受冲刷程

度等,进而提出防护类型、长度及基础埋置深度等意见;

ⓒ路基坡面及支挡构造物调查,提出结构类型、基础埋置深度等意见;

ⓓ路基土壤、地下位和排水条件调查,提出路基土壤分类和水文地质类型。

c.路面方面:

ⓐ收集有关气象资料,研究地貌条件,划分路段的道路气候分区,并提出土基回弹模量建议值,供路面设计时采用。

ⓑ调查当地常用路面结构类型和经验厚度。

特殊不良地质地区如黄土、盐渍土、沙漠、沼泽以及滑坡、崩塌、岩溶、泥石流等的综合性地质调查与观测,为制定防治措施提供资料。

②筑路材料料场调查。筑路材料质量、数量及运距,直接影响工程的质量和造价。进行筑路材料调查的任务就是根据适用、经济和就地取材的原则,对沿线料场的分布情况进行广泛调查,以探明数量、质量及开采条件,为施工提供符合要求的料场,主要有以下3方面的内容:

a.料场使用条件调查。主要对自来加工材料如块石、片石、料石、砾石、碎石、砂、黏土料源的质量和数量进行勘探,以必要的取样试验决定料场的开采价值。

b.料场开采条件调查。主要对矿层的产状条件、水文地质条件、开采季节、工作面大小、废土堆置场地等方面进行调查。

c.运输条件调查。包括运输支线距离、修筑的难易、料场与路线的相对高差、运输方式、材料的埋藏条件(包括剥土厚度)等方面进行调查。

③小桥涵调查。小桥涵调查的主要任务是:调查与搜集沿线小桥涵水文、地质、地形资料,配合路线总体布设,进行实地勘测,提供小桥涵及其他排水构造物的技术要求,研究决定小桥涵的位置、结构型式、孔径大小以及上下游的防护处理等。

a.桥涵水文资料调查。水文资料调查的目的是为确定设计流量和孔径提供必需的资料。调查内容应采用水文计算的方法确定。主要方法有形态调查法、径流形成法、直接类比法。当跨径在1.5m以下时,可不进行孔径计算,通过实地勘测用目估法确定孔径。

b.小桥涵位置的选定及测量。小桥涵的位置,原则上应服从路线走向,通常情况下是由选线组根据最佳路线位置确定下来的。但是,桥涵如何布置,则由桥涵人员根据实地地形、地质及水文条件综合考虑,然后进行桥址或涵址测量。

c.桥涵结构类型的确定。小桥涵类型的选择,应结合路线的等级和性质,根据适用、经济和就地取材的原则,结合其他情况综合考虑,使所选定的型式具有施工快、造价低、便于行车和利于养护的优点。

d.小桥涵地质调查。小桥涵地质调查的目的在于摸清桥涵基底工程地质及水文地质情况,为正确选定桥涵及附属构造物的基础埋深及有关尺寸、类型等提供资料。调查的内容包括基底土壤地质类型及特征,有无地质不良情况,土壤冻结深度及水文地质对基础和施工的影响等。

④预算资料调查。施工预算是公路设计文件的重要组成部分,进行预算资料调查的目的就是要为编制施工预算提供资料。调查应按部颁《公路基本建设工程概算预算编制办法》的有关规定进行。

调查的主要内容有:

a.施工组织形式调查。主要调查施工单位的组织形式、机械化程度和生产能力以及施工企业的等级等。当施工单位不明确时,应由建设单位提供上述可能的情况及编制原则。

b. 工资标准。包括工人基本工资标准和工资性津贴(附加工资、粮价补贴、副食补贴)、其他地区性津贴及工人工资计算办法等的调查。

c. 调拨或外购材料及交通运输调查。包括材料的出厂价格、可能发生的包装费和手续费、可能供应数量、运输方式、运距、中转情况、运输能力、运杂费(包括运费、装卸费、过渡、过磅等)、水、电价格等内容。

d. 征用土地和拆迁补偿费。按国务院最新公布的《国家建设征用土地条例》和当地政府有关补偿费用标准和办法办理。

e. 施工机构迁移和主副食运费补贴调查。

f. 气温、雨量、施工季节调查。

g. 其他可能费用资料调查。

⑤杂项调查。杂项调查主要是指占地、拆迁及有关项目的情况和数量调查,为编制设计文件的杂项表格提供资料。主要内容有:

a. 占用土地的测绘和调查;

b. 拆迁建筑物、构造物(包括水井、坟墓等)调查;

c. 拆迁管道、电力、电讯设施调查;

d. 排水、防护、改河以及临时工程(便道、便桥等)的调查。

8. 内业组

定测内业工作的复核、检查、整理外业资料和图表制作、汇总等的要求,与初测内业工作要求相同。

定测内业工作进程应及时进行路线设计和局部方案的取舍工作,外业期间应做出全部路基横断面设计,并结合沿线构造物的布设,逐段综合检查所定路线线位的技术经济合理性,同时应进行必要的现场核对。

思考与练习

1. 定测的目的和任务是什么?
2. 定测的外业勘测一般由哪些作业组组成?简述中桩组的主要工作内容。
3. 简述调查组工作任务中工程地质调查、筑路材料料场调查和小桥涵调查的主要工作内容。
4. 某交点处右角角度测量记录如表2-5所示,请计算出该交点处的转角值,并完成下表。

水平角记录　　　　　　　　　　　表2-5

测站	盘位	目标	水平度盘读数 (°′″)	半测回角值 (°′″)	一测回角值 (°′″)	备　注
O	左	A	00 01 12			
		B	70 13 48			
	右	A	180 01 24			
		B	250 13 54			

5. 某段路线起点桩号为K1+380,终点桩号为K27+394.58,中间有两处断链,一处长链43.36m,一处短链57.94m,则该段路线总长为多少?

项目三 路线设计

学习情境 路线平面设计

公路线形,即指公路路线的带状空间线形。为研究方便和直观起见,对该空间线形进行三视图投影。路线在水平面上的投影称作路线的平面线形,由直线、圆曲线和缓曲线构成。沿路线中线竖直剖切面并展开构成路线的纵断面线形。路中线上任一点的法向切面构成公路横断面线形。路线设计是指确定路线空间位置和各部分几何尺寸的工作。为方便设计,路线设计分解为路线平面设计、路线纵断面设计和路线横断面设计,三者既要相互配合,又要与地形、地物、环境、景观相协调。因此,在路线设计时,必须综合考虑。

知识目标

1. 掌握公路平面线形的组成要素。
2. 掌握平面线形各要素的组合形式及特点。
3. 掌握公路平面线形设计的要点和方法。
4. 了解行车视距的概念。
5. 掌握保证行车视距的设计要求。
6. 掌握平面设计成果的整理方法。

能力目标

1. 能根据地形、交点等因素正确合理的组合平面线形各要素。
2. 能查阅《公路工程技术标准》(JTG B01—2003)和《规范》,确定有关平面设计的指标。
3. 能根据地形、交点等因素的要求进行公路平面线形的基本设计。
4. 能根据公路的实际条件查阅《公路工程技术标准》(JTG B01—2003)确定公路的行车视距。
5. 能正确的编制或阅读直线、曲线及转角一览表。
6. 能够识别或绘制道路平面图。

任务一 公路平面线形的基本知识

由于各种因素及自然条件(特别是地形、地物和地质等)的限制,公路从起点到终点,其平面线形会发生转折。为了使汽车安全顺适地通过,在转折点处需要设置曲线,曲线一般由圆曲线和缓和曲线及其组合组成,因此,公路平面线形的组成要素是直线、圆曲线和缓和曲线。

一、公路平面线形的组成

公路平面线形是由直线、圆曲线、缓和曲线 3 个要素组成。

1. 直线

直线是两点间距离最短的线形。一般情况下,它测设、施工简单,视线良好,运行距离短从而降低了汽车的运营成本,因而在道路设计中被广泛运用,如图 3-1 所示。

直线的线形特征主要有以下 6 点:

(1)以最短的距离连接两地,具有路线短捷、缩短里程、行车方向明确的特点。

(2)具有视距良好、行车快速、易于排水等特点。

(3)线形简单,容易测设和施工,便于驾驶。

(4)给人以简捷、直达、刚劲的良好印象。

(5)过长的直线,线形呆板,行车单调,易使驾驶员产生急躁情绪和疲惫感,容易发生超车和超速行驶,行车时驾驶员难以估计车间距离,夜间行车易产生眩光等,长直线的安全性较差,往往是发生交通事故较多的路段。

(6)直线难以与地形及周围环境相协调,如图 3-2 所示。特别是山岭区和丘陵区,采用过长的直线会破坏自然景观,并易造成大挖大填,工程的经济性也较差。

图 3-1 直线

图 3-2 圆曲线

2. 圆曲线

在公路平面线形的转折处,各级公路与城市道路不论转角大小均应设置圆曲线,如图 3-3 所示。圆曲线的线形特征主要有:

(1)较大半径的长缓圆曲线具有线形美观、顺适、行车舒适、易与地形相适应、可循性好。

(2)圆曲线上任意一点的曲率半径 R 均为常数,线形简单,易于测设。

(3)视距条件差。汽车在圆曲线内侧行驶时,视线受到路堑边坡或其他障碍物的影响,视距条件差,容易发生交通事故。

(4)圆曲线上的每一点都在不断地改变方向,因而,汽车在圆曲线上行驶时会受到离心力的作用,离心力随圆曲线半径的增大而减小,随行车速度的增大而增大。因此,当圆曲线半径过小时,容易发生交通事故。同时,汽车在平曲线行驶时要多占用路面宽度。

3. 缓和曲线

缓和曲线是设置在直线与圆曲线之间或半径相差较大的两个圆曲线之间设置的一种曲率

连续变化的过渡曲线,是道路平面线形要素之一。

(1)缓和曲线的线形特征(见图3-4)

①缓和曲线的曲率渐变,其线形应符合汽车转弯时行驶轨迹的要求,设于直线与圆曲线之间,能够消除曲率突变点,使线形顺适、美观,增加道路良好的视觉效果和心理效果。

②在直线和圆曲线间加入缓和曲线后,平面线形更为灵活,线形的自由度提高,更有利于与地形、地物及环境相适应、协调、配合,使平面线形布置更加灵活、经济、合理。

③缓和曲线的测设和计算较为复杂。

(2)缓和曲线的作用

①便于驾驶员操纵转向盘。

②减小离心力的变化,满足乘客及驾驶员的舒适与稳定。

③满足超高、加宽缓和段的过渡,有利于行车。

④增加平面线形的美观,提高视觉效果和心理效果。

(3)缓和曲线的性质

当汽车逐渐由直线驶入圆曲线,为简便可作两个假定:一是汽车做匀速行驶;二是驾驶员操纵转向盘做匀角速 ω 转动,即汽车的前轮转向角由直线上的0°均匀地增加到圆曲线上 φ 角值,如图3-5所示。

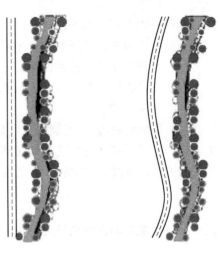

图3-3 圆曲线的线形特征

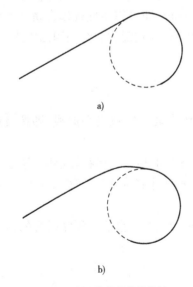

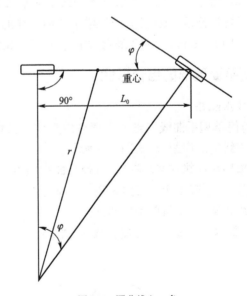

图3-4 缓和曲线的线性特征
a)不设缓和曲线;b)设缓和曲线

图3-5 圆曲线上 φ 角

转向盘的转动角度:

$$\varphi = \omega t = \frac{L_0}{r} = kL_0 \tag{3-1}$$

式中: φ ——前轮转向角,以弧度计;

L_0——汽车前后轴的距离;

r——汽车中心轨迹的曲率半径;

k——汽车重心轨迹的曲率,$k = 1/r$。

汽车在直线段行驶时,$k = 0$,因此 $\varphi = 0$;当汽车在半径为 R 的圆曲线上行驶时,$k = 1/R$, $\varphi = L_0/R$,为一常数。

汽车实际行驶时,不可能由直线直接驶入圆曲线或由圆曲线驶入直线,在转弯过程中,一边前进,一边转动转向盘,其 φ 值是逐渐变化的。在这个过程中,汽车所完成的直线和圆曲线之间的过渡轨迹线形状取决于 φ 的变化,即是由前轮转向的角速度 ω 决定的。

$$\omega = \frac{d\varphi}{dt} \quad (3-2)$$

式中:ω——前轮转向的角速度(rad/s)。

$$d\varphi = L_0 dk, dt = dl/v$$

所以

$$\omega = L_0 v dk/dl \quad (3-3)$$

当假设汽车是以匀速行驶的,驾驶员是以匀速转动转向盘的时候,v 和 ω 都是常数,则上式中 $\frac{dk}{dl} = \frac{\omega}{L_0 v}$ 也是一个常数,令这个常数为 $\frac{1}{C}$,则 $\frac{dk}{dl} = \frac{k}{l} = \frac{1}{rl} = \frac{1}{C}$,可得到缓和曲线的一般方程:

$$rl = C \quad (3-4)$$

式中:l——由缓和曲线起点到任意点的弧长;

C——参数。

此式也就是汽车由直线进入圆曲线的轨迹方程。它反映汽车转弯时,轨迹上任一点的曲率半径 r 与其行程 s 成反比,与数学中的回旋线的方程吻合,即可用回旋线作为缓和曲线的数学模型。因此,我国《公路工程技术标准》(JTG B01—2003)规定缓和曲线采用回旋线。

二、平面线形的组合形式

1. 常用组合

(1)简单型平曲线。当一个弯道由直线与圆曲线组合时叫简单型平曲线,即按直线—圆曲线—直线的顺序组合,如图3-6所示。

简单型平曲线在 ZY 和 YZ 点处有曲率突变点,对行车不利。当半径较小时,该处线形舒适性较差,一般限于四级公路采用。其他等级公路当圆曲线半径大于不设超高的最小半径时,缓和曲线省略,采用简单型平曲线。

(2)基本型。基本型是按直线—回旋线—圆曲线—回旋线—直线的顺序组合的,如图3-7所示。

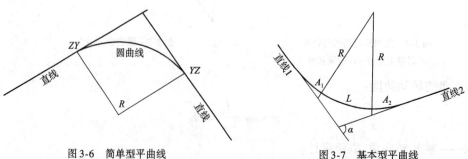

图3-6 简单型平曲线　　　　　　　　图3-7 基本型平曲线

基本型平曲线可以设计成对称基本型或根据线形、地形变化的需要设计成非对称基本型，即两个回旋线的参数值为 $A_1 = A_2$（对称型）或 $A_1 \neq A_2$（非对称型）。

为使线形连续协调，回旋线—圆曲线—回旋线的长度之比宜为 1:1:1 左右，并注意设置基本型的几何条件：$\alpha > 2\beta_0$（α 为圆曲线转角，β_0 为缓和曲线角）。

(3) S 形。两个反向圆曲线用回旋线连接起来的组合线形为 S 形，如图 3-8 所示。

S 形相邻两个回旋线参数 A_1 与 A_2 宜相等，设计成对称形。当采用不同的参数时，A_1 与 A_2 之比应小于 2.0，有条件时以小于 1.5 为宜。

S 形的两个反向回旋线以径相光滑连接为宜，当地形等条件受限必须插入短直线或当两圆曲线的回旋线相互重合时，短直线或重合段的长度应符合下式规定：

$$L \leq (A_1 + A_2)/40 \tag{3-5}$$

式中：L——反向回旋线间短直线或重合段的长度，m；

A_1、A_2——回旋线参数。

两圆曲线半径之比不宜过大，以 $R_2/R_1 = 1 \sim 1/3$ 为宜。R_1 为大圆曲线半径(m)，R_2 为小圆曲线半径(m)。

(4) 复曲线。复曲线是指两个或两个以上半径不同、转向相同的圆曲线径相连接或插入缓和曲线的组合曲线，后者又称卵形曲线。根据是否插入缓和曲线可以分成以下几种形式：

① 圆曲线直接相连的组合形式：两同向圆曲线按直线—圆曲线 R_1—圆曲线 R_2—直线的顺序组合构成，如图 3-9 所示。

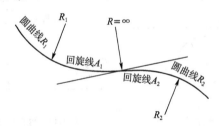
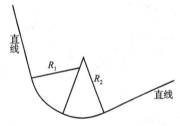

图 3-8　S 形平曲线　　　　　　　图 3-9　圆曲线直接相连接的复曲线

② 两端设置缓和曲线的组合形式：两同向圆曲线按直线—回旋线 A_1—圆曲线 R_1—圆曲线 R_2—回旋线 A_2—直线的顺序组合构成，如图 3-10 所示。

③ 卵形曲线。用一个回旋线连接两个同向圆曲线的组合形式，称为卵形。即按直线—回旋线 A_1—圆曲线 R_1—回旋线—圆曲线 R_2—回旋线 A_2—直线顺序组合构成，如图 3-11 所示。

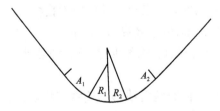

图 3-10　两端带有缓和曲线的复曲线　　　图 3-11　卵形曲线

卵形曲线要求大圆能完全包住小圆，卵形组合的回旋线参数宜符合下式要求：

$$R_2/2 \leq A \leq R_2$$

式中：A——回旋线参数；

R_2——小圆曲线半径，m。

两圆曲线半径之比,以 $R_2/R_1 = 0.2 \sim 0.8$ 为宜。

两圆曲线的间距,$D/R_2 = 0.003 \sim 0.03$ 为宜,以免曲率变化太大(D 为两圆曲线间的最小间距,以 m 为单位)。

2. 特殊组合

(1)凸形。两个同向回旋线间无圆曲线而径相衔接的平面线形称为凸形,如图 3-12 所示。

凸形曲线设置的几何条件是 $\alpha = 2\beta_0$(α 为圆曲线转角,β_0 为缓和曲线角),凸形回旋线参数及其连接点的曲率半径,应分别符合容许最小回旋线参数和圆曲线一般最小半径的规定。

凸形曲线在两回旋线衔接处曲率发生突变,不仅不利于行车,而且由于超高,路面边缘线纵断面也会在该处形成转折,因此,一般情况下,只有在受地形、地物限制时,方可考虑采用凸形曲线。

(2)C形。同向曲线的两个回旋线在曲率为零处径相衔接(即连接处曲率为 0,$R = \infty$)的形式称为 C 形,如图 3-13 所示。C 形的线形组合方式只有在特殊地形条件下方可采用。两个回旋线参数可相等,也可不相等。

(3)复合型。两个及两个以上同向回旋线,在曲率相等处相互连接的形式称为复合型,如图 3-14 所示。复合型的两个回旋线参数之比以小于 1:1.5 为宜。

复合型一般很少采用,仅在受地形或其他特殊原因限制时(互通式立体交叉除外)使用。

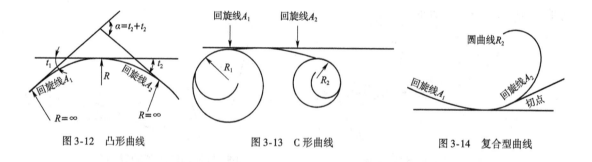

图 3-12 凸形曲线　　图 3-13 C 形曲线　　图 3-14 复合型曲线

任务二　平面线形设计

一、平面线形设计一般规定

(1)公路平面线形应与地形、地质、水文等结合,并符合各级公路的技术指标。

(2)应处理好直线与平曲线的衔接,合理设置缓和曲线、超高、加宽等。

(3)高速公路、一、二、三级公路平面线形应由直线、圆曲线、回旋线 3 种要素组成。四级公路平面线形应由直线和圆曲线两种要素组成。

(4)平面线形必须与地形、景观、环境等相协调,同时注意线形的连续与均衡性,并同纵断面、横断面相互配合。

(5)应根据公路等级合理的设置交叉口、沿线建筑物出入口、停车场出入口、分隔带断口、公共交通停靠站位置等。

(6)分期修建的项目应满足近期使用要求,充分考虑远期发展的需要,减少废弃工程。

二、平面线形设计标准

1. 直线

(1)适用条件有以下 5 点：

①不受地形、地物限制的平原区或山间的开阔谷地；

②市镇及其邻近或规划方正的农耕区等以直线为主体的地区；

③为缩短构造物长度以便于施工的长大桥梁、隧道路段；

④为争取较好的行车和通视条件的平面交叉前后；

⑤双车道公路在适当间隔内设置一定长度的直线，以提供较好条件的超车路段。

(2)设计要点有以下 5 点：

①采用直线应特别注意与地形的关系，在运用直线并决定其长度时，必须持谨慎态度，并不宜采用长直线。总之，公路路线应与地形相适应，与景观相协调，直线的最大长度应有所限制，当采用长直线线形时，为弥补景观单调的缺陷，应结合具体情况采取相应的技术措施。

②长直线或长下坡尽头的平面曲线，除曲线半径、超高、视距等必须符合规定要求外，还必须采取设置标志、增加路面抗滑能力等安全措施。

③长直线纵坡不宜过大，因为长直线在陡坡下行时很容易导致超速行车。

④公路两侧地形过于空旷时，宜采取种植不同树种或设置不同风格的建筑物、雕塑等措施，以改善单调的景观，消除驾驶员的枯燥、疲劳的感觉，确保行驶的安全。

⑤直线长度不宜过短，特别是同向平曲线之间不得设置短直线。互相通视的同向曲线间若插以短直线，容易产生把两个曲线看成是一个曲线的错觉，破坏了线形的连续性，易于造成驾驶操作的失误。

规范规定，当设计速度≥60km/h 时，同向曲线间直线最小长度(以 m 计)以不小于设计速度(以 km/h 计)的 6 倍为宜；反向曲线直线最小长度(以 m 计)以不小于设计速度(以 km/h 计)的 2 倍为宜；当设计速度≤40km/h 时，可参照上述规定执行。在回头曲线之间，前一回头曲线的终点至后一回头曲线起点的距离宜满足表 3-1 的要求。

回头曲线间最小直线长度　　　　表 3-1

公路等级 \ 直线长度	一般值(m)	低限值(m)
二级公路	200	120
三级公路	150	100
四级公路	100	80

注：1. 同向曲线是指两个转向相同的相邻曲线间以直线形成的平面的线形。

2. 反向曲线是指两个转向相反的相邻曲线间以直线形成的平面的线形。

3. 回头曲线是指山区公路为克服高差在同一坡面上回头展线时所采用的曲线。

2. 圆曲线

(1)适用条件。圆曲线是公路平面设计中最常用的线形之一，各级公路和城市道路不论转角大小均应设置平曲线，圆曲线是平面线形中的主要组成部分。

(2)圆曲线半径。圆曲线的设计任务是在满足技术标准的前提下，充分考虑行车安全、工程经济和线形舒顺，选择适当的半径值，并计算曲线要素。

①半径的确定。半径是圆曲线的重要几何元素,半径一旦确定,圆的大小和曲率也就完全确定。根据汽车行驶在曲线上力的平衡式可知圆曲线半径计算公式为(3-6)。

$$R = \frac{v^2}{127(u+i)} \tag{3-6}$$

从上式可知,圆曲线半径越大,横向力系数就越小,汽车就越稳定。所以,从汽车行驶稳定性出发,圆曲线半径越大越好。但有时因受地形、地质、地物等因素的限制,圆曲线半径不可能设置得很大,往往会采用小半径的圆曲线,这时,如果半径选用太小,又会使汽车行驶不安全,甚至翻车。所以,必须综合考虑汽车安全、迅速、舒适和经济,并兼顾美观,使确定的最小半径能满足某种程度的行车要求,即圆曲线的最小半径限制值。《公路工程技术标准》(JTG B01—2003)根据各级公路的不同要求,规定了圆曲线最小半径有3类:极限最小半径、一般最小半径和不设超高的最小半径。其中极限最小半径主要满足行车安全,适当考虑舒适性;一般最小半径已具有较好的安全性和舒适性;不设超高的最小半径是考虑即使不设超高也能保证其安全性和舒适性。

在一定车速 v 的条件下,要满足3类最小半径不同要求的安全性和舒适性,关键在于横向力系数 u 值的合理确定。

a. 行车安全性分析。汽车在弯道上安全行驶的必要条件是轮胎不会在路面上产生滑移;即要求横向力系数 u 要小于或等于轮胎与路面间的横向摩阻力系数 φ,即

$$u \leq \varphi \tag{3-7}$$

式中:φ——轮胎与路面的横向摩阻系数。

b. 舒适性分析。根据国内外大量资料分析,乘客随 u 值的变化其心理反应如下:

当 $u<0.1$ 时,不感到有曲线存在,很平稳,近似于在直线上行驶;

当 $u=0.15$ 时,感到有曲线存在,但尚平稳;

当 $u=0.2$ 时,感到有曲线存在,略感不平稳;

当 $u=0.35$ 时,感到明显不平稳;

当 $u=0.4$ 时,感到非常不平稳,有倾倒的危险感。

由此可知,从乘客的舒适性出发,u 值以不超过0.10为宜,最大不超过0.15~0.20。

c. 经济性分析。在确定 u 值时,还应考虑汽车运营的经济性。根据试验分析,汽车在弯道上行驶与直线相比,存在表3-2的关系。

表3-2

横向力系数 u	燃料消耗(%)	轮胎磨损(%)	横向力系数 u	燃料消耗(%)	轮胎磨损(%)
0	100	100	0.15	115	300
0.10	110	220	0.20	120	390

综上分析,u 值大小与行车安全、经济与舒适等密切相关。因此,u 值的选用应根据行车速度、圆曲线半径及超高横坡度的大小,在合理的范围内选择。

②圆曲线半径的标准。

a. 极限最小半径。极限最小半径是路线设计中各级公路所能允许的极限值,其 u 值的选用,主要满足安全要求,兼顾舒适性,因此在非特殊困难的情况下,一般不轻易采用。极限最小半径可按下式计算:

$$R_{\min} = \frac{v^2}{127(u_{\max} + i_{b\max})} \tag{3-8}$$

式中:$R_{\min}$——极限最小半径;
$u_{\max}$——极限最小半径所对应的横向力系数,见表3-3;
$i_{b\max}$——最大超高横坡度,见表3-3。

极限最小半径横向力系数及超高横坡度取用表　　　表3-3

设计速度(km/h)	120	100	80	60	40	30	20
$u_{\max}$	0.10	0.11	0.12	0.13	0.14	0.15	0.16
$i_{\max}(\%)$	8	8	8	8	8	8	8

b. 一般最小平曲线半径。为避免在路线设计时只考虑节约投资,不考虑线形的整体协调和今后提高公路等级而过多采用极限最小半径的片面倾向,同时也要考虑在地形比较复杂的情况下不会过多地增加工程量,而且也具有充分的舒适感。为此,《公路工程技术标准》(JTG B01—2003)规定了一般最小半径可按下式计算:

$$R_{一般} = \frac{v^2}{127(u+i_b)} \tag{3-9}$$

式中:$R_{一般}$——一般最小半径,m;
i_b——路拱超高横坡度,见表3-4;
u——一般最小半径所对应的横向力系数,见表3-4。

一般最小圆曲线半径横向力系数及超高横坡度取用表　　　表3-4

设计速度(km/h)	120	100	80	60	40	30	20
u	0.05	0.05	0.06	0.06	0.06	0.05	0.05
$i_b(\%)$	6	6	7	8	7	6	6

c. 不设超高的最小圆曲线半径。当路面不设超高时,路拱为双向横坡度,与直线段的路拱横坡度相同,当路线某一半径大于一定值时,即使汽车在圆曲线外侧行驶也能获得足够的安全性和很好的舒适性。不设超高的最小圆曲线半径可按下式计算:

$$R_{免} = \frac{v^2}{127(u-i_1)} \tag{3-10}$$

式中:$R_{免}$——不设超高最小半径,m;
i_1——路拱横坡度,二级及二级以上等级公路时,取$i_1=0.01\sim0.02$,二级以下公路时,取$i_1=0.03\sim0.04$;
u——不设超高横向力系数,一般取$u=0.035\sim0.06$。

根据公式计算并结合我国的具体情况,《公路工程技术标准》(JTG B01—2003)规定了各级公路的圆曲线半径,见表3-5所示。

公路圆曲线最小半径表　　　表3-5

设计速度(km/h)		120	100	80	60	40	30	20
极限最小半径(m)		650	400	250	125	60	30	15
一般最小半径(m)		1000	700	400	200	100	65	30
不设超高最小半径(m)	路拱≤2%	5500	4000	2500	1500	600	350	150
	路拱>2%	7500	5250	3350	1900	800	450	200

注:"一般值"为正常情况下的采用值;"极限值"为条件受限制时可采用的值。

d. 圆曲线的最大半径。选用圆曲线半径时,在地形等条件允许的前提下,应尽量采用较大半径,使行车舒适。但半径过大时,圆曲线的长度过长,对测量设计和施工都不利,且过大的半径,其几何性质与直线差异不大。因此,《公路路线设计规范》(JTG D20—2006)规定,圆曲线最大半径以不超过10000m为宜。

③圆曲线半径的选取:

a. 一般情况下宜采用极限最小半径的4~8倍或超高为2%~4%的圆曲线半径;
b. 地形条件受限制时,应采用大于或接近于一般最小半径的圆曲线半径;
c. 地形条件特别困难不得已时,方可采用极限最小半径;
d. 应同前后线形要素相协调,使之构成连续、均衡的曲线线形;
e. 应同纵断面线形相配合,应避免小半径曲线与陡坡相重叠;
f. 每个弯道半径值的确定,应按技术标准根据实地的地形、地物、地质、人工构造物及其他条件的要求,按合理的曲线位置,用外距、切线长、曲线长、曲线上任意点线位、合成纵坡等控制条件反算并结合标准综合确定。

3. 缓和曲线

(1)缓和曲线最小长度。汽车在缓和曲线上行驶时,要有足够的缓和曲线长度,以保证驾驶员操纵转向盘所需的时间、限制离心加速度的增长率及满足设置超高与加宽过渡等的要求。

①控制离心加速度增长率,满足旅客舒适要求。

$$L_s = 0.0213 \frac{V^3}{R} \tag{3-11}$$

从乘客舒适性来看,以0.5~0.75为好,不能过大,我国公路设计中采用0.6m/s³。

$$L_s = 0.035 \frac{V^3}{R} \tag{3-12}$$

式中:L_s——缓和曲线最小长度,m;
V——设计速度,km/h;
R——圆曲线半径,m。

②根据驾驶员操作转向盘所需行驶时间。

$$L_s \geq v_t t = \frac{V_t}{3.6} \tag{3-13}$$

一般认为汽车在缓和曲线上行驶时间最少3s,则有:$L_{s\,min} = \frac{V}{1.2}$m。

③根据超高渐变率适中。超高附加纵坡(即超高渐变率)是指在缓和曲线上设置超高缓和段后,因路基外侧由双向横坡逐渐变成单向超高横坡,所产生的附加纵坡。当附加纵坡过小时,不利于排水;当附加纵坡过大时,路容不美观。为使缓和曲线有适中的超高渐变率,就需确定其有合适长度。

《公路工程技术标准》(JTG B01—2003)规定了适中的超高渐变率,由此可导出计算缓和段最小长度的计算公式:

$$L_s = \frac{b'}{p} \Delta i \tag{3-14}$$

式中:L_s——缓和曲线最小长度;
b'——超高旋转轴至路面外侧边缘的距离;
Δi——超高旋转轴外侧的最大超高横坡度与原路面横坡度的代数差;
p——超高渐变率,参考《公路工程技术标准》(JTG B01—2003)选用。

④从视觉上应有平顺感的要求考虑。按视觉考虑,从回旋线起点至终点形成的方向变位最好是 3°~29°。

从图 3-15 中可知,方向变位角 β 为:

$$\beta = \frac{L_s 180}{2R\pi} \quad (3-15)$$

其中:3°≤β≤29° $S_1 \leq L_s \leq S_2$

我国《公路工程技术标准》(JTG B01—2003)规定,按设计速度来确定缓和曲线最小长度,同时考虑了行车时间和附加纵坡的要求,各级公路的缓和曲线最小长度如表 3-6 所示。

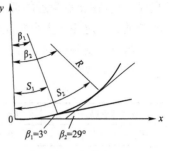

图 3-15 切线角

各级公路缓和曲线最小长度　　　　　表 3-6

设计速度(km/h)	120	100	80	60	40	30	20
缓和曲线最小长度(m)	100	85	70	50	35	25	20

注:四级公路为超高、加宽缓和段。

(2)缓和曲线的设置。《公路工程技术标准》(JTG B01—2003)规定,除四级公路可不设缓和曲线外,其他各级公路,当平曲线半径小于不设超高的最小半径时,应设缓和曲线。

(3)缓和曲线的省略:

①直线与圆曲线间缓和曲线的省略。

a.《公路路线设计规范》(JTG D20—2006)规定,在直线和圆曲线间,当圆曲线半径大于或等于"不设超高最小半径"时,可不设缓和曲线;

b. 四级公路可将直线与圆曲线径相衔接,在圆曲线两端的直线上设置超高、加宽缓和段。

②半径不同的圆曲线间缓和曲线的省略。

a. 小圆半径大于所示"不设超高最小半径"时;

b. 小圆半径大于表 3-7 所示"小圆临界半径",且符合下列条件之一时:

小圆曲线按最小回旋线长度设回旋线时,其小圆与大圆的内移值之差不超过 0.1m。

设计速度≥80km/h 时,大圆半径(R_1)与小圆半径(R_2)之比小于 1.5。

设计速度<80km/h 时,大圆半径(R_1)与小圆半径(R_2)之比小于 2。

复曲线中的小圆临界半径　　　　　表 3-7

设计速度(km/h)	120	100	80	60	40	30
临界圆曲线半径(m)	2100	1500	900	500	250	130

4. 平曲线长度

从驾驶员操纵方便、行车舒适以及视觉要求来看,应对平曲线长度加以限制。

(1)曲线的最小长度。为使驾驶员操纵方便、行车舒适以及满足视觉要求,应对平曲线长度加以限制。《公路路线设计规范》按 6s 行程长度制定了平曲线最小长度指标,见表 3-8。

各级公路平曲线最小长度　　　　　表 3-8

设计速度(km/h)		120	100	80	60	40	30	20
平曲线最小长度(m)	一般值	600	500	400	300	200	150	100
	最小值	200	170	140	100	70	50	40

注:"一般值"为正常情况下的采用值;"最小值"为条件受限制时可采用的值。

(2)小偏角时的平曲线长度。当道路转角 θ≤7°时,曲线两端附近的曲线部分被误认为是直线,只有在交点附近的部分才能看出是曲线,曲线长度往往看上去比实际长度短,造成急弯的错觉。为避免产生视觉误差,保证行车安全,在进行平曲线设计时应避免设置小于7°的转角。当条件受到限制不得已时,在偏角小于7°的转角处应设置较长的平曲线,其长度应大于表3-9所示数值。

公路转角等于或小于7°的平曲线长度　　　　　　　　　　　　　　　表3-9

设计速度(km/h)	120	100	80	60	40	30	20
平曲线最小长度(m)	1400/Δ	1200/Δ	1000/Δ	700/Δ	500/Δ	350/Δ	280/Δ

注:"Δ"为路线转角值(°);当Δ<2°时,按Δ=2°计算。

三、平面线形的组合与衔接

平面线形设计在保证直线、缓和曲线及圆曲线三要素的合理取用外,还应考虑三者之间的相互配合,即直线的最大长度及曲线间直线的最短长度取用、直线与圆曲线间的缓和曲线的设置都应综合考虑该设计公路等级的设计速度、地形、地物及地质等条件,考虑立体线形的视觉效果,保证公路线形的行车安全与舒适。设计时一般要考虑以下6个方面:

(1)两相邻的同向曲线间应设有足够长度的直线段,不得以短直线连接,否则应调整线形使之成为单曲线或复曲线或运用回旋线组合成卵形、凸形、复合型等曲线形式,以免产生断背曲线。

(2)两反向曲线夹有直线段时,以设置不小于最小直线段长度的直线段为宜,否则应调整线形成组合成S形曲线,使其连续均匀。

(3)应避免连续急弯的线形,可在曲线间插入足够长的直线或回旋线。

线形设计的要求与内容应随公路等级和设计速度的不同而异。对于高速公路、一级公路以及设计速度$v \geq 60$km/h的公路,应注重立体线形设计,尽量做到线形连续、指标均衡、视觉良好、景观协调、安全舒适。设计越高,线形设计所考虑的因素越应周全。设计速度$v \leq 40$km/h的公路,首先应在保证行驶安全的前提下,正确运用线形要素规定值(包括最大值、最小值),在条件允许情况下力求做到各种线形要素的合理组合,并尽量避免和减轻不利的组合,以期充分发挥投资效益。

(4)在路线交叉前后应尽可能采用技术指标较高的线形,保证行驶安全和提高公路的通行能力。

(5)平面线形应在地形、地物、地质等各种具体条件的基础上,选用相应技术指标进行组合设计,应合理运用直线和曲线(包括圆曲线、回旋线)线形要素,不得片面强调以直线或以曲线为主,或必须高于某一比例。

(6)应解决好线形与桥、隧道轴线之间的关系,原则上对于大桥或特大桥或隧道以路线服从为主,即尽可能采用直线线形,但应视具体情况及其他条件选用适当的曲线线形,并应满足视距要求。

四、平曲线设计

平曲线设计方法与步骤如图3-16所示。

1. 单圆曲线的设计

当路线前进方向发生改变时,就会出现转点,即交点(见图3-17)。各级公路与城市道路不论转角大小均应设置平曲线。当缓和曲线省略时,平曲线即为单圆曲线,其设计方法与步骤

如下:

(1)拟定圆曲线半径。

(2)计算圆曲线的几何要素。

切线长：
$$T = R \cdot \tan \frac{\alpha}{2} \tag{3-16}$$

曲线长：
$$L = \frac{\pi \alpha R}{180} \tag{3-17}$$

外　距：
$$E = R\left(\sec \frac{\alpha}{2} - 1\right) \tag{3-18}$$

切曲差：
$$D = 2T - L \tag{3-19}$$

式(3-16)~式(3-19)中：T——切线长，m；

R——圆曲线半径，m；

α——转角，°；

L——曲线长，m；

E——外距，m；

D——切曲差(或校正值 J)，m。

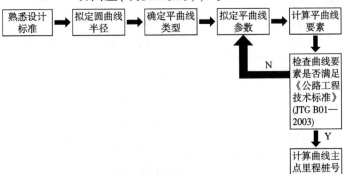

图 3-16　平曲线设计方法与步骤

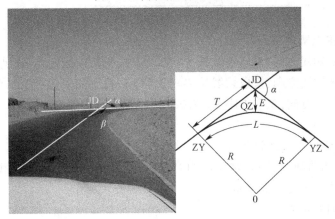

图 3-17　单圆曲线设计

(3)单圆曲线的主点桩号计算。

$$\text{ZY(桩号)} = \text{JD(桩号)} - T \tag{3-20}$$

$$\text{YZ(桩号)} = \text{ZY(桩号)} + L \tag{3-21}$$

$$\text{QZ(桩号)} = \text{YZ(桩号)} - L/2 \tag{3-22}$$

$$JD(桩号) = QZ(桩号) + D/2 \tag{3-23}$$

(4)单圆曲线主点实地敷设。

①在 JD 处沿后视切线方向,量取切线长 T,得圆曲线起点 ZY 点;
②在 JD 处沿前视切线方向,量取切线长 T,得圆曲线起点 YZ 点;
③在 JD 处沿分角线方向,量取外距 E,得圆曲线中点 QZ 点。

【案例】 已知:某弯道交点 JD_2,桩号为 K4+099.51,拟采用半径 $R = 200m$,转角 $\alpha = 30°04'00''$,试计算曲线要素和主点桩号。

解:(1)平曲线要素:

$$T = R\tan\frac{\alpha}{2} = 200 \times \tan\frac{30°04'}{2} = 53.715m$$

$$L = \alpha\frac{\pi}{180}R = 30°04' \times \frac{\pi}{180} \times 200 = 104.952m$$

$$E = R\left(\sec\frac{\alpha}{2} - 1\right) = 7.088m$$

$$D = 2T - L = 2.478m$$

(2)主点桩桩号:

JD_2	K4+099.51
$-T$	53.715
HY	K4+045.795
$+L$	104.952
HY	K4+150.747
$-L/2$	52.476
QZ	K4+098.271
$+D/2$	1.239
JD_2	K4+099.51 (校核无误)

(3)单圆曲线主点实地敷设:

在 JD 处沿后视切线方向,量取切线长 $T = 53.715m$,得圆曲线起点 ZY 点;
在 JD 处沿前视切线方向,量取切线长 $T = 53.715m$,得圆曲线起点 YZ 点;
在 JD 处沿分角线方向,量取外距 $E = 7.088m$,得圆曲线中点 QZ 点。
敷设完毕。

2. 带有缓和曲线的平曲线设计

平曲线设置缓和曲线时,一般常用的组合是:直线—缓和曲线—圆曲线—缓和曲线—直线,即基本型。其设计方法及步骤如下:

(1)计算缓和曲线常数。

①缓和曲线的切线角:

a. 缓和曲线上任意点的切线角 β_x。

缓和曲线的切线角是指缓和曲线上任意点的切线与该缓和曲线起点的切线所成夹角。

$$\beta_x = \frac{l^2}{2L_s R} \tag{3-24}$$

b. 当到达缓和曲线终点时,即当 $l = L_S$ 时:

$$\beta = \frac{L_S}{2R} \quad (3\text{-}25)$$

式(3-24)~式(3-25)中:l——从缓和曲线起点 ZH(HZ)点至缓和曲线上任意一点之弧长,m;
L_S——缓和曲线全长,m;
R——缓和曲线终点处 HY(YH)点的半径,即圆曲线半径,m;
β_x——缓和曲线任意一点的切线角,rad;
β——缓和曲线终点处 YH(HY)的切线角,rad。

②置缓和曲线后的切线增长值:

$$q = \frac{L_S}{2} - \frac{L_S^3}{240R^2} \quad (3\text{-}26)$$

③有缓和曲线后圆曲线的内移值:

$$P = \frac{L_S^2}{24R} \quad (3\text{-}27)$$

(2)计算缓和曲线直角坐标:

如图 3-18 所示,在任意一点 P 处取一微分弧段 dl,则有 $dx = dl\sin\beta_x$,$dy = dl\cos\beta_x$,将 $\sin\beta_x$ 和 $\cos\beta_x$ 用函数幂级数展开,同时将 $\beta_x = \frac{l^2}{2L_SR}$ 代入并分别对其进行积分,略去高次项得缓和曲线上任意一点的直角坐标为:

$$\begin{cases} x = l - \dfrac{l^5}{40R^2L_S^2} \\ y = \dfrac{l^3}{6RL_S} - \dfrac{l^7}{336R^3L_S^3} \end{cases} \quad (3\text{-}28)$$

当 $l = L_S$ 时,缓和曲线终点的直角坐标:

$$\begin{cases} X_h = L_S - \dfrac{L_S^3}{40R^2} \\ Y_h = \dfrac{L_S^2}{6R} - \dfrac{L_S^4}{336R^3} \end{cases} \quad (3\text{-}29)$$

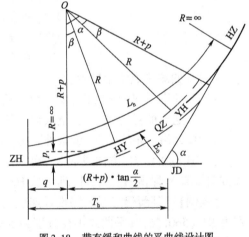

图 3-18 带有缓和曲线的平曲线设计图

式(3-28)~式(3-29)中:x——缓和曲线上任意一点的横坐标;
y——缓和曲线上任意 l 一点的纵坐标;
X_h——缓和曲线终点处的横坐标;
Y_h——缓和曲线终点处的纵坐标;
L_S——缓和曲线长,m。

(3)计算平曲线要素:

切线长: $$T_h = (R+p)\tan\frac{\alpha}{2} + q \quad (3\text{-}30)$$

圆曲线长: $$L_y = (\alpha - 2\beta)\frac{\pi}{180}R = L_h - 2L_S \quad (3\text{-}31)$$

平曲线总长: $$L_h = (\alpha - 2\beta)\frac{\pi}{180}R + 2L_S = \alpha\frac{\pi}{180}R + L_S \quad (3\text{-}32)$$

外　距：$$E_h = (R+p)\sec\frac{\alpha}{2} - R \qquad (3\text{-}33)$$

切曲差：$$D_h = 2T_h - L_h \qquad (3\text{-}34)$$

式中：T_h——切线长，m；

L_y——平曲线中圆曲线长，m；

L_h——平曲线中长，m；

L_s——缓和曲线长，m；

E_h——外距，m；

D_h——切曲差（或校正值 J），m；

R——圆曲线半径，m；

α——转角，°；

β——转角，°。

(4)计算平曲线主点桩号：

$$ZH(桩号) = JD(桩号) - T_h \qquad (3\text{-}35)$$
$$HY(桩号) = ZH(桩号) + L_s \qquad (3\text{-}36)$$
$$YH(桩号) = HY(桩号) + L_y \qquad (3\text{-}37)$$
$$HZ(桩号) = YH(桩号) + L_s \qquad (3\text{-}38)$$
$$QZ(桩号) = HZ(桩号) - L_h/2 \qquad (3\text{-}39)$$
$$JD(桩号) = QZ(桩号) + D_h/2 \qquad (3\text{-}40)$$

(5)平曲线主点实地敷设：

在 JD 处沿后视切线方向，量取切线长 T_h，得圆曲线起点 ZH 点；

在 JD 处沿前视切线方向，量取切线长 T_h，得圆曲线起点 HZ 点；

在 JD 处沿分角线方向，量取外距 E_h，得圆曲线中点 QZ 点；

在 ZH 点处沿 JD 方向量取 X_h，得一点，以该点为垂足向曲线内做 ZH~JD 段的垂线，沿垂线方向量取 Y_h 即得 HY 点。同理可从 HZ 点开始得 YH 点。

【案例】 某新建二级公路设计速度为40km/h，有一平曲线，交点分别为JD_3，交点桩号分别为K6+560.56，其平曲线半径分别为 $R=250$m，偏角为 $\alpha=29°23'24''$，试敷设平曲线并计算主点里程。

解：(1)确定是否设置缓和曲线

因为平曲线半径 $R=250$m 小于不设超高最小半径 600m(800m)，故需要设置缓和曲线。

(2)确定缓和曲线长度

由题意可知，该公路为二级公路，其设计速度40km/h，查表3-5得缓和曲线 $L_s=50$m。

$$\beta_0 = \frac{L_s}{2R} \times \frac{180}{\pi} = 5°43'46''$$

$$2\beta = 11°27'33'' \leq \alpha(符合要求)$$

故，缓和曲线 $L_s=50$m 符合标准的要求。

(3)平曲线要素：

$$p = \frac{L_s^2}{24R} 0.427\text{m}$$

$$q = \frac{L_s}{2} - \frac{L_s^3}{240R^2} = 24.99\text{m}$$

$$T_h = (R+p)\tan\frac{\alpha}{2} + q = 88.61\text{m}$$

$$L_h = \alpha\frac{\pi}{180}R + L_S = 174.39\text{m}$$

$$L_y = L_h - 2L_S = 74.39\text{m}$$

$$E_h = (R+p)\sec\frac{\alpha}{2} - R = 8.38\text{m}$$

$$D_h = 2T_h - L_h = 2.83\text{m}$$

(4) 平曲线主点桩桩号：

JD$_3$	K6+560.56
$-T_h$	88.61
ZH	K6+471.95
$+L_S$	50
HY	K6+521.95
$+L_y$	74.39
YH	K6+596.34
$+L_S$	50
HZ	K6+646.34
$-L_h/2$	87.195
QZ	K6+559.15
$+D_h/2$	1.415
JD$_3$	K6+560.56（计算无误）

(5) 计算缓和曲线的直角坐标：

$$X_h = L_S - \frac{L_S^3}{40R^2} = 49.95$$

$$Y_h = \frac{L_S^2}{6R} - \frac{L_S^4}{336R^3} = 1.67$$

(6) 平曲线主点实地敷设：

在 JD 处沿后视切线方向，量取切线长 $T_h = 88.61$，得圆曲线起点 ZH 点；

在 JD 处沿前视切线方向，量取切线长 $T_h = 88.61$，得圆曲线起点 HZ 点；

在 JD 处沿分角线方向，量取外距 $E_h = 8.38$，得圆曲线中点 QZ 点；

在 ZH 点处沿 JD 方向量取 $X_h = 49.95$，得一点，以该点为垂足向曲线内做 ZH～JD 段的垂线，沿垂线方向量取 $Y_h = 1.67$ 即得 HY 点。

在 HZ 点处沿 JD 方向量取 $X_h = 49.95$，得一点，以该点为垂足向曲线内做 HZ～JD 段的垂线，沿垂线方向量取 $Y_h = 1.67$ 即得 YH 点，敷设完毕。

任务三　行车视距

一、行车视距

为了保证行车安全，驾驶员应能看到前方一定距离内的公路路面，以便及时发现障碍物或对向来车,使汽车在一定的车速下及时制动或绕过。汽车在这段时间内沿路面所行驶的最短距离称为行车视距。行车轨迹线是指一般取弯道内侧车道路面内缘线(曲线段为路面内侧未加宽前)向路面中心线 1.5m,驾驶员视点离地面高 1.20m,障碍物高 0.1m 线。

行车视距直接关系到汽车行驶的安全与迅速,它是公路主要技术指标之一。因此,无论在公路的平面上或纵断面上,都应保证必要的行车视距。

1. 视距的分类

驾驶员发现路面障碍物或迎面来车时,根据其采取措施不同,行车视距可分为以下 4 种:

(1)停车视距。汽车行驶时,自驾驶员看到障碍物时起,至在障碍物前安全停止,所需要的最短距离,如图 3-19 所示。

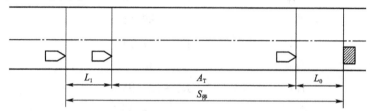

图 3-19 停车视距

(2)会车视距。在同一车道上两对向汽车相遇,从互相发现起,至同时采取制动措施使两车安全停止,所需要的最短距离。

(3)错车视距。在没有明确划分车道线的双车道公路上,两对向行驶的汽车之相遇,发现后即采取减速避让措施安全错车所需要的最短距离。

(4)超车视距。在双车道公路上,后车超越前车时,从开始驶离原车道之处起,至在与对向来车相遇之前,完成超车安全回到自己的车道,所需要的最短距离。超车视距由 4 部分组成:①加速行驶距离;②超车车辆在对向车道行驶距离;③超车完成以后超车汽车与对向汽车之间的安全距离;④超车汽车超车过程中对向车辆行驶的距离。如图 3-20 所示。

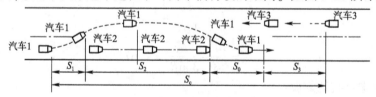

图 3-20 超车视距

上述 4 种视距中,超车视距最长,错车视距最短,前两种属于对向行驶。

2. 视距标准的运用

《规范》中有以下六方面的规定:

(1)高速公路、一级公路的视距应满足停车视距的要求。其值《公路工程技术标准》(JTG B01—2003)规定如表 3-10 所示。

高速、一级公路停车视距　　　　表 3-10

设计速度(km/h)	80	60	50	40	35	30	25	20
停车视距(m)	110	70	60	40	35	30	25	20

(2)二、三、四级公路视距应满足会车视距要求。其长度不应小于停车视距的 2 倍。受地形条件或其他特殊情况限制而采取分道行驶措施的地段,可采用停车视距,如表 3-11 所示。

二、三、四级公路停车视距、会车视距与超车视距　　　　　表3-11

设计速度(km/h)	80	60	40	30	20
停车视距(m)	110	75	40	30	20
会车视距(m)	220	150	80	60	40
超车视距(m)	550	350	200	150	100

（3）高速公路、一级公路以及大型车比例较高的二、三级公路的下坡路段,应采用下坡段货车停车视距对相关路段进行检验。下坡段货车停车视距规定如表3-12所示。

下坡段货车停车视距　　　　　表3-12

设计速度(km/h)	120	100	80	60
停车视距(m)	210	160	110	75

（4）具有干线功能的二级公路宜在3min的行驶时间里,提供一次满足超车视距要求的超车路段。其他双车道公路可根据需要间隔设置具有超车视距的路段。

（5）积雪冰冻地区的停车视距宜适当增长。

（6）平曲线内侧设置的人工构造物,或平曲线内侧挖方边坡妨碍视线,或中间带设置防眩设施时,应对视距予以检查或验算。不符合规定要求时,可加宽路肩或中间带,或将构造物后移,或设置交通安全设施。

二、行车视距的保证

汽车在直线上行驶时,一般会车视距、停车视距和超车视距是容易保证的,而弯道和交叉口的视距保证要相对复杂,如图3-21所示。

图3-21　直线路段与曲线路段行车视距的对比
a)直线路段；b)曲线路段

1. 弯道的视距保证

汽车在弯道上行驶时,弯道内侧树木、路堑边坡及建筑物等可能会阻挡行车视线,要保证汽车的平面视距,必须清除弯道内侧一定范围内的障碍物,如图3-22。

为保证行车的安全,行车视距是否能保证公路的设计视距长度要求,通常采用横净距法。横净距是指在曲线路段内侧车道上的汽车驾驶员,为取得前方视距而应保证获得的横向净空范围。内侧车道上驾驶员所需视线 AB 线与车辆行驶的轨迹线之间的横向距离,即为横净距。

73

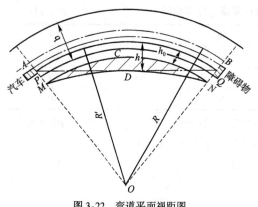

设汽车行驶轨迹线至驾驶员视线间的距离为h，障碍物线至行车轨迹线之间的距离为h_0，s为平面视距长度，图中阻碍驾驶员视线的阴影部分为清除范围。则由图3-22可知：

当$h < h_0$时，视距能保证；

当$h > h_0$时，视距不能保证，应进行障碍物清除。

为了保证汽车行驶的平面视距，需通过计算确定最大横净距值h。而h_0值则可在公路横断面图上量取，如图3-22所示。

图3-22 弯道平面视距图

(1) 横净距的确定

最大横净距h值是用于路线设计中检查安全行车所必需的视距范围，在该范围内的一切障碍物都应加以清除。

最大横净距的确定，可按有无缓和曲线以及视距与汽车行驶轨迹长度的关系分别进行计算，见表3-13。

公路最大横净距计算公式 表3-13

不设回旋线	$L > S$，见图3-23a) $h = R_S\left(1 - \cos\dfrac{\gamma}{2}\right)$	$\gamma = \dfrac{180S}{\pi R_S}$
	$L < S$，见图3-23b) $h = R_S\left(1 - \cos\dfrac{\gamma}{2}\right) + \dfrac{1}{2}(S - L_S)\sin\dfrac{\alpha}{2}$	$L_S = \dfrac{\pi}{180}\alpha R_S$
设回旋线	$L' > S$ $h = R_S\left(1 - \cos\dfrac{\beta}{2}\right)$	$\beta = \dfrac{180S}{\pi R_S}$
	$L > S > L'$，见图3-24a) $h = R_S\left(1 - \cos\dfrac{\alpha - 2\beta}{2}\right) + \sin\left(\dfrac{\alpha}{2} - \delta\right)(l - l')$	$\delta = \alpha\arctan\left\{\dfrac{l}{6R_S}\left[1 + \dfrac{l'}{l} + \left(\dfrac{l'}{l}\right)^2\right]\right\}$ $l' = \dfrac{1}{2}(L_S - S)$
	$L < S$，见图3-24b) $h = R_S\left(1 - \cos\dfrac{\alpha - 2\beta}{2}\right) + \sin\left(\dfrac{\alpha}{2} - \delta\right) + \sin\dfrac{\alpha}{2}\dfrac{S - L_S}{2}$	$\delta = \alpha\arctan\dfrac{l}{6R_S}$

注：h——最大横净距，m；S——视距，m。

(2) 视距保证的方法与步骤：

绘制视距包络图，以确定清除障碍物范围，如图3-25所示。

① 按比例绘制弯道平面图及各桩号断面图；

② 确定R_S并计算h值；

③ 丈量（或量取）行车轨迹线至障碍物线之间的距离h_0值；

④ 判断视距是否保证，若视距不能保证，则需进行⑤～⑨项的工作；

⑤ 在平面图上距曲线起点（或终点）处分别向直线方向沿轨迹线两端量取s长度得0点及n点；

⑥ 在0～n长度范围内将轨迹线平分若干等分，得0、1、2、3、4…n各点；

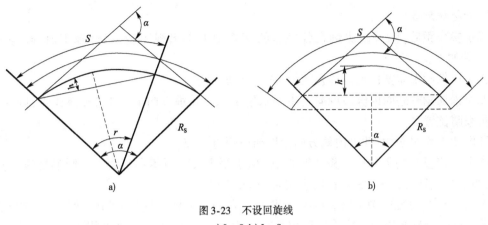

图 3-23 不设回旋线
a) $L>S$; b) $L<S$

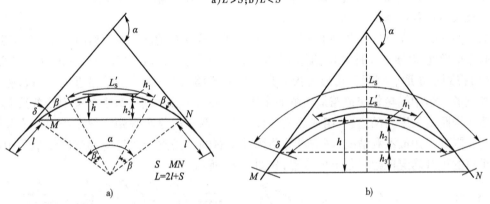

图 3-24 设回旋线
a) $L_y \leqslant S \leqslant L'_S$; b) $S > L'_S$

⑦由 1 点开始,沿轨迹线方向每隔等距离量取 S 得 $1'$、$2'$、$3'$、$4'\cdots n'$ 各点,并连接 $1-1'$、$2-2'$、$3-3'\cdots$用一光滑曲线外切各连线,该光滑曲线即为视距包络线;

⑧图中的阴影部分即为视距切除范围;

⑨据平面图与横断面图各相对应的桩号分别在平面图上量取 h_0,图 3-25 即为视距切除范围。

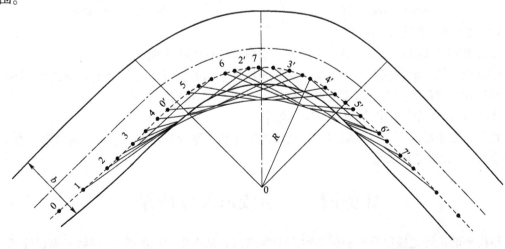

图 3-25 视距包络图

2. 开挖视距台

确定横净距后,就可按比例在各桩号的横断图上画出视距台,以供施工放样。其作图 3-26 步骤如下:

①按比例画出需要保证设计视距的各桩号横断面图。

②由未加宽时路面内侧边缘向路中心量取 1.5 m,并垂直向上量 1.2 m 得 A 点,则 A 点为驾驶员眼睛位置。

③由 A 点作水平线,并沿内侧方向量取横净距得 B 点。

④由 B 点垂直向下量取 y 高度得 C 点(由于泥土或碎石落在视距台上影响视线,为保证通视,当土质边坡时,y = 0.3 m;石质边坡时,y = 0.1 m)。

⑤由 C 点按边坡比例画出边坡线,则图中影印线部分即为挖除的部分,如图 3-26 所示。

⑥各桩号分别按需要的横净距开挖视距台,连接起来就能保证设计视距。

3. 交叉口的视距保证

为了保证交叉口处车辆的行驶安全,驾驶员在进入交叉口前的一段距离内,应能看到相交道路上的行车情况,以便能及时采取措施顺利驶过或安全停车。这段距离应大于或等于停车视距。

(1)视距三角形。视距三角形是指的是平面交叉路口处,由一条道路进入路口行驶方向的最外侧的车道中线与相交道路最内侧的车道中线的交点为顶点,两条车道中线各按其规定车速停车视距的长度为两边,所组成的三角形。即由两车的停车视距和视线组成了交叉口视距空间和限界。按最不利情况,考虑设计路线最靠右的一条直行车道与相交路线最靠中间的直行车道的组合确定视距三角形的位置,如图 3-27 所示。

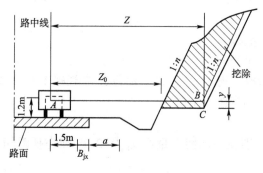

图 3-26 开挖视距台

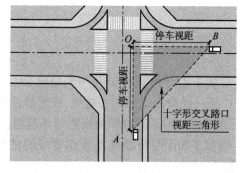

图 3-27 视距三角形

(2)视距保证的方法和步骤:

①根据相交道路的等级及设计车速等因素确定各自的停车视距;

②以设计路线最右侧直行车道与相交路线最靠中间的直行车道的交点 O 为起点,分别向设计路线和相交路线沿直行车道量取各自的停车视距长,可得 A、B 点。

③将 O、A、B 两两相连,即可得视距三角形。

在视距三角形内不允许有阻碍司机视线的物体和道路设施存在。视距三角形限界内应清除高度超过 1.2 m 的障碍物。

任务四 平面线形设计成果

路线平面设计完成以后应提供各种图纸和表格。其中主要的图纸有:路线平面设计图、路线总体布置图、路线交叉设计图、公路用地图、纸上移线图等。主要的表格有:直线、曲线及转角表、路线交点坐标表(含在直线、曲线及转角表中)、逐桩坐标表、路线固定表、总里程及断链表等。各种图纸和表格的样式可参照交通部所颁布的"设计文件图表示例"。这里仅就主要对"直线、曲线及转角表"与"路线平面设计图"进行讲解。

一、直线、曲线及转角表

"直线、曲线及转角表"为平面设计的主要成果，它反映了路线的平面位置和路线平面线形的各项指标。路线平面设计只有根据这一成果才能进行后面的一系列设计，如路线平面设计图、逐桩坐标表。同时它为路线纵断面设计、横断面设计提供设计依据。本表的样式一般如表 3-14 所示。

二、逐桩坐标表

高速、一级公路的线形指高程，在测设和放线时需采用坐标法才能保证测设精度。所以平面设计成果必须提供一份"逐桩坐标表"，如表 3-15 所示。

三、路线平面设计图

路线平面设计图是公路设计文件的重要组成部分。通过路线平面图，可以反映出公路的平面位置和所经过地区的地形、地物等，还可以反映出路线所经地段的各种结构物如挡土墙、边坡、排水结构、桥涵等的具体位置以及和地形、地物的关系。它是设计人员对路线设计意图的总体体现。路线平面图无论对提供有关部门审批、专家评议、设计初审、设计会审、工程施工以及指导后续工作如施工图设计、施工放样等起着重要的作用。

1.公路路线平面设计图

(1)公路路线平面设计图的比例尺及测图范围。

公路平面图是指包括路中线在内的有一定宽度的带状地形图。若为工程可行性研究、初步设计阶段的方案研究与比选，其比例可采用 1:5000 或 1:10000，但作为初步设计、施工图设计等设计文件组成部分则应采用更大的比例尺。一般常用 1:2000，在平原微丘区可采用 1:5000。在地形特别复杂地段或重要设计路段，如大型交叉、大中桥等，则应采用 1:500 或 1:1000 的地形图。

带状地形图的测图范围，一般为路中心线两侧 100~200m。对于 1:5000 的地形图，测图范围应适当放大，一般每侧应不小于 250m。若有比较线，则应包括比较线的范围。

(2)公路路线平面设计图的内容及测绘步骤如下：

①导线或路中线的展绘。在展绘导线或中线以前，需按图幅合理布局，绘出坐标方格网，坐标网格尺寸采用 5cm 或 10cm，要求图廓网格的对角线长度和导线点间长度误差均不大于 0.5mm。然后按导线点(或交点，下同)坐标 X、Y 精确地点绘在相应位置上。每张导线图展绘完毕后，用三棱尺逐点复核各点间距，再用半圆仪校核每个角度是否与计算相符。复核无误后，再按"逐桩坐标表"所提供的数据，展绘曲线，并注明各曲线主点桩以及百米桩、公里桩、断链桩的位置。对导线点、交点逐个编号，注明路线在本张图中的起点和终点里程等。

路线一律按前进方向从左至右画，在每张图的拼接处画出接图线。在图的右上角标明共 ×张、第×张。在图纸的空白处注明曲线元素及主点里程。

②控制点的展绘。各种比例尺的地形图均应展绘和测出测绘宽度内的各等级三角点、导线点、图根点、水准点等，并按规定的符号表示。

直线、曲线及转角表

格尔木肯德可克至卡尔却卡公路

表 3-14
第 1 页 共 页 SII-4

交点号	交点坐标 N(X)	交点坐标 E(Y)	交点桩号	转角值	曲线要素值(m) 半径	缓和曲线长度	缓和曲线参数	切线长度	曲线长度	外距	校正值	第一缓和曲线起点	第一缓和曲线终点或圆曲线起点	曲线主点桩号 曲线中点	第一缓和曲线终点或圆曲线终点	第二缓和曲线终点	直线段长(m)	直线长度及方向 交点间距(m)	计算方位角	备注
1	2	3	4	5	6	7	8	9	10	11	12	13	14	15	16	17	18	19	20	21
BP	4102418.99	387787.71	K0+000																	
JD1	4102418.93	387406.96	K0+380.748	5°17′53″(Z)	5000.00			231.34	462.34	5.35	0.33		K0+149.412	K0+380.583	K0+611.755		149.41	380.75	269°59′27.7″	
JD2	4102043.76	383368.19	K4+436.579	42°53′35″(Z)	2000.00	750.00	1224.75	1164.82	2247.25	161.36	82.40	K3+271.754	K4+021.754	K4+395.379	K4+769.004	K5+519.004	2660.00	4056.16	264°41′34.7″	
JD3	4100904.76	382349.81	K5+882.063	13°01′51″(Y)	600.00	70.00	204.94	103.56	206.46	4.24	0.66	K5+778.503	K5+848.503	K5+881.732	K5+914.961	K5+984.961	259.50	1527.88	221°47′59.7″	
JD4	4100681.05	382032.32	K6+269.784	19°53′14″(Y)	450.00	80.00	189.74	119.02	236.26	7.47	1.78	K6+150.766	K6+230.766	K6+268.896	K6+307.026	K6+387.026	165.80	388.38	234°49′50.7″	
JD5	4100351.8	381802.33	K6+669.639	10°24′29″(Y)	700.00	70.00	221.36	99.81	199.19	3.28	0.42	K6+569.833	K6+639.833	K6+669.431	K6+699.028	K6+769.028	182.81	401.63	214°56′06.7″	
JD6	4100207.75	381655.69	K6+874.775	9°11′29″(Y)	879.93	70.00	248.18	105.75	211.16	3.07	0.34	K6+769.028	K6+839.027	K6+874.607	K6+910.186	K6+980.186	0.00	205.55	225°30′35.7″	
JD7	4100207.75	381235.59	K7+583.739	5°35′15″(Z)	1650.00	80.00	363.32	120.53	240.91	2.13	0.14	K7+463.214	K7+543.214	K7+583.668	K7+624.122	K7+704.122	483.03	709.30	216°19′06.7″	
JD8	4098871.1	380780.72	K8+473.737	34°18′57″(Y)	1595.00	550.00	936.62	769.62	1505.28	82.55	33.95	K7+704.122	K8+254.122	K8+456.762	K8+659.403	K9+209.403	0.00	880.14	210°43′51.7″	
JD9	4097542.76	380863.94	K9+770.729	51°51′30″(Y)	450.00	200.00	300.00	320.43	607.29	54.48	33.56	K9+450.304	K9+650.304	K9+753.951	K9+857.598	K10+057.598	240.90	1330.94	176°24′54.7″	短链:13.709m K10+066.291 =K10+080
JD10	4096288.11	379457.06	K11+635.950	27°47′42″(Z)	800.00	200.00	400.00	298.41	588.09	26.27	8.75	K11+337.544	K11+537.544	K11+631.589	K11+725.635	K11+925.635	1266.34	1885.07	228°16′24.7″	
JD11	4095757.52	379258.91	K12+193.604	10°28′17″(Y)	750.00	70.00	229.13	103.75	207.07	3.42	0.43	K12+089.855	K12+159.855	K12+193.390	K12+226.925	K12+296.925	164.22	566.37	200°28′42.7″	
JD12	4095578.89	379151.79	K12+401.469	9°38′23″(Y)	824.53	70.00	240.24	104.54	208.72	3.17	0.37	K12+296.925	K12+366.925	K12+401.286	K12+435.647	K12+505.647	0.00	208.29	210°56′59.7″	
JD13	4095002.29	378934.66	K12+998.549	37°49′09″(Y)	350.00	110.00	196.21	175.35	341.02	21.49	9.67	K12+823.204	K12+933.204	K12+993.716	K13+054.228	K13+164.228	317.56	597.45	201°18′36.7″	
JD14	4094349.36	379134.11	K13+690.754	21°42′27″(Y)	260.00	50.00	114.02	74.92	148.51	5.14	1.33	K12+615.834	K13+665.834	K13+690.087	K13+714.340	K13+764.340	451.61	701.87	163°42′92.7″	
JD15	4094180.67	379118.76	K13+858.798	28°07′34″(Y)	256.79	60.00	124.13	94.46	186.06	8.54	2.86	K13+764.340	K13+824.339	K13+857.369	K13+890.398	K13+950.398	0.00	169.38	185°11′54.7″	

逐桩坐标表

格尔木肯德可克至卡尔却卡公路

表 3-15
第 1 页 共 页 SⅡ-11

桩号	坐标 N(X)	坐标 E(Y)	桩号	坐标 N(X)	坐标 E(Y)	桩号	坐标 N(X)	坐标 E(Y)
K0+000	4102418.985	387787.709	K0+460	4102409.27	387327.9102	K0+940	4102367.168	386849.778	K1+420	4102322.772	386371.8356
K0+020	4102418.982	387767.709	K0+480	4102407.985	387307.9515	K0+944	4102366.798	386845.7952	K1+440	4102320.922	386351.9213
K0+040	4102418.979	387747.709	K0+500	4102406.621	387287.9981	K0+960	4102365.318	386829.8637	K1+460	4102319.072	386332.0071
K0+060	4102418.976	387727.709	K0+520	4102405.176	387268.0504	K0+980	4102363.468	386809.9495	K1+480	4102317.222	386312.0928
K0+080	4102418.972	387707.709	K0+540	4102403.652	387248.1085	K0+000	4102361.619	386790.0352	K1+500	4102315.372	386292.1785
K0+100	4102418.969	387687.709	K0+560	4102402.049	387228.1729	K0+020	4102359.769	386770.1209	K1+520	4102313.522	386272.2643
K0+120	4102418.966	387667.709	K0+580	4102400.365	387208.2439	K0+040	4102357.919	386750.2067	K1+540	4102311.673	386252.35
K0+140	4102418.963	387647.709	K0+600	4102398.602	387188.3218	K0+060	4102356.069	386730.2924	K1+560	4102309.823	386232.4357
K0+149.411	4102418.962	387638.298	K0+611.756	4102397.528	387176.6149	K0+080	4102354.219	386710.3781	K1+580	4102307.973	386212.5215
K0+160	4102418.949	387627.709	K0+620	4102396.766	387168.4063	K1+100	4102352.369	386690.4639	K1+600	4102306.123	386192.6072
K0+180	4102418.863	387607.7092	K0+640	4102394.916	387148.492	K1+120	4102350.519	386670.5496	K1+620	4102304.273	386172.6929
K0+200	4102418.698	387587.7099	K0+660	4102393.066	387128.5778	K1+140	4102348.67	386650.6353	K1+640	4102302.423	386152.7787
K0+220	4102418.452	387567.7114	K0+680	4102391.216	387108.6635	K1+160	4102346.82	386630.7211	K1+660	4102300.573	386132.8644
K0+240	4102418.127	387547.7141	K0+700	4102389.366	387088.7492	K1+180	4102344.97	386610.8068	K1+680	4102298.724	386112.9501
K0+260	4102417.721	387527.7182	K0+720	4102387.517	387068.835	K1+200	4102343.12	386590.8925	K1+700	4102296.874	386093.0359
K0+280	4102417.236	387507.7241	K0+740	4102385.667	387048.9207	K1+220	4102341.27	386570.9783	K1+720	4102295.024	386073.1216
K0+300	4102416.671	387487.7321	K0+760	4102383.817	387029.0064	K1+240	4102339.42	386551.064	K1+740	4102293.174	386053.2073
K0+320	4102416.025	387467.7426	K0+780	4102381.967	387009.0921	K1+260	4102337.57	386531.1497	K1+760	4102291.324	386033.2931
K0+340	4102415.3	387447.7557	K0+800	4102380.117	386989.1779	K1+280	4102335.721	386511.2355	K1+780	4102289.474	386013.3788
K0+360	4102414.495	387427.772	K0+820	4102378.267	386969.2636	K1+300	4102333.871	386491.3212	K1+800	4102287.624	385993.4645
K0+380	4102413.609	387407.7916	K0+840	4102376.417	386949.3493	K1+320	4102332.021	386471.4069	K1+820	4102285.775	385973.5503
K0+380.583	4102413.582	387407.2092	K0+860	4102374.568	386929.4351	K1+340	4102330.171	386451.4927	K1+840	4102283.925	385953.636
K0+400	4102412.644	387387.8149	K0+880	4102372.718	386909.5208	K1+360	4102328.321	386431.5784	K1+860	4102282.075	385933.7217
K0+420	4102411.599	387367.8422	K0+900	4102370.868	386889.6065	K1+380	4102326.471	386411.6641	K1+880	4102280.225	385913.8075
K0+440	4102410.474	387347.8739	K0+920	4102369.018	386869.6923	K1+400	4102324.622	386391.7499	K1+900	4102278.375	385893.8932

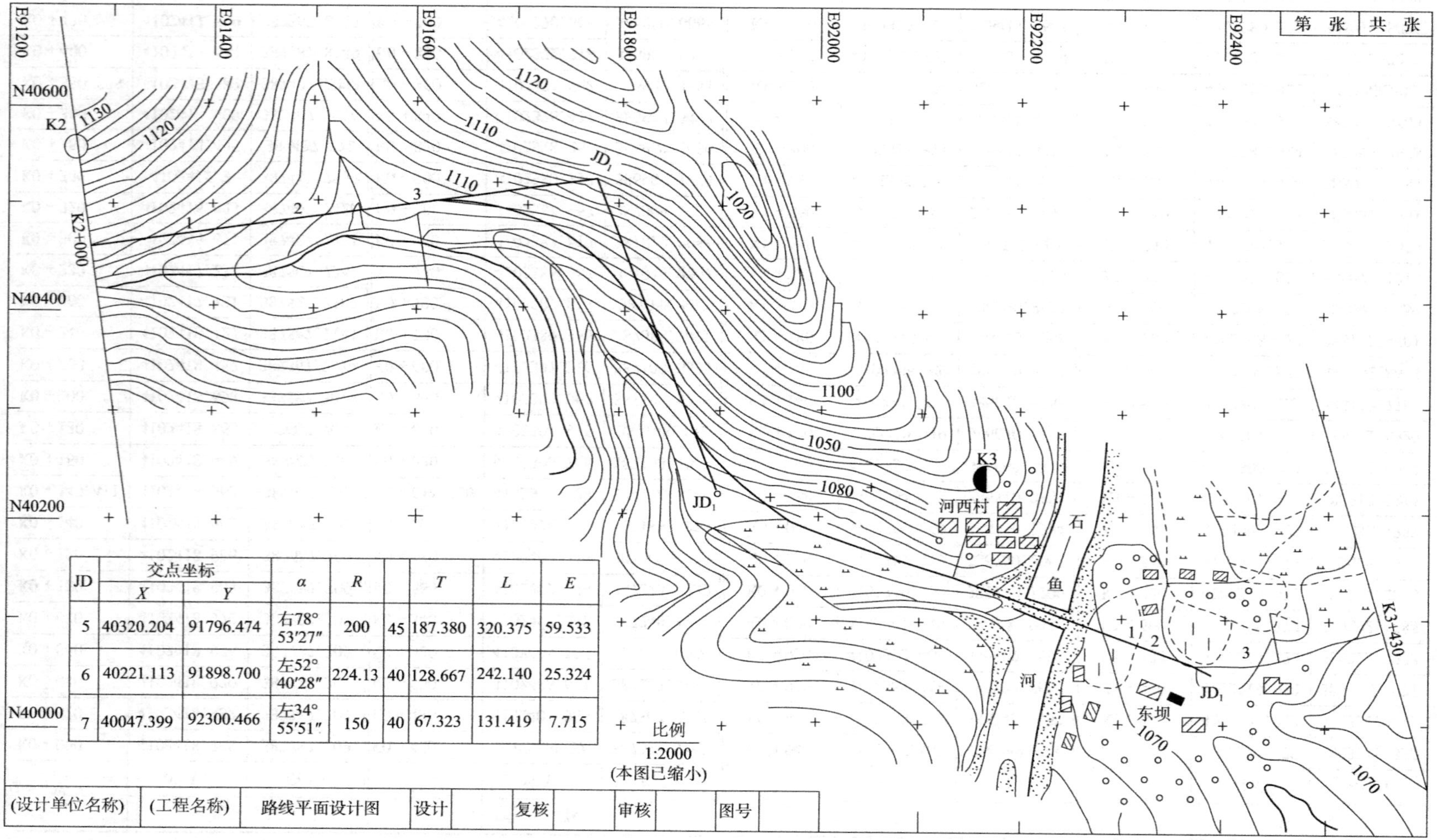

JD	交点坐标		α	R	T	L	E
	X	Y					
5	40320.204	91796.474	右78°53′27″	200	45 187.380	320.375	59.533
6	40221.113	91898.700	左52°40′28″	224.13	40 128.667	242.140	25.324
7	40047.399	92300.466	左34°55′51″	150	40 67.323	131.419	7.715

(设计单位名称)	(工程名称)	路线平面设计图	设计	复核	审核	图号

比例 1:2000 (本图已缩小)

图 3-28 公路路线平面设计图

③各种构造物的测绘。各类构造物、建筑物及其主要附属设施应按现行工程测量规范的规定测绘和表示。各种线状地物,如管线、高、低压电线等应实测其支架或电杆的位置。对穿越路线的高压线应实测其悬垂线距地面的高度并注明电流、电压(VA)数。地下管线应详细测定其位置。道路及其附属物应按实际形状测绘。公路交叉口应注明每条公路的走向。铁路应注明轨面高程,公路应注记路面类型,涵洞应注明洞底高程。

④水系及其附属物的测绘。应展绘出测绘宽度内的海洋的海岸线位置;水渠顶边及底边高程;堤坝顶部及坡脚的高程;水井井台高程;水塘塘顶边及塘底的高程。河流、水沟等应注明水流流向。

⑤地形、地貌的测绘。各种比例尺的地形图,地形、地貌、植被、不良地质地带等均应详细测绘,并用等高线和国家测绘局制定的"地形图图式"符号及数字注明。

公路路线平面图示例如图 3-28 所示。

  思考与练习

1. 简述平面直线、圆曲线、缓和曲线的线形特征。
2. 平面线形要素的组合形式有哪几种?其特点分别是什么?
3. 简述直线、缓和曲线、圆曲线的适用条件和设计要点。
4. 公路工程设计标准中圆曲线最小半径的规定是怎样的,有何意义?
5. 什么是行车视距?行车视距有几种类型?公路设计时如何运用?
6. 简述公路路线平面设计图的内容。
7. 已知某弯道交点 JD_{14},A、B 为辅助点,$\alpha_A = 55°56'$,$\alpha_B = 12°02'$,基线 AB 长 58.13m,半径 $R=100$m,$L_h=40$m,请用双交点法敷设该处平曲线。

学习情境　纵断面线形设计

知识目标

1. 熟悉纵断面设计标准。
2. 掌握纵坡设计方法与要点。
3. 掌握竖曲线设计方法与要点。

能力目标

1. 能熟练运用《公路工程技术标准》(JTG B01—2003)、《规范》,合理确定纵断面设计指标。
2. 能进行公路纵断面设计与纵断面图绘制。
3. 会计算直线坡段和竖曲线段的路基设计高程。

任务五　公路纵断面线形的基本知识

公路的纵断面是指通过公路中线的竖向剖面。纵断面设计主要是解决公路线形在纵断面上的位置、形状和尺寸问题。具体内容包括纵坡设计和竖曲线设计。

公路纵断面设计应与公路上行驶的车辆的技术性能相适应,满足汽车行驶的力学要求、驾驶员的视觉及心理要求和乘客的舒适性要求。同时还应充分考虑环保的要求,与周围环境相适应。

纵断面设计应根据公路的性质、任务、等级和地形、地质、水文等因素,考虑路基稳定、排水及工程量等的要求,对纵坡的大小、长短、前后纵坡状况、竖曲线半径大小以及与平面线形的组合关系等进行组合设计,从而设计出纵坡合理、现行平顺圆滑的理想线性,以达到行车安全、快速、舒适、工程费用较省、营运费用较少的目的。

纵断面设计是路基设计、桥涵设计及其他设计的基础,通过纵断面设计所完成的纵断面图是公路设计文件的重要内容之一。

一、纵断面图的基本组成

纵断面图是由上下两部分组成,上半部分是图,下半部分是有关的数据及文字信息,类似表格,因此可简单记为上图下表,如图3-29所示。

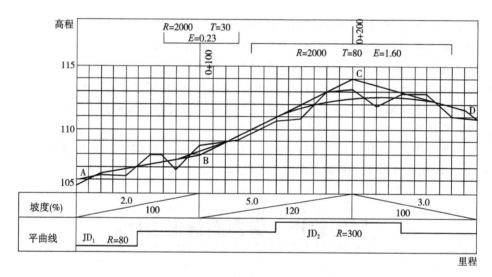

图3-29 路线纵断面示意图

纵断面图的上半部分主要绘制了两条线:一条是地面线,是根据道路中线上各中桩实测的地面高程,相邻地面高程的起伏折线的连线,反映了道路中线处天然地面的起伏情况;另一条是设计线,是经过技术设计,并通过技术、经济、美学等方面的比较后,由设计人员确定下来的,主要反映道路建成后的纵断面纵坡的变化情况。在同一横断面上设计高程与地面高程之差,称为施工高度。当设计线在地面线以上时,路基构成填方路堤;当设计线在地面线以下时,路基构成挖方路堑。施工高度的大小直接反映了路堤的高度和路堑的深度。

《规范》规定路基设计高程(图3-30)如下:

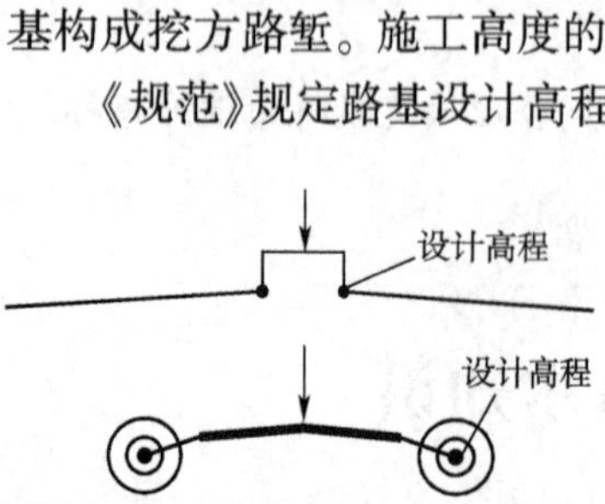

1. 新建公路

高速公路和一级公路采用中央分隔带的外侧边缘高程;

二、三、四级公路采用路基边缘高程,在设置超高、加宽地段为设超高、加宽前该处路基边缘高程。

2. 改建公路

一般按新建公路的规定办理,也可视具体情况而采用行

图3-30 路基设计高程

车道中线的高程。

(1)纵断面图上还应标注以下内容：

①竖曲线及其要素；

②沿线桥涵及人工构造物的位置、结构类型及孔径；

③与公路、铁路交叉的桩号及路名；

④沿线跨河的名称、位置、现有水位及设计洪水位；

⑤水准点的位置、编号及高程；

⑥断链桩的位置、桩号及长短链关系等。

(2)纵断面图的下半部分自下而上分别填写以下内容：

①直线与平曲线；

②里程及桩号；

③地面高程；

④设计高程；

⑤填挖高度值；

⑥坡度/坡长；

⑦土壤地质说明等。

二、汽车行驶对公路设计要求

汽车上坡时，若公路纵坡较缓，汽车的行驶阻力的代数和小于或等于汽车所用挡位牵引力，汽车就能用该挡位以等速或加速走完该段纵坡的全长。若汽车所用的挡位愈高，行驶速度就愈快，但爬坡能力愈差。因此，公路纵坡设计总是力求纵坡较缓为好，特别是等级较高的公路更是如此。

当公路的纵坡较陡，汽车上坡时的行驶阻力的代数和大于汽车所用挡位的牵引力时，在坡段较短的情况下，只要在上坡之前脚踩加速踏板，提高汽车的初始速度，利用动力冲坡的惯性原理，在车速降到临界速度之前即使不换挡也能冲过此段纵坡，但如果道路纵坡既陡又长，汽车利用动力冲坡无法冲过坡顶，此时就必须在车速下降到某一程度时(如临界车速)，换到较低的挡位来获得较大的动力因数，从而增大牵引力，汽车才能继续走完全程。但挡位越低，汽车的行驶速度越慢。

汽车使用低挡的行程时间越长或换挡次数频繁，会延长行程时间，增加汽车燃料消耗和机件磨损。此外，从汽车的动力特性可知，道路纵坡对车速的影响极大，因为纵坡越陡，需要的动力因素越大，从而采用的挡位越低，行驶速度越慢。为了使汽车能保持较高的车速行驶，少用低挡和减少换挡次数，对公路纵坡提出如下要求：

(1)纵坡度力求平缓；

(2)陡坡宜短，长陡坡的纵坡度应加以严格限制；

(3)纵坡度变化不宜太多，尤其应避免急剧的起伏变化，力求纵坡均匀。

任务六　纵 坡 设 计

一、纵坡设计的一般要求

纵坡设计是设计人员根据选(定线)意图，结合公路沿线地形、地质以及桥涵和重要建筑物进出口、沿街地坪高程等方面的要求,在综合考虑工程技术与工程经济的基础上最后定出路线坡度线的工作。纵坡设计应满足以下5方面的要求:

(1)纵坡设计必须满足《公路工程技术标准》(JTG B01—2003)中关于纵坡的有关规定,避免使用极限值。

(2)为保证车辆能以一定速度安全顺适地行驶,纵坡应力求连续、平顺、均衡,避免连续陡坡、过长陡坡和反坡。

(3)充分考虑地形、地质等条件,灵活运用《公路工程技术标准》(JTG B01—2003)、《规范》。避免过分强调高指标而高填深挖,也不应过分迁就地形而采用极限值或频繁变坡。一般情况下应考虑以下4点:

①平原地形因地下水埋深较浅,或池塘、湖泊分布较广,纵坡设计除应满足最小纵坡要求外,还应满足最小填土高度要求,保证路基稳定,力求均匀、平缓。

②丘陵地区的纵坡应避免过分迁就地形而起伏过于频繁。

③山岭地区越岭线的纵坡应力求均匀,不应采用最大值或接近最大值的坡度,更不宜连续采用不同纵坡最大坡长值的陡坡夹短距离缓坡的纵坡线形。

④山脊线和山腰线,除结合地形不得已时采用较大的纵坡外,在可能条件下应采用平缓的纵坡。

(4)纵坡设计应考虑填挖平衡,尽量利用挖方作就近填方,以减少借方和废方,降低造价和节省用地。

(5)纵坡设计应根据公路沿线的实际情况,适当照顾农业机械、农田水利等方面的要求。

二、纵坡设计标准

1. 最大纵坡

最大纵坡是指在纵坡设计时各级公路允许使用的最大坡度值。它是公路纵断面设计的重要控制指标。在地形起伏较大地区,纵坡的大小将直接影响路线的长短、使用质量、运输成本及造价。因此,纵坡度的取值必须通过全面分析,综合考虑后合理确定。

(1)确定最大纵坡应考虑以下3方面因素:

①汽车的动力特性。汽车的动力特性是指汽车在规定速度下的爬坡能力。道路上行驶的车型较多,各种汽车的爬坡性能和车速不尽相同。小客车的爬坡性能和行驶速度受纵坡的影响较小,而载重汽车随纵坡的增大车速显著下降,这对正常行驶的车流会造成交通混乱,使快车受阻,直接影响道路的通行能力和行车安全。所以,在确定最大纵坡时应以国产典型载重汽车作为标准车型。

应当指出,确定最大纵坡不能只考虑满足汽车的爬坡要求,还要满足汽车在纵坡上行驶时快速、安全及经济等要求。

②设计车速。公路等级越高,行车密度越大,要求行车速度越快,这就要纵断面的坡度越平缓;相反,在等级较低的道路上,则可以采用较大的纵坡。

③自然条件等因素。道路所经过地区的地形起伏、海拔高度、气温、雨量等自然因素都会影响汽车的行驶条件、爬坡能力等。

(2)一般规定。我国《规范》中规定最大纵坡,是对汽车在坡道上行驶情况进行了大量调查、试验,并广泛征求了各有关方面特别是驾驶员的意见,同时考虑了汽车带一拖挂车及畜力车通行的状况,结合交通组成、汽车性能、工程费用和营运经济等,经综合分析研究后确定了最大纵坡值。不同设计车速最大纵坡的规定见表3-16。

不同设计车速最大纵坡 表3-16

设计车速(km/h)	120	100	80	60	40	30	20
最大纵坡(%)	3	4	5	6	7	8	9

规范还规定:城市道路最大纵坡约相当于公路按计算行车速度计的最大纵坡减小1%。高速公路受地形条件或其他特殊情况限制时,经技术经济论证合理,最大纵坡可增加1%。位于海拔2000m以上或严寒冰冻地区,四级公路山岭、重丘区的最大纵坡不应大于8%。

桥上及桥头路线的最大纵坡:

①小桥与涵洞处纵坡应按路线规定采用。

②大、中桥上纵坡不宜大于4%,桥头引道纵坡不宜大于5%;紧接大、中桥桥头两端的引道纵坡应与桥上纵坡相同,(即引道应有一段纵坡与桥梁保持一致)。

③位于市镇附近非汽车交通较多的地段,桥上及桥头引道纵坡均不得大于3%。

隧道部分路线纵坡:隧道内纵坡不应大于3%,但独立明洞和短于50m的隧道其纵坡不受此限;紧接隧道洞口的路线纵坡应与隧道内纵坡相同。

在非机动车交通比例较大路段,为照顾其交通要求,可根据具体情况将纵坡适当放缓:平原、微丘区一般不大于2%~3%;山岭、重丘区一般不大于4%~5%。

(3)高原纵坡折减。在高海拔地区,因空气密度下降而使汽车发动机的功率、汽车的驱动力以及空气阻力降低,导致汽车的爬坡能力下降。另外,汽车水箱中的水易于沸腾而破坏冷却系统。因此,在高原地区除了汽车本身要采用一些措施使得汽油充分燃烧,避免随海拔增高而使功率降低过甚外,在道路纵坡设计中应适当采用较小的坡度,要进行纵坡折减。

现行规范规定位于海拔3000m以上的高原地区,各级公路的最大纵坡值应按表3-17的规定予以折减,折减后若小于4%,则仍采用4%。

高原纵坡折减 表3-17

海拔高度H(m)	3000~4000	4000~5000	5000以上
折减值(%)	1	2	3

2.最小纵坡

最小纵坡是指各级公路在特殊情况下容许使用的最小坡度值。为使道路上行车快速、安全和通畅,希望道路纵坡设计的小一些为好。但是,在长路堑及其他横向排水不通畅地段,为保证排水要求,防止积水渗入路基而影响其稳定性,均应设置不小于0.3%的纵坡,一般情况下以不小于0.5%为宜。

《规范》规定:各级公路的长路堑路段,以及其他横向排水不畅的地段,应采用不小于0.3%的纵坡。当必须设计平坡(0%)或小于0.3%的纵坡时,边沟应作纵向排水设计。在弯道超高横坡渐变段上,为使行车道外侧边缘不出现反坡,设计最小纵坡不宜小于超高允许渐变率。干旱少雨地区最小纵坡可不受上述限制。

3.坡长

(1)最短坡长。最短坡长的限制主要是从汽车行驶平顺性的要求考虑的。如果坡长过短,使变坡点增多,汽车行驶在连续起伏地段产生的增重与减重的变化频繁,导致乘客感觉不舒适,车速越高越感突出。从路容美观、相邻两竖曲线的设置和纵面视距等也要求坡长应有一定最短长度。

《公路工程技术标准》(JTG B01—2003)规定,各级道路最短坡长应按表3-18选用。在平面交叉口、立体交叉的匝道以及过水路面地段,最短坡长可不受此限。

各级公路最小坡长　　　　　　　　　　　　　　表3-18

设计车速(km/h)	120	100	80	60	40	30	20
最小坡长(m)	300	250	200	150	120	100	60

(2)最大坡长。公路纵坡的大小及其坡长对汽车正常行驶影响很大,纵坡越陡,坡长越长,对行车影响也越大。主要表现在:使行车速度显著下降,甚至要换较低排挡克服坡度阻力;易使水箱"开锅",导致汽车爬坡无力,甚至熄火;下坡行驶制动次数频繁,易使制动器发热而失效,甚至造成车祸。

最大坡长限制是指控制汽车在坡道上行驶,当车速下降到最低容许速度时所行驶的距离。事实上,影响最大坡长的因素很多,比如海拔高度、装载、油门开启程度、滚动阻力系数及挡位等。各级公路不同纵坡时的最大坡长可按表3-19选用。

各级公路不同纵坡的最大坡长限制(单位:m)　　　　表3-19

	设计车速(km/h)	120	100	80	60	40	30	20
纵坡坡度值(%)	3	900	1000	1100	1200	—	—	—
	4	700	800	900	1000	1100	11000	1200
	5	—	600	700	800	900	900	1000
	6	—	—	500	600	700	700	800
	7	—	—	—	—	500	500	600
	8	—	—	—	—	300	300	400
	9	—	—	—	—	—	200	300
	10	—	—	—	—	—	—	200

高速公路、一级公路当连续陡坡由几个不同坡度值的坡段组合而成时,应对纵坡长度受限制的路段采用平均坡度法进行验算。

【案例】 山岭重丘区某三级公路,设计车速为40km/h,某坡段为6%坡长采用300m;紧接设坡度为5%的坡,坡长采用200m,问在其后面是否还能接7%的陡坡?坡长最长为多少?

解:根据规定,查标准得知设计车速为40km/h的山岭重丘区三级公路最大纵坡为7%,因此可以设置。

查标准可知6%的最大允许坡长为700m,5%的最大允许坡长为900m,7%的最大允许坡长为500m,则:$1 - \frac{3}{7} - \frac{2}{9} = \frac{22}{63}, \frac{22}{63} \times 500 = 174.6$。

因为在使用坡长限制的纵坡度时,坡长只能小于或等于100%的坡长限制,一般情况下,应留有一定的余地。所以取坡长为150m。

4.缓和坡段

在纵断面设计中,当陡坡的长度达到限制坡长时,应安排一段缓坡,用以恢复在陡坡上降低的速度。同时,从下坡安全考虑,缓坡也是需要的。在缓坡上汽车将以加速行驶,理论上缓坡的长度应适应这个加速过程的需要,但实际设计中很难满足这个要求。

缓和坡段的具体位置应结合纵向地形起伏情况,尽量减少填挖方工程数量,同时应考虑路线的平面线形要素。在一般情况下,缓和坡段宜设置在平面的直线或较大半径的平曲线上,以便充分发挥缓和坡段的作用,提高整条道路的使用质量。在必须设置缓和坡段而地形又困难地段,可以将缓和坡段设于半在比较小的平曲线上,但应适当增加缓和坡段的长度,以使缓和坡段端部的竖曲线位于该小半径平曲线之外。这种要求对提高行驶质量、保证行车安全是完全必要的。

当二级及以下公路连续纵坡大于5%时,应在不大于表3-17所规定的坡长处设置缓和坡段。缓和坡段的纵坡应不大于3%,其长度应符合《公路工程技术标准》(JTG B01—2003)规定的最小坡长。

5. 平均纵坡

平均纵坡是指一定长度的路段纵向所克服的高差与路线长度之比,是为了合理运用最大纵坡、坡长及缓和坡长的规定,以保证车辆安全顺利地行驶的限制性指标。用公式表示为

$$i_{平均} = \frac{H}{l} \tag{3-41}$$

式中:$i_{平均}$——平均纵坡,%;
　　H——相对高差,m;
　　l——路线长度,m。

公路断面设计,即使完全符合最大纵坡、坡长限制及缓和坡段的规定,还不能保证使用质量。不少路段虽然单一陡坡并不大,甚至也有缓和坡段,但由于平均纵坡较大,上坡使用低速挡较久,易致车辆水箱开锅。下坡则因驻车制动器发热、失效而导致事故发生。因此,有必要控制平均纵坡。这样,既可保证路线长度的平均纵坡不致过陡,也可以免除局部地段所使用过大的平均纵坡。

根据对山区道路行车的实际调查发现,有时虽然道路纵坡设计完全符合最大纵坡、坡长限制及缓和坡长规定,但也不一定能保证行车顺利安全。如对地形困难、高差较大地段,设计者可能会使用极限长度的最大纵坡及缓和坡长,形成"台阶式"纵断面线形,这是一种合法但不合理的做法,在这种坡道上汽车会较长时间频繁地使用低挡行驶,对机件和安全都不利。

《公路工程技术标准》(JTG B01—2003)规定:二、三、四级公路越岭路线的平均纵坡应符合以下规定:

(1)越岭路段的相对高差为200～500m时,平均纵坡以接近5.5%为宜。
(2)越岭路段的相对高差大于500m时,平均纵坡以接近5%为宜。
(3)在任一连续3km路段的平均纵坡不宜大于5.5%。

6. 合成坡度

合成坡度是指由路线纵坡与弯道超高横坡或路拱横坡组合而成的坡度,其方向即流水线方向。合成坡度的计算公式为

$$I = \sqrt{i_h^2 + i^2} \tag{3-42}$$

式中:I——合成坡度,%;
　　i_h——超高横坡度或路拱横坡度,%;
　　i——路线设计纵坡度,%。

在有平曲线的坡道上,最大坡度既不是纵坡方向,也不是横坡方向,而是两者组合成的流水线方向。将合成坡度控制在一定范围之内,目的是尽可能地避免急弯和陡坡的不利组合,防止因合成坡度过大而引起的横向滑移和行车危险,保证车辆在弯道上安全而顺适地运行。

对于最大允许合成坡度,《公路工程技术标准》(JTG B01—2003)对纵坡进行折减,是考虑

实际使用经验后规定的。表 3-20 为各级公路最大允许合成坡度规定值。

各级公路最大允许合成坡度 表 3-20

公路等级	高速公路			一级公路			二级公路		三级公路		四级公路
设计速度(km/h)	120	100	80	100	80	60	80	60	40	30	20
合成坡度(%)	10.0	10.0	10.5	10.0	10.5	10.5	9.0	9.5	10.0	10.0	10.0

当陡坡与小半径平曲线重合时,在条件许可的情况下,以采用较小的合成坡度为宜。在冬季路面有积雪结冰的地区、自然横坡较陡峻的傍山路段及非汽车交通比率高的路段,其合成坡度应小于8%。

如果合成坡度过小会导致路面排水不畅,影响行车安全。各级道路最小合成坡度不宜小于0.5%。当合成坡度小于0.5时,应采取综合排水措施,以保证路面排水畅通。

7. 爬坡车道

爬坡车道是指在陡坡路段正线行车道右侧设置的专供载货汽车行驶的专用车道如图 3-31 所示,确保公路正线的通行能力。

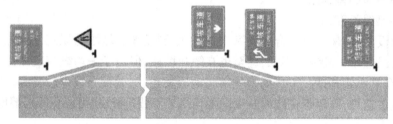

图 3-31 爬坡车道

《公路工程技术标准》(JTG B01—2003)规定,高速公路和一级公路,当纵坡大于4%时,可设置爬坡车道,其宽度一般为3.5m。《公路路线设计规范》(JTG D20—2006)中规定,高速公路和一级公路,在其纵坡长度受限制的路段,应对载货汽车上坡行驶速度的降低值和设计通行能力进行验算,符合下列情况之一者,在上坡方向行车道的右侧设置爬坡车道:

(1)沿上坡方向载货汽车的行驶速度降低到表 3-21 的容许最低速度以下时,可设置爬坡车道。

上坡方向容许最低速度 表 3-21

设计速度(km/h)	120	100	80	60	40
容许最低速度(km/h)	60	55	50	40	25

(2)上坡路段的设计通行能力小于设计小时交通量时,应设置爬坡车道。

坡设计中,对需设置爬坡车道的路段,应与减小主线纵坡不设爬坡车道的方案进行比较;对隧道、大桥、高架构造物及深挖方路段等特殊工程,当因设置爬坡车道使工程费用增加很大时,经论证爬坡车道可以缩短或不设;对双向六车道高速公路可不另设爬坡车道,将外侧车道作为爬坡车道使用。

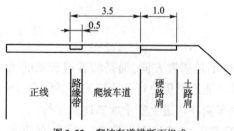

图 3-32 爬坡车道横断面组成

对于山岭地区的高速公路,由于地形复杂,纵坡设计控制因素较多,在这种路段上设计速度一般在80km/h 以下,是否设置爬坡车道,必须在上述条件下,对公路建设目的、服务水平、工程建设投资规模等综合分析比较后确定。

爬坡车道设于上坡方向正线行车道右侧,如图 3-32 所示。爬坡车道的宽度为3.50m,包括左侧路缘带的宽度0.50m。由于爬坡车道上的车速要比主线上的车速低,故超高横坡度可相应减小,超高的旋转轴为爬坡车道内侧边缘,其超高横坡度如表3-22所示。

爬坡车道的超高横坡度   表3-22

主线的超高坡度(%)	10	9	8	7	6	5	4	3	2
爬坡车道的超高坡度(%)	5		4					3	2

爬坡车道的平面布置如图3-33所示,其总长度由起点处渐变段长度L_1、爬坡车道的长度L和终点处附加长度L_2组成。

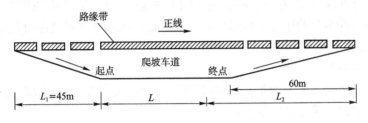

图3-33 爬坡车道的平面布置示意图

起点处渐变段长度L_1用来使正线车辆驶离正线而进入爬坡车道,其长度一般取45m。爬坡车道的长度L一般应根据所设计的纵断面线形,通过加减速行程图绘制出载重车行驶速度曲线,找出小于允许最低速度的路段,从而得到需设爬坡车道的路段。终点处附加长度L_2用来供车辆驶入正线前加速至允许最低速度,其值与附加段的纵坡有关,见表3-23的规定,该附加长度包括终点渐变段长度60m在内。

陡坡路段后延伸的附加长度   表3-23

附加路段的纵坡(%)	下坡	平坡	上坡			
			0.5	1.0	1.5	2.0
附加长度(m)	100	150	200	250	300	350

爬坡车道起、终点的具体位置除按上述方法确定外,还应考虑与线形的关系,通常应设在通视良好、便于辨认和过渡顺适的地点。

任务七 竖曲线设计

纵断面上两相邻不同坡度线的交点称为变坡点。为保证行车安全、舒适以及视距的需要,而在变坡处设置的纵向曲线,即为竖曲线。相邻两坡度线的交角用坡度差ω表示,坡度角一般较小,可近似地用两坡段坡度的代数差表示,即$\omega = i_2 - i_1$,式中、分别为两相邻坡段的坡度值,上坡为正,下坡为负。如图3-34所示。ω为正在曲线下方,竖曲线开口向上,称为凹形竖曲线;ω为负,变坡点在曲线上方,竖曲线开口向下,称为凸形竖曲线。

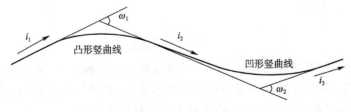

图3-34 竖曲线示意图

设置竖曲线的主要作用有以下 3 点：
(1)缓和纵向变坡处行车动量变化而产生的冲击作用。
(2)确保道路纵向行车视距。
(3)将竖曲线与平曲线恰当组合，有利于路面排水和改善行车的视线诱导和舒适感。

一、竖曲线设计标准

竖曲线设计的主要标准有：竖曲线半径和竖曲线长度，按一般值和极限值给出设计指标。极限指标是指汽车在纵坡变更处行驶时，为了缓和冲击、保证视距和避免视觉所需的最小值，该值在受地形等特殊情况约束时方可采用。一般值指为提高行驶舒适性而希望设计人员采用的标准，一般值通常是极限值的 1.5~2.5 倍。

1. 竖曲线最小半径

竖曲线的最小半径主要是满足 3 个要求：垂直方向的缓和冲击、在曲线上汽车行驶时间不过短和汽车在竖曲线上满足视距的要求。

(1)凹形竖曲线极限最小半径。主要从限制离心力、夜间行车前灯照射的影响以及在跨线桥下的视距 3 个方面分析确定：

①从限制离心力不致过大考虑。汽车行驶的竖曲线上，由于离心力的作用，要产生失重(凸形竖曲线)或增重(凹形竖曲线)。失重、增重都直接影响乘客的舒适感，并且增重还会对汽车的悬架系统产生超载的影响。竖曲线半径的大小直接影响离心力的大小，因此，必须首先从控制离心力不致过大来限制竖曲线的极限最小半径。

汽车在竖曲线上产生的离心力为：

$$F = \frac{GV^2}{127R} \tag{3-43}$$

式中：F——汽车转弯时受到的离心力，N；
G——汽车总质量，N。

根据资料限制单位车重离心力 $F/G = 0.028$，代入上式得：

$$R_{min} = \frac{V^2}{3.6} \tag{3-44}$$

②从夜间行车前灯照射距离考虑。若照射距离小于要求的视距长度，则无法保证行车安全。按此控制条件推导出凹形竖曲线的最小半径计算公式为：

$$R = \frac{s^2}{2(h + s \times \tan\delta)} \tag{3-45}$$

式中：s——前照灯照射距离，按规定的视距长度取值，m；
h——前照灯高度，取 $h = 0.75$，m；
δ——前照灯向上的照射角，取 $\delta = 1$，°。

将 s、h、δ 代入上式得：

$$R = \frac{s^2}{1.5 + 0.0349s} \tag{3-46}$$

③从保证跨线桥下的视距考虑。当凹形竖曲线处于跨线桥下时，驾驶员的视线要受到桥跨上部构造的阻挡。桥下净高按桥下最小净高要求控制，驾驶员的视线长度按规定视距长度控制，以此为控制条件推导出凹形竖曲线的最小半径计算公式为：

当 $s<L$ 时
$$R_{min} = \frac{s^2}{26.93} \tag{3-47}$$

当 $s>L$ 时
$$R_{min} = \frac{2R}{\omega} - \frac{13.5}{\omega} \tag{3-48}$$

综合分析以上 3 种情况后,技术标准以限制凹形竖曲线离心力条件为凹形竖曲线极限最小半径制定的依据。

(2)凸形竖曲线极限最小半径。主要从限制失重不致过大和保证纵面行车视距两个方面计算分析确定:

①凹形竖曲线的限制条件和计算公式相同,即
$$R_{min} = \frac{V^2}{3.6} \tag{3-49}$$

式中各符号意义同前。

②从保证纵面行车视距考虑。凸形竖曲线半径过小,路面上凸直接影响行车视距,按规定的视距控制即可推导出计算极限最小半径公式。可分两种情况考虑:

a. 当视距 $s \leq L$(竖曲线长度)时:

如图 3-35 所示,由求竖曲线上任一点距切线的纵距的计算公式可得:
$$h_m = \frac{l_m^2}{2R}$$
$$h_w = \frac{l_w^2}{2R}$$

由几何控制条件: $s = l_w + l_m$ 得
$$s = \sqrt{2R}(\sqrt{h_w} + \sqrt{h_m}) \tag{3-50}$$

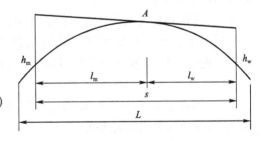

图 3-35 凸形竖曲线视距($s<L$)

式中: h_w——物高,规范规定, $h_w = 0.10 m, m$;
h_m——目高,规范规定, $h_m = 1.2 m, m$;
l_w——竖曲线顶点 A 距物点的距离,m;
l_m——竖曲线顶点 A 距目点的距离,m;
s——要求的行车视距,按停车视距考虑。

将 $h_w、h_m$ 的值代入上式整理后可得:
$$R_{min} = \frac{s^2}{3.98} \tag{3-51}$$

b. 当视距 $s>L$ 时:

经推导可得:
$$R_{min} = \frac{2s}{\omega} - \frac{3.98}{\omega^2} \tag{3-52}$$

综合分析以上两种情况后,技术标准以视距条件限制凸形竖曲线极限最小半径制定的依据。

(3)竖曲线一般最小半径。竖曲线极限最小半径是缓和行车冲击和保证行车视距所必需的竖曲线半径的最小值,该值只有在地形受限制迫不得已时才采用。通常为了使行车有较好的舒适条件,设计时多采用大于极限最小半径 1.5~2.0 倍的半径值,此值即为竖曲线一般最小半径值。倍数随设计车速减小而取用较大值。

2. 竖曲线最小长度

与平曲线相似,当坡度角较小时,即使采用较大的竖曲线半径,竖曲线长度也很短,这样容易使司机产生急促的变坡感觉;同时,竖曲线长度过短,易对行车造成冲击。因此规范规定按

照汽车在竖曲线上 3s 行程时间控制竖曲线最小长度。

$$L_{\min} = \frac{V}{1.2} \tag{3-53}$$

各级公路竖曲线半径及其最小长度规定见表 3-24。

各级公路竖曲线的半径及其最小长度　　　表 3-24

设计车速(km/h)		120	100	80	60	40	30	20
凸形竖曲线最小半径(m)	一般值	17000	10000	4500	2000	700	400	200
	最小值	11000	6500	3000	1400	450	250	100
凹形竖曲线最小半径(m)	一般值	6000	4500	3000	1500	700	400	200
	最小值	4000	3000	2000	1000	450	250	100
竖曲线长度(m)	一般值	250	210	170	120	90	60	50
	最小值	100	85	70	50	35	25	20

二、竖曲线设计的一般要求

竖曲线是否平顺,在视觉上是否良好,往往是构成纵面线形优劣的主要因素。竖曲线设计应满足以下要求：

(1) 宜选用较大的竖曲线半径。在不过分增加工程量的情况下,宜选用较大的竖曲线半径。通常采用大于竖曲线一般最小半径的半径值,特别是当坡度差较小时,更应采用大半径,以利于视觉和路容美观。只有当地形限制或其他特殊困难不得已时才允许采用极限最小半径。

(2) 同向竖曲线应避免"断背曲线"。同向竖曲线特别是同向凹形竖曲线间,如直坡段不长,应合并为单曲线或复曲线。

(3) 反向曲线间,一般由直坡段连接,也可径相连接。反向竖曲线间最好设置一段直坡段,直坡段的长度应能保证汽车以设计车速行驶 3s 的行程时间,以使汽车从失重(或增重)过渡到增重(或失重)有一个缓和段。如受条件限制也可互相连接或插入短的直坡段。

(4) 竖曲线设置应满足排水需要。若相邻纵坡之代数差很小时,采用大半径竖曲线可能导致竖曲线上的纵坡小于 0.3%,不利于排水,应重新进行设计。

三、竖曲线设计设计的方法与步骤

1. 选择竖曲线半径

选择竖曲线半径主要应考虑以下 6 个方面的因素：

(1) 选择半径应符合表 3-23 中所规定的竖曲线的最小半径以及最小长度的要求。

(2) 在不过分增加土石方工程量的情况下,为使行车舒适,宜采用较大的竖曲线半径。

(3) 结合纵断面起伏情况和高程控制要求,确定合适的外距值,按外距控制选择半径：

$$R = \frac{8E}{\omega^2} \tag{3-54}$$

(4) 考虑相邻竖曲线的连接(即保证最小直坡段长度或不发生重叠)限制曲线长度,按切线长度选择半径：

$$R = \frac{2T}{\omega} \tag{3-55}$$

(5)过大的竖曲线半径将使竖曲线过长,从施工和排水来看都是不利的,选择半径时应注意。

(6)对夜间行车交通量较大的路段考虑灯光照射方向的改变,使前照灯照射范围受到限制,选择半径时应适当加大,以使其有较长的照射距离。有条件时,宜采用表3-25所示的规定满足视觉要求的最小半径。

满足视觉要求所需的竖曲线最小半径　　　　表3-25

设计车速 (km/h)	凸形竖曲线半径 (m)	凹形竖曲线半径 (m)	设计车速 (km/h)	凸形竖曲线半径 (m)	凹形竖曲线半径 (m)
120	20000	12000	60	9000	6000
100	16000	10000	40	3000	2000
80	12000	8000			

2.计算竖曲线要素

各级公路在变坡点处均应设置竖曲线,我国竖曲线的线形采用二次抛物线。由于在其应用范围内,圆曲线与抛物线几乎没有差别,因此,竖曲线通常表示成圆曲线的形式,用圆曲线半径 R 来表示竖曲线的曲率半径。

竖曲线的几何要素主要有:竖曲线长 L、竖曲线切线长 T 和外距 E,如图3-36所示。

(1)竖曲线长:
$$L = R\omega \qquad (3\text{-}56)$$

(2)竖曲线切线长:
$$T = T_A = T_B \approx \frac{L}{2} = \frac{R\omega}{2} \qquad (3\text{-}57)$$

(3)竖曲线的外距:
$$E = \frac{T^2}{2R} \qquad (3\text{-}58)$$

(4)竖曲线上任意点竖距:
$$h = \frac{l^2}{2R} \qquad (3\text{-}59)$$

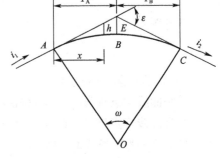

图3-36 竖曲线几何要素

式中:l——竖曲线任意点至竖曲线起点(终点)的距离,m;
　　　R——竖曲线的半径,m。

3.竖曲线的设计计算

(1)计算竖曲线的起、终点的桩号:

　　竖曲线的起点桩号 = 变坡点的桩号 − T
　　竖曲线的终点桩号 = 变坡点的桩号 + T

(2)竖曲线上任意点竖距:
$$h = \frac{l^2}{2R}$$

(3)计算竖曲线上任意点的设计高程:

　　某桩号在凸形竖曲线的设计高程 H_S = 该桩号在切线上的设计高程 $H_T - h$
　　某桩号在凹形竖曲线的设计高程 H_S = 该桩号在切线上的设计高程 $H_T + h$

竖曲线设计计算图式见下图3-37所示。

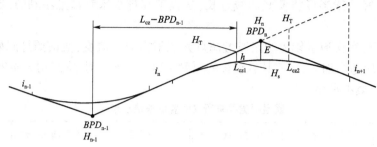

图 3-37 竖曲线设计计算图式

【案例】 某山岭区二级公路,变坡点桩号为 K3+030.00 高程为 427.68,前坡为上坡,$i_1=+5\%$,后坡为下坡,$i_2=-4\%$,竖曲线半径 $R=2000\mathrm{m}$。试计算竖曲线诸要素以及桩号为 K3+000.00 和 K3+100.00 处的设计高程。

解:(1)计算竖曲线要素:
$$\omega = i_1 - i_2 = 5\% - (-4\%) = 0.09$$
所以该竖曲线为凸形竖曲线。
①曲线长:
$$L = R\omega = 2000 \times 0.09 = 180\mathrm{m}$$
②切线长:
$$T = L/2 = 180/2 = 90\mathrm{m}$$
③外距:
$$E = \frac{T^2}{R} = \frac{90^2}{2 \times 2000} = 2.03\mathrm{m}$$

(2)竖曲线起、终点桩号:
①竖曲线起点桩号 = (K3+030.00) - 90 = K2+940.00
②竖曲线终点桩号 = (K3+030.00) + 90 = K3+120.00

(3)K3+000.00、K3+100.00 的切线高程和改正值:
①K3+000.00 的切线高程 = 427.68 - (K3+030.00 - K3+000.00) × 5% = 426.18m
②K3+000.00 的改正值 = $\dfrac{(\mathrm{K3}+000.00 - \mathrm{K2}+940.00)^2}{2 \times 2000}$ = 0.90m
③K3+100.00 的切线高程 = 427.68 - (K3+100.00 - K3+030.00) × 4% = 424.88m
④K3+100.00 的改正值 = $\dfrac{(\mathrm{K3}+120.00 - \mathrm{K3}+100.00)^2}{2 \times 2000}$ = 0.10m

(4)K3+000.00 和 K3+100.00 的设计高程:
①K3+000.00 的设计高程 = 426.18 - 0.9 = 425.28m
②K3+100.00 的设计高程 = 424.88 - 0.1 = 424.78m

任务八 平、纵面线形组合

公路是一个三维立体的带状空间结构物。公路的空间线形设计是指由公路的平面线形、纵断面线形和横断面线形组成的空间立体线形。驾驶员在行驶过程中所选择的实际行驶速度,是由他对公路立体线形的判断所决定的。因此,设计时,必须将公路的平面与纵断面设计组合一起考虑。

公路平、纵面线形组合设计是指在满足汽车运动学和力学要求的前提下，结合地形、地物、景观、视觉和经济性等，研究如何满足驾驶员在视觉和心理方面的连续性、舒适性以及与周围环境相协调，以保证汽车行驶的安全、舒适与经济。

高速公路、一级公路以及设计车速≥60km/h 的道路，应注重空间线性组合，尽量做到线形连续、指标均衡、视觉良好、景观协调、安全舒适。设计车速越高，平纵组合设计所考虑的因素应越周全。

一、平、纵线形组合设计的原则

（1）应在视觉上能自然地引导驾驶员的视线，并保持视觉的连续性，以保证驾驶员能够及时、准确的判断路线的变化情况，不致因错觉而发生事故。

（2）平、纵线形的技术指标大小应均衡，使线形在视觉上、心理上保持协调。一般当平曲线半径大于 1000m 时，竖曲线的半径大约为平曲线半径的 10～20 倍。

（3）选择组合得当的合成坡度，以利于路面排水和行车安全。有条件时，一般最大合成坡度不宜大于 8%，最小合成坡度不小于 0.5%。

（4）应注意线形与自然环境和景观的配合与协调。

二、平、纵组合设计的要点

1. 平面直线与纵面直线坡段的组合

（1）注意平、纵面技术指标应均衡，避免出现平面高指标，纵面低指标，长直线不宜与陡坡组合。

（2）注意路线排水的要求。

（3）应与周围环境相协调，注意适当减小路线的阻隔作用。

2. 平面曲线与纵面直线坡段的组合

（1）长下坡尽头不宜设置小半径平曲线，宜与明弯组合。

（2）应选择合适的合成纵坡度，以利于排水和行车安全。

（3）应避免驾驶员的视距范围内存在两个以上的平曲线。

3. 平面直线与竖曲线的组合

（1）长直线尽头宜与大半径凹形竖曲线相连。与凸形竖曲线组合时，其视觉效果相比于与凹形竖曲线组合较差。如图 3-38 所示，图 3-38a) 中长直线尽头视线中断，图 3-38b) 中线形视线通畅。

图 3-38　长直线与竖曲线的组合
a) 长直线形；b) 竖曲线形

（2）直线上的纵面线形应避免出现驼峰、暗凹、跳跃等使驾驶员视线中断的线形，如图 3-39 和图 3-40 所示。

（3）避免出现断背曲线，如图 3-41 所示。

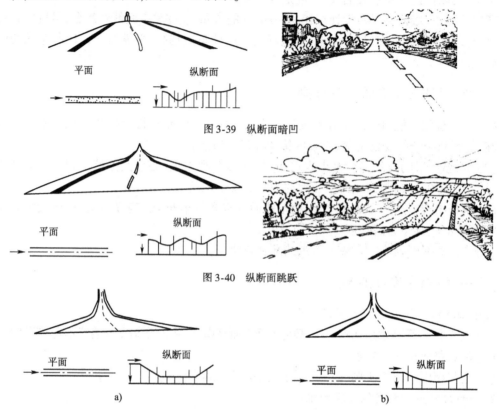

图 3-39　纵断面暗凹

图 3-40　纵断面跳跃

图 3-41　断背曲线及改善后的效果
a）断背曲线；b）改善后的竖曲线

4. 平面曲线与纵面竖曲线的组合

（1）平曲线与竖曲线组合宜"平包竖"。"平包竖"的含义有两个方面：

①平竖曲线顶点接近重合，且最好使竖曲线的起终点分别放在平曲线的两个缓和曲线内，平曲线长稍大于竖曲线。对于等级较高的道路应尽量做到这种组合，并使平、竖曲线半径都大一些才显得协调，特别是凹形竖曲线处。车速较高，二者半径更应该大一些。

②竖曲线的起终点最好分别放在平曲线的两个缓和曲线内，其中任一点都不要放在缓和曲线以外的直线上，也不要放在圆弧段之内。其优点是：当车辆驶入凸形竖曲线的顶点之前，即能清楚地看到平曲线的始端，辨明转弯的走向，不致因判断错误而发生事故。

（2）若做不到平、竖曲线较好的组合（顶点的重合），则宁可把平竖曲线分开相当距离（不小于 3s 行程），使平曲线位于直坡段或竖曲线位于直线上。

（3）若平、竖曲线半径都很大，则平、竖位置可不受上述限制。如平曲线半径大于不设超高的最小半径，竖曲线半径相当于平曲线半径的 10～20 倍。

（4）平曲线与竖曲线大小应保持均衡，并且是一对一的关系。

其中一方大而缓的时候，另一方应与之对应，不要变化太多。避免一个平曲线内含有两个以上竖曲线或与之相反的情况，如图 3-42 所示。

为了便于实际应用，平曲线与竖曲线的组合形象如图 3-43 所示。

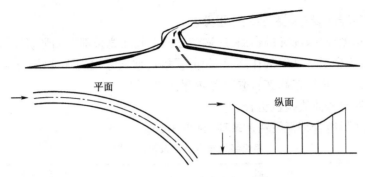

图 3-42 一个平曲线内有多个竖曲线

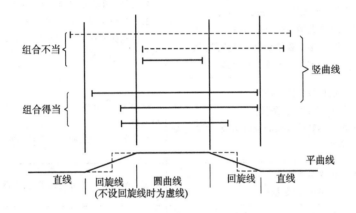

图 3-43 平曲线与竖曲线的组合

(5)暗、明弯与凸、凹竖曲线的组合。

暗弯与凸形竖曲线及明弯与凹形竖曲线的组合是合理的,悦目的。当暗与凹、明与凸的组合时,当坡差较大时,会给人留下舍坦坡、近路不走,而故意爬坡、绕弯的感觉,此种组合在山区难以避免,但只要坡差不大,矛盾并不很突出,如图 3-44 所示。

(6)平、竖曲线应避免的组合。

①避免小半径平曲线的起讫点设在或接近凹形竖曲线的底部或凸形竖曲线的顶部。

②避免使凸形竖曲线的顶部或凹形竖曲线的底部与反向平曲线的拐点重合,如图 3-45 所示。

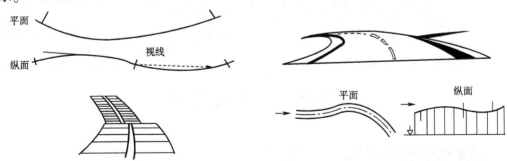

图 3-44 暗、明弯与凸、凹竖曲线的组合　　图 3-45 凸形竖曲线的顶点与反向平曲线拐点重合

二者都存在不同程度的扭曲外观;前者会使驾驶员操作失误,引起交通事故;后者虽无视线诱导问题,但路面排水困难,易产生积水。

③避免小半径竖曲线与缓和曲线相重叠。

④计算行车速度≥40km/h的道路,应避免在凸形竖曲线顶部或凹形竖曲线底部插入小半径的平曲线,前者失去引导视线的作用,驾驶员须接近坡顶才发现平曲线,导致不必要的减速或交通事故;后者会出现汽车高速行驶时急转弯,行车不安全。

⑤避免平曲线与竖曲线错位组合。

常见的平纵线形组合特征及注意事项,见表3-26。

平纵线形组合特征及注意问题　　　　表3-26

空间线形组合	特　　征	注意问题
平面长直线与纵断面长坡段组合	1. 线形单调、枯燥,在行车过程景观无变化,容易使驾驶员产生疲劳; 2. 驾驶员易超速行驶,超车频繁; 3. 但在交通比较错综复杂的路段(如交叉口),采用这种线形要素是有利的	1. 为调节单调的视觉,增设视线诱导设施; 2. 设计时用划车道线、设置标志; 3. 注意改变景观、分段绿化,注意与路旁建筑设施配合等方法来弥补
平面直线与凹形竖曲线组合	1. 具有较好的视距条件; 2. 线形不再生硬、呆板; 3. 给予驾驶员以动的视觉印象,提高行车的舒适性	1. 注意避免采用较短的凹形竖曲线,以避免产生折点; 2. 在两个凹形竖曲线间注意不要插入短直线
平面直线与凸形竖曲线组合	1. 线形视距条件差; 2. 线形单调,应尽量避免	注意采用较大的竖曲线半径,以保证有较好的视距
平曲线与纵面直坡段组合	1. 只要平曲线半径选择适当、平面的圆曲线与纵面直坡段组合其视觉效果是良好的; 2. 若平面的直线与圆曲线组合不当(如断背曲线)或平曲线半径较小时与纵面直坡段组合将在视觉上产生折曲现象	1. 要注意平曲线半径与纵坡度协调; 2. 要注意合成坡度的要求; 3. 要避免急弯与陡坡相组合
平曲线与竖曲线组合	1. 平曲线与竖曲线组合的组合线形,如果平纵面几何要素的大小适当、均衡协调、位置适宜,可以获得视觉舒顺、诱导视线良好的空间线形; 2. 平曲线与竖曲线较小,则会出现一些不良的组合效果	1. 一般情况下,当平、纵曲线半径较大时,应使平、纵曲线对应重叠组合,并使平曲线较长些将竖曲线包起来; 2. 注意平、纵曲线几何要素指标均衡、匀称、协调,不要把过缓与过急、过长与过短的平纵曲线组合在一起; 3. 注意凸形竖曲线顶部与凹形竖曲线底部,不得与反向平曲线的拐点重合; 4. 避免在一个平曲线上连续出现多个凹、凸竖曲线; 5. 应避免出现"暗凹"、"跳跃"等不良现象

任务九　纵断面设计

一、纵断面线形设计要点

纵断面设计的主要内容是根据公路等级、沿线自然条件和构造物控制高程等,确定路线合适的高程、各坡段的纵坡度和坡长,并设计竖曲线。基本要求是纵坡均匀平顺、起伏和缓、坡长和竖曲线长短适当、平面与纵面组合设计协调及填挖经济、平衡。这些要求虽在选、定线阶段有所考虑,但要在纵面设计中具体加以实现。

1. 纵坡极限值的运用

根据汽车动力特性和考虑经济等因素制定的极限值,设计时不可轻易采用应留有余地。在受限制较严,如越岭线为争取高度、缩短路线长度或避开艰巨工程等,才有条件地采用,好的设计应尽量考虑人的视觉、心理上的要求,使驾驶员有足够的安全感、舒适感和视觉上的美感。一般讲,纵坡缓些为好,但为了路面和边沟排水,最小纵坡不应低于0.3%~0.5%。最大纵坡度采用纵坡极限值的90%左右就比较合适。

2. 最短坡长

坡长是指纵断面两变坡点之间的水平距离。坡长下宜过短,以不小于计算行车速度9s的行程为宜。对连续起伏的路段,坡度应尽量小,坡长和竖曲线应争取到极限值的1~2倍以上,避免锯齿形的纵断面,以使增重与减重变化不致太频繁,从路容美观方面也应以此设计为宜。

3. 各种地形条件下的纵坡设计

(1) 平原、微丘区:保证最小填土高度。

平原、微丘地形的纵坡应均匀平缓,注意保证最小填土高度和最小纵坡的要求。丘陵地形应避免过分迁就地形而起伏过大,注意纵坡应顺适下产生突变。

(2) 山岭、重丘区:按纵向填挖平衡设计。

沿河线:应尽量采用平缓纵坡,坡长不应超过限制长度,纵坡不宜大于6%,注意路基控制高程的要求。

越岭线:纵坡应力求均匀,尽量不采用极限或接近极限的坡度,更不宜在连续采用极限长度的陡坡之间夹短的缓和坡段。越岭路线一般不应设置反坡。

山脊线和山腰线:除结合地形不得已时采用较大纵坡外,在可能条件下纵坡应缓些。

4. 竖曲线半径的选用

一般情况下竖曲线应选用较大半径为宜。坡差小时应尽量采用大的竖曲线半径。条件受限制时,可采用一般最小值。特殊困难情况下方可用极限最小值。

5. 相邻竖曲线的衔接

(1) 同向曲线:相邻两个同向凹形或凸形竖曲线,特别是同向凹形竖曲线之间,如直坡段不长应合并为单曲线或复曲线,避免出现断背曲线,这样要求对行车是有利的,如图3-46a)所示。

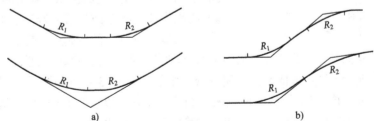

图3-46 竖曲线的衔接
a) 同向竖曲线的衔接; b) 反向竖曲线的衔接

(2) 反向曲线:相邻反向竖曲线之间,为使增重与减重间和缓过渡,中间最好插入一段直坡段。若两竖曲线半径接近极限值时,直线坡段的长度不应小于设计速度的3s行程。以使汽车从失重(或增重)过渡到增重(失重)有一个缓和段。若两竖曲线当半径比较大时,也可直接连接,如图3-46b)所示。

竖曲线设置应满足排水需要。若邻纵坡之代数差很小时，采用大半径竖曲线可能导致竖曲线上的纵坡小于0.3%，不利于排水，应重新进行设计。

二、纵断面设计方法和步骤与注意事项

1. 纵断面设计方法和步骤

(1)准备工作。纵坡设计(俗称拉坡)之前在厘米绘图纸上，按比例标注里程桩号和高程，点绘地面线，填写有关内容，同时应收集和研究地形、地质、水文、筑路材料的各项记录、图表等野外资料，并领会设计意图和要求。然后，在纵断面图上点绘出里程、桩号、地面高程和地面线、直线与平曲线，并将桥梁、涵洞、隧道、交叉、地质、土质等与纵坡设计有关的资料在纵断面图上标明，以便供拉坡时参考。

(2)纵坡设计(俗称拉坡)。

①标注控制点：控制点是指影响纵坡设计的高程控制点。如路线起、终点，越岭哑口，重要桥涵，地质不良地段的最小填土高度，最大挖深，沿溪线的洪水位，隧道进出口，平面交叉和立体交叉点，铁路道口，城镇规划控制高程以及受其他因素限制路线必须通过的高程控制点等。山区道路还有根据路基填挖平衡关系控制路中填挖值的高程点，称为"经济点"。平原区道路一般无经济点问题。

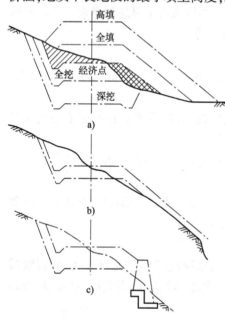

图3-47 横断面上的经济点图
a)半填半挖；b)多挖少填；c)全挖路基

a. 当地面横坡不大时，可在中桩地面高程上下找到填方和挖方基本平衡的高程，纵坡通过此高程时，在该横断面上挖方数量基本等于填方数量。该高程为其经济点，如图3-47a)所示。

b. 当地面横坡较陡时，填方往往不宜填稳，有时坡脚伸得较远，采用多挖少填甚至全部挖出路基的方法比砌石护坡经济，这时多挖少填或全挖路基的高程为经济点，如图3-47b)所示。

c. 当地面横坡很陡，无法填方时，需砌筑挡土墙，此时宁愿全部挖出路基或深挖，该全部挖出或深挖路基的高程为其经济点，如图3-47c)所示。

d. 当地面横坡很陡，必须作挡土墙时，当采用某一设计高程使该断面按1m长度计施工的土石方与挡土墙费用总和最省，该高程为其经济点。设计时"经济点"通常用"路基横断面透明模板"来确定，如图3-48所示。该"模板"可用透明描图纸或透明胶片制成，其上按横断面测图比例绘出路基宽度(挖方段应包括边沟)和各种不同边坡坡度线(上为挖方，下为填方)。使用时将"模板"扣在断面图上使中线重合，上下移动，使填、挖面积大致相等，此时"模板"上路基顶面到中桩地面线的高差为经济填挖值，将此值按比例点绘到纵断面图的相应中桩位置上，即为该断面的"经济点"。

②试坡：根据地形起伏情况及高程控制点，初拟纵坡线。

在已标出"控制点"、"经济点"的纵断面图上，根据技术指标、选线意图，结合地面起伏变化，本着以控制点为依据，照顾多数"经济点"的原则，在这些点位间进行穿插与取直，试定出若干直坡线。对各种可能坡度线方案反复比较，最后定出既符合技术标准，又满足控制点要

求,且土石方较省的设计线作为初定坡度线,将前后坡度线延长交会出变坡点的初步位置。

试坡的要点可以归纳为:"前后照顾,以点定线,反复比较,以线交点"。"前后照顾"就是要前后坡段通盘考虑,不能只局限在某一坡段上。"以点定线"就是按照纵面技术标准的要求,满足"控制点",参考"经济点",初步定出坡度线。"反复比较"就是用三角板推平行线的办法,移动坡度线,反复试坡,对各种可能的坡度线方案进行比较,最后确定既符合技术标准,又满足控制点要求而且土石方量最省的坡度线。"以线交点"就是将得到的坡度线延长,交出变坡点的初步位置。

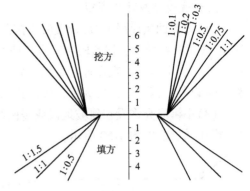

图 3-48 路基横断面透明模板

③调整:按平纵配合要求及《公路工程技术标准》(JTG B01—2003)执行情况等进行检查调整。

a. 结合选线意图进行调坡。将试坡线与选线时所考虑的坡度进行比较,两者应基本相符。若有脱离实际情况或考虑不周现象,则应全面分析,找出原因,权衡利弊,决定取舍。

b. 对照技术标准或规范进行调坡。详细检查设计最大纵坡、坡长限制、纵坡折减以及平纵线形组合是否符合技术标准或规范的要求。特别要注意陡坡与平曲线、竖曲线与平曲线、桥头接线、路线交叉、隧道及渡口码头等地方的坡度是否合理,发现问题及时调整修正。

调整坡度线的方法有抬高、降低、延长、缩短纵坡线和加大、减小纵坡度等。调整时应以少脱离控制点、少变动填挖为原则,以便调整后的纵坡与试定纵坡基本相符。

④核对:典型横断面核对。

核对主要在有控制意义的特殊横断面上进行,如选择高填深挖、挡土墙、重要桥涵及人工构造物以及其他重要控制点的断面等。

其方法是:在纵断面图上直接由厘米格读出相应桩号的填挖高度,将此值用"路基横断面透明模板"套在相应横断面地面线上("戴帽子"),检查是否有填挖过大、坡脚落空、挡墙过高、桥涵填土不够以及其他边坡不稳现象,若有则应及时调整坡度线。核对是保证纵面设计质量的重要环节,对某些复杂地段,如山区横坡陡峻的傍山线这一工作尤显重要。

⑤定坡:确定变坡点位置及变坡点高程或纵坡度。

经调整核对无误后,逐段把直坡线的坡度值、变坡点桩号和高程确定下来,变坡点桩号的精度要求一般要调整到10m 的整桩号上。坡度值:精确到小数点两位(百分位),即 0.00%。变坡点高程:精确到小数点三位(千分位),即 0.000。中桩高程:精确到小数点两位(百分位),即 0.00。

坡度值可用三角板推平行线法近似确定,但最终结果必须通过高差与水平距离之比准确计算出来,并按精度要求取舍尾数。相邻变坡点桩号之差即为坡长,变坡点高程是由纵坡度和坡长依次推算而得。

(3)设置竖曲线。拉坡时已考虑了平、纵组合问题,此步根据技术标准、平纵组合均衡等确定竖曲线半径,计算竖曲线要素。

(4)路基设计高程的计算。从起点由纵坡度连续推算变坡点设计高程,逐桩计算设计高程,编制《路基设计表》。

2. 纵坡设计应注意事项

(1) 设置回头曲线地段,拉坡时应按回头曲线技术标准先定出该地段的纵坡,然后从两端接坡,应注意在回头曲线地段下宜设竖曲线。

(2) 大、中桥上不宜设置竖曲线(特别是凹竖曲线),桥头两端竖曲线的起、终点应设在桥头 10m 以外。但特殊大桥为保证纵向排水,可在桥上设置凸竖曲线(如图 3-49 所示)。

(3) 小桥涵允许设在斜坡地段或竖曲线上,力保证行车平顺,应尽量避免在小桥涵处出现"驼峰式"纵坡,如图 3-50 所示。

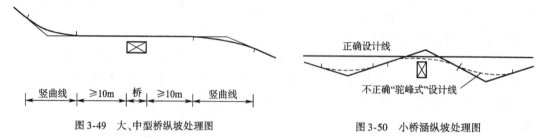

图 3-49 大、中型桥纵坡处理图　　　　图 3-50 小桥涵纵坡处理图

(4) 注意平面交叉口纵坡及两端接线要求。公路与公路交叉时,一般宜设在水平坡段,其长度应不小于最短坡长规定。两端接线纵坡应不大于 3%,山区工程艰巨地段不大于 5%。

(5) 拉坡时如受"控制点"或"经济点"制约,导致纵坡起伏过大,或土石方工程量太大,经调整仍难以解决时,可用纸上移线的方法修改原定纵坡线。具体方法是按理想要求定出新的纵坡设计线,然后找出对应新设计线的填、挖高度,用"模板"在横断面上以新填、挖高度左右移动,定出适宜的中线位置,该点距原路中线的横距就是按新纵坡设计要求希望平面线形调整移动的距离,据此可作出纸上平面移线,若为实地定线时还应到现场改线。这种移线修正纵面线形的方法,在山区和丘陵区道路的纵坡设计中是常遇到的。

任务十　纵断面设计成果的编制

纵断面设计成果,主要包括路线纵断面图和路基设计表。其中纵断面设计图是公路设计的重要文件之一,它反映路线所经范围的中心地面起伏情况与设计纵坡之间的关系。把纵断面线形与平面线形组合起来,就能反映出公路线形在空间的位置。

一、纵断面图的组成内容

纵断面设计图是公路设计的主要文件之一,它反映路线所经的中心地面起伏情况与设计高程的关系。把它与平面线形结合起来,就能反映出公路路线在空间的位置。

纵断面图采用直角坐标,以横坐标表示里程桩号,纵坐标表示高程。为了明显地反映沿着中线地面起伏形状,通常横坐标比例尺采用 1:2000(城市道路平用 1:500~1:1000),纵坐标采用 1:200(城市道路为 1:50~1:100)。

纵断面图是由上、下两部分内容组成的。上部主要用来绘制地面线和纵坡设计线,另外,也用以标注竖曲线及其要素;坡度及坡长(有时标在下部);沿线桥涵及人工构造物的位置、结构类型、孔数和孔径;与公路、铁路交叉的桩号及路名;沿线跨越的河流名称、桩号、常水位和最高洪水位;水准点位置、编号和高程;断链桩位置、桩号及长短链关系等。

下部主要用来填写有关内容,自下而上分别填写:直线及平曲线;里程桩号;地面高程;设计高程;填、挖高度;土壤地质说明;设计排水沟沟底线及其坡度、距离、高程、流水方向(视需要而标注)。

二、绘制纵断面设计图

绘制纵断面设计图的基本依据有以下8个方面:

(1)按一定的比例,在透明毫米方格计算纸上标出与本图适应的横向和纵向坐标,横向坐标标出百米桩号,纵向坐标标出整10m高程。

(2)在坐标系中按水准测量提供的各桩号地面高程与相应的桩号配合点绘各桩号地面点,并将各地面高程点用直线依次连接后就成为纵断面图的地面线。

(3)在坐标图上绘出各水准点的位置、编号,并注明高程。

(4)将桥涵位置绘制在坐标图上,并注明孔数、孔径、结构类型、桩号等。

(5)在纵断面设计图下部表内分别注明土壤地质资料、绘出平面直线和平曲线的位置、转向(平曲线以开口矩形表示,开口向上为向左转,开口向下为向右转),并注明平曲线有关资料(一般只需注明交点编号和圆曲线半径)。

(6)纵坡和竖曲线确定后,将设计线(包括直线坡和竖曲线)绘出,并注明纵坡度、坡长(以分式表示,分子为纵坡度,分母为坡长),在各竖曲线范围内分别注明各竖曲线的基本要素(包括变坡点桩号、竖曲线半径、切线长、外距)。

(7)填注其他各有关资料或特定需要的资料。

(8)描图或在透明毫米方格计算纸上直接上墨,待墨汁干后再将无用的铅笔字线擦净。

纵断面设计图应按规定采用标准图纸和统一格式,以便装订成册。公路纵断面图如图3-51所示。

三、路基设计表内容及填写

路基设计表是公路设计文件的组成内容之一,它是平、纵、横等主要测设资料的综合。表中填写路线平、纵面等主要测设与设计资料;里程桩号;填、挖宽度(包括加宽);超高值等有关内容(见表3-26),为公路横断面设计提供基本数据,同时也可作为路基施工的依据之一。

第(1)栏"桩号"和第(5)栏"地面高程"都是从有关测量记录上抄录。

第(2)栏"平曲线"中,可只列转角号和半径,供计算加宽超高之用。

第(3)、(4)栏"坡度及竖曲线"是从纵断面图上抄录的,转坡点要注明桩号和高程,竖曲线要注明起、终点桩号。

第(6)栏"设计高程"在直坡段为切线高程,在竖曲线段应考虑"改正值",用公式 $Y = X^2/2R$ 算出,其中 X 为各桩距竖曲线起点或终点的距离,R 由第(4)栏或直接由纵断面图上抄录,凹形竖曲线改正值为"＋"号,凸形竖曲线改正值为"－"号;第(6)栏"设计高程"在竖曲线内,则为该桩号的切线高程改正值的代数和。

第(7)、(8)栏的"填"、"挖"是第(5)栏与第(6)栏之差,"＋"号为填,"－"号为挖。

第(9)、(10)栏为左、右路基宽度,当圆曲线半径小于或等于250m时,应考虑平曲线内侧加宽。

第(11)、(12)、(13)栏为路基两侧边缘及中桩与设计高程的差,当圆曲线半径小于不设超高最小半径时,应考虑平曲线段超高。

路基设计表见表3-27。

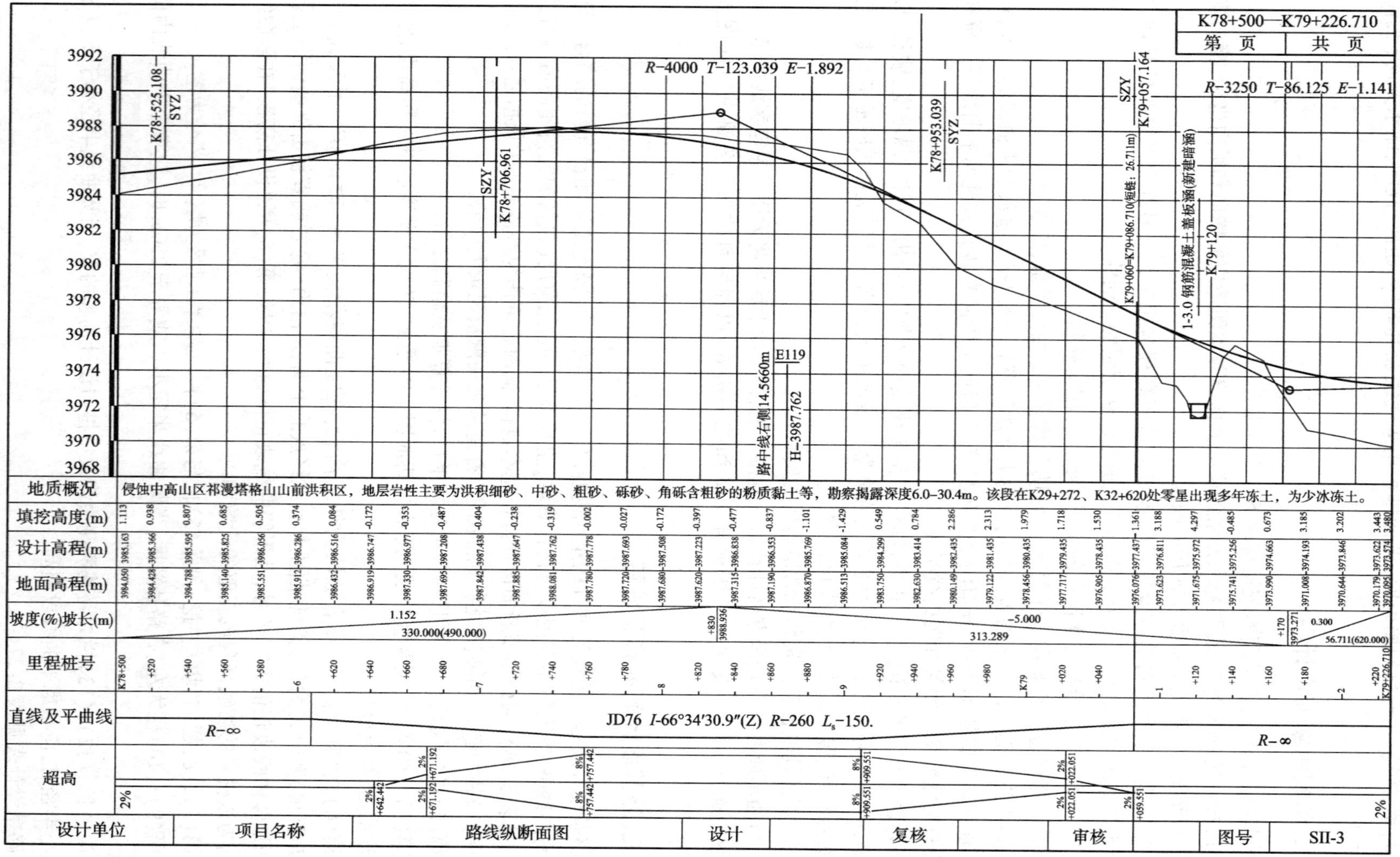
K78+500—K79+226.710
第 页 共 页
R-4000 T-123.039 E-1.892
R-3250 T-86.125 E-1.141
K78+525.108 SYZ
SZY K78+706.961
K78+953.039 SYZ
SZY K79+057.164
K79+060=K79+086.710(短链：26.711m)
1-3.0 钢筋混凝土盖板涵(新建暗涵)
K79+120
路中线右侧14.5660m
E119
H-3987.762
地质概况
侵蚀中高山区祁漫塔格山山前洪积区，地层岩性主要为洪积细砂、中砂、粗砂、砾砂、角砾含粗砂的粉质黏土等，勘察揭露深度6.0–30.4m。该段在K29+272、K32+620处零星出现多年冻土，为少冰冻土。
填挖高度(m)
设计高程(m)
地面高程(m)
坡度(%)坡长(m)
1.152
330.000(490.000)
+830
3988.936
-5.000
313.289
+170
3973.271
0.300
56.711(620.000)
里程桩号
直线及平曲线
R-∞
JD76 I-66°34′30.9″(Z) R-260 L_s-150.
超高
设计单位
项目名称
路线纵断面图
设计
复核
审核
图号
SII-3

图 3-51 路线纵断面图

路 基 设 计 表

表 3-27

桩号	平曲线	边坡点高程桩号及纵坡坡度坡长	竖曲线	地面高程 (m)	设计高 (m)	填挖高度 (m)		路基宽 (m)		路边及中桩与设计高之高差 (m)			施工时中桩 (m)		备注
						填	挖	左	右	左	中桩	右	填	挖	
1	2	3	4	5	6	7	8	9	10	11	12	13	14	15	16
$K_2+100.00$				16.076	159.92		0.84	7.50	7.50	0.00	0.15	0.00		0.69	
+120.00				161.56	159.75		1.81	7.50	7.50	0.00	0.15	0.00		1.66	
+140.00				164.03	159.59		4.44	7.50	7.50	0.00	0.15	0.00		4.29	
+160.00		K2+100 $i=-0.65\%$ $L=400$		164.23	159.43		4.80	7.50	7.50	0.00	0.15	0.00		4.65	
+180.00				162.15	159.28		2.87	7.50	7.50	0.00	0.15	0.00		2.72	
+200.00				163.17	159.14		4.03	7.50	7.50	0.00	0.15	0.00		3.88	
+220.00				163.20	159.00		4.20	7.50	7.50	0.00	0.15	0.00		4.05	
+240.00				163.87	158.87		5.00	7.50	7.50	0.00	0.15	0.00		4.85	
+260.00			+243.5	165.69	158.74		6.95	7.50	7.50	0.00	0.15	0.00		6.80	
+280.00		157.175		166.31	158.61		7.70	7.50	7.50	0.00	0.15	0.00		7.55	
+300.00				166.36	158.48		7.88	7.50	7.50	0.00	0.15	0.00		7.73	
ZH+315.00	JD$_5$右 78°53′21″ $R=200$ $L_{S1}=45$ $L_{S2}=45$ $T_1=187.38$ $T_2=187.38$ $L=320.375$ $E=59.533$			166.30	158.37		7.93	7.50	7.50	0.00	0.15	0.00		7.78	
+340.00			凹	166.06	158.22		7.84	7.50	7.50	0.00	0.29	-0.04		7.55	
HY+360.00			$R=18000$ $T=95.4$	166.06	158.08		7.98	7.50	7.71	0.59	0.51	-0.12		7.47	
+380.00				166.20	157.96		8.24	7.50	7.90	1.11	0.51	-0.12		7.73	
+400.00				166.01	157.83		8.18	7.50	7.92	1.11	0.51	-0.12		7.67	
+420.00		K2+500 $i=0.41\%$ $L=400$		165.95	157.70		8.25	7.50	7.90	1.11	0.51	-0.12		7.74	
+440.00				165.61	157.60		8.01	7.50	7.90	1.11	0.51	-0.12		7.50	
+460.00				165.63	157.52		8.11	7.50	7.90	1.11	0.51	-0.12		7.60	
QZ+476.08				166.02	157.47		8.55	7.50	7.90	1.11	0.51	-0.12		8.04	
+500.00				166.05	157.43		8.62	7.50	7.90	1.11	0.51	-0.12		8.11	
+520.00				166.02	157.41		8.61	7.50	7.90	1.11	0.51	-0.12		8.10	
+540.00				165.43	157.42		8.01	7.50	7.90	1.11	0.51	-0.12		7.50	
+560.00				165.89	157.46		8.43	7.50	7.90	1.11	0.51	-0.12		7.92	
+580.00			+595.4	163.21	157.51		5.70	7.50	7.90	1.11	0.51	-0.12		5.19	
YH+591.27				164.13	157.55		6.58	7.50	7.90	0.89	0.42	-0.09		6.07	
+600.00				163.60	157.59		6.01	7.50	7.82	0.40	0.20	-0.02		5.59	
620.00				162.86	157.67		5.19	7.50	7.64					4.99	

思考与练习

1. 什么是公路纵断面图？道路纵断面图主要包含哪些内容？
2. 纵坡设计的一般要求有哪些？
3. 确定最大纵坡应考虑哪些因素？纵坡折减的条件是什么？
4. 纵坡设计应满足那些技术指标的要求？运用这些技术指标时要注意哪些问题？
5. 合成坡度过大，对汽车行驶有什么不利？
6. 简述竖曲线的作用。
7. 确定竖曲线的半径应考虑哪些因素？
8. 简述竖曲线设计的步骤。
9. 什么是"平包竖"？
10. 简述公路纵断面设计的方法与步骤和设计要点。
11. 某公路纵断面有一变坡点，其桩号里程为 K4+100，高程为 290.6m，变坡点前后的纵坡分别为 $i_1=-4\%$，$i_2=2\%$，变坡点处的竖曲线半径取 $R=5000$m，试计算：
   (1) 竖曲线曲线长 L、切线长 T、外距 E；
   (2) K4+100、K4+200、K4+300 的设计高程。
12. 某二级公路设计车速为 60km/h，一弯道处半径为 800m，请依据《公路工程技术标准》（JTG B01—2003）、《规范》的要求确定该处纵坡设计时的最大纵坡度。
13. 某三级公路，设计车速为 40km/h，变坡点桩号里程为 K5+100，高程为 525.74m，变坡点前后的纵坡分别为 $i_1=3\%$，$i_2=-2\%$，请依据《公路工程技术标准》（JTG B01—2003）、《规范》的要求设计该处竖曲线，试计算竖曲线上各中桩的设计高程。
14. 请辨别图 3-52 中符合平纵组合要求的是哪幅图，并说明原因。

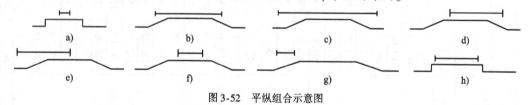

图 3-52 平纵组合示意图

学习情境 公路横断面设计

知识目标

1. 掌握公路横断面的组成及各组成部分的功能。
2. 熟悉公路路基标准、典型横断面。
3. 掌握公路路基横断面设计方法。
4. 掌握公路路基横断面的布置。
5. 了解路基土石方调配的原则。
6. 掌握路基土石方计算与调配步骤，熟悉路基土石方调配的原则和一般要求。

能力目标

1. 能准确描述公路横断面的组成及各组成部分功能。
2. 能合理的运用标准确定道路横断面的组成及其尺寸。
3. 能绘制公路横断面标准横断面图。
4. 能参照典型横断面图绘制公路横断面设计图。
5. 会填写路基土石方数量计算表,并进行合理的土石方调配。

任务十一 公路横断面的基本知识

公路的横断面是指中线上各点的法向切面,是由横断面设计线和地面线所构成的。其中横断面设计线包括行车道、路肩、分隔带、边沟、边坡、截水沟、护坡道以及取土坑、弃土堆、环境保护措施等设施。地面线是表征横断面方向地面起伏变化的线,是通过现场实测或由大比例尺地形图等途径获得的。道路线形设计中的横断面设计只限于与行车有直接关系的部分知识,即横断面的组成及组成部分的几何尺寸、横向坡度等问题。属于路基横断面设计的一般设计,也称"路幅设计"。

一、公路横断面的组成

公路路基顶面两路肩外侧边缘之间的部分成为路幅。高速公路、一级公路等级高,交通量大,通常是将上、下行车辆分开。分隔的方式有两种:一种是用分隔带分隔,另一种是将上、下行车道放在不同的平面上加以分隔。前者称为整体式断面,后者称为分离式断面如图3-53所示。

图3-53 路基横断面形式
a)整体式;b)分离式

1.一般组成(见图3-54、图3-55)
一般组成包括以下5个方面:
(1)行车道:公路上供各种车辆行驶部分的总称,包括行车道和超车道。
(2)路肩:位于行车道外缘至路基边缘之间,是具有一定宽度的带状结构物。
(3)中间带:是高速公路或一级公路上用来分隔对向行驶车辆的带状构造物。
(4)边坡:为保证路基稳定,在路基两侧做成具有一定坡度的坡面。
(5)边沟:为汇集和排除路面、路肩及边坡的流水,在路基两侧设置的纵向排水沟。

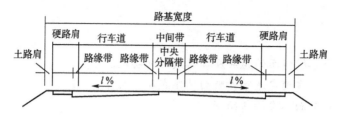

图 3-54 高速公路、一级公路路基横断面

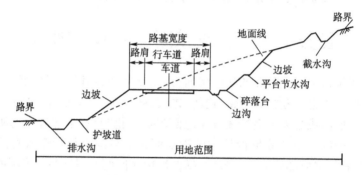

图 3-55 一般公路路基横断面

2. 特殊组成

特殊组成包括以下8个方面：

(1)紧急停车带：在高速公路和一级公路上设置的供车辆临时发生故障或其他原因需紧急停车车辆使用的临时停车地带。

(2)加减速车道：供车辆驶入(离)高速车流加速(减速)用的车道。

(3)爬坡车道：设置在高速公路和一、二级公路的上坡路段，供慢速上坡车辆行驶用的车道。

(4)错车道：在单车道道路上，可通视的一定距离内，供车辆交错避让用的一段加宽车道。

(5)避险车道：设置于连续长、陡下坡路段右侧设置弯道路避免车辆在行驶中速度失控而造成事故的路段，是在特殊路段设置的安全车道。

(6)护坡道：当路堤较高时，为保证路基边坡稳定，在取土坑与坡脚之间，沿原地面纵向保留的有一定宽度的平台。

(7)碎落台：在路堑边坡坡脚与边沟外侧边缘之间或边坡上，为防止碎落物落入边沟而设置的具有一定宽度的纵向平台。

(8)截水沟：在地面线较陡的挖方路段，为拦截山坡上流向路基的水，在路堑坡顶以外设置的水沟。

二、公路横断面各组成部分的作用及要求

1. 路基宽度

路基宽度是指在横断面上两路肩外缘之间的宽度，一般是指行车道与路肩宽度之和。当设有中间带、紧急停车带、爬坡车道、变速车道、错车道、路缘带等时，应包括在路基宽度内。

《公路工程技术标准》(JTG B01—2003)规定的各级公路的路基宽度如表3-28和表3-29所示。

整体式路基宽度 表3-28

公路等级		高 速 公 路							
设计速度(km/h)		120			100			80	
车道数		8	6	4	8	6	4	6	4
路基宽度(m)	一般值	42.00	34.50	28.00	41.00	33.50	26.00	32.00	24.50
	最小值	40.00	—	25.00	38.50	—	23.50	—	21.50
公路等级		一 级 公 路							
设计速度(km/h)		100		80			60		
车道数		6	4	6	4		4		
路基宽度(m)	一般值	33.50	26.00	32.00	24.50		23.00		
	最小值	—	23.50	—	21.50		20.00		
公路等级		二级公路		三级公路		四级公路			
设计速度(km/h)		80	60	40	30	20			
车道数		2	2	2	2	2 或 1			
路基宽度(m)	一般值	12.00	10.00	8.50	7.50	6.50(双车道)	4.50(单车道)		
	最小值	10.00	8.50	—	—	—	—		

注:1. 一般值为正常情况下的采用值。
2. 最小值为条件受限制时可采用的值。

高速公路、一级公路分离式路基宽度 表3-29

公路等级		高 速 公 路							
设计速度(km/h)		120			100			80	
车道数		8	6	4	8	6	4	6	4
路基宽度(m)	一般值	22.00	17.00	13.75	21.75	16.75	13.00	16.00	12.25
	最小值	—	—	13.25	—	—	12.50	—	11.25
公路等级		一 级 公 路							
设计速度(km/h)		100		80			60		
车道数		6	4	6	4		4		
路基宽度(m)	一般值	16.75	13.00	16.00	12.25		11.25		
	最小值	—	12.50	—	11.25		10.25		

注:八车道的内侧车道宽度如采用3.50m,相应路基宽度可减0.25m。

2. 行车道

行车道是道路上供各种车辆行驶部分的总称,包括行车道和超车道。

行车道的宽度直接影响道路的通行能力、行车速度,行车安全、工程造价等。行车道宽度必须能够满足对向车辆错车、超车或并列行车以及车辆与路肩之间所必需的余宽。

路面宽度主要决定于车道数和每一条车道的宽度,而车道数则依据远景设计年限的设计小时交通量和一条车道的设计通行能力而定。即:

$$车道数 = \frac{远景设计年限单向设计小时交通量}{每一车道的设计通行能力} \times 2$$

高速、一级公路各路段的车道数应根据预测交通量、服务水平确定,其车道数为四车道以上时,应按双数增加;二、三级公路应为双车道;四级公路宜采用双车道,交通量小且工程艰巨的路段可采用单车道。

路面宽度硬是在保证要求车速及道路通行能力的情况下,安全行车所必需的宽度。路面宽度取决于设计车辆的几何尺寸、汽车行驶速度、交通量以及车辆之间或车辆与路肩之间的安全间隙。我国设计车辆的宽度规定为2.5m。余宽分同向车之间、对向车之间的余宽和车辆与行车道边缘所需的余宽三种情况,根据行车调查及测定资料确定,一般采用1~1.25m。

我国《公路工程技术标准》(JTG B01—2003)中各级公路行车道宽度按设计车速规定如表3-30所示。

各级公路车道宽度　　　　　　　　　表3-30

设计速度(km/h)	120	100	80	60	40	30	20
车道宽度(m)	3.75	3.75	3.75	3.50	3.50	3.25	3.00

注:1.设计速度为20km/h且为单车道时,车道宽度应采用3.50m。
　　2.高速公路为八车道时,内侧车道宽度可采用3.50m。

3. 中间带

中间带是高速公路或一级公路上用来分隔对向行驶车辆的带状构造物,如图3-56所示,它由两条左侧路缘带和中央分隔带组成,如图3-57所示。

图3-56　中间带示意图

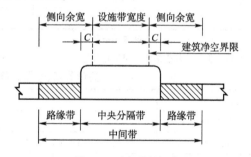

图3-57　中间带的组成

(1)中间带的功能有以下6个方面:
①分离不同方向的交通流,减少车辆的对向干扰,以防止无序的交叉运行和转弯运行。
②在不妨碍公路限界的前提下,作为设置公路标牌的场地。
③在交叉路口为左转车辆提供避让区域。
④提供绿化带,以遮挡对向车灯的眩光。
⑤引导驾驶员的视线,同时为失控车辆提供救险区域。
⑥埋设管线等设施。

(2)中间带的宽度。中间带的作用明显,但投资、占地多。一般均采用窄分隔带高出行车道表面的中央分隔带,称为凸形;也有宽度大于4.5m的凹形,表面采用植草、栽灌木或铺面。

中间带可不等宽,也不一定等高,应与地形、景观等配合。不等宽的中间带应逐步过渡,避免突变。中央分隔带每隔2km设置一处开口,供紧急特殊情况使用。

《公路工程技术标准》(JTG B01—2003)规定的各级公路中间带宽度规定,见表3-31。正常情况下采用一般值,当遇特殊情况时可以采用低限值。

整体式路基过渡分为分离式路基后,行车道左侧应设置左路肩(包括硬路肩及土路肩),分离式路基间的最小间距不应小于表3-31所示的规定。分离式路基两幅间的间距不必等宽,可随地形而变化,与周围景观相配合。分离式路基中的一幅以桥梁形式叠于另一幅之上时,其最小间距不受限制。

整体式路基中间带宽度　　　　　　　　　　　　　　　　　　表3-31

设计速度(km/h)		120	100	80	60
中央分隔带宽度(m)	一般值	3.00	2.00	2.00	2.00
	最小值	1.00	1.00	1.00	1.00
左侧路缘带宽度(m)	一般值	0.75	0.75	0.50	0.50
	最小值	0.75	0.50	0.50	0.50
中间带宽度(m)	一般值	4.50	3.50	3.00	3.00
	最小值	2.50	2.00	2.00	2.00

4. 路肩

路肩是位于行车道外缘至路基边缘之间,是具有一定宽度的带状结构物。路肩通常是由路缘带、硬路肩和土路肩3部分组成,如图3-58所示。

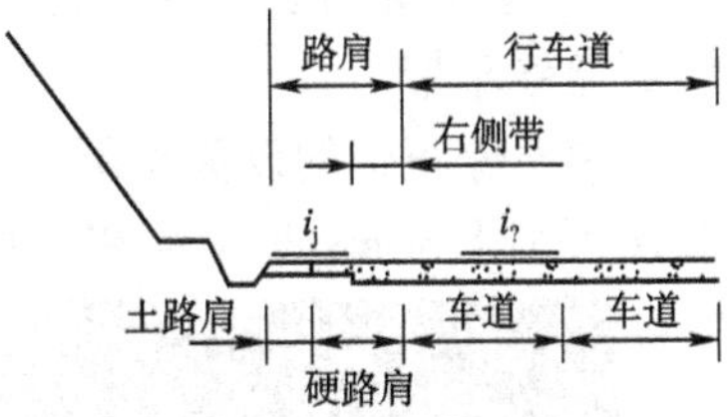

路缘带是路肩或中间带的组成部分,与行车道相接,用行车道的外侧标线或不同颜色的路面来表示。其作用主要是诱导驾驶员视线和分担侧向余宽,以利于行车安全。由于路肩的路缘带在行车道的右侧,故称右侧路缘带。

硬路肩是指路肩中靠近行车道的部分,用加固材料铺装,具有一定强度,可承受偶然的车辆荷载。具有支撑路面、供车辆临时行车、停放和慢行使用。

图3-58　公路路肩的组成

土路肩是指不加任何铺装的土质路肩。可提供侧向余宽,保护和支撑路基路面。

(1)路肩的主要作用包括以下几个方面:
①保护及支撑路基路面结构。
②临时停车。
③增加路幅的侧向余宽,提高驾驶的安全性和舒适性。
④提供道路养护作业、设置其他公路设施的场地。
⑤对于未设人行道的道路,可供行人和非机动车等使用。
⑥利于诱导驾驶员的视线。

(2)路肩宽度。高速公路、一级公路的路肩宽度应能够满足故障车辆的停置所需宽度。四级公路,采用单车道路面时,路肩一般采用1.5m,其余情况均采用0.5m。
《公路工程技术标准》(JGT B01—2003)规定各级公路路肩宽度见表3-32。

各级公路路肩宽度　　　　　　　　　　　　　　　　　　表3-32

设计速度(km/h)		高速公路、一级公路				二级公路、三级公路、四级公路				
		120	100	80	60	80	60	40	30	20
右侧硬路肩宽度(m)	一般值	3.00或3.50	3.00	2.50	2.50	1.50	0.75	—	—	—
	最小值	3.00	2.50	1.50	1.50	0.75	0.25			
土路肩宽度(m)	一般值	0.75	0.75	0.75	0.50	0.75	0.75	0.75	0.50	0.25(双车道) 0.50(单车道)
	最小值	0.75	0.75	0.75	0.50	0.50	0.50			

注:设计速度为120km/h的四车道高速公路,采用3.50m的右侧硬路肩;六车道、八车道高速公路,采用3.00m的右侧硬路肩。

高速公路、一级公路应在右侧硬路肩宽度内设右侧路缘带,其宽度为0.50m。

分离式路基的高速公路、一级公路,应设置左侧路肩,其宽度规定见表3-33。左侧硬路肩内含左侧路缘带,左侧路缘带宽度为0.50m。

高速公路、一级公路分离式路基的左侧路肩宽度   表3-33

设计速度(km/h)	120	100	80	60
左侧硬路肩宽度(m)	1.25	1.00	0.75	0.75
左侧土路肩宽度(m)	0.75	0.75	0.75	0.50

5. 紧急停车带[图3-59a)]

紧急停车带:在高速公路和一级公路上设置的供车辆临时发生故障或其他原因需紧急停车车辆使用的临时停车地带

(1)设置条件及平面布置。高速公路和一级公路,当右侧硬路肩的宽度小于2.50m时,应设紧急停车带。

紧急停车带的设置间距不宜大于500m,紧急停车带的宽度包括硬路肩在内为3.5m,有效长度不小于30m,如图3-59b)所示。

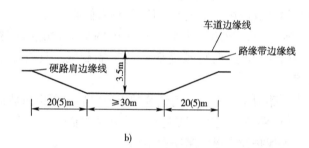

图3-59 紧急停车带

二级公路为避免急需停靠的车辆占道,根据需要可设置紧急停车带,其间距不宜大于500m。

(2)桥梁隧道中的桥梁隧道中的紧急停车带

高速公路和一级公路的特长桥梁、隧道,可根据需要设置紧急停车带,其间距为750m左右,过渡段长度一般采用20m,工程特别艰巨时,最小可采用5m。

当采用最小值时,为使过渡段的外形不出现明显的折线,可用反向圆曲线连接,使之圆滑,如图3-60所示。

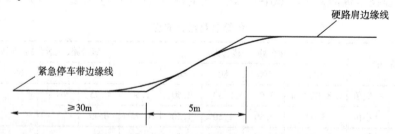

图3-60 桥梁、隧道中的紧急停车带过渡

6. 错车道

四级公路路基宽度采用4.5m时,应在不大于300m的距离内选择有利地点设置错车道,并使驾驶员能看到相邻两错车道之间的车辆。设置错车道路段的路基宽度应不小于6.5m,有效长度应不小于20m。错车道的尺寸规定如图3-61所示。

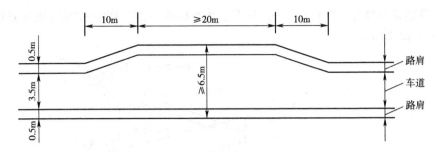

图 3-61 错车道

7. 加减速车道

(1) 设置条件及宽度。在高速公路和一级公路的互通式立体交叉、服务区等与主线连接处,应设置加减速车道,其宽度一般为 3.50m,枢纽互通式立体的加减车道宽度宜为 3.75m。

(2) 横断面组成。加减速车道横断面组成如图 3-62 所示,设置加减车道路段,路基应相应加宽,不得占用硬路肩宽度。

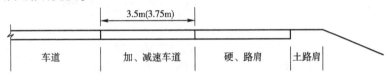

图 3-62 加减速车道横断面组成

8. 避险车道(见图 3-63)

在长陡坡路段正线行车道下坡方向右侧为失控车辆增设的专用车道。

(1) 避险车道的功能

在由于地形所限,存在长陡下坡的公路路段,为使制动失效等失控车辆(特别是重载汽车)驶离主车道,并安全的减速至停止,避免人员伤亡和财产损失,有必要设置避险车道。

(2) 避险车道设置条件及布置。公路连续长、陡下坡路段,当平均纵坡≥4%,纵坡连续长度≥3km;车辆组成内大、中型重车占 50% 以上,且载货汽车缺乏辅助制动装置。为避免车辆在行驶中速度失控而造成事故,应在长、陡下坡地段的右侧山披上的适当位置设置避险车道。

图 3-63 避险车道

避险车道为大上坡断头路,其平面及纵面布置如图 3-64 所示。

三、公路建筑限界及用地

1. 公路建筑限界

公路建筑限界(净空)是指为保证车辆、行人通行的安全,对道路和桥面上以及隧道中规定的高度和宽度范围内不允许有任何障碍物侵入的空间界限,又称为建筑净空。建筑限界由净高和净宽两部分组成。

建筑限界是一个空间概念,不同类别,不同等级的道路,其公路建筑限界的大小不同。道路横断面设计中,公路标志、护栏、照明灯柱、电杆、行道树以及跨线桥的桥台、桥墩等任何部分不得侵入公路建筑限界之内。

(1)公路建筑限界的一般规定。《公路工程技术标准》(JTG B01—2003)规定各级公路建筑限界如图3-65所示。

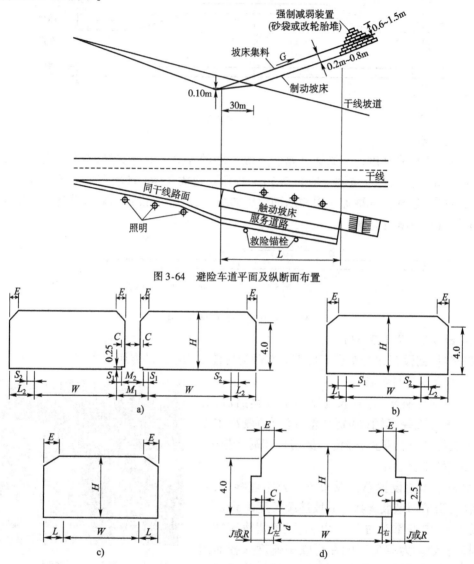

图3-64 避险车道平面及纵断面布置

图3-65 建筑限界(尺寸单位:m)
a)高速公路、一级公路(整体式);b)高速公路、一级公路(分离式);c)二、三、四级公路;d)公路隧道
W-行车道宽度;L_1-左侧硬路肩宽度;L_2-右侧硬路肩宽度;S_1-左侧路缘带宽度;S_2-右侧路缘带宽度;L-侧向宽度:高速公路、一级公路的侧向宽度为硬路肩宽度(L_1或L_2);二、三、四级公路的侧向宽度为路肩宽度减去0.25m;隧道内侧向宽度($L_左$或$L_右$)应符合表6.6.2规定;C-当设计速度大于100km/h时为0.5m,等于或小于100km/h时为0.25m;M_1-中间带宽度;M_2-中央分隔带宽度;J-隧道内检修道宽度;R-隧道内人行道宽度;d-隧道内检修道或人行道高度;E-建筑限界顶角宽度:当L≤1m时,$E=L$;当$L>1$m时,$E=1$m;H-净空高度

(2)公路建筑限界划定原则有以下两点:
①建筑限界的上缘边界线为水平线(超高路段与超高横坡平行)。
②建筑限界的两侧边界线与水平线垂直(超高路段与路面超高横坡垂直)。

2.公路用地

公路用地是为修建、养护公路及其设置沿线设施而依照国家规定所征用的地幅。可分为直接用地和间接用地两种。

(1)公路直接用地。公路直接用地是公路通过的地域,其范围依据公路的等级和断面特征的不同而有所区别。

①路堤。公路用地为两侧排水沟外边缘(无排水沟时为路堤或护道坡脚)外不小于1m的范围。

②路堑。公路用地为边坡坡顶截水沟外边缘(无截水沟时为坡顶)以外不小于1m的范围。

③公路用地范围的变化范围。对于高速公路和一级公路,在有条件的情况下,可将"1m范围"改为"不小于3m";二级公路则改为"不小于2m"。对高填深挖的路段,为保证路基的稳定,应通过计算确定用地的范围,沿公路需种植多行林带的路段用地范围,可根据实际情况确定。

(2)公路间接用地。为了公路安全、养护、管理等需要的用地范围,如安装防砂或防雪栅栏,公路沿线路用房屋、料场、苗圃、停车场等,应在节约用地的原则下,根据实际需要确定。

公路用地的征用,必须严格按《中华人民共和国土地管理法》的规定征用,并办理相应手续,才能确认为公路用地。在此范围内,不得修建非路用房屋、开挖渠道,埋没管道、电缆、电杆等。

任务十二　加宽与超高

一、加宽

1. 平曲线上设置加宽的原因

从图3-66可知,汽车在曲线上行驶时,其4个车轮轨迹半径不同,其中前轴外轮半径最大,后轴内轮半径最小,因而需要比直线上更大的宽度。此外,汽车在曲线上行驶,其行驶轨迹并不完全与理论行驶轨迹相吻合,而是有一定的摆动偏移,故需要路面加宽来弥补,以策安全。这种在曲线上适当拓宽路面的形式称为平曲线加宽。

2. 设置加宽的条件

我国《公路工程技术标准》(JTG B01—2003)规定,当平曲线半径小于或等于250m时,应在平曲线内侧设置加宽。

3. 加宽的过渡

(1)加宽过渡段。在平曲线上加宽时,应在圆曲线上全加宽,在主曲线的两端设置加宽过渡段,其长度一般与超高过渡段或缓和曲线长相同。当圆曲线不设超高仅有加宽时,加宽过渡段长度应按加宽渐变率1:15且长度不应小于10m的要求设置。

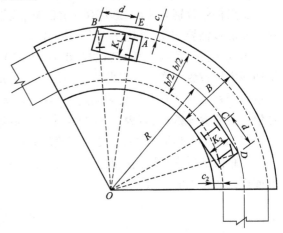

图3-66　平曲线的加宽

(2)加宽过渡方式。二级公路、三级公路、四级公路的加宽过渡段的设置,应采用在相应的回旋线或超高、加宽过渡段全长范围内,按其长度成比例增加的方式进行。

对于高等级公路,宜采用高次抛物线过渡形式。

4.加宽值

(1)全加宽值及计算原理

路面加宽值与平曲线半径、车型尺寸及会车时的行车速度有关。

二级公路、三级公路、四级公路的圆曲线半径小于或等于250m时,应统一在平曲线内侧加宽。双车道路面的全加宽值见表3-34。

平曲线加宽值　　　　表3-34

加宽类别	加宽值(m) \ 圆曲线半径(m) \ 汽车轴距加前悬(m)	≤250 ~200	<200 ~150	<150 ~100	<100 ~70	<70 ~50	<50 ~30	<30 ~25	<25 ~20	<20 ~15
1	5	0.4	0.6	0.8	1.0	1.2	1.4	1.8	2.2	2.5
2	8	0.6	0.7	0.9	1.2	1.5	2.0	—	—	—
3	5.2+8.8	0.8	1.0	1.5	2.0	2.5	—	—	—	—

圆曲线加宽类别应根据该公路的交通组成确定。二级公路以及设计车速为40km/h的三级公路有集装箱半挂车通行时,应采用第3类加宽值;不经常通行集装箱运输半挂车时,可采用第2类加宽值。

四级公路和设计车速为30km/h的三级公路可采用第1类加宽值。

由三条以上车道构成的行车道,其全加宽值应另行计算。

各级公路的路面加宽后,路基也应相应加宽。四级公路路基采用6.5m以上宽度时,当路面加宽后剩余的路肩宽度不小于0.5m时则路基可不予加宽;小于0.5m时则应加宽路基以保证路肩宽度不小于0.5m。

双车道公路采用强制性措施实行分向行驶的路段,其圆曲线半径较小时,内侧车道的加宽值应大于外侧车道的加宽值,设计时应通过计算确定其差值。

对于$R>250m$的圆曲线,由于加宽值很小,可以不加宽。

【案例】 某二级公路设计车速为60km/h,有两个平曲线,它们对应的交点分别为JD_1、JD_2,交点桩号分别为K4+800、K6+560.56,其平曲线半径分别为$R_1=300m$、$R_2=250m$,试问哪个平曲线需要加宽,并确定其全加宽值。

解:《公路工程技术标准》(JTG B01—2003)规定当平曲线半径小于或等于250m时,应在平曲线内侧设置加宽。故平曲线1不需要设置加宽,平曲线2需要设置加宽。因为资料没有显示该公路是否经常通行集装箱运输半挂车,所以应考虑集装箱半挂车的通行,采用第三类加宽值。根据$R=250m$,查表3-33可得全加宽值等于0.8m。

(2)加宽过渡段任意断面处加宽值的确定

①路面加宽应按比例过渡。对于二、三、四级公路,采用在加宽缓和段全长范围内按其长度成正比例增加的方法:

$$b_{jx} = \frac{x}{L_j} B_j \tag{3-60}$$

式中:b_{jx}——缓和段上加宽值;

x——缓和段上任意点至缓和段起点之间的距离;

L_j——加宽缓和段长度;

B_j——全加宽值。

②按高次抛物线过渡。对于高等级公路,采用高次抛物线过渡形式,即:

$$b_{jx} = (4k^3 - 3k^4) \cdot B_j \tag{3-61}$$

$$k = \frac{x}{l_h}$$

式中:k——加宽值参数;

l_h——缓和曲线长度,m;

其他符号同前。

【案例】 某新建二级公路设计车速为40km/h,路拱横坡度采用2%。有一平曲线,交点为JD_2,桩号分别为K6+560.56,其平曲线半径分别为$R=250m$,偏角为$\alpha=29°23'24''$,试确定桩号K6+480、K6+500、K6+540、K6+580、K6+600的加宽值。

解:(1)《公路工程技术标准》(JTG B01—2003)规定当平曲线半径小于或等于250m时,应在平曲线内侧设置加宽。因此该处平曲线需要设置加宽。又因为公路等级为二级,其不设超高的最小半径为600m,而此处平曲线半径为250m,故需要设置超高。过渡段采用回旋曲线,加宽在超高缓和曲线长度内完成。

(2)因为资料没有显示该公路是否经常通行集装箱运输半挂车,所以,应考虑集装箱半挂车的通行,采用第三类加宽值。根据$R_2=250m$,查表3-33可得全加宽值等于0.8m。

(3)根据设计车速等条件,查《公路工程技术标准》(JTG B01—2003)得超高缓和曲线长50m。经计算,该处曲线的主点桩号分别为ZH K6+471.95;HY K6+521.95;YH K6+596.34;HZ K6+646.34;QZ K6+559.15。

(4)按题意,可知K6+540和K6+560两个桩号位于HY—YH段,属于圆曲线全加宽范围内。故K6+540和K6+580的加宽值$b_j = B_j = 0.80m$;

K6+480位于ZH—HY段,属于加宽过渡段内,采用比例过渡加宽。

$$x = K6+480 - K6+471.95 = 8.05m$$

$$B_{jx} = \frac{x}{L_j}B_j = \frac{8.05}{50} \times 0.80 = 0.13m$$

即K6+480处的加宽值为0.13m。

K6+500位于ZH—HY段,属于加宽过渡段内,采用比例过渡加宽。

$$x = K6+500 - K6+471.95 = 28.05m$$

$$B_{jx} = \frac{x}{L_j}B_j = \frac{28.05}{50} \times 0.80 = 0.45m$$

即K6+500处的加宽值为0.45m。

K6+600位于YH—HZ段,属于加宽过渡段内,采用比例过渡加宽。

$$x = K6+646.34 - K6+600 = 46.34m$$

$$B_{jx} = \frac{x}{L_j}B_j = \frac{46.34}{50} \times 0.80 = 0.74m$$

二、超高

1.平曲线设置超高的原因

当汽车在弯道上行驶时,要受到离心力的作用,所以在平曲线设计时,常将弯道外侧车道抬高,构成与内侧车道同坡度的单向坡,这种设置称为平曲线超高,其作用是为了使汽车在平曲线上行驶时能获得一个指向内侧的横向分力,用以克服离心力,减少横向力,从而保证汽车行驶的稳定性及乘客的舒适性。

2. 平曲线设置超高的条件

离心力的大小随车辆的行驶速度增大而增大,当车辆的行驶速度一定时,离心力随弯道半径的减小而增大。当圆曲线的半径小于不设超高的最小半径时,离心力较大,严重影响车辆的行驶安全。因此《规范》规定:圆曲线半径小于不设超高的最小半径时,应在曲线上设置超高。

3. 超高坡度

(1)最大超高坡度。由前面平曲线半径计算公式 $R = \dfrac{V^2}{127(\mu \pm i_c)}$,可得超高坡度的计算公式

$$i_c = \dfrac{V^2}{127R} - \mu \tag{3-62}$$

当采用极限最小半径时即为计算最大超高横坡度,其公式为

$$i_{cmax} = \dfrac{V^2}{127R_{min}} - \mu \tag{3-63}$$

最大超高横坡度的极限值与气候条件、地形、地区、汽车以低速行驶的频率、路面施工的难易程度等因素有关。从保证汽车转弯时有较高速度和乘客安全舒适性来看,要求超高横坡应尽量大些,但考虑车辆组成不同、速度不一,特别是在弯道上停车,有可能向弯道内侧滑移的危险,另外,在冰雪状态下,过大的超高对车辆启动及制动不利。

《公路工程技术标准》(JTG B01—2003)规定高速、一级公路的最大超高值为10%,其他公路为8%,在积雪、严寒地区,由于汽车启动、制动时会产生打滑现象,因此,规定各级公路的最大超高不宜大于6%。

(2)不同圆曲线半径超高横坡度的确定。圆曲线超高横坡度应按公路等级、设计速度、圆曲线半径、路面类型、自然条件和车辆组成等情况查《规范》确定,见表3-35。在圆曲线段半径不变,故超高横坡度从圆曲线起点至圆曲线终点是一个不变的定值,称为全超高。

(3)圆曲线上超高横坡度的最小值。各级公路圆曲线部分的最小超高横坡度应是该级公路直线部分的路拱横坡度。

4. 超高的过渡

(1)超高过渡段。由直线段的双向路拱横断面逐渐过渡到圆曲线的全超高单向横断面,为了行车的舒适、路容的美观和排水的通畅,其间必须设置一定长度的超高缓和段。超高的过渡则是在超高缓和段全长范围内进行的。过渡段过长,超高渐变率过小,将导致曲线路段路面排水不畅。因此设置超高时应按排水要求,超高渐变率不得小于0.3%(即不得小于1/330),见表3-36。

双车道公路超高缓和段长度按下式计算:

$$L_c = \dfrac{b'}{p}\Delta i \tag{3-64}$$

式中:L_c——超高缓和段长度;

b'——旋转轴至行车道外侧边缘的宽度,m;

Δi——超高旋转轴外侧的最大超高横坡度与原路拱横坡度的代数差;

p——超高渐变率(由于逐渐超高而引起外侧边缘纵坡与路线原设计纵坡的差值)。

表 3-35

圆曲线半径与超高

公路等级	高速公路								一级公路						二级公路						三级公路				四级公路			
	v=120km/h		v=100km/h		v=80km/h		v=60km/h		v=100km/h		v=60km/h		v=80km/h		v=40km/h		v=60km/h		v=30km/h		v=40km/h		v=20km/h	
超高(%) \ 半径(m)	一般情况	积雪冰冻地区	一般情况	积雪冰冻地区	一般情况	积雪冰冻地区	一般情况	积雪冰冻地区	一般情况	积雪冰冻地区	一般情况	积雪冰冻地区	一般情况	积雪冰冻地区	一般情况	积雪冰冻地区	一般情况	积雪冰冻地区	一般情况	积雪冰冻地区	一般情况	积雪冰冻地区	一般情况	积雪冰冻地区
2	<5500~3240	<5500~1940	<4000~1710	<4000~1550	<2500~1210	<2500~1130	<1500~810	<1500~720	<4000~1710	<4000~1550	<1500~810	<1500~720	<2500~1210	<2500~1130	<600~390	<600~360	<1500~780	<1500~720	<350~230	<350~210	<600~390	<600~360	<150~105	<150~95
3	<3240~2160	<1940~1290	<1710~1220	<1550~1050	<1210~830	<1130~750	<810~570	<720~460	<1710~1220	<1550~1050	<810~570	<720~460	<1210~840	<1130~750	<390~270	<360~230	<780~530	<720~460	<230~150	<210~130	<390~270	<360~230	<105~70	<95~60
4	<2160~1620	<1290~970	<1220~950	<1050~760	<830~620	<750~520	<570~430	<460~300	<1220~950	<1050~760	<570~430	<460~300	<840~630	<750~520	<270~200	<230~150	<530~390	<460~300	<150~110	<130~80	<270~200	<230~150	<70~55	<60~40
5	<1620~1300	<970~780	<950~770	<760~550	<620~500	<520~360	<430~340	<300~190	<950~770	<760~550	<430~340	<300~190	<630~500	<520~360	<200~150	<150~90	<390~300	<300~190	<110~80	<80~50	<200~150	<150~90	<55~40	<40~25
6	<1300~1080	<780~650	<770~650	<550~400	<500~410	<360~250	<340~280	<190~125	<770~650	<550~400	<340~280	<190~125	<500~410	<360~250	<150~120	<90~60	<300~230	<190~125	<80~60	<50~30	<150~120	<90~60	<40~30	<25~15
7	<1080~930	—	<650~560	—	<410~350	—	<280~230	—	<650~560	—	<280~230	—	<410~320	—	<120~90	—	<230~170	—	<60~50	—	<120~90	—	<30~20	—
8	<930~810	—	<560~500	—	<350~310	—	<230~200	—	<560~500	—	<230~200	—	<320~250	—	<90~60	—	<170~125	—	<50~30	—	<90~60	—	<20~15	—
9	<810~720	—	<500~440	—	<310~280	—	<200~160	—	<500~440	—	<200~160	—	—	—	—	—	<200~160	—	—	—	—	—	—	—
10	<720~656	—	<440~400	—	<280~250	—	<160~125	—	<440~400	—	<160~125	—	—	—	—	—	<160~125	—	—	—	—	—	—	—

超高渐变率　　　　　　　　　　　　　表 3-36

设计速度 (km/h)	超高旋转轴位置		设计速度 (km/h)	超高旋转轴位置	
	中轴	边轴		中轴	边轴
120	1/250	1/200	40	1/150	1/100
100	1/225	1/175	30	1/125	1/75
80	1/200	1/150	20	1/100	1/50
60	1/175	1/125			

绕中线旋转时,式(3-64)可写为:

$$L_c = \frac{h}{p} = \frac{b}{2} \frac{i_1 + i_b}{p} \qquad (3-65)$$

绕边线旋转时,式(3-64)可写为:

$$L_c = \frac{h}{p} = \frac{b}{2} i_b \qquad (3-66)$$

超高缓和段长度应采用 5 倍数,并不小于 10m;四级公路超高的过渡应在超高过渡段的全长范围内进行。对线形设计有一定要求的道路,应在超高过渡缓和的起、终点插入一段二次抛物线,使之连接圆滑、舒顺。超高的过渡应在回旋线全长范围内进行,如图 3-67 所示。

(2)超高的过渡方式如下:

①无中央分隔带公路如图 3-68a)、图 3-68b)和图 3-68c)所示。

a. 超高横坡度等于路拱横坡度时,将外侧车道绕中线旋转,直至超高横坡度。

b. 超高横坡度大于路拱横坡度时,分别采用以下 3 种过渡方式:

ⓐ绕内侧车道边缘旋转(简称内边轴旋转):适用于新建工程。

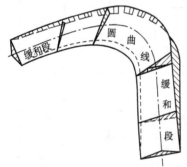

图 3-67 超高及超高缓和段

ⓑ绕路中线旋转(简称中轴旋转):适用于改建工程。

ⓒ绕外侧车道边缘旋转(简称外边轴旋转):适用于路基外缘高程受限制或路容美观有特殊要求时。

②有中央分隔带公路如图 3-68d)、图 3-68e)和图 3-68f)所示。

a. 分别绕中央分隔带两侧边缘线旋转:适用于各种宽度中间带的公路。

b. 绕中间带的中心线旋转:适用于中间带宽度小于或等于 4.5m 的公路。

c. 分别绕行车道中线旋转:适用于车道数大于 4 条的公路。

③分离式路基公路。分离式路基公路的超高过渡方式,宜按无中间带公路分别予以过渡。

(3)超高过渡段的构成如下:

①无中间带公路有以下几种:

a. 绕内边轴旋转(见图 3-69)

绕内边轴旋转是将路面未加宽时的内侧边缘线保留在原来位置不动。

这种旋转方式首先在超高过渡段以前,将两侧路肩的横坡度 i_0 分别同时绕两侧路面未加宽时的边缘线旋转,使 i_0 逐渐变为路面的双向横坡度 i_1,这时内外两侧的路肩分别与路面的横坡度相同,均为 i_1,形成 i_1 的双向横坡度。这一旋转过程的长度记为 L_0,一般取 1~2m,由于此时路面尚未旋转,所以不计入超高过渡段长度内。

然后将外侧路面(连同外侧路肩)的 i_1 绕中轴旋转,并同时向前推进,直至外侧路面与路肩的横坡度 i_1 逐渐变为内侧路面的 i_1,这时外侧路面和路肩均与内侧路面的 i_1 相同,形成 i_1 的单项横坡度。在这段旋转的过程中,所需长度记为 L_1。

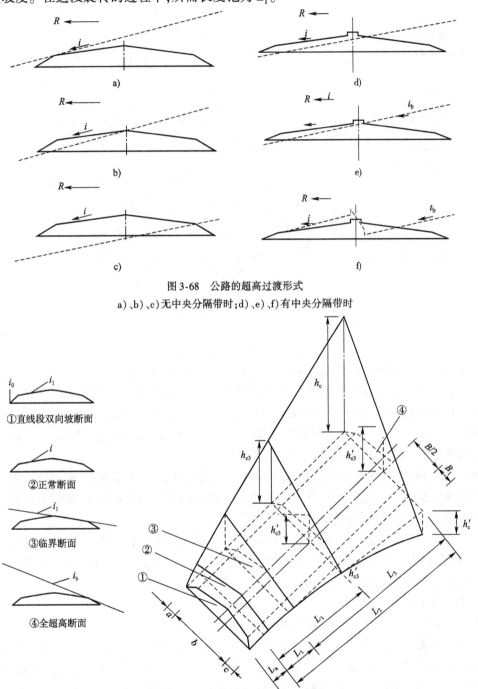

图 3-68　公路的超高过渡形式
a)、b)、c)无中央分隔带时；d)、e)、f)有中央分隔带时

图 3-69　绕内边轴旋转的超高过渡段构成

最后将内外两侧路面与路肩的单向横坡度 i_1 整体绕路面未加宽时的内侧边缘线旋转,并同时向前推进,直至使单向横坡度 i_1 逐渐变为全超高横坡度 i_b 为止。在这一旋转过程中,所需

长度记为 L_2，则超高过渡段全段长度为 $L_c = L_1 + L_2$。

　　b. 绕中轴旋转（见图3-70）。

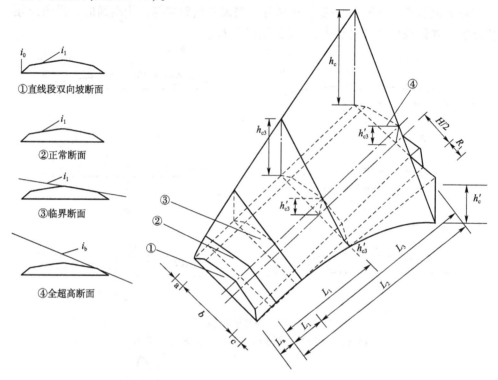

图3-70　绕中轴旋转的超高过渡段构成

　　绕中轴旋转是将路面未加宽时的中心线保留在原来位置不动。

　　这种旋转方式首先在超高过渡段以前，将两侧路肩的横坡度 i_0 分别同时绕两侧路面未加宽时的边缘线旋转，使 i_0 逐渐变为路面的双向横坡度 i_1，这时内外两侧的路肩分别与路面的横坡度相同，均为 i_1，形成 i_1 的双向横坡度。这一旋转过程的长度记为 L_0，一般取 1～2m，由于此时路面尚未旋转，所以不计入超高过渡段长度内。

　　然后将外侧路面（连同外侧路肩）的 i_1 绕中轴旋转，并同时向前推进，直至外侧路面与路肩的横坡度 i_1 逐渐变为内侧路面的 i_1，这时外侧路面和路肩均与内侧路面的 i_1 相同，形成 i_1 的单项横坡度。在这段旋转的过程中，所需长度记为 L_1。

　　最后将内外两侧路面与路肩的单向横坡度 i_1 整体绕路面中轴边缘线旋转，并同时向前推进，直至使单向横坡度 i_1 逐渐变为全超高横坡度 i_b 为止。在这一旋转过程中，所需长度记为 L_2，则超高过渡段全段长度为 $L_c = L_1 + L_2$。

　　c. 绕外边轴旋转（见图3-71）。

　　绕外边轴旋转是将路面外侧边缘线保留在原来位置不动。

　　这种旋转方式首先在超高过渡段以前，将两侧路肩的横坡度 i_0 分别同时绕两侧路面未加宽时的边缘线旋转，使 i_0 逐渐变为路面的双向横坡度 i_1，这时内外两侧的路肩分别与路面的横坡度相同，均为 i_1，形成 i_1 的双向横坡度。这一旋转过程的长度记为 L_0，一般取 1～2m，由于此时路面尚未旋转，所以不计入超高过渡段长度内。

　　然后将外侧路面（连同外侧路肩）的 i_1 绕路面外侧边缘线旋转，并同时向前推进。与此同时，内侧路面和路肩随中心线的降低而相应降坡，使外侧路面连同路肩的 i_1 逐渐变成同内侧路面和路肩相同的单向横坡度 i_1。在这段旋转的过程中,所需长度记为 L_1。

最后将内外两侧路面与路肩的单向横坡度 i_1 整体绕路面外侧边缘线旋转,并同时向前推进,直至使单向横坡度 i_1 逐渐变为全超高横坡度 i_b 为止。在这一旋转过程中,所需长度记为 L_2,则超高过渡段全段长度为 $L_c = L_1 + L_2$。

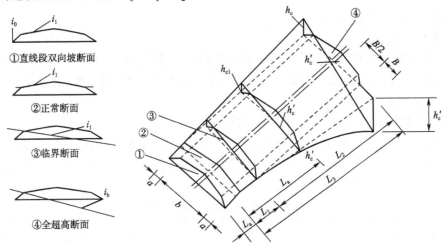

图 3-71 绕外边轴旋转的超高过渡段

② 有中间带公路。

a. 分别绕中央分隔带两侧边缘线旋转。绕中央分隔带两侧边缘线旋转是将超高前的中央分隔带的两侧边缘线保留在原来位置不动。

这种旋转形式首先在超高过渡段以前,将两侧路肩的横坡度 i_0 分别同时绕两侧路面未加宽时的边缘线旋转,使 i_0 逐渐变为路面的双向横坡度 i_1,这时内外两侧的路肩分别与路面的横坡度相同,均为 i_1,形成 i_1 的双向横坡度。这一旋转过程的长度记为 L_0,一般取 1~2m,由于此时路面尚未旋转,所以不计入超高过渡段长度内。然后将两侧路面(连同两侧路肩)的 i_1 绕中央分隔带各自的边缘线分别作同方向旋转,同时向前推进,使分隔带两侧的路面连同路肩逐渐超高,直至成为两个独立的单向超高横坡度 i_b,这个过程中,中央分隔带始终保持水平状态,所需长度记为 L_1。则 $L_c = L_1$。

b. 绕中间带的中心线旋转。绕中间带的中心线旋转是将中间带的中心线保留在原来位置不动。

这种旋转形式首先在超高过渡段以前,将两侧路肩的横坡度 i_0 分别同时绕两侧路面未加宽时的边缘线旋转,使 i_0 逐渐变为路面的双向横坡度 i_1,这时内外两侧的路肩分别与路面的横坡度相同,均为 i_1,形成 i_1 的双向横坡度。这一旋转过程的长度记为 L_0,一般取 1~2m,由于此时路面尚未旋转,所以不计入超高过渡段长度内。然后将外侧路面(连同外侧路肩)的 i_1 绕同侧中央分隔带的边缘线旋转,并同时向前推进,直至使外侧路面和路肩的 i_1 逐渐变为内侧路面的 i_1,形成 i_1 的单向横坡度,在这一旋转过程中,所需长度记为 L_1。最后将内外两侧路肩和整个路面绕中间带的中心线旋转,并同时向前推进,直至使单向横坡度 i_1 逐渐变为全超高横坡度 i_b,这个过程所需长度记为 L_2。则 $L_c = L_1 + L_2$。

c. 分别绕行车道中心线旋转。分别绕行车道中心线旋转是将超高前中央分隔带两侧行车道的中心线保留在原来位置不动。

这种旋转形式首先在超高过渡段以前,将两侧路肩的横坡度 i_0 分别同时绕两侧路面未加宽时的边缘线旋转,使 i_0 逐渐变为路面的双向横坡度 i_1,这时内外两侧的路肩分别与路面的横坡度相同,均为 i_1,形成 i_1 的双向横坡度。这一旋转过程的长度记为 L_0,一般取 $1\sim 2m$,由于此时路面尚未旋转,所以不计入超高过渡段长度内。然后将中间带两侧的路面(连同两侧路肩)的 i_1 分别绕各自行车道的中心线旋转,并同时向前推进,使中间带两边的行车道分别逐渐超高,直至分别成为单向超高横坡度 i_b,此时中央分隔带因两边分别升高或降低而成为倾斜状。这个过程所需长度记为 L_1。则 $L_c = L_1$。

5. 超高值的计算

(1)全超高路段超高值的计算。为便于道路的施工放样,在设计中一般要计算出路基的左、中、右实际高程,或实际高程与设计高程的差值,该差值即为"超高值"。通常全超高路段是指 HY~YH 或 ZY~YZ 路段。

(2)超高过渡段任意断面处超高值的计算。

对于新建公路二、三、四级公路,圆曲线半径小于不设超高最小半径时,平曲线段超高值计算公式,列于表3-37,计算图式参见图3-69。对于改建公路二、三、四级公路超高值计算公式,列于表3-38,计算图式参见图3-70。

绕内边轴旋转的超高值计算公式   表3-37

超高值		计算公式		备注
		$0 \leq x \leq L_1$ (在临界断面之前)	$L_1 \leq x \leq L_c$ (在临界断面之后)	
圆曲线段	外缘 h_c		$a \times i_0 + (a+b) \times i_b$	各超高值均与设计高程比较,h_c'' 和 h_{cx}'' 为降低值 $L_1 = \dfrac{i_1}{i_b} L_S$ $b_{jx} = \dfrac{x}{L_S} B_j$
	中线 h_c'		$a \times i_0 + \dfrac{b}{2} \times i_b$	
	内缘 h_c''		$a \times i_0 - (a+B_j) \times i_b$	
缓和段	外缘 h_{cx}	$a \times (i_0 - i_1) + [a \times i_1 + (a+b) \times i_b] \times \dfrac{x}{L_S}$ 或 $h_{cx} = \dfrac{x}{L_S} h_c$		
	中线 h_{cx}'	$a \times i_0 + \dfrac{b}{2} i_1$	$a \times i_0 + \dfrac{b}{2} \dfrac{x}{L_S} i_b$	
	内缘 h_{cx}''	$a \times i_0 - (a + b_{jx}) \times i_1$	$a \times i_0 - (a + b_{jx}) \dfrac{x}{L_S} i_b$	

注:h_c——路肩外边缘最大超高值;

h_c'——路中线最大超高值;

h_c''——路基内边缘最大降低值;

h_{cx}——缓和段上任意断面处,外侧路肩的超高值;

h_{cx}'——缓和段上任意断面处,加宽前路中线的超高值;

h_{cx}''——缓和段上任意断面处,加宽后路肩内边缘的降低值;

L_S——缓和段长度全长;

L_1——双向坡路面过渡到超高坡度为路拱坡度时所需的临界长度;

B_j——圆曲线部分路基的全加宽值;

b_{jx}——缓和段上 X 距离处路基加宽值;

a——路肩宽度;

b——路面宽度;

i_0——原路肩横坡度;

i_1——原路拱横坡度;

i_b——圆曲线超高横坡度;

x——缓和段内任意点处距缓和段起点的距离。

绕中线旋转的超高值计算公式 表3-38

超高值		计 算 公 式		备 注
		$0 \leqslant x \leqslant L_1$	$L_1 \leqslant x \leqslant L_S$	
圆曲线段	外缘 h_c		$a(i_0-i_1)+(a+\dfrac{b}{2})(i_1+i_b)$	各超高值均与设计高程比较，h_c'' 和 h_{cx}'' 为降低值。 $L_1=\dfrac{2i_1}{i_1+i_b}L_S$ $B_{jx}=\dfrac{x}{L_S}B_j$
	中线 h_c'		$ai_0+\dfrac{b}{2}i_1$	
	内缘 h_c''		$ai_0+\dfrac{b}{2}i_1-(a+\dfrac{b}{2}+B_j)i_b$	
缓和段	外缘 h_{cx}		$a(i_0-i_1)+(a+\dfrac{b}{2})\dfrac{x}{L_S}(i_1+i_b)$ 或 $h_{cx}=\dfrac{x}{L_S}h_c$	
	中线 h_{cx}'		$ai_0+\dfrac{b}{2}i_1$	
	内缘 h_{cx}''	$ai_0-(a+B_{jx})i_0$	$ai_0+\dfrac{b}{2}i_1-(a+\dfrac{b}{2}+B_{jx})\dfrac{x}{L_S}i_b$	

注：表中符号同表3-36。

【案例】 某新建二级公路设计车速为40km/h，路拱横坡度采用2%，路肩横坡度采用3%，路肩宽度 $a=0.75$m、路面宽度 $b=7.00$m。有一平曲线，交点为 JD_2，桩号分别为 K6+560.56，其平曲线半径分别为 $R=250$m，偏角为 $\alpha=29°23'24''$，试确定桩号 K6+480、K6+521.95、K6+540、K6+559.15、K6+600 的超高值。

解：（1）《公路工程技术标准》（JTG B01—2003）规定当平曲线半径小于或等于250m时，应在平曲线内侧设置加宽。因此该处平曲线需要设置加宽。又因为公路等级为二级，其不设超高的最小半径为600m，而此处平曲线半径为250m，故需要设置超高。过渡段采用回旋曲线，加宽在超高缓和曲线长度内完成。

（2）因为资料没有显示该公路是否经常通行集装箱运输半挂车，所以应考虑集装箱半挂车的通行，采用第三类加宽值。根据 $R=250$m，查表可得全加宽值 B_j 等于0.8m。

（3）资料没有显示该公路处于积雪冰冻地区，因此，限定最大超高值取8%，查表可得圆曲线上全超高值 $i_b=4\%$。

（4）根据设计车速等条件，查《公路工程技术标准》（JTG B01—2003）得超高缓和曲线长 $l_h=50$m。经计算，该处曲线的主点桩号分别为 ZH K6+471.95；HY K6+521.95；YH K6+596.34；HZ K6+646.34；QZ K6+559.15。

（5）按题意，可知 K6+521.95、K6+540 和 K6+559.15 三个桩号位于 HY~YH 段，属于圆曲线全加宽范围内。加宽值 $b_j=B_j=0.80$m，超高处于全超高状态。

（6）K6+480 位于 ZH~HY 段，属于加宽过渡段内，采用比例过渡加宽。

$$x=K6+480-K6+471.95=8.05\text{m}$$

$$B_{jx}=\dfrac{x}{L_j}B_j=\dfrac{8.05}{50}\times 0.80=0.13\text{m}$$

即 K6+480 处的加宽值为0.13m。

K6+600 位于 YH~HZ 段，属于加宽过渡段内，采用比例过渡加宽。

$$x=K6+646.34-K6+600=46.34\text{m}$$

$$B_{jx}=\dfrac{x}{L_j}B_j=\dfrac{46.34}{50}\times 0.80=0.74\text{m}$$

(7) 超高值的计算

按题意,超高值方式采用绕内边轴旋转方式,公式利用表 3-36。

① HY K6+521.95 位于 HY~YH 段,属于全超高范围内。

$$h_c = ai_0 + (a+b)i_b = 0.75 \times 3\% + (0.75+7) \times 4\% = 0.34\text{m}$$

$$h'_c = ai_0 + \frac{b}{2}i_b = 0.75 \times 3\% + \frac{7}{2} \times 4\% = 0.17\text{m}$$

$$h''_c = ai_0 - (a+B_j)i_b = 0.75 \times 3\% - (0.75+0.80) \times 4\% = -0.04\text{m}$$

K6+540、QZ K6+559.15 均位于 HY~YH 段,属于全超高范围内,因此超高值同 HY K6+521.95。$h_c = 0.34\text{m}, h'_c = 0.17\text{m}, h''_c = -0.04\text{m}$。

② K6+480 位于 ZH~HY 段,属于超高缓和段内,其加宽值 $B_{jx} = 0.13\text{m}$。

$$x = \text{K6}+480 - \text{K6}+471.95 = 8.05\text{m}$$

临界长度:

$$L_1 = \frac{i_1}{i_b} \times L_c = \frac{2\%}{4\%} \times 50 = 25\text{m}$$

$0 < X \le L_1$,桩号 K6+480 位于临界断面之前

$$h_{cx} = a(i_0 - i_1) + [ai_1 + (a+b)i_b]\frac{x}{L_c} = 0.06\text{m}$$

$$h'_{cx} = ai_0 + \frac{b}{2}i_1 = 0.09\text{m}$$

$$h''_{cx} = ai_0 - (a+B_{jx})i_1 = 0.01\text{m}$$

③ K6+600 位于 YH~HZ 段,属于超高缓和段内,其加宽值 $B_{jx} = 0.74\text{m}$。

$$x = \text{K6}+646.34 - \text{K6}+600 = 46.34\text{m}$$

$L_1 < X \le L_c$,桩号 K6+480 位于临界断面之后

$$h_{cx} = a(i_0 - i_1) + [ai_1 + (a+b)i_b]\frac{x}{L_c} = 0.31\text{m}$$

$$h'_{cx} = ai_0 + \frac{b}{2}\frac{x}{L_c}i_b = 0.15\text{m}$$

$$h''_{cx} = ai_0 - (a+B_{jx})\frac{x}{L_c}i_b = 0.033\text{m}$$

任务十三 横断面设计

一、横断面设计的基本要求

横断面的设计,应使横断面的布置和几何尺寸满足交通环境、用地经济、城市面貌等要求。路基是支撑路面的结构物,既要承受路面传来的行车荷载,又要承受自然因素的影响。因此路基横断面设计应满足如下基本要求:

(1) 足够的强度和稳定性。在荷载、自然因素的共同作用下,不倾覆、滑动、沉陷、坍方。

(2) 良好的经济性。选择适当的路基横断面形式和边坡坡度,工程量小,节约资金;

(3) 规范性。路基横断面形式和尺寸应满足道路等级、设计标准、设计任务书的规定以及道路的使用要求。

(4)兼顾性:要兼顾农田基本建设的需要,兼顾环境保护的需要。

二、公路横断面布置

公路横断面的布设可结合当地、地质、水文、填挖等情况,参照典型横断面进行布置,一般不做单独计算。路幅的宽度和路幅内各部分尺寸应根据公路等级、交通量、技术标准和具体情况,按规定进行布置。

(1)公路路基典型横断面。在公路设计中,为使起伏不平的地面变成可供汽车行驶的路面,需要在原地面上填筑或挖除而形成路基设计线。因此,我们把高于原地面的填方路基称为路堤,低于原地面的挖方路基称为路堑,在一个断面内,一部分要填,另一部分要挖的路基称为半填半挖路基,如图 3-72 所示。

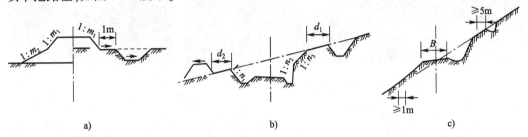

图 3-72 路基典型横断面
a)路堤;b)路堑;c)半填半挖路基

图 3-73 是 3 种路基横断面的基本形式,由于自然地形、地质条件的多样性,由此可派生出一系列类似的断面形式,它们在公路设计中经常被采用,故称为典型横断面。

常用的典型横断面型式及选用的注意事项简述如下:

①路堤。常用的各种路堤形式如图 3-73 所示。

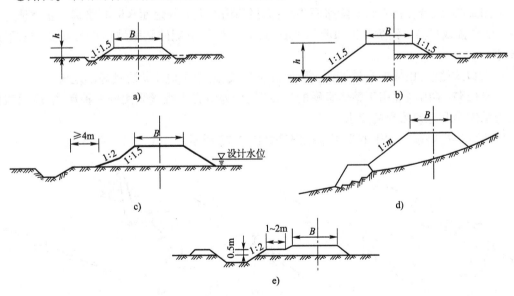

图 3-73 填方路堤断面
a)矮路堤;b)一般路堤;c)沿河路堤;d)陡坡护脚路堤;e)填筑路基

a. 矮路堤:填土高度小于1m,为排水需在两侧坡脚处设置边沟。

b. 一般路堤:填土高度大于1m小于20m 的路堤。

c.沿河路堤:路堤浸水部分的路堤边坡采用1:2,并视水流冲刷情况采用措施。

d.陡坡护脚路堤:当路堤的坡脚伸出较远且不稳定或坡脚占用耕地较多时,用护脚取代坡脚的路堤。

e.利用挖渠土填筑路基:这是农田水利建设与公路建设相结合的形式,但需要考虑渠道的水流是否影响公路的正常使用,以及路基在渠道设计水位的影响下强度、稳定性是否满足要求。

②路堑。常用的路堑形式如图3-74所示。

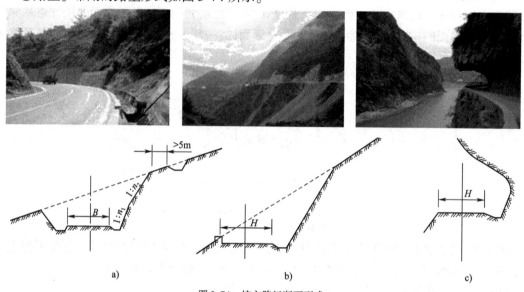

图3-74 挖方路堑断面型式
a)一般路堑;b)台口式路堑;c)半山洞式路堑

a.路堑必须设置边沟,以排除路面积水;为拦截山坡上方的地面水流向路基。在坡顶外至少5m处设置截水沟。路堑挖出的废弃土石方,置于地形下侧的路堑坡顶以外至少3m,形成弃土堆。

b.台口式路堑:山体的自然坡面为路堑的下边坡,适用于地质状况良好的地段。

c.半山洞:半山洞适用于整体坚硬的岩石层上,为节省工程量采用的一种形式,应用时注意公路的安全和建筑限界的要求。

③半填半挖路基。常用的半填半挖路基如图3-75所示。

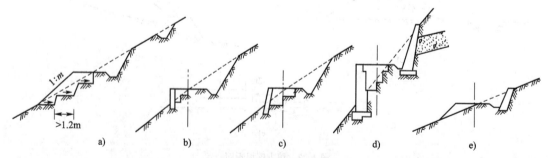

图3-75 半填半挖路基断面形式
a)半填半挖路基;b)护肩路基;c)砌石路基;d)挡土墙路基;e)矮墙路基

a.一般半填半挖路基:半填半挖路基是比较经济的断面形式,注意当原地面横坡大于1:5时,将原地面挖成台阶,以保证填土的稳定。

b.护肩路基:用于填土高度不大,但坡脚太远不易填筑时的情况。护肩高度一般不超过3m。

c.砌石路基:用于地面横坡太陡,坡脚落空,不能填筑时。

d.挡土墙路基:挡土墙是不依靠路基独立稳定的结构物,它也能支挡填方,稳定路基。

e.矮墙路基:用于挖方边坡土质松散,易产生碎落的情况。

各种典型路基横断面要结合实际地形选用,且应以路基稳定、行车安全、工程量小和经济适用为前提。

(2)公路路基标准横断面。公路的路基标准横断面是交通运输部根据设计交通量、交通组成、设计车速、通行能力和满足交通安全的要求,按公路等级、断面的类型、路线所处地形规定的路基横断面各组成部分横向尺寸的行业标准如图3-76所示。

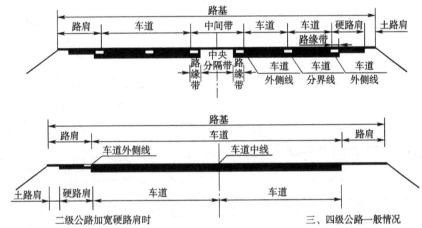

图3-76 路基标准横断面图

按照公路性质及等级不同可有整体式和分离式断面两大类,每一类由可按车道数的不同有多种布置形式。地形自然横坡较缓时,以整体式路基断面为宜。横坡度较陡、工程地质复杂时,高速公路宜采用分离式路基断面。

三、公路横断面设计

公路横断面设计的任务就是在充分考虑地形、地质、土壤、环境、气候材料、经济等自然条件和社会条件的基础上,合理地进行横断面布置和几何尺寸的确定,设计出满足强度和稳定性的路基横断面。

公路的横断面设计俗称"戴帽子",是设计横断面的常用方法,其过程就是绘制横断面图的过程。公路路基横断面有3种基本形式(路堤、路堑、半填半挖),一旦地面线、路线设计高程和路基宽度、边坡等确定后,则只有一种基本横断面形式能够采用。"戴"就是要判定哪种"帽子"能戴在相应桩号的地面线上,在此基础上进一步确定哪种"规格"(各种典型断面)的帽子满足横断面设计的要求。然后,把它绘在横断面图上,从而完成"戴帽子"的工作如图3-77所示。

横断面设计在平面设计、纵断面设计完成后进行,其方法与步骤如下:

(1)逐桩绘制横断面地面线(一般在现场与外业同时进行),各桩号在图纸上从左到右,从下到上的顺序排列,比例一般为1:200。

(2)逐桩标注相应中桩的填(T)或挖(w)高度、路基宽度、超高(h_c)和加宽(B_j)的数值。

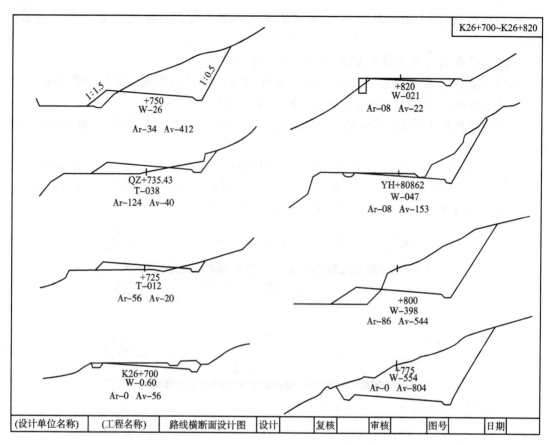

图 3-77 公路路基横断面设计图

(3)根据地质调查资料,标出各断面、土石分界线,确定边坡坡度和边沟形状、尺寸。

(4)用三角板(也可用"帽子板")逐桩绘出路基横断面设计线,通常用左右路肩边缘的连线代替路面的路拱横坡线,然后再按边坡坡度绘出边坡线,与地面线相交得坡脚点(路堤)或坡顶点(路堑)。

(5)有超高时,应按旋转方式绘出有超高横坡度的路肩边缘连线;有加宽时,按加宽后的路基宽度绘出左右路肩边缘的连线;两者都存在时,按上述方法同时考虑超高、加宽绘出横断面设计线。

(6)根据需要绘制护坡道、边沟、取土坑、截水沟、挡土墙等横断面设计内容。

(7)分别计算各桩号断面的填方面积(A_t)和挖方面积(A_w)并标注于图上。

在以上横断面设计时,尽管在横断面图上按比例绘出了边沟、截水沟、护脚、挡土墙等设施,但一般不标注详细尺寸,仅注明其起讫桩号。对于特殊路基还应单独设计,绘制特殊路基设计图。

任务十四 路基土石方数量计算及调配

路基土石方工程是公路工程的主体工程之一,在公路工程量中占有很大比重。在公路设计和路线方案比较中,路基土石方数量的多少是评价公路测设质量的主要技术经济指标之一。

土石方计算与调配的主要任务是计算路基土石方工程数量,合理进行土石方调配,并计算土石方的运量。为编制工程预(概)算、确定合理的施工方案以及施工计量支付提供依据。

由于自然地面起伏多变,填挖体积不可能是一个简单的几何体,若依实际地面起伏变化情况来进行土石方数量的计算,不仅繁杂,而且实用意义不大。因此,在公路的测设过程中,土石方的计算通常采用近似方法,计算精度按工程的要求而定。一般情况下,横断面的面积以 m^2 为单位,取小数后一位,土石方的体积以 m^3 为单位,取至整数。

一、土石方数量的计算

(1)路基土石方计算工作量较大,加之路基填挖变化的不规则性,要精确计算土石方体积十分困难。在工程上通常采用近似方法计算。

即假定相邻断面间为一棱柱体,如图3-78,按平均断面法计算,则其体积为:

$$V = (A_1 + A_2)\frac{L}{2} \quad (3-67)$$

式中:V——体积,即土石方数量,m^3;
  A_1、A_2——分别为相邻两断面的面积,m^2;
  L——相邻断面之间的距离,m。

平均断面法计算简便、实用,是公路上常采用的方法。但其精度较差,只有当 A_1、A_2 相差不大时才较准确。当 A_1、A_2 相差较大时,则按棱台体公式计算:

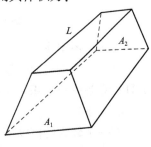

图3-78 平均断面法

$$V = \frac{1}{3}(A_1 + A_2)L(1 + \frac{\sqrt{m}}{1+m}) \quad (3-68)$$

式中:$m = A_1/A_2$,其中 $A_1 < A_2$。

以上两种计算形式中,第二种方法精度较高,应尽量采用,特别适用计算机计算。

(2)路基土石方数量计算时,应注意以下几点:

①计算路基土石方数量时,应扣除大、中桥及隧道所占路线长度的体积;桥头引道的土石方,可视需要全部或部分列入桥梁工程项目中,但应注意不要遗漏或重复;小桥涵所占的体积一般可不扣除。

②路基填、挖数量中应考虑路面所占的体积(填方扣除、挖方增加)。

③路基工程中的挖方按天然密实体积计算,填方按压实后的体积计算,各级公路在土石方调配时注意换算。

二、横断面面积计算

路基填挖断面面积:是指断面图中原地面线与路基设计线所包围的面积。高于地面线者为填,低于地面线者为挖。计算方法有积距法、坐标法、几何图形法、数方格法、求积仪法等,通常采用积距法和坐标法。

1. 积距法

如图3-79所示,将断面按单位横宽划分为若干个梯形和三角形,每个小条块的面积近似按每个小条块中心高度与单位宽度的乘积:$A_i = bh_i$,则断面面积:

$$A = bh_1 + bh_2 + bh_3 + \cdots + bh_n = b\sum h_i \quad (3-69)$$

b 通常取 $1 \sim 2m$,当 $b = 1m$ 时,则 A 在数值上就等于各小条块平均高度之和 $\sum h_i$。

2. 坐标法

如图3-80所示建立坐标系,给定多边形各顶点的坐标,由解析几何可得多边形面积的计算公式为：

$$A = [\sum(x_i y_i+1 - x_i+1 y_i)]1/2 \tag{3-70}$$

坐标法的计算精度较高,适宜用计算机计算。

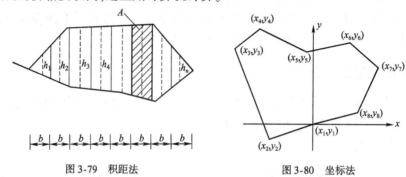

图 3-79　积距法　　　　　图 3-80　坐标法

3. 几何图形法

当横断面的地面线较规则且横断面面积较大,可将路基横断面分为几个规则的几何图形,分别计算各图形面积后相加得到总面积。

4. 混合法

在一个较大的横断面中,几何图形法和积距法共用,以加快计算速度。

在横断面面积计算中应注意以下3个问题：

(1)填方和挖方的面积应分别计算；

(2)填方或挖方中的土石也应分别计算,因为其工程造价不同。

(3)有些情况下横断面上的某一部分面积可能既是挖方面积,又要算做填方面积,例如,遇既要挖除,又要回填其他材料。

三、土石方的调配

土石方调配的目的是为确定填方用土的来源、挖方弃土的去向以及计价土石方的数量和运量等。通过调配合理地解决各路段土石方平衡与利用问题,从路堑挖出的土石方,在经济合理的调运条件下以挖作填,尽量减少路外借土和弃土,少占用耕地以求降低公路造价。

1. 土石方调配计算的几个概念

(1)平均运距。土方调配的运距是挖方体积的重心到填方体积的重心之间的距离,即挖方断面间距中心至填方断面间距中心的距离,称平均距离。判断调土是免费运距还是经济运距,只需和平均运距比较即可。在纵向调运中,当其平均运距超过免费运距时,应按其超运运距计算土石方运量。

(2)免费运距。土、石方作业包括挖、装、运、卸等工序,在某一特定距离内,只按土、石方数量计价而不计运费,这一特定的距离称为免费运距。

施工方法的不同,其免费运距也不同,如人工运输的免费运距为20m,铲运机运输的免费运距为100m。

(3)经济运距。填方用土来源,一是路上纵向调运,二是就近路外借土。一般情况用路堑挖方调去填筑距离较近的路堤还是比较经济的。但如调运的距离过长,以至运价超过了在填方附近借土所需的费用时,移挖作填就不如在路堤附近就地借土经济。因此,采用"借"还是"调",有个限度距离问题,这个限度距离即所谓"经济运距",其值按下式计算：

$$L_{经} = \frac{B}{T} + L_{免} \tag{3-71}$$

式中：$L_{经}$——经济运距，km；

B——借土单价，元/m³；

T——远运运费单价，元/m³·km；

L——免费运距，km。

经济运距是确定借土或调运的界限，当调运距离小于经济运距时，采取纵向调运是经济的，反之，则可考虑就近借土。

（4）运量。土石方运量为平均超运运距单位与土石方调配数量的乘积。

在生产中，平均每增运距10m划为一个运输单位，称之为一"级"，计为①；若超远运距为20m时为二级，在路基土石方数量计算表中记作②。

$$总运量 = 调配（土石方）数量 \times n$$
$$n = (L - L_{免})/A \tag{3-72}$$

式中：n——平均超运运距单位，（四舍五入取整数）；

L——土石方调配平均运距，m；

$L_{免}$——免费运距，m；

A——超远运距单位（例如人工运输 $A=10$m，铲运机运输 $A=50$m），m。

（5）计价土石方数量

在土石方计算与调配中，所有挖方均应予计价，但填方则应按土的来源决定是否计价，如是路外就近借土就应计价，如是移"挖"作"填"的纵向调配利用方，则不应再计价，否则形成双重计价。

计价土石方数量为：

$$V_{计} = V_{挖} + V_{借} \tag{3-73}$$

式中：$V_{计}$——计价土石方数量，m³；

$V_{挖}$——挖方数量，m³；

$V_{借}$——借方数量，m³。

2. 调配要求

（1）先横向后纵向，填方首先考虑本桩利用，以减少借方和调运方数量。

（2）纵向调运的最远距离一般小于经济运距，综合考虑不同的施工方法、运输条件、地形情况等因素、确定合理的经济用距，用以分析工程用土是调运还是外借。

（3）土石方调配应考虑桥涵位置对施工运输的影响，一般大沟不作跨越运输，同时应注意施工的可能与方便，尽可能避免和减少上坡运土。

（4）借方、弃土方应与借土还田、整地建田相结合。尽量少占田地，减少对农业的影响；对于取土和少做上坡调运。

（5）土和石应分别调配。不同性质的土石应分别调配，以便分层填筑，分别计价。

（6）位于山坡上的回头曲线路段，要优先考虑上下线的土方竖向调运。

（7）土方调配对于借土和弃土事先同地方商量，妥善处理。借土应结合地形、农田规划等选择借土地点，并综合考虑借土还田，整地造田等措施。弃土应不占或少占耕地，在可能条件下宜将弃土平整为可耕地，防止乱弃乱堆，或堵塞河流，损害农田。

3.调配方法

路基土石方调配方法有许多种,如有累积曲线法、调配图法及土石方计算表格调配法等。一般采用土石方计算表调配法,直接在土石方表上进行调配。表格调配法不需单独绘图,直接在土石方表上调配,具有方法简便、调配清晰、精度符合要求的优点。

表格调配法又可有逐桩调运和分段调运两种方式。高等级公路采用逐桩调运法,低等级公路多采用分段调运法。

表格调配法的具体调配步骤分为以下9点:

(1)调配前,首先要对土石方计算进行复核,确认无误后方可进行;其次将可能影响运输调配的桥涵位置、陡坡大沟等注明在表旁,供调配时参考。

(2)计算并填写表中"本桩利用"、"填缺"、"挖余"各栏。然后按填挖方分别进行闭合核算:

$$填方 = 本桩利用 + 填缺;挖方 = 本桩利用 + 挖余$$

(3)在作纵向调配前,根据"填缺"、"挖余"的分布情况,选择适当施工方法及可采用的运输方式定出合理的经济运距,供土方调配时参考。

(4)根据填缺、挖余分布情况,结合路线纵坡和自然条件,将相邻路段的挖余就近纵向调配到填缺内加以利用,并把具体调运方向和数量用箭头表明在纵向调配栏中。

(5)经过纵向调配,如果仍有填缺或挖余,则将借土或弃土的数量和运距分别填注到借方或废方栏内。

(6)调配完成后,应分页进行闭合核算:

$$填缺 = 远运利用(纵向调运方) + 借方;挖余 = 远运利用(纵向调运方) + 废方$$

(7)本公里调配完毕,应进行本公里合计,总闭合核算:

$$(跨公里调入方) + 挖方 + 借方 = (跨公里调出方) + 填方 + 废方$$

(8)土石方调配一般在本公里内进行,必要时也可跨公里调配,但需将调配的方向及数量分别注明,以免混淆。

(9)每公里土石方数量计算与调配完成后,须汇总列入路基每公里土石方数量表,并进行全线总计与核算。至此完成全部土石方计算与调配工作。

四、路基横断面设计成果的整理

1.土石方数量计算表的填写

路基土石方是公路工程的一项主要工程量,所以在公路设计和路线方案比较中,路基土石方数量的多少是评价公路测设质量的主要技术经济指标之一,也是编制公路施工组织计划和工程概预算的主要依据。因此,在填表和计算中要注意每一栏的相互关系,做到填表、计算、复核3个环节统一,以保证数据的准确性。其表格形式参见表3-39。

(1)路基土石方数量计算表的具体填写步骤分为以下4点:

①将路基横断面图中,逐桩桩号从图纸上从左到右、从下到上的顺序依次,抄写到表中第1列。

②将路基横断面图中,逐桩桩号处所标注的填方面积和挖方面积,逐一抄录到相应桩号的表中第2、3列。

③计算相邻两个断面之间的距离,见表中第4列。

④分别计算相邻两个断面之间的挖方总数量和填方总数量,见表中第5、18列;按照土、石比例,将计算出土方数量和石方数量。

表 3-39

路基土石数量计算表

第 页 共 页

起讫桩号	横断面面积(m²)		距离(m)	挖方分类及数量(m³)												填方数量(m³)			利用方数量及调配(m³)					远运利用及纵向调配示意	备注
	挖方	填方		总数量	土						石					总数量	土	石	本桩利用		填缺		挖余			
					Ⅰ		Ⅱ		Ⅲ		Ⅳ		Ⅴ		Ⅵ				土	石	土	石	土	石		
					数量	%	数量	%	数量	%	数量	%	数量	%	数量											
1	2	3	4	5	7	6	9	8	11	10	13	12	15	14	17	18	19	20	21	22	23	24	25	26	27	28
K1+080	31.45	0.00																					628.6			
K1+100	31.41	0.00	20.00	628.6	125.7	20	377.2	60	125.7	20													621.2			
K1+120	30.71	0.00	20.00	621.2	124.2	20	372.7	60	124.2	20													602.0			
K1+140	29.49	0.00	20.00	602.0	120.4	20	361.2	60	120.4	20													566.5			
K1+160	27.17	0.00	20.00	566.5	113.3	20	339.9	60	113.3	20													504.1			
K1+180	23.24	0.00	20.00	504.1	100.8	20	302.4	60	100.8	20													343.3			
K1+196.573	18.18	0.00	16.57	343.3	68.7	20	206.0	60	68.7	20													59.5		±3618.9(707m)(调配K0+580)	
K1+200	16.53	0.00	3.43	59.5	11.9	20	35.7	60	11.9	20													231.0			
K1+220	6.59	0.02	20.00	231.2	46.2	20	138.7	60	46.2	20						0.2	0.2						29.8			
K1+237.675	0.28	3.00	17.68	60.7	12.1	20	36.4	60	12.1	20						30.9	26.6		30.9				0.1			
K1+240	0.00	6.82	2.33	0.3	0.1	20	0.2	60	0.1	20						13.2	11.4				13.0					
K1+253.039	0.00	69.98	13.04			20		60		20						580.0	500.7				580.0					
K1+260	0.00	71.97	6.96			20		60		20						572.3	494.1				572.3					
K1+274.695	0.00	75.94	14.69			20		60		20						1258.8	1086.8				1258.8					±3410.1(72m)
K1+280	0.00	59.56	5.31			20		60		20						416.3	359.4				416.4					
K1+287.456	0.00	36.41	7.46			20		60		20						414.4	357.8				414.4					
K1+291.160	0.00	11.60	3.70			20		60		20						103.0	88.9				103.0					
K1+300	3.08	0.20	8.84	13.6	2.7	20	8.2	60	2.7	20						60.4	52.1		8.2		52.2		5.4			
K1+320	44.22	0.00	20.00	473.0	94.6	20	283.8	60	94.6	20						2.3	2.0		2.3				470.7			
K1+340	72.40	0.00	20.00	1166.1	233.2	20	699.7	60	233.2	20													1166.1			
K1+360	85.24	0.00	20.00	1576.4	315.3	20	945.8	60	315.3	20													1576.4			
K1+380	93.31	0.00	20.00	1785.5	357.1	20	1071.3	60	357.1	20													1785.5			
K1+400	107.72	0.00	20.00	2010.3	402.1	20	1206.2	60	402.1	20													2010.3			
K1+404.407	107.16	0.00	4.41	473.5	94.7	20	284.1	60	94.7	20													473.5			
K1+404.824	106.90	0.00	0.42	44.6	8.9	20	26.8	60	8.9	20													44.6			
K1+406.424	106.57	0.00	1.60	170.8	34.2	20	102.5	60	34.2	20													170.8			
K1+406.600	106.43	0.00	0.18	18.7	3.7	20	112	60	3.7	20													18.7			
小计				11350.0	2270.0	20	6810.0	60	2270.0	20						3451.9	2980.1		41.8		3410.1		11308.2			
累计				26319.4	5263.9		15791.6		5263.9							188743.5	162754.1		199.3		188544.2		26120.0			

135

路基每公里土石方数量表

格尔木青德可克至卡尔却卡公路

表 3-40
第 页 共 页 SIII-22

起迄桩号	长度(m)	挖方(m³) 总体积	挖方(m³) 松土	挖方(m³) 普通土	挖方(m³) 硬土	挖方(m³) 软石	挖方(m³) 次坚石	挖方(m³) 坚石	填方(m³) 总数量	填方(m³) 土方	填方(m³) 石方	本桩利用 土方	本桩利用 石方	远运利用 土方	远运利用 石方	远运利用 平均运距(km) 土方	远运利用 平均运距(km) 石方	借方 土方	借方 平均运距(km)	废方 土方(m³)	废方 石方(m³)	废方 平均运距(km) 土方	废方 平均运距(km) 石方	备注
K0+000~K1+000	1000	17137.3	10653.4		3319.6		3264.3		18907.8	15243.5	3264.3	333.6		11789.2	3264.3	0.179	0.296	3120.7	1.249	1750.3		0.797		
K1+000~K2+000	1000								19228.7	19228.7								19228.7	1.822					
K2+000~K3+000	1000	105.3	52.6	52.6					13017.8	13017.8		105.3						12912.5	2.738					
K3+000~K4+000	1000	22.5	11.2	11.2					14369.0	14369.0		22.5						14845.1	1.994					
K4+000~K5+000	1000	553.3	276.6	276.6					11826.5	11826.5		377.8		87.7		0.046		11361.0	1.042	87.7		0.838		
K5+000~K6+000	1000	1071.4	535.7	535.7					7904.4	7904.4		537.9		266.8		0.051		7099.7	0.383	266.8		0.407		
K6+000~K7+000	1000	1597.4	798.7	798.7					12023.2	12023.2		697.2		762.2		0.090		10063.8	1.196	138.0		1.612		
K7+000~K8+000	1000	3827.6	3057.0	770.6					7686.7	7686.7		1235.4		2551.6		0.150		3899.7	2.051	831.6		2.152		
K8+000~K9+000	1000	5685.4	3979.8	1705.6					14051.0	14051.0		1273.0		6503.1		0.274		6275.0	2.032	909.4		2.136		
K9+000~K10+000	1000	22756.8	21258.9	1497.8					14556.4	14556.4		1139.6		12229.7		0.225		1187.1	1.267	3583.0		0.919		
K10+000~K11+000	986	10367.6	5608.7	4758.9					8078.2	8078.2		685.2		7393.0		0.230				1598.6		0.868		
K11+000~K12+000	1000	17260.8	16638.5	722.3					39599.9	39599.9		2907.0		15748.9	81.2	0.108	0.017	20943.9	1.495	2485.3		1.678		
K12+000~K13+000	1000	6188.4	5089.6	1098.8					11350.5	11350.5		700.5		3032.9		0.135		7617.1	0.874	1278.8		1.279		
K13+000~K14+000	1000	4865.2	4865.2			1405.2			13987.0	13987.0		1743.0		1409.6		0.166		10834.4	0.293	1712.5		0.382		
K14+000~K15+000	1000	8930.9	8930.9						15881.3	15881.3		4215.3		2916.8		0.100		8449.2	0.879	752.5		1.258		
K15+000~K16+000	1000	8207.7	8207.7						17666.8	17666.8		3003.4		4739.5		0.059		9923.9	1.654	1511.2		1.665		
K16+000~K17+000	1000	6290.3	5788.8				501.6	501.6	14717.8	14216.2	501.6	1640.3	420.4	3696.0		0.143		8879.9	0.982	452.4		0.528		
K17+000~K18+000	1000	5218.8	5218.8						18930.5	18930.5		1428.4		3053.5		0.106		1448.6	0.692	736.9		0.563		
K18+000~K19+000	1000	2332.6	927.4			1405.2			18264.8	6610.0	11654.8	418.1	25.1	1859.2	11629.3	0.386	0.702	4332.8	1.101	509.3		1.916		
K19+000~K20+000	1000	39799.9	11426.2			28373.6			30196.8	8797.8	21399.0	1144.0	697.0	7653.8	20701.9	0.091	0.119			1655.1		2.259		
K20+000~K21+000	1000	70220.4	35569.7			34650.7			35850.6	16119.3	19730.6	1995.9	711.0	14123.4	19019.6	0.050	0.073			5667.0		3.865		
K21+000~K22+000	1000	43500.2	21810.8			21689.4			60821.5	30968.9	29852.6	2704.0	1349.4	28264.9	28503.2	0.343	0.342			4149.3		3.620		
K22+000~K23+000	1000	16377.5	11188.9			5188.7			32989.2	24318.2	8671.0	1261.7	204.3	8010.5	8456.7	0.067	0.712	15946.0	2.560	1506.8		2.627		
K23+000~K24+000	851	11057.0	8902.3			2154.7			33891.2	30736.5	2154.7	2143.7	79.3	5949.8	2075.4	0.222	0.325	22645.9	1.415	811.8		1.668		
K24+000~K25+000	1000	6526.3	4360.5	243.5		1922.4			8252.9	6330.5	1922.4	754.2	22.1	14.6	1900.3	0.013	0.096	5561.7	0.708	1848.9		0.445		
小计		309500.6	194957.9	15792.1		99150.6			492849.5	393698.9	99150.6	32453.8	3508.6	142056.7	95642.0			219178.4		34243.3				

(2)路基土石方数量计算表的调配方法。按表格调配法的具体步骤进行调配,结果如表3-40 所示的路基每公里土石方数量表,并进行全线总计与核算。至此完成全部土石方计算与调配工作。

2.每公里土石方数量计算表的填写

每公里路基土石方数量表是横断面设计成果之一,直接影响到公路的造价、工期、用地等方面,是设计挖方的利用和填方的来源及运距,为编制工程预(概)算、确定合理的施工方案以及计量支付提供依据。其表格形式参见表3-40。

具体填写步骤如下:

(1)将全线公路里程数每一公里分段填写表3-40 中第1列。

(2)根据所分的段和调配完毕的全线路基土石方数量表,填写完成表3-39 中其他列。

思考与练习

1.名词解释:

建筑限界　公路用地　中间带　路缘带　免费运距　平均运距　经济运距　计价土石方　典型横断面　标准横断面

2.简述公路路肩的组成和作用。

3.什么是"戴帽子"?

4.简述公路路基横断面的设计步骤。

5.简述路基土石方调配的原则和方法。

6.如何校核土石方数量计算表?

7.已知设计车速为40km/h,路面宽度为7m,路拱横坡度$i_1=2\%$,路肩坡度$i_0=3\%$,超高横坡$i_b=5\%$,根据已知资料完成表3-41所示的内容。

部分路基设计表　　　　　　表3-41

桩 号	路 基 宽 度		路基边缘及中桩与设计高程之差		
	左	右	左	中	右
ZH　K1+094.68	3.75	3.75			
+100					
+120					
HY　K1+094.68					
+140					
+160					
QZ　K1+174.32	4.55				
+180					
+200					
YH　K1+213.96					
+220					
+240					
HZ　K2+253.96	3.75	3.75			

8. 完成土石方数量计算表的填写,见表 3-42。

土石方数量计算表　　　　　　　　　表 3-42

桩号	断　面　面　积		距离	挖方体积	填方体积	本桩利用	远 运 利 用	
	挖	填					填缺	挖余
+100		55.2						
+115.27	43.7	24.8						
+120	20.5							
+140	22.2	12						
总计								

项目四 路基设计

学习情境 路基设计基本知识

知识目标

1. 知道路基结构组成。
2. 知道路基常见病害及对路基的要求。
3. 掌握公路自然区划方法,会判断路基干湿类型。
4. 知道路基土的分类及土的工程性质的有关内容。
5. 掌握路基强度确定方法,会确定路基强度。

能力目标

1. 能识别常见路基横断面形式。
2. 能识别常见的路基病害现象。
3. 能根据病害现象分析其产生的原因。
4. 能参照《规范》判断土基的干湿类型并正确选择路基土。

任务一 路基的基本知识

一、路基工程特点

路基是公路的主要工程结构物之一,是在按照路线位置和一定技术要求修筑的带状构造物,是路基的基础,承受由路面传来的行车荷载。路基是路面的基础,坚强且稳定的路基为路面结构长期承受汽车荷载作用提供了重要的保证。

路基工程是一种线形工程,有的公路延续数十公里至数百公里。由于公路沿线地形起伏,地质、地貌、气象特征多变,因此路基工程具有复杂多变的特点。路基工程还具有工程数量大和造价高的特点,其造价约占公路工程总造价的20%~50%。

现代化的公路运输,既要求公路能全天候通行车辆,又要求车辆能以一定的速度,安全、舒适、经济的运行。因此,精心设计,精心施工,使路基路面能长期具备良好的使用性能,对节约投资,提高运输效益,具有十分重要的意义。

二、路基设计内容

路基设计的任务是根据公路的性质、等级和技术标准,结合当地自然条件,拟定正确的路基设计方案,作为施工的依据。其具体内容包括以下 5 个主要方面:

(1)对公路所经过地区自然情况的勘测与调查,收集必要的设计资料,作为路基设计的依据。

(2)根据路线纵断面设计确定的填挖高度,结合沿线地质、水文调查资料,对路基主体工程(路堤、路堑、半挖半填路基及有关工程)设计,确定边坡坡度及路基横断面形状。一般路基,可根据规范规定,按路基典型横断面直接绘制路基横断面图。对于工程地质、水文地质条件复杂或路基高度超过规范规定的高度等须进行个别设计。

(3)根据沿线地面水流及地下水埋藏情况,进行沿线排水系统的总体布置,以及地面排水和地下排水结构物的设计。

(4)路基防护与加固设计,其内容包括坡面防护、冲刷防护与支挡结构物的布设与计算。

(5)路基工程其他设施的设计,包括取土坑、弃土堆、护坡道、碎落台等的布设与计算。

三、路基常见的病害及对路基的要求

公路是线型建筑物,路基是线型建筑物的主体,它贯穿公路全线,与桥梁、隧道相连。因此,路基是公路的重要组成部分,它的质量好坏,关系到整个公路的质量。

路基又是路面的基础,它与路面共同承受行车荷载的作用。实践证明,没有坚固、稳定的路基,就没有稳固的路面。路基的强度和稳定性是保证路面强度和稳定性的先决条件,提高路基的强度和稳定性,可以适当减薄路面的结构层厚度,从而使造价降低。路基在一条公路建设项目中,不仅工程数量和投资巨大,而且是占用土地最多、使用劳动力数量最大、涉及面最广的工程。特别是工程量集中、地质与水文地质条件复杂的地段,遇到的技术问题更多,更难,常常成为公路建设的关键。

1. 路基常见的病害

(1)路基沉陷。路基沉陷是指路基表面在垂直方向产生效大的沉落,如图 4-1a)所示。路基沉陷有两种情况,一是路基本身的压缩沉陷;二是由于路基下部天然地面承载能力不足。在路基的自重作用下引起沉陷或向两侧挤出面造成的沉陷。

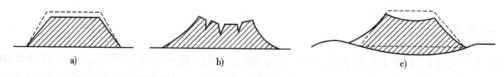

图 4-1 路基沉陷
a)路基沉陷;b)路基沉缩;c)地基下陷

①路基的沉缩。因填料选择不当,填筑方法不合理,压实不足,在荷载和水温综合作用下,堤身可能向下沉陷,如图 4-1b)所示。

②地基的沉陷是指原天然地面有软土、泥沼或不密实的松土存在,承载能力极低,地基修筑前未经处理,在路基自重作用下,地基下沉或向两侧挤出,引起地基下陷,如图 4-1c)所示。

(2)路基边坡坍方。路基边坡坍方是最常见的路基病害,亦是水毁的普遍现象。按其破坏规模与原因的不同,路基边坡坍方可分为溜方、剥落、碎落、崩坍、滑坍等。

①溜方是由于少量土体沿土质边坡向下移动形成。它一般指边坡上表面的薄层土体下溜。主要由于流动水冲刷边坡或施工不当而引起,如图 4-2a)、b)所示。

②剥落是指边坡表土层或风化岩层表面,在大气的干湿或冷热的循环作用下,表面发生胀缩现象,使表层土成片状或带状从坡面上剥落下来,而且老的脱落后,新的又不断产生。在土体不均匀和易溶盐含量大的土层(如黄土)及泥灰岩、泥质页岩、绿泥岩等松软岩层较易发生此种破坏现象。路基边坡剥落的碎屑堆积在坡脚,堵塞边沟,妨碍交通并影响路基的稳定。

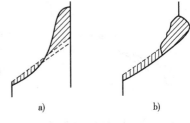

图 4-2 路基边坡的溜方

③碎落是岩石碎块的一种剥落现象,其规模与危害程度比剥落严重。产生的主要原因是路堑边坡较陡(大于45°),岩石破碎和风化严重,在胀缩、震动及水的侵蚀与冲刷作用下,块状碎屑沿坡面向下滚落。如果落下的岩块较大(直径在10cm以上),以单个或多块在下,此种碎落现象可称为落石或坠落。落石的石块较大,降落速度极快,所产生的冲击力可使路基结构物遭到破坏,威胁行车和行人的安全,有时还会引起其他病害。

④滑坍是指路基边坡土体或岩石,沿着一定的滑动面整体向下滑动,其规模与危害程度,较碎落更为严重,有时滑动体可达数百方以上,造成严重阻车。产生滑坍的主要原因是边坡较高(大于 10～20m),坡度较陡(陡于 50°),填方不密实,缺少应有的支撑与加固。此外,挖方的岩层倾向公路路基,岩层倾角在 50°～70°,夹有较弱和透水的薄层或岩石严重风化等,在水的侵蚀和冲刷作用下,形成滑动面致使土石失去平衡产生滑坍。

⑤崩坍(见图4-3)的规模与产生原因,同滑坍有相同之处,亦是比较常见而且危害较大的路基病害之一。它同滑坍的主要区别,就在于崩坍无固定滑动面,也无下挫现象,即坡角线以下地基无移动。崩坍体的各部分相对位置,在移动过程中完全打乱,其中较大石块翻滚较远,边坡下部形成乱石堆或岩堆。崩坍所产生的冲击力,常使建筑物受到严重破坏,经常阻断交通,并给行车安全带来很大威胁。

⑥坍塌(也称堆塌,见图4-4)主要是由于土体(或土石混杂的堆积物)遇水软化,在45°～60°的较陡边坡无支撑情况下,自身质量所产生的剪切力,起过了黏结力和摩擦力所构成的抗剪力,因而土体沿松动面坠落散开,其运动速度比坍塌慢,很少有翻滚现象。

图 4-3 崩塌

图 4-4 路基边坡塌方

(3)路基沿山坡滑动。在较陡的山坡上填筑路基,如果原有地面较光滑,未作必要的处理,如未进行凿毛或人工开挖台阶,或丛草未清除,坡脚又未进行必要的支撑,特别是在受水的浸润后,填方路基与原地面之间摩擦阻力减小,路基整体或局部沿地面向下移动,如图4-5所示。

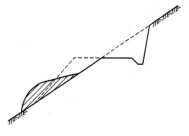

图4-5 路堤沿山坡滑动

(4)不良地质水文条件造成的路基破坏。公路通过不良地质水文地区,或遭遇较大的自然灾害作用,如巨型滑坡、错落、泥石流、雪崩、溶洞陷落、地震及特大暴雨等,均能导致路基的大规模毁坏。为此,要求在路线勘测设计过程中,力求避开这些地区或采取相应的技术措施,以确保公路的正常使用。

泥石流是一种突发性的,含大量泥沙、石块和巨砾的固液两相液体。泥石流对路基的危害主要是通过堵塞、淤埋、冲刷、撞击等造成的,也可以通过压缩、堵塞河路使水位骤升,淹没上游沿河路基,或者迫使主河槽改道,引起对岸的冲刷,造成间接水毁。

泥石流的形成主要原因是流域内有丰富的松散固体材料;地形陡峻,沟槽坡度较大;流域上游有大量的降雨、急剧消融的冰雪或渠道、水库的溃塌。

2.路基破坏的原因的一般分析

路基破坏形式及其原因是多方面的,各种病害既有各自特点,又往往具有共同的原因,可归纳为以下4个方面:

(1)不良的工程地质与水文地质条件如地质构造复杂,岩层定向及倾角不利,岩性松散,风化严重,土质较差,地下水位较高以及其他特殊不良地质灾害等。

(2)不利的水文与气候因素如降雨量大,洪水、干旱、冰冻、积雪或温差过大等。

(3)设计不合理。如断面尺寸不合要求,其中包括边坡值不当,边按过高,挖填布置不符合要求,路基处于潮湿或过湿状态,排水不良,防护与加固不妥等。

(4)施工不符合有关规定,如填筑顺序不当,土基压实不足,盲目采用大型爆破,以及不按设计要求和操作规程进行施工,工程质量没有达到应有的标准。

归其原因,地质条件是影响路基工程质量和产生病害的基本前提,水是造成路基病害的主要原因。为此,在设计前应详细地进行地质与水文勘查,针对具体条件及各种因素的综合作用,采取正确的设计方案与施工方法,尽可能消除减轻路基病害,确保路基安全与稳定。

3.对路基的要求

由于路基的重要作用以及容易发生破坏的原因,除要求路基断面尺寸符合设计外,并且还应满足下列基本要求。

(1)具有足够的整体稳定性。路基是直接在地面上填筑或挖去一部分地面建成的。路基修建后,改变了原地面的天然平衡状态。在工程地质不良地区,修建路基则可能加剧原地面的不平衡状态,从而发生上述各种路基的破坏现象,因此,为防止路基结构在行车荷载及自然因素作用下,不致发生过大的变形或破坏,必须因地制宜地采取一定的措施保证路基整体结构的稳定性。

(2)具有足够的强度。路基的强度是指在行车荷载作用下,路基抵抗变形的能力。因为行车荷载及路基路面的自重,同时给予路基下层和地基一定的压力。这些压力都可能使路基产生一定的变形,直接损坏路面的使用品质。因此,为保证路基在外力作用下,不致产生超过容许范围的变形,要求路基应具有足够的强度。

(3)具有足够的水温稳定性。路基在地面水和地下水的作用下,其强度将发生显著地降低。特别是在季节性冰冻地区,由于水温状况的变化,路基将发生周期性冻融作用,形成冻胀与翻浆,使路基强度急剧下降。因此,对于路基,不仅要求有足够的强度,而且还应保证在最不利的水湿状况下,强度不致显著降低这就要求路基应具有一定的水温稳定性。

任务二　路基土及土基干湿类型

一、路基土的分类及其性质

1. 路基土的分类

按照我国现行的《公路土工试验规程》(JTG E40—2007)中土的工程分类方法,依据土的颗粒组成特征、土的塑性指标和土中有机质存在的情况,分为巨粒土、粗粒土、细粒土和特殊土4类,并进一步细分为11种土。土的颗粒组成特征可用不同粒径粒组在土中的百分含量表示。不同粒组的划分界限及范围见表4-1。土分类总体系包括4类并且细分为11种,如图4-6所示。

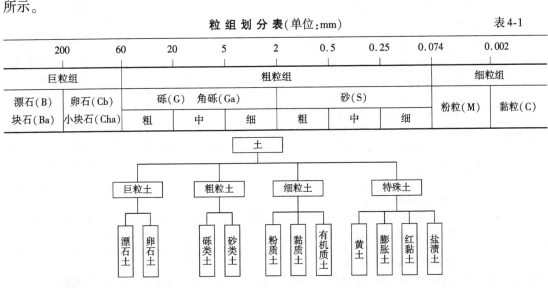

图4-6　土分类总体系

2. 路基土的分级

为了便于选择施工方法和施工机具,确定工程量并为编制施工预算和支付工程费用提供依据,根据路基土石方开挖难易程度,将其分为六级,具体分级参见表4-2。

在路基施工中,需要对用土做初步的鉴定,以对某些工程措施进行考虑和决策,因此,施工技术人员应尽可能熟悉和掌握路基土野外鉴定的方法。

3. 路基土的工程性质

(1)漂石(块石)、卵石(碎石)。属于巨粒土有很高的强度及稳定性,是填筑路基的很好材料。对于漂石土,在码砌边坡时正确选用边坡值,以保证路基稳定。对于卵石土,填筑时应保证有足够的密实度。

(2)砾石质土(砾类土)。属于粗粒土,由于粒径较大.内摩擦力亦大,因而强度和稳定性均能满足要求。级配良好的砾类土混合料,密实程度好。对于级配不良的砾类土混合料,填筑时应保证密实程度,防止由于空隙大而造成路基积水、不均匀沉陷或表面松散等病害。对于浸水后易于软化的岩石,只能以石代土,不能做砾石使用。

公路路基土石方按开挖难易分级表　　　　　　　　表4-2

分级	分类	土石名称	钻1m所需时间(天)		双人打眼(2)	爆破1m所需炮眼深度(m³)		开挖方法
			1	2		路堑	隧道导坑	
Ⅰ	松土	砂类土、腐殖土、种植土、中密的砂性土及黏性土、松散的水分不大的黏土、含有30mm以下的树根或灌木根的泥炭土						用脚蹬锹一下到底
Ⅱ	普通土	水分较大的黏土、密实的砂性土及黏性土、半干性的黄土、含有30mm以下的树根或灌木根的泥炭土、石质土(不包括块石及漂石土)						部分须用镐刨松再用锹挖,或连根数次才能挖动
Ⅲ	硬土	硬黏土、密实的硬黄土、含土较多的块石土、及漂石土、各种风化成土块的岩石						必须全部用镐刨松才能用锹挖
Ⅳ	软石	多种松软岩石、胶结不紧的砾岩、泥质页岩、砂岩、较坚硬的泥灰岩、块石土及漂石土、软而节理较多的石灰岩	<7		<0.2	<0.2	<2.0	部分用撬棍或十字镐及大锤开挖,部分用爆破法开挖
Ⅴ	次坚石	硅质页岩、硅质砂岩、白云岩、石灰岩、坚硬的泥灰岩、软玄武岩、片麻岩、正长岩、花岗岩	<15	7~20	0.2~1.0	0.2~0.4	2~3.5	用爆破法开挖
Ⅵ	坚石	硬玄武岩、坚实的石灰岩、白云岩、大理石、石英岩、闪长岩、粗粒花岗岩、正长岩	>15	>20	>1	>0.4	>3.5	用爆破法开挖

注:1.湿式凿岩一字合金钻头净钻1min。
　　2.湿式钻岩普通淬火钻头净钻1min。

(3)砂类土又可分为砂、含细粒土砂(或称砂土)和细粒土质砂(或称砂性土)3种。

砂和砂土,无塑性,透水性强,毛细上升高度很小,具有较大的摩擦系数,强度和水稳定性均较好。但由于黏性小,易松散,故压实困难,需要振动法或灌水法才能压实,为克服这一缺点,可添加一些黏质土,以提高稳定性,改善路基使用质量。

砂性土,既含有一定数量的粗颗粒,使路基具有强度和水稳性,又含有一定数量的细粒土,使其具有一定的黏结性,不致过分松散,且一般遇水疏散快,不膨胀,干时有相当的黏结性,扬尘少,容易被压实。因此,砂性土是修筑路基的良好材料。

(4)粉性土。它含有较多的粉土粒,干时稍有黏性,但易被压碎,扬尘性大,浸水时很快被湿透,易成稀泥。粉质土的毛细作用强烈,上升速度快,毛细上升高度一般可达0.9~1.5m,在季节性冰冻地区,水分积聚现象严重,造成严重的冬季冻胀,春融期间出现翻浆,故又称翻浆土。如遇粉质土,特别是在水文条件不良时,应采取一定的措施,改善其工程性质,并加强排水以及采取设置隔离层等措施。因此,它是修筑路基最差的材料。

(5)黏性土。细颗粒比重大,内摩擦角小,而黏结力大,透水性小,吸水能力强,吸水时膨胀,干燥时收缩,毛细现象显著。黏性土干燥时较坚硬,也不易被水浸湿,但浸湿后也难使之干燥,而且潮湿时的强度将大大降低。在季节性冰冻地区,遇到不良的水温状况,路基容易产生冻胀和翻浆。黏性土如能充分压实并采取很好的排水措施,筑成的路基也能获得稳定。施工时要防止出现过干或过湿的现象。

(6)重黏土。重黏土工程性质与黏性土相似,但视其所含黏土矿物成分不同而有很大差异。黏土矿物主要包括蒙脱石(微晶高岭土)、伊里石(水化云母)和高岭石。蒙脱土主要分布于东北区,其塑性大,潮湿时膨胀强烈,干燥时收缩大,其干土团的硬度和密度比其他土都大。它的透水性极低,压缩性大,压缩速度慢,抗剪强度低。高岭土分布在南方地区,与蒙脱土比较,它的塑性较低,并有较高的抗剪强度和透水性,吸水和膨胀量则较小。

(7)有机质土。如泥炭、腐殖土等不宜作路基填料,如遇有机质土均应在设计和施工上采取适当措施。

(8)特殊土。黄土属大孔和多孔结构,只有湿陷性;膨胀土受水浸湿发生膨胀,失水则收缩;红黏土失水后体积收缩量较大;盐渍土潮湿时承载力很低。因此,特殊土也不宜作路基填料。

二、公路自然区划

我国地域辽阔,各地气候地形、地貌、水文地质等自然条件相差很大,而这些自然条件与公路建设密切相关。为区分不同地理区域自然条件对公路工程影响的差异性,并在路基路面的设计、施工和养护中采取适当的技术措施和采用合适的设计参数,以体现各地公路设计与施工的特点,侧重必须解决的问题,更有利于保证公路的质量和经济合理,经过长期研究,制定了《公路自然区划标准》(JTJ 003—86),规范中所附"中华人民共和国公路自然区划图"。

公路自然区划分为三级:

(1)一级区划是按自然气候,全国轮廓性地理、地貌划分的。全国共分7个一级区。首先将全国划分为多年冻土、季节冻土和全年不冻土3大地带,然后,根据水热平衡和地理位置,划分为冻土、湿润、干湿过渡、湿热、潮暖、干旱、高寒7个大区。即:Ⅰ.北部多年冻土区;Ⅱ.东部湿润季冻区;Ⅲ.黄土高原干湿过渡区;Ⅳ.东南湿热区;Ⅴ.西南潮湿区;Ⅵ.西北干旱区;Ⅶ.青藏高寒区。

我国7个一级自然区的路面结构设计注重的特点各有不同,根据各地区经验,可大致归纳如下:

①Ⅰ区——北部多年冻土区。该区北部为连续分布多年冻土,南部为岛状分布多年冻土。对于泥沼地多年冻土层,最重要的道路设计原则是保温,不要轻易挖去覆盖层,使路堤下保持冻结状态,若受大气热量影响融化,后患无穷。对于非多年冻土层的处理方法则不同,需将泥炭层全部或局部挖去,排干水分,然后填筑路堤。该区主要是林区道路,路面结构为中级路面。林区山地道路,因表土湿度大,地面径流大,最易翻浆,应采取换土、稳定土、砂垫层等处理方法。

②Ⅱ区——东部湿润季冻区。该区路面结构突出的问题是防止翻浆和冻胀。翻浆的轻重程度取决于路基的潮湿状态,可根据不同的路基潮湿状态采取措施。该区缺乏砂石材料,采用稳定土基层已取得一定的经验。

③Ⅲ区——黄土高原干湿过渡区。该区的特点是黄土对水分的敏感性,干燥土基强度高、稳定性好。在河谷盆地的潮湿路段以及灌区耕地,土基稳定性差,强度低,必须认真处理。

④Ⅳ区——东南湿热区。该区雨量充足集中,雨型季节性强,台风暴雨多,水毁、冲刷、滑坡是道路的主要病害,路面结构应结合排水系统进行设计。该区水稻田多,土基湿软、强度低,必须认真对待。由于气温高、热季长,要注意沥青类面层材料的热稳定性和防透水性。

⑤Ⅴ区——西南潮湿区。该区山多,筑路材料丰富,应充分利用当地材料筑路,对于水文不良路段,必须采取措施,稳定路基。

⑥Ⅵ区——西北干旱区。该区大部分地下水位很低,虽然冻深多在 100~150cm 以上,但一般道路冻害较轻。个别地区,如河套灌区,内蒙草原洼地,地下水位高,翻浆严重。丘陵区 1.5m 以上的深路堑冬季积雪厚,雪水浸入路面造成危害,所以沥青面层材料应具有良好的防透水性,路肩也应作防水处理。由于气候干燥,砂石路面经常出现松散、搓板和波浪现象。

⑦Ⅶ区——青藏高寒区。该区局部路段有多年冻土,须按保温原则设计。由于地处高原,气候寒冷,昼夜气温相差很大,日照时间长,沥青老化很快,又因为年平均气温相对偏低,路面易遭受冬季雪水渗入而破坏。

(2)二级区划是在各一级区划内,考虑水温状况不同,以年蒸发量与年降雨量之比的潮湿系数为主要控制指标,按公路工程的相似性及地表气候的差异,进一步划分二级区划以及与二级区划相当的副区。全国共划 33 个二级区和 19 个副区,共有 52 个二级自然区。

(3)三级区划(略)。

三、路基的干湿类型

1.路基干湿类型及湿度来源

现行《公路沥青路面设计规范》(JTG D50—2006)中将土质路基的干湿类型可分为干燥、中湿、潮湿和过湿 4 种。这 4 种类型表示路基工作时,路基土所处的含水状态。

路基的干湿类型,影响其强度与稳定性,正确区分路基的干湿类型,是搞好路基路面设计的前提。路基土所处的状态是由土体的含水率或稠度决定的,含水率取决于湿度的来源及作用的延续时间。导致路基湿度变化的水源可分为以下 4 种:

(1)大气降水。大气降水通过路面、路肩和边坡渗入路基。

(2)地面水。边沟及排水不良时的地表积水,以毛细水的形式渗入。

(3)地下水。靠近地面的地下水,借助毛细作用或温差作用上升到路基内部。

(4)凝结水。在土颗粒空隙中流动的水蒸气,遇冷凝结为水。

路基湿度的来源如图 4-7 所示。

2.路基干湿类型划分方法

(1)根据土的平均稠度 ω_c 方法,判断路基的干湿类型

我国《公路沥青路面设计规范》(JTG D50—2006)和《公路水泥混凝土路面设计规范》(JTG D40—2011)中规定:路面设计时的路基干湿类

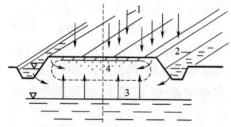

图 4-7 路基湿度的来源示意图
1-大气降水;2-地面水;3-由地下水上升的毛细水;4-水蒸气凝结的水

型确定,以实测最不利季节路床顶面以下0.80m深度内土的平均稠度,再按表4-3中土基干湿状态的稠度建议值确定。

路基干湿状态的稠度建议值　　　　表4-3

土组 \ 干湿状态	干燥状态 $w_c \geq w_{c1}$	中湿状态 $w_{c1} > w_c \geq w_{c2}$	潮湿状态 $w_{c2} > w_c \geq w_{c3}$	过湿状态 $w_c < w_{c3}$
土质砂	$w_c \geq 1.20$	$1.20 > w_c \geq 1.00$	$1.00 > w_c \geq 0.85$	$w_c < 0.85$
黏质土	$w_c \geq 1.10$	$1.10 > w_c \geq 0.95$	$0.95 > w_c \geq 0.80$	$w_c < 0.80$
粉质土	$w_c \geq 1.05$	$1.05 > w_c \geq 0.90$	$0.90 > w_c \geq 0.75$	$w_c < 0.75$

注:w_{c1}、w_{c2}、w_{c3}分别为干燥和中湿、中湿和潮湿、潮湿和过湿状态路基的分界稠度,w_c为路床表面以下800mm深度内的平均稠度。

对原有公路,最不利季节(指路基路面结构处于最不利工作状态的季节)路床顶面以下0.80m深度内土的平均稠度w_c的确定方法是:在路床顶面以下0.80m深度内,每10cm取土样测定其天然含水率、塑限含水率和液限含水率,按式(4-1)和式(4-2)计算。

$$w = \sum_{i=1}^{8} w_i / 8 \tag{4-1}$$

$$\overline{w_c} = \frac{w_L - \overline{w}}{w_L - w_p} \tag{4-2}$$

式中:w——土的平均含水率;

w_i——路床表面以下0.80m深度内,每10cm为一层,第i层土的天然含水率,%;

w_c——路床顶面下0.80m深度内土的算术平均稠度;

w_L——土的液限含水率,%;

w_p——土的塑限含水率,%。

(2)根据临界高度方法,判断路基的干湿类型

对于新建公路,由于路基尚未建成,无法用上述方法现场勘察路基的湿度状况,这时可根据当地稳定的平均天然含水率、液限含水率、塑限含水率计算平均稠度,并考虑路基高度,有无地下水、地表积水的影响,论证后确定路基土的干湿类型。

由路基高度来判别路基土的干湿类型一般以路基临界高度作为判别标准。路基临界高度是指在最不利季节,路基分别处于干燥、中湿或潮湿状态时,路床顶面距地表积水水位或地下水位的最小高度。当路基位置的地表积水水位或地下水位一定的情况下,路基土的稠度由下而上逐渐小,其中H_1对应于w_{c1},为干燥和中湿状态的临界高度;H_2对应于w_{c2},为中湿和潮湿状态的临界高度;H_3对应于w_{c3},为潮湿和过湿状态的临界高度,如图4-8所示。

不同地质和自然区的路基临界高度见表4-4或按现行的公路沥青路面设计规范的有关附表选用。对于地表长期积水水位或地下水位,可通过公路野外勘测调查获得,相应的路基高度可从公路纵断面设计图或路基设计表中查得,扣除预估的路面厚度,即可得到路床顶面距地下水位或地表积水水位的高度H。确定路基临界高度与相应的路基高度后,即可通过比较判断

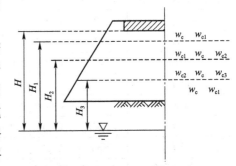

图4-8　路基临界高度与路基干湿类型

路基的干湿类型。

路基临界高度参考值 表4-4

自然区划 \ 土组路床面至各水位临界高度	砂性土								
	地下水			地表长期积水			地表临时积水		
	H_1	H_2	H_3	H_1	H_2	H_3	H_1	H_2	H_3
Ⅱ1									
Ⅱ2									
Ⅱ3	1.9~2.2	1.3~1.6							
Ⅱ4									
Ⅱ5									
Ⅲ1	1.1~1.5	0.7~1.1							
Ⅲ2									
Ⅲ3	1.3~1.6	1.1~1.3	0.9~1.1	1.1~1.3	0.9~1.1	0.6~0.9	0.9~1.1	0.6~0.9	0.4~0.6
Ⅲ4	1.3~1.6	1.1~1.3	0.9~1.1	1.1~1.3	0.9~1.1	0.6~0.9	0.9~1.1	0.6~0.9	0.4~0.6
Ⅲ1a									
Ⅲ2a									
Ⅳ1、Ⅳ1a	1.4~1.7	1.0~1.3							
Ⅳ2									
Ⅳ3									
Ⅳ4									
Ⅳ5	1.0~1.1	0.7~0.8							

自然区划 \ 土组路床面至各水位临界高度	粉性土								
	地下水			地表长期积水			地表临时积水		
	H_1	H_2	H_3	H_1	H_2	H_3	H_1	H_2	H_3
Ⅴ土	2.0~2.2	1.5~1.6	1.0~1.1						
Ⅴ3	1.8~2.0	1.3~1.4	0.9~1.1						
Ⅴ2、Ⅴ2a									
黄壤土,现代冲击土	2.2~2.65	1.7~2.2	1.3~1.7	1.7~2.2	1.3~1.7	0.9~1.3	1.3~1.7	0.9~1.3	0.55~0.9
Ⅴ4、Ⅴ5、Ⅴ5a	2.3~2.5	1.4~1.6	0.5~0.7						
Ⅵ1	1.9~2.1	1.3~1.5	0.5~0.7						
Ⅵ1a	2.3~2.5	1.4~1.6	0.5~0.7						
Ⅵ2、Ⅳ6									
Ⅳ6a	2.2~2.5	1.4~1.6	0.5~0.7						
Ⅳ7	(2.5)	(2.0)	(1.6)	(2.3)	(1.8)	(1.3)	(1.2)	0.7	0.4
Ⅴ1	(2.5)	(2.0)	(1.5)	(2.2)	(1.7)	(1.2)	0.6		
Ⅴ2、Ⅴ2a(紫色)	2.3~2.15	1.85~2.3	1.4~1.85	1.85~2.3	1.4~1.85	0.9~1.4	1.4~1.85	0.9~1.4	0.5~0.9

续上表

土组 路床面至各水位临界高度 自然区划	粉性土								
	地下水			地表长期积水			地表临时积水		
	H_1	H_2	H_3	H_1	H_2	H_3	H_1	H_2	H_3
Ⅵ3	(2.6)	(2.1)	(1.6)	(2.4)	(1.8)	(1.4)	(1.3)	(0.7)	
Ⅵ4	(2.6)	(2.2)	<u>1.7</u>	<u>2.4</u>	1.9	1.4	1.3	0.8	
Ⅵ4a	(2.4)	(1.9)	<u>1.4</u>	<u>2.1</u>	1.6	<u>1.1</u>	<u>1.0</u>	0.5	
Ⅵ4b	(2.5)	<u>1.9</u>	<u>1.4</u>	(2.2)	(1.7)	(1.2)	<u>1.0</u>	0.5	
Ⅶ1	(2.5)	(2.0)	(1.5)	(2.4)	<u>1.8</u>	1.3	1.1	0.6	
Ⅶ2	(2.5)	(2.1)	(1.6)	(2.2)	(1.6)	(1.1)	0.9	0.4	
Ⅶ3	2.4~3.1	2.0~2.4	1.6~2.0	(2.0~2.4)	(1.6~2.0)	(1.0~1.6)	(1.6~2.0)	1.0~1.6	0.55~1.0
Ⅶ4	(2.3)	(1.8)	(1.3)	(2.1)	(1.6)	(1.1)			
Ⅶ5	(3.8)	(2.2)	(1.6)	(2.9)	(2.2)	(1.5)		(1.3)	(0.5)
Ⅶ6a	(2.9)	(2.5)	1.8	(2.7)	2.1	1.5	1.6	1.1	

注：1. 表中 H_1、H_2、H_3——分别为路基干燥、中湿、潮湿状态的临界高度；路床面至地下水位高度小于 H_3 时为过湿路基，须经处治后方能铺筑路面。

2. Ⅵ，Ⅶ区有横线者，表示实测资料较少，有括号者表示没有实测资料，根据规律推算的。

3. Ⅲ2、Ⅲ3、Ⅵ2、Ⅶ3 资料系甘肃省 1984 年所提建议值，其他地区供参考。

4. 缺少资料的二级区可论证地参考相邻二级区数值，并应积极调研积累本地区的资料。

3. 路基高度

新建公路的路基设计高程为路基边缘高程，设置超高、加宽地段，为超高、加宽前的路基边缘高程；改建公路的路基设计高程一般同新建公路，也叫视具体情况采用路中线高程。

为了保证路基的强度和稳定性不受地下水或地表积水的影响，在设计路基时，要求路基保持干燥或中湿状态，路床顶面距地下水位或地表积水水位的距离，要大于或等于干燥、中湿状态所对应的临界高度。

路肩边缘距原地面的高度，应满足一定的要求，即路基最小填土高度，其值应根据当地气候、地质、水文、土质等情况确定，一般路基层最小填土高度：砂性土 0.3～0.5m；粉性土 0.5～0.8m；黏性土 0.4～0.7m。

挖方或填筑路堤有困难的地段可加深边沟，使路肩边缘距边沟底面的高度符合上述规定。当路基填土高度不能满足上述规定时，则应采取相应的措施，以保证路基的强度与稳定。

沿河受水浸淹的路基高度应高出路基设计洪水频率计算水位加雍水高、再加波浪侵袭高以上 0.5m。

任务三　路基的强度与稳定性

路基的强度与稳定性是反映路基使用品质的主要标志。一般，强度高的土，稳定性也可能较好，比如砂性土的强度比黏性土高，其水稳定性也比黏性土好。但是有些情况，也不尽如此，比如在干燥状态下，粉性土的强度往往比黏性土高，但浸水后其强度则急剧下降，以至低于黏性土，也即其水稳定性低于黏性土。

一、路基受力与工作区

1. 路基受力状况

路基承受两种荷载,一种是路面和路基自重引起的荷载;另一种是车辆轮重引起的外荷载。在两种荷载的共同作用下,使路基土处于受力状态。正确的设计,可使路基受力时尽可能只产生弹性变形,而当车辆驶过后,路基变形可以恢复原状,以确保路基的相对稳定,而不致引起路面破坏。

路基土在车轮荷载作用下所引起的垂直应力 σ_1,是随深度增大而减小的。当车轮荷载作为圆形均布荷载时,圆形荷载中心下土基的垂直压应力 σ_1,可用以下近似公式计算:

$$\sigma_1 = \frac{P}{1 + 2.5\left(\dfrac{Z}{D}\right)^2} \tag{4-3}$$

式中:P——车轮荷载的均布单位压力,kPa;

D——圆形均布荷载作用面积的直径,m;

Z——圆形均布荷载中心下应力作用点的深度,m。

路基土本身自重在路基内深度为 Z 处所引起的垂直压应力 σ_2,可用下式计算:

$$\sigma_2 = \gamma Z \tag{4-4}$$

式中:γ——路基材料的重度,kN/m³。

自重引起土基中的压应力,考虑到在一定深度处,同路基自重相比,路面重力的影响不大,所以在研究荷载作用最大深度时,为简化计算,近似地将路面材料相当于路基土材料。路基内任一点处所受的垂直应力,应是由车辆荷载引起的垂直应力即和由土基自重引起的垂直应力 σ_2 两者的叠加。土基应力分布如图4-9所示。

2. 路基工作区

在路基某一深度 Z_α 处,当车轮荷载引起的垂直应力 σ_1,与路基土自重引起的垂直应力 σ_2 相比所占比例很小,仅为 1/10～1/5 时,该深度 Z_α 范围内的路基受汽车荷载的重复作用,称为路基工作区。在工作区范围内的路基,对于支承路面结构和车轮荷载影响较大,在工作区范围内以下的路基,影响逐渐减少,在设计中可以忽略汽车荷载的影响。

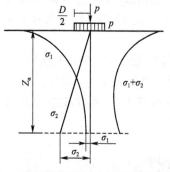

图4-9 土基中的应力分布图

路基工作区深度 Z_α 可用下式计算:

$$Z_\alpha = \sqrt[3]{\frac{KnP}{\gamma}} \tag{4-5}$$

式中:Z_α——路基工作区深度,m;

P——侧轮重荷载,kN;

K——系数,取 0.5;

γ——土的重度,kN/m³;

n——常数,一般取 5～10。

由式(4-5)可见,路基工作区随车轮荷载的加大而加深。

路基工作区内,土基的强度和稳定性对保证路面的强度和稳定性极为重要,对工作区深度内的土质选择,路基的压实度应提出较高的要求,应满足设计规范的要求。

当工作区的深度 Z_α 大于路基填土高度 H 时,见图4-10a),行车荷载的作用不仅作用于路基,而且还作用于天然地基的上部土层。因此,天然地基上部土层和路基都应满足工作区的要求,均应充分压实,满足设计规范的要求,必要时进行换填或采取其他特殊处理措施。

当工作区的深度 Z_α 小于路基填土高度 H 时,见图 4-10b),路基的路床各层和路堤各层的压实度均应满足设计规范的要求,天然地基应在填筑前进行压实,压实度不应小于 85%。

二、路基的强度

路基在外荷载及自重作用下,土体可能发生相对滑动位移变形和竖向垂直位移变形,路基的强度以抵抗这两种变形的能力,作为具体指标。

1. 抗剪强度

在路基边坡内,其强度不足以抵抗剪应力的作用时,则相邻两部分土体便将沿某一剪切面(滑动面)产生相对移动,于是边坡稳定性破坏。这种沿剪切面使土体破坏的现象称为剪切破坏。土体所具有的抵抗剪切破坏的能力称抗剪强度。土的抗剪强度由如下关系式表示:

$$s = \sigma \cdot \tan\varphi + c \tag{4-6}$$

式中:s——土的抗剪强度,kPa;

σ——作用于剪切面上的法向压应力,kPa;

c——土的黏聚力,kPa;

φ——土的内摩擦角,°。

由式(4-6)可知,土体的抗剪强度是由黏聚力 c 及内摩擦力 $\sigma \cdot \tan\varphi$ 组成的。土的颗粒愈细,黏聚力愈大;砂土很小或无黏聚力。由于黏聚力不如内摩擦力影响大,因此,土的颗粒愈大,抗剪强度就愈高。

2. 回弹模量

通过路面传至土基的垂直压力,使土基产生一定程度的竖向位移变形,如图 4-11 所示,假定土基为均质的弹性体,在圆形垂直均匀荷载作用下,在应力与应变成直线关系时,可应用弹性理论求解荷载与变形之间关系,用式(4-7)表示。

$$L_r = \frac{2p\delta(1-\mu_o^2)}{E_o}\alpha \tag{4-7}$$

式中:L_r——路表距离荷载中心轴 r 某点处的垂直位移,cm;

p——圆形垂直均布荷载,Pa;

δ——圆形均布荷载面积半径,cm;

E_o——土基弹性模量,Pa;

μ_o——土的泊松系数,一般可取 0.35;

α——竖向位移系数。

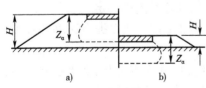

图 4-10 工作区深度和路基高度
a)路基填土高度大于 Z_α;b)路基填土高度小于 Z_α

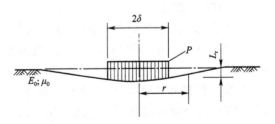

图 4-11 在圆形均布荷载作用下土基表面的垂直位移

由式(4-7)可知,土基回弹模量,它表示土基在弹性变性阶段内,在垂直荷载作用下,抵抗竖向变形的能力,如果垂直荷载为定值,土基的回弹模量值愈大,则产生的垂直位移就愈小;

如果竖向位移是一个定值,回弹模量值愈大,则土基也承受外商载的作用力也愈大。在公路沥青路面设计中采用回弹模量作为土基的强度指标。回弹模量值的大小,取决于荷载的作用形式及竖向垂直位移的大小以及土的性质与状态。

三、路基水温稳定性

路基温度状况的变化是影响路基强度、刚度和稳定性的重要因素,因此,也必然影响路基路面整体结构的强度、刚度和稳定性。在南方无冰冻地区,路基湿度状况的年周期变化主要降雨影响。因此,其最不利季节在雨季。其湿度状况的变化主要取决于路基构成(填土高度、地形类别和施工质量等)、降雨量和延续时间、排水状况等。

在北方季节性冰冻地区,处于不良地质、地下水位较高或地表排水不良等情况下,特别是路基填土是粉质土时,由于路基土冻结过程中发生水分迁移和重新分布,使冻土层中的冰体含量剧烈增加,造成路基土冻胀,过大的冻胀或不均匀冻胀会造成路面拱裂、错台或不平整。春融期间,路基上部开始融化,而下部尚未融化,形成不透水层,上部土层中过多的水无法排出,造成土基过湿软弱,强度急剧降低,在车辆荷载作用下,路面便发生了弹簧、裂缝、断裂、鼓包、唧泥或泥浆涌出等现象,称为翻浆。冻结期的路面冻胀和春融期的翻浆现象统称为道路的冻害现象。

翻浆现象往往伴随着冻胀而发生,冻胀和翻浆是路基冻结和融解过程中形成的两个不同三阶段。一般来说,冻胀剧烈则翻浆的破坏程度较严重,但有时也会出现冻胀较大而并不发生翻浆的现象,这是因为路面结构较厚和路基过湿层次在路基的下部,或者春融期车辆较少而荷载较轻等原因。

形成冻胀和翻浆的主要原因是路基在冻结期间发生的水分积聚,其剧烈的程度主要取决于土质类别(粉粒含量多更严重)、有无地下水(冻结期浅层有地下水更严重)和路基在冻结期负温度坡差及其进程(负温度坡差大且下渗缓慢更严重)。

因此,在季节性冰冻地区,路基的强度和稳定性更大程度地取决于水和负温度的共同作用,形成待定的水温状况,从而影响路基的强度、刚度和稳定性,称为路基的水温稳定性。

四、保证路基强度和稳定性的措施

为保证路基的强度和稳定性,必须深入进行调查研究,细致分析各种自然因素与路基的关系,抓住主要问题,采取以下8点有效措施:

(1)保证路基有足够高度,使路基上部不受或少受地面滞水和地下水的浸温作用。路基工作区应保持干燥状态。

(2)合理选择路基断面形式,正确确定边坡坡度,保证路基整体稳定。

(3)充分压实土基,使之具有一定的抵抗水分浸湿的能力,从而提高路基的强度和水稳定性。

(4)搞好路基和路面排水,正确设计路基排水系统,保证水流通畅,使地面水得以迅速排除以疏干路基;及时维修路面,不信路面积水下渗。防止路基过湿或水毁。

(5)取用水稳性强的土替换水稳性差的土。如用透水性良好,水稳性较强的砂土、亚砂土等,替换水稳性差的粉土、粉质亚黏土。

(6)石灰稳定土基。对强度较低或过湿的土基,可掺拌少量石灰以疏干土基,以提高土基强度与水稳性。

(7)设置隔离层。用透水性良好的材料或不透水的材料,在路基内修筑隔离层,以隔绝地下水的毛细上升或由负温差的作用而向上移动的水分,从而保证路基上层较为干燥。

(8)设置防冻层,减小土基冻结深度,减轻土基冻胀。如用导热性较低的炉渣材料,修筑隔温防冻层,可减少冰冻作用深度,从而减少负温差作用下的湿度积聚。

总之,上述各项措施,各有不同的效果。(1)~(3)项是解决一般水温状况不良的措施,宜普遍采用。对于过湿地段,除此之外,须个别选用(4)~(8)项措施,效果较好。

思考与练习

1. 试述路基路面的工程特点和基本要求。
2. 土的干湿类型有哪些?为确保路基路面的强度和稳定性,要求路基处于哪种干湿类型?其判断方法有哪些?
3. 试述路基的分类和工程性质。粗粒组与粗粒土是否为一个概念?根据工程性质指出优→差,并给下列路基土排序:砂性土,粉粒土,黏性土。
4. 已知某路段是黏性土,路面表面距地下水位高度为1.58m,预估路面厚度约为30cm,又得知路面表面距地表长期积水位高度为0.75m,查得有关资料如下:

地下水:$H_1 = 1.5 \sim 1.7, H_2 = 1.1 \sim 1.2, H_3 = 0.8 \sim 0.9$;

地表长期积水:$H_1 = 0.8 \sim 0.9, H_2 = 0.5 \sim 0.6, H_3 = 0.3 \sim 0.4$。

试判断该地段的干湿类型。

学习情境　路基稳定性分析

知识目标

1. 知道路基边坡破坏的基本形状与路基边坡稳定性破坏的有关参数确定。
2. 熟悉力学分析法与工程地质分析的基本思路与适用场合。
3. 掌握直线法、圆弧条分法、简化Bishop法与不平衡推力法的验算步骤与方法。

能力目标

1. 能判断路基边坡破坏的基本形状和确定路基边坡稳定性破坏的有关参数。
2. 能够采用不同的方法分析路基稳定性。

任务四　边坡设计的认知

一般路基设计可套用典型横断面图,不需进行边坡论证和验算,然而对于边坡高度超过20m的高路堤、土质挖方边坡高度超过20m的深路堑、岩石挖方边坡高度超过30m陡坡路堤、浸水路堤以及不良地质的路基,应进行个别分析、设计及验算,以确定安全可靠、经济合理的路基断面形式,或据以确定相应的防护与加固措施。

路基稳定性,除施工质量等因素外,一般取决边坡和地基的稳定性,填筑在陡坡上的路堤,还取决于路堤在陡坡上的稳定性。地基的稳定性涉及水文地质、地带类型、填土高度与经济因素。本学习情境主要对土质边坡的稳定性、陡坡路堤的整体稳定性等作简要介绍。

一、边坡破坏形状

边坡破坏时,会形成滑动面,该面的形状和路基填土的性质有关,由松散的沙土或砂性土或渗水材料填筑的路堤,边坡破裂的形状近乎直线平面,可按直线滑动面法验算边坡的稳定性;以黏性土填筑的路堤,破坏时形状为曲面,为简化计算,通常近似的假设为圆弧状滑动面;有的则可能是不规则的折线平面,如图4-12所示。

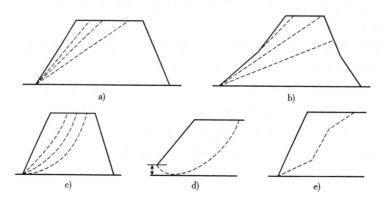

图 4-12 边坡破坏形状示意图
a)直线滑动面;b)直线滑动面;c)圆弧滑动面;d)圆弧线滑动面;e)折线滑动面

二、边坡稳定性验算的计算参数

路基边坡土的计算参数
对于路堑及或天然边坡:
(1)原状土的重度 $\gamma(kN/m^3)$;
(2)内摩擦角 $\varphi(°)$;
(3)黏聚力 $c(kPa)$。

路堤边坡时,应取与现场压实度一致的压实土的试验数据。当路堤各层填料性质不同,由多层土体所构成的边坡如图4-13所示,其稳定性验算参数,可采用以层厚为权重的加权平均值法计算,如式(4-8)~式(4-10)所示。

$$\gamma = \frac{\sum_{i=1}^{n} \gamma_i h_i}{H} \tag{4-8}$$

$$c = \frac{\sum_{i=1}^{n} c_i h_i}{H} \tag{4-9}$$

$$\tan\varphi = \frac{\sum_{i=1}^{n} h_i \tan\varphi_i}{H} \tag{4-10}$$

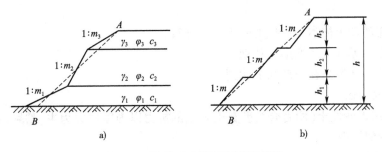

图 4-13 多层土稳定性验算参数示意图

三、汽车荷载当量高度换算

路堤除受自重作用外,同时还承受行车荷载的作用。在进行边坡稳定性分析时,车辆荷载在路基填土破坏棱体上引起的附加土侧压力,需将车辆按最不利情况排列,并将车辆的设计荷载换算成当量土柱高度(即以相等压力的土层厚度代替),以 h_0 表示。验算时,应将当量土柱高度的土体连同滑动土体合并进行力学的计算。汽车荷载布置如图 4-14 所示。

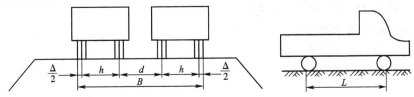

图 4-14 汽车荷载布置示意图

当量土柱高度 h_0 计算公式为

$$h_0 = \frac{NQ}{\gamma BL} \tag{4-11}$$

式中：N——横向分布的车辆数,单车道 $N=1$,双车道 $N=2$;

Q——每一辆车的重力,kN;

γ——路基填料的重度,kN/m³;

L——汽车前后轴的总距,其计算公式为：$N_b + (N-1)d$,其中 d 为车身的净距,b 可近似取车身宽度,m;

B——横向分布车辆轮胎最外缘之间的距离。

当量土柱高度的分布宽度,可以分布在行车道宽度范围内,考虑到实际行车有可能横向移或车辆停放在路肩上,也可分布在整个路基宽度上。

任务五　稳定性分析方法

路基边坡破坏时,按失稳土体的滑动面特征,一般分为直线、曲折和折线 3 种形式,而且均以土的抗剪强度为理论基础,按力的极限平衡原理建立相应的计算式。

路基边坡稳定性分析方法,一般采用力学分析法、工程地质法(比拟法)和图解法。

一、力学分析法和图解法

力学分析法,首先假定出若干个的可能滑动面,再按力学平衡原理,对每个可能的滑动面进行验算,从中找出危险滑动面,以此来判断边坡的稳定性。在进行边坡稳定性分析时做如下假设：

(1)不考虑滑动土体本身内应力的不均匀分布。

(2)滑动土体无局部的变形和移动。

(3)极限平衡状态只在滑动面上达到。

1. 直线滑动面法

直线法适用于砂性土(两者合为砂类土)，土的抗力以内摩擦力为主，黏聚力甚小，边坡破坏时，破裂面近似平面。

如图 4-15 所示，稳定性分析验算时，首先通过坡脚或变坡点假设一直线滑动面 AB，将路堤斜上方分割出下滑土楔体 ABC，沿假设的滑动面 AB 滑动，其稳定系数 F 按下式计算：

$$K = \frac{F}{T} = \frac{G\cos\alpha\tan\varphi + cL}{G\sin\alpha} \tag{4-12}$$

式中：F——沿滑动 AB 方向的抗滑阻力，kN；

T——沿滑动 AB 方向的下滑力，kN；

G——滑动土楔体 ABD 自重及路基顶面换算土柱重力之和，kN；

α——滑动面 AB 对于水平面的夹角；

φ——路堤填土的内摩擦角；

c——路堤填土的黏聚力，kPa；

L——滑动面 AB 的长度，m。

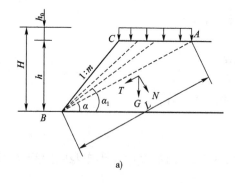
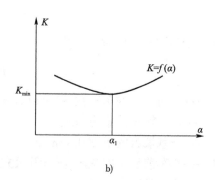

图 4-15 直线法验算图

然后通过坡脚 B 点，再假定 3~4 个可能的滑动面，如图 4-15a)所示，按式 4-12 求出相对稳定性系数 K 值，得出 K_i 与 α_i 关系曲线，如图 4-15b)所示，在 $K = f(\alpha)$ 关系曲线上找到最小稳定系数 $K_{\min}$ 及对应的极限破裂面倾斜角 α 值。

$K = 1$ 时，处于极限平衡状态，路堤极限坡度等于擦角，坡角 α 为自然休止角。

$K > 1$ 时，路堤边坡处于稳定状态且与边坡高度无关。

$K < 1$ 时，不论边坡高度多少，都不能保持稳定。

由于土工实验所得的 c、ψ 值有一定的局限性，为保证边坡稳定有足够的安全储备量，通常以最小稳定系数 $K_{\min} > K$ 来判别边坡的稳定性。

稳定性数 $K > 1.25 \sim 1.5$，但 K 值也过大，以免工程不经济，所以，K 值一般取 1.25。

当为砂类土时，c 很小，可以忽略不计，则式(4-12)可表达为：

$$K = \frac{F}{T} = \frac{\tan\varphi}{\tan\alpha} \tag{4-13}$$

2. 圆弧滑动面法

用黏性土填筑的路堤，因为黏性土具有显著的内聚力，而内摩擦力较小，土坡破坏时滑动面有时像圆柱形，有时像碗形，并非简单线性。为简化计算，通常近似在假设为一圆弧状滑动面。

二、条分法

1. 计算方法与步骤

（1）如图4-16所示，通过坡脚 B 先假定一个可能圆弧滑动面 AB，将圆弧滑动面上的土体分成若干竖向土条，依次计算每土条滑动面圆心的抗滑力矩和下滑力矩，然后分别叠加求出整个滑动土体的抗滑力矩和滑动力矩，再求它们的比值可得稳定系数，从而判断出路基边坡是否稳定。

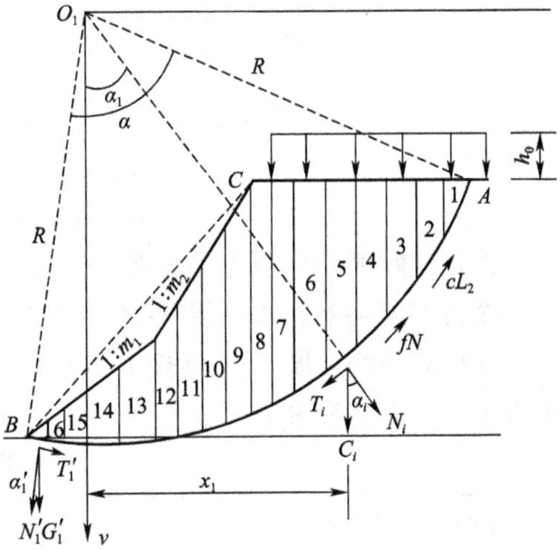

（2）通过坡脚 B 任意选定可能的圆弧滑动面 AB，其半径为 R。取单位长的路段，将滑动土体划分为若干个垂直土条，其宽一般取 $2\sim4m$。

（3）计算每个土条的自重（包括其上部换算的当量土柱高度的重力），并引至滑动圆弧上，并分解到滑动面的法向和切线方向上。

法向分力：
$$T = Q_i \sin\alpha_i \quad (4\text{-}14)$$

切向分力：
$$N = Q_i \cos\alpha_i \quad (4\text{-}15)$$

图4-16 条分法验算计算图

式中：Q_i——第 i 条土体重，kN；

α_i——第 i 条土体弧段中心点的径向线与该点垂线之间的夹角，$\alpha_i = \arcsin\dfrac{x_i}{R}$ 以点为转动圆心，以 R 为转动力臂，计算滑动面上各土条对点的转动力矩。

滑动力矩 M_a：
$$M_a = R\left(\sum_{i=1}^{n} T_i - \sum_{i=1}^{m} T_i\right) \quad (4\text{-}16)$$

抗滑力 M_r：
$$M_r = R\left(\sum_{i=1}^{n} N_i \tan\varphi + \sum_{i=1}^{n} cL_i\right) \quad (4\text{-}17)$$

（4）求稳定系数

$$K = \frac{M_s}{M_r} = \frac{R\left(\sum_{i=1}^{n} N_i \tan\varphi + \sum_{i=1}^{n} cL_i\right)}{R\left(\sum_{i=1}^{n} T_i - \sum_{i=1}^{m} T_i\right)} = \frac{f\sum_{i=1}^{n} G_i \cos\alpha_i + cL}{\sum_{i=1}^{n} G_i \sin\alpha_i - \sum_{i=1}^{m} G_i \sin\alpha_i} \quad (4\text{-}18)$$

再假定几个可能的滑动面，按上述步骤分别计算对应的稳定系数 K_i，在圆心辅助线 M_1 上绘出，稳定系数 K_1、K_2、$\cdots$、K_n 对应于圆心 O_1、O_2、$\cdots$、O_n 的关系曲线 $K=f(O)$，在该关曲线上找出最小的稳定系数 $K_{\min}$，与 $K_{\min}$ 对应的滑动面就是最危险的滑动面。

2. 危险圆心辅助线的确定

确定危险圆心辅助线方法有 4.5H 法和 36°法。

(1)4.5H法(见图4-17)

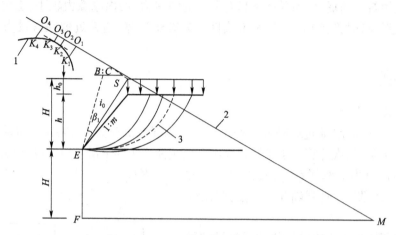

图 4-17　4.5H 法最危险滑动面圆心确定
1-K 值线；2-圆心辅助线；3-最危险滑动圆弧

①自坡脚 E 点向下作垂直线，垂直线长度 $H=h_1+h_0$（若不考虑、荷载则 $H=h_1$）得 F 点。

②自 F 点向右作水平线，在水平线上量取 4.5H 得 M 点，M 点为圆心辅助线上一点。

③计算平均边坡 i_0，并连接 E、S 点（不考虑荷载时，S 点为路肩外边缘点，$H=h_1$）。根据 i_0 值查表 4-5 得 β_1 和 β_2。

辅助线作图角值表　　表 4-5

边坡坡度	边坡倾斜角	β_1	β_2	边坡坡度	边坡倾斜角	β_1	β_2
1.0:0.5	60°00′	29°	40°	1.0:3.0	18°26′	25°	35°
1.0:1.0	45°00′	28°	37°	1.0:4.0	14°03′	25°	36°
1.0:1.5	33°40′	26°	35°	1.0:5.0	11°19′	25°	37°
1.0:2.0	26°34′	25°	35°				

④自 E 点以 ES 线为一边，逆时针旋转 β_1 角得边线 E_I。

⑤自 S 点以水平线为边线，顺时针转 β_2 角得另一边线 S_I。边线 E_I 和 S_I 相交于 I 点，I 点为圆心辅助线上的另一点。

⑥连接 M 点和 I 点并向左上角延伸至 G，则 MG 即为圆心辅助线。

如果 $\varphi=0$，I 点即为最危险滑动面的圆心；如果 $\varphi>0$，最危险滑动面的圆心在 MI 辅助线的延长线上。

(2)36°法

为简化计算，圆心辅助线可通过路基边缘 F 点或荷载当量高度边缘 E 点作水平线，顺时针旋转 36° 的射线，该射线即为圆心辅助线，如图 4-18 所示。

3. 表解法

按条分法进行路基边坡稳定性验算工作量较大，所以对均质、直线形边坡路堤，滑动面通过坡脚，坡顶为水平并延伸到无限远时，可用表解法进行验算。

如图 4-19 所示，将土体划分为各小块，其宽为 b、高为 a、滑弧全长 L，将此 3 者换算成边坡高度 H 的表达式，即：

稳定系数 K 为:

$$K = \frac{f\sum_{i=1}^{n}N_i + cL}{\sum_{i=1}^{n}T_i} = fA + \frac{c}{\gamma H}B \qquad (4-19)$$

式中: H——高度, m;

　　A、B——取决于几何尺寸的系数,随路基边坡坡度而变化,查表 4-6;

　　c——土的黏结力, kPa;

　　f——内摩擦系数, $f = \tan\varphi$。

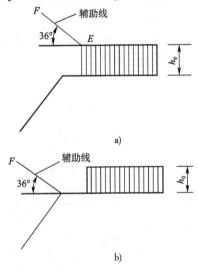

图 4-18　36°法绘辅助线图
a)考虑车辆荷载时; b)不计车辆荷载时

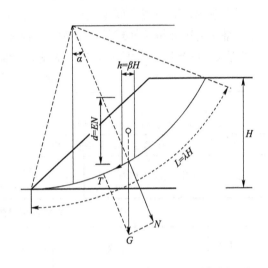

图 4-19　表解法边坡稳定性分析示意图

滑动面通过坡角时表解法的 A、B 值　　　　　　　　　　　表 4-6

边坡坡度 (1:m)	滑动圆弧的圆心									
	O_1		O_2		O_3		O_4		O_5	
	A	B	A	B	A	B	A	B	A	B
1:1	2.34	5.79	1.87	6.00	1.57	6.57	1.40	7.50	1.24	8.80
1:1.25	2.64	6.05	2.16	6.35	1.82	7.03	1.66	8.03	1.48	9.56
1:1.5	3.06	6.25	2.54	6.50	2.15	7.15	1.90	8.33	1.71	10.10
1:1.75	3.44	6.35	2.87	6.58	2.50	7.22	2.18	8.50	1.96	10.41
1:2	3.85	6.50	3.23	6.70	2.80	7.26	2.45	8.45	2.21	10.10
1:2.25	4.25	6.64	3.58	6.80	3.19	7.27	2.84	8.30	2.53	9.80
1:2.5	4.67	6.65	3.98	6.78	3.53	7.30	3.21	8.15	2.85	9.50
1:2.75	4.99	6.64	4.33	6.78	3.86	7.24	3.59	8.02	3.20	9.21
1:3	5.32	6.61	4.69	6.75	4.24	7.23	3.97	7.87	3.59	8.82

三、工程地质类比法

采用工程地质类比法对路堑边坡比拟设计,关键是要通过详细的现场调查和勘测,能如实反映路段的地层土质和水文地质状况,才能进行对比分析,采用类似工程地质条件下的稳定边

坡值。在设计时,按地层性质不同,一般可分为土质路堑和岩质路堑两种类型。应调查收集的资料有以下几个方面:

(1)土的名称、类别、组成结构、密度、成因等;或者岩石的岩性结构构造、风化破碎程度等。

(2)地面水、地下水的状况。

(3)当地条件的自然极限山坡或人工开挖边坡的坡度及现状。

(4)人工边坡采用的施工方法。

根据以上调查收集的资料,查阅有关现行的《公路路基设计规范》即可类比地确定设一路段的路堑边坡率。对边坡高度不大于20m时边坡坡度可参照表4-7确定;边坡高度大于20m时应进行路基高边坡特殊处理设计。对岩质路堑,挖方边坡高度不大于30m时边坡坡度可参照表4-8确定;挖方边坡高度大于30m时应进行路基高边坡特殊处理设计。

土质路堑边坡坡度　　　　　表4-7

土 的 类 别		边 坡 坡 率
黏土、粉质黏土、塑性指数大于3的粉土		1:1
中密以上的中砂、粗砂、砂砾		1:1.5
卵石土、碎石土、圆砾石、角砾石	胶结和密实	1:0.75
	中密	1:1

岩质路堑边坡坡度　　　　　表4-8

边坡岩体类型	风化程度	边坡坡率	
		$H<15m$	$15m \leq H<30m$
Ⅰ类	未风化、微风化	1:0.1~1:0.3	1:0.1~1:0.3
	弱风化	1:0.1~1:0.3	1:0.3~1:0.5
Ⅱ类	未风化、微风化	1:0.1~1:0.3	1:0.3~1:0.5
	弱风化	1:0.3~1:0.5	1:0.5~1:0.75
Ⅲ类	未风化、微风化	1:0.3~1:0.5	
	弱风化	1:0.5~1:0.75	
Ⅳ类	未风化、微风化	1:0.5~1:1	
	弱风化	1:0.75~1:1	

注:1.有可靠的资料和经验时,可不受本表限制。
　　2.Ⅳ类强风化包括各类风化程度的极软岩。

四、陡坡路堤稳定性分析

《公路路基设计规范》(JTG D30—2004)规定:边坡高度超过20m的路堤,堤身稳定性、路堤和地基的整体稳定性宜采用简化的毕肖普(Bishop)(有时称为圆弧条分法)进行分析计算,土质挖方边坡高度超过20m的路堑,边坡稳定性计算宜采用简化的毕肖普(Bishop)法。地面横坡坡度超过1:2.5的路堤为陡斜坡路堤,路基沿斜坡地基或软弱层带滑动的稳定性分析及路堑边坡可能产生折线破坏的边坡稳定性计算,可采用不平衡推力法。

陡坡路堤的滑动可能的形式有以下4种:

(1)基底为岩层或稳定山坡,因地面横坡大,路堤整体沿与基底的接触面产生滑动。

(2)路堤随同基底覆盖层沿倾斜基岩滑动。
(3)路堤连同下卧软弱土层沿某一圆弧滑动面滑动。
(4)路堤连同其下的岩层沿某一最弱的层面滑动。

设计时应对各种可能的危险滑动面分别进行计算,当破裂面为圆弧状时,可参照圆弧滑动面法用条分法进行计算。

在陡坡路堤整体稳定性验算时,不考虑土体内部所产生的局部应力,假定滑动土体为一整体,只计算土体的最终下滑力;由最终下滑力的正负确定路堤的稳定性,正值为不稳定,负值为稳定。

1. 采用直线(或折线)滑动面法分析陡坡的稳定性

如图 4-20 所示,滑动面为单一坡度的倾斜面,计算公式如下:

$$E = T - \frac{1}{K}(N\tan\varphi + cL) \quad (4-20)$$

式中:E——剩余下滑力,kN;
T——切向力 $T = Q\sin\alpha$,kN;
N——法向力 $N = Q\cos\alpha$,kN;
Q——基底上部路基自重加换算土层重,kN;
L——基底滑动面长度,m;
α——基底与水平面的倾斜角;
φ——基底接触面的内摩擦角;
K——安全系数,一般 $K = 1.25$;
c——土的黏结力,kPa。

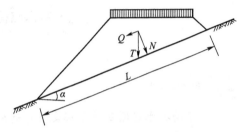

图 4-20 陡坡路堤直线滑动示意图

当滑动面为多个坡度的折线倾斜面时,可将滑动面上土体按折线段垂直划分为若干土块,自上而下依次计算各块的剩余下滑力,逐步累积。计算时,若第 i 块的 $E_i \leq 0$,说明无剩余下滑力向下一块传递,不计入下一块土体。由最后一条土块的剩余下滑力的正值或负值判断路基的稳定性,最终的下滑力为零或负值时,则路堤稳定。否则,应采取稳定和加固措施。

2. 稳定措施

在验算时,土的黏聚力和内摩擦角的取值应力求接近实际情况。验算最后一块土体剩余下滑力大于零时,需要采取以下措施,以增加陡坡路堤稳定性。

(1)改善基底,增加滑动面的抗滑力或减少滑动力。常使用的方法有:开挖台阶,放缓边坡,以减少下滑力;清除坡积层,夯实基底,使路堤置于密实的稳定基础上;在路堤上侧开挖截水沟或边沟,以阻止地面水流浸湿滑动面;受地下水影响时,则设置渗沟以疏干基底土层。

(2)选择填料。选择较大颗粒填料,嵌入地面,以增加基底接触面的摩擦系数。

(3)设置支挡结构物。当坡脚很薄并且伸得过长时,可设置石砌护脚、干砌或浆砌挡土墙等。

思考与练习

1. 已知陡坡路堤的路堤横断面面积 $A = 125\text{m}^2$,基底与水平面的夹角 $\alpha = 29°$,填土重度 $\gamma = 17.64\text{kN/m}^2$,基底接触面的内摩擦角 $\varphi = 21°34'$,试验算此路堤的整体稳定性。

2. 有一高路堤,顶宽 7.5m,高 15m,初步拟定横断面如图 4-21 所示。折线性边坡,上段坡

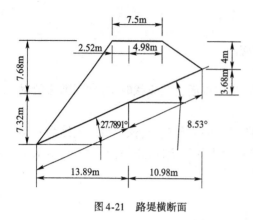

图4-21 路堤横断面

高7.68m,坡比1:1.5,下段坡高7.32m,坡比1:1.75,填料重度$\gamma=17.64kN/m^3$,单位黏聚力$c=9.8kPa$,内摩阻角$s=27°$,设计荷载为公路—Ⅱ级汽车荷载。试验算其稳定性。

3. 直线滑动面法和圆弧滑动面法各有适应的条件是什么？各自验算的方法和步骤有哪些？

4. 路基边坡稳定性分析中,有关的设计参数应如何选择？

5. 什么叫当量土柱高？

6. 什么叫工程地质法？

学习情境 路基排水设计

 知识目标

1. 了解排水在路基路面稳定性中起到的作用。
2. 熟悉路基排水的目的和要求。
3. 熟悉路基排水设计的一般原则。
4. 掌握各种排水设施构造及使用条件。

能力目标

1. 能根据项目实际情况选择合适的路基排水设施,合理布设路基排水系统。
2. 能进行常见路基排水设施的设计。

任务六 路基排水设计的基本知识

一、排水的目的与意义

路基路面的强度与稳定性同水的关系十分密切。路基路面的病害有多种,形成病害的因素亦很多,但水的作用是主要因素之一,因此路基路面设计、施工和养护中,必须十分重视路基路面排水工程。

根据水源的不同,影响路基路面的水流可分为地面水和地下水两大类,与此相适应的路基排水工程,则分为地面排水和地下排水。

地面水包括大气降水(雨和雪)以及海、河、湖、水渠及水库水。地面水对路基产生冲刷和渗透,冲刷可能导致路基整体稳定性受损害,形成水毁现象。渗入路基土体的水分,使土体过湿而降低路基强度。

地下水包括上层滞水、潜水及层间水等,它们对路基的危害程度,因条件不同而异。轻者

能使路基湿软,降低路基强度;重者会引起冻胀、翻浆或边坡滑坍,甚至整个路基沿倾斜基底滑动。水还可能造成掺有膨胀土的路基工程毁灭性的破坏。

路基排水的任务,就是将路基范围内的土基湿度降低到一定的限度以内,保持路基常年处于干燥状态,确保路基及路面具有足够的强度与稳定性。

路基设计时,必须考虑将影响路基稳定性的地面水,排除和拦截于路基用地范围以外,并防止地面水漫流、滞积或下渗。对于影响路基稳定性的地下水,则应予以隔断、疏干和降低,并引导至路基范围以外的适当地点。

路基地表排水的目的是把降落在路基范围内表面水有效地汇集并迅速排除出路界,同时把路界外可能流入的地表水拦截在路界范围外,以减少地表水对路基和路面的危害以及对行车安全的不利。通常地表排水可以划分为路面表面排水、中央分隔带排水和坡面排水三部分。中央分隔带排水,视其宽度和表面横向坡度倾向,可以包括中央分隔带和左侧边缘带,或者仅为中央分隔带,而在设超高路段,它还包括上侧半幅路面的表面水。坡面排水包括路堤坡面、路堑坡面和倾向路界的自然坡面的排水。

二、路基排水设计的一般原则

路基排水设计的一般原则如下:

(1)排水设施要因地制宜、全面规划、合理布局、综合治理、讲究实效、注意经济,并充分利用有利地形和自然水系。一般情况下地面和地下设置的排水沟渠,宜短不宜长,以使水流不过于集中,做到及时疏散,就近分流。

(2)各种路基排水沟渠的设置,应注意与农田水利相配合,必要时可适当地增设涵管或加大涵管孔径,以防农业用水影响路基稳定。路基边沟一般不应用作农田灌溉渠道,两者必须合并使用时,边沟的断面应加大,并予以加固,以防水流危害路基。

(3)设计前必须进行调查研究,查明水源与地质条件,重点路段要进行排水系统的全面规划,考虑路基排水与桥涵布置相配合,地下排水与地面排水相配合,各种排水沟渠的平面布置与竖向布置相配合,做到路基路面综合设计和分期修建。对于排水困难和地质不良的路段,还应与路基防护加固相配合,并进行特殊设计。

(4)路基排水要注意防止附近山坡的水土流失,尽量不破坏天然水系,不轻易合并自然沟溪和改变水流性质,尽量选择有利地质条件布设人工沟渠,减少排水沟渠的防护与加固工程。对于重点路段的主要排水设施,以及土质松软和纵坡较陡地段的排水沟渠,应注意必要的防护与加固。

(5)路基排水要结合当地水文条件和道路等级等具体情况,注意就地取材,以防为主,既要稳固适用,又必须讲究经济效益。

(6)为了减少水对路面的破坏作用,应提高路面结构的抗水害能力,尽量阻止水进入路面结构,提供良好的排水措施,迅速排除路面结构内的积水。

任务七　路基排水设施的构造与布置

一、地面排水设备

常用的路基地面排水设备,包括边沟、截水沟、排水沟、跌水与急流槽等,必要时还有渡槽、倒虹吸及积水池等。这些排水设备,分别设在路基的不同部位,各自的排水功能、布置要求和构造形式,均有所差异。路基地表排水设施的径流量计算,对高速公路、一级公路应采用15年,其他等级公路应采用10年的重现期内任意30min的最大降雨强度。各类地表水沟沟顶应高出设计水位0.2m以上。

1. 边沟

设置在挖方路基的路肩外侧或低路堤的坡脚外侧,多与路中线平行,用以汇集和排除路基范围内和流向路基的少量地面水。平坦地面填方路段的路旁取土坑,常与路基排水设计综合考虑,使之起到边沟的排水作用。

边沟的排水量不大,一般不需要进行水文和水力计算,依据沿线具体条件,选用标准横断面形式。边沟紧靠路基,通常不允许其他排水沟渠的水流引入,也不能与其他人工沟渠合并使用。

边沟不宜过长,尽量使沟内水流就近排至路旁自然水沟或低洼地带,必要时设置涵洞,将边沟水横穿路基从另一侧排出。

边沟的纵坡(出水口附近除外)一般与路线纵坡一致。平坡路段,边沟宜保持不小于0.5%的纵坡。特殊情况容许采用0.3%但边沟出口间距宜缩短。在边沟出口附近以及排水困难路段,如回头曲线和路基超高较大的平曲线等处,边沟应进行特殊设计。

边沟的横断面形式,有梯形、矩形、三角形及流线型等,如图4-22所示。边沟横断面一般采用梯形,梯形边沟内侧边坡为1:1.0~1:1.5,外侧边坡坡度与挖方边坡坡度相同。石方路段的边沟宜采用矩形横断面,其内侧边坡直立,坡面应采用浆砌片石防护,外侧边坡坡度与挖方边坡坡度相同。少雨浅挖地段的土质边沟可采用三角形横断面,其内侧边坡宜采用1:2~1:3,外侧边坡坡度与挖方边坡坡度相同。三角形边坡的水流条件较差,流量较大时沟深宜适当加大。

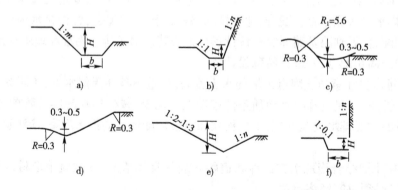

图4-22 边沟的横断面形式示意图(尺寸单位:m)
a)、b)梯形;c)、d)流线型;e)三角形;f)矩形

梯形边沟的底宽与深度约0.4~0.6m,水流少的地区或路段,取低限或更小,但不宜小于0.3m;降水量集中或地势偏低的路段,取高限或更大一些。流线型边沟,是将路堤横断面的边角整修圆滑,可以防止路基旁侧积沙或堆雪,适用于沙漠或积雪地区的路基。

图4-23是路堑与高路堤衔接处的边沟排水布置图,由于边沟泄出水流流向路堤坡脚处,两者高差大,必须因地制宜,根据地形与地质等具体条件,将出水口延伸至坡脚以外,以免边沟水冲刷填方坡脚。

边沟水流流向桥涵进水口时,为避免边沟流水产生冲刷,应作适当处治,图4-24是涵洞进口设置窨井的一例。此外还应根据地形等条件,在桥涵进口前或在其他水流落差较大处,设置急流槽与跌水等结构物,将水流引入桥涵或其他指定地点。

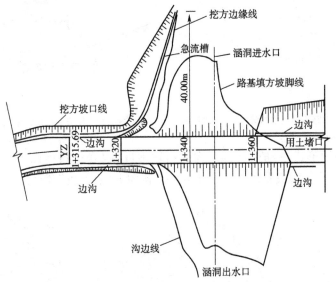

图4-23 路堑与高路堤的边沟出口布置图

当边沟水流流至回头曲线处,一般边沟水较满,且流速较大,此时宜顺着边沟方向沿山坡设置引水沟,将水引至路基范围以外的自然沟中,或设急流槽或涵洞等结构物,将水引下山坡或路基另一侧,以免对回头曲线路段冲刷。

2. 截水沟

截水沟又称天沟,一般设置在挖方路基边坡坡顶以外,或山坡路堤上方的适当地点,用以拦截并排除路基上方流向路基的地面径流,减轻边沟的水流负担,保证挖方边坡和填方坡脚不受流水冲刷。降水量较少或坡面坚硬和边坡较低以致冲刷影响不大的路段,可以不设截水沟;反之,如果降水量较多,且暴雨频率较高,山坡覆盖层比较松软,坡面较高,水土流失比较严重的地段,必要时可设置两道或多道截水沟。

图4-25是路堑段挖方边坡上方设置的截水沟图例之一,图中距离 d,一般应大于5.0m,地质不良地段可取10.0m或更大。截水沟下方一侧,可堆置挖沟的土方,要求做成顶部向沟倾斜2%的土台。路堑上方设置弃土堆时,截水沟的位置及断面尺寸,如图4-26所示。

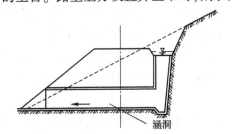

图4-24 边沟泄水流入涵前窨井剖面图(单级跌水)

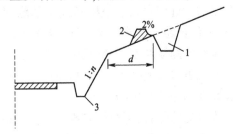

图4-25 挖方路段截水沟示意图
1-截水沟;2-土台;3-边沟

山坡填方路段可能遭到上方水流的破坏作用,此时必须设截水沟,以拦截山坡水流保护路堤。如图4-27所示,截水沟与坡脚之间,要有不小于2.0m的间距,并做成2%的向沟倾斜横坡,确保路堤不受水害。

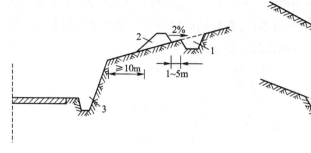

图 4-26 挖方路段弃土堆与截水沟关系图
1-截水沟;2-弃土堆;3-边沟

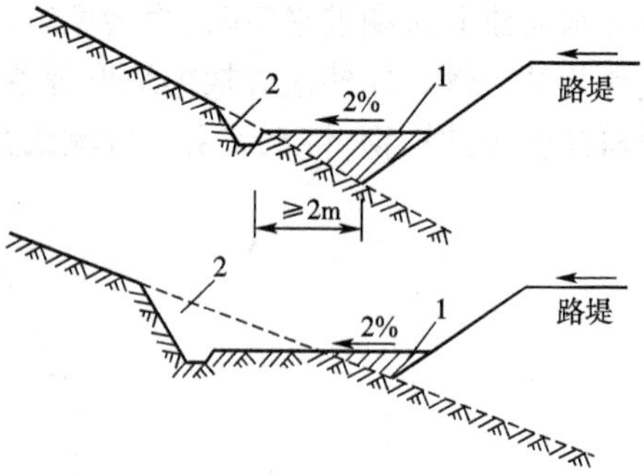

图 4-27 填方路段上的截水沟示意图
1-土台;2-截水沟

截水沟的横断面形式,一般为梯形,沟的边坡坡度,因岩土条件而定,一般采用 1:1.0～1:1.5,如图 4-28 所示。沟底宽度 b 不小于 0.5m,沟深 h 按设计流量而定,也不应小于 0.5m。

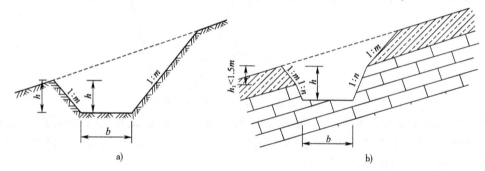

图 4-28 截水沟的横断面示例
a)土沟;b)石沟

截水沟的位置,应尽量与绝大多数地面水流方向垂直,以提高截水效能和缩短沟的长度。截水沟应保证水流畅通,就近引入自然沟内排出,必要时配以急流槽或涵洞等泄水结构物将水流引入指定地点。截水沟水流不应引入边沟,当必须引入时,应增大边沟横断面,并进行防护。沟底应具有 0.5% 以上的纵坡,沟底和沟壁要求平整密实,不滞流、不渗水,必要时予以加固和铺砌。截水沟的长度以 200～500m 为宜。

3. 排水沟

排水沟的主要用途在于引水,将路基范围内各种水源的水流(如边沟、截水沟、取土坑、边坡和路基附近积水),引至桥涵或路基范围以外的指定地点。当路线受到多段沟渠或水道影响时,为保护路基不受水害,可以设置排水沟或改移渠道,以调节水流,整治水道。

排水沟的横断面,一般采用梯形,尺寸大小应经过水力水文计算选定。用于边沟、截水沟及取土坑出水口的排水沟,横断面尺寸根据设计流量确定,底宽与深度不宜小于 0.5m,土沟的边坡坡度约为 1:1.0～1:1.5。

排水沟的位置,可根据需要并结合当地地形等条件而定,离路基尽可能远些,距路基坡脚不宜小于 2m,平面上应力求直捷,需要转弯时亦应尽量圆顺,做成弧形,其半径不宜小于 10～20m,连续长度宜短,一般不超过 500m。

排水沟水流注入其他沟渠或水道时,应使原水道不产生冲刷或淤积。通常应使排水沟与原水道两者成锐角相交,即交角不大于 45°,有条件可用半径 $R=10b$(b 为沟顶宽)的圆曲线朝下游与其他水道相接,如图 4-29 所示。

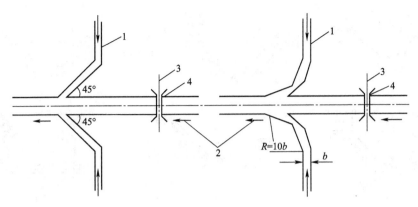

图 4-29 排水沟与水道衔接示意图
1-排水沟;2-其他渠道;3-路基中心线;4-桥涵

排水沟应具有合适的纵坡,以保证水流畅通,不致流速太大而产生冲刷,也不可流速太小而形成淤积,为此,宜通过水文水力计算择优选定。一般情况下,可取 $0.5\% \sim 1.0\%$,不小于 0.3%,也不宜大于 3%。

路基排水沟渠的加固类型有多种,表 4-9 为土质沟渠各种加固类型,图 4-30 为沟渠加固横断面图,设计时可结合当地条件,根据沟渠土质、水流速度、沟底纵坡和使用要求等而定。

沟渠加固类型 表 4-9

形 式	名 称	铺砌厚度(cm)
简易式	平铺草皮	单层
	竖铺草皮	叠铺
	水泥砂浆抹平层	2~3
	石灰三合土抹平层	3~5
	黏土碎(砾)石加固层	10~15
	石灰三合土(砾)石加固层	10~15
干砌式	干砌片石	15~25
	干砌片石砂浆匀缝	15~25
	干砌片石砂浆抹平	20~25
浆砌式	浆砌片石	20~25
	混凝土预制块	6~10
	砖砌水槽	

沟渠加固类型与沟底纵坡有关,如表 4-10 所示可供设计时参照使用。

加固类型与沟底纵坡关系 表 4-10

纵坡(%)	<1	1~3	3~5	5~7	>7
加固类型	不加固	1.土质好,不加固 2.土质不好,简易加固	简易加固或干砌式加固	干砌式或浆砌式加固	浆砌式加固或改用跌水

4. 跌水与急流槽

跌水与急流槽是路基地面排水沟渠的特殊形式,用于陡坡地段,沟底纵坡可达 45°。由于纵坡陡、水流速度快、冲刷力大,要求跌水与急流槽的结构必须稳固耐久,通常应采用浆砌块石或水泥混凝土预制块砌筑,并具有相应的防护加固措施。

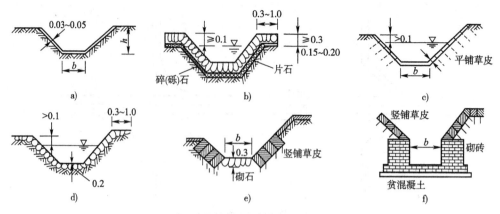

图 4-30 沟渠加固断面图(尺寸单位:m)
a)石灰三合土抹平层;b)干砌片石(碎石垫平);c)平铺草皮;d)浆砌片石(碎石垫平);e)竖铺草皮、砌石底;f)砖砌水槽

跌水的构造,有单级和多级之分,沟底有等宽和变宽之别。单级跌水适用于排水沟渠连接处,由于水位落差较大,需要消能或改变水流方向,图 4-31 表示路基边沟水流通过涵洞排泄时,采用单级跌水(相当于雨水井)的示例之一。较长陡坡地段的沟渠,为减缓水流速度,并予以消能,可采用多级跌水,图 4-32 即为示例之一。多级跌水底宽和每级长度,可以采用各自相等的对称形,也可根据实地需要,做成变宽或不等长度与高度。

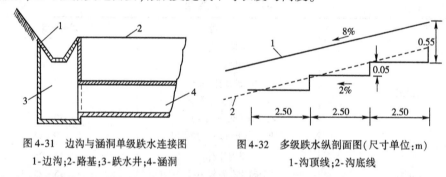

图 4-31 边沟与涵洞单级跌水连接图
1-边沟;2-路基;3-跌水井;4-涵洞

图 4-32 多级跌水纵剖面图(尺寸单位:m)
1-沟顶线;2-沟底线

按照水力计算特点,跌水的基本构造可分为进水口、消力池和出水口 3 个组成部分,如图 4-33 所示。各个组成部分的尺寸,由水力计算而定。一般情况下,如果地质条件良好,地下水位较低,设计流量小于 $1.0 \sim 2.0 \text{m}^3/\text{s}$,跌水台阶(护墙)高度 P 最大不超过 2.0m。常用的简易多级跌水,台高 $0.4 \sim 0.5$m,护墙用石砌或混凝土结构,墙基埋置深度为水深 a 的 $1.0 \sim 1.2$ 倍,并不小于 1.0m,且应深入冰冻线以下,石砌墙厚约 $0.25 \sim 0.30$m。消力池起消能作用,要求坚固稳定,底部具有 1% ~ 2% 的纵坡,底厚 $0.35 \sim 0.30$m,壁高应比计算水深至少在 0.20m,壁厚与护墙厚度相仿。消力池末端设有消力槛,槛高 c 依计算而定,要求低于池内水深,为护墙高度的 $1/5 \sim 1/4$,即 $c = (0.2 \sim 0.257)$,一般取 $c = 15 \sim 20$cm。消力槛顶部厚度在 $0.3 \sim 0.4$m,底部预留孔径为 $5 \sim 10$cm 的泄水孔,以利水流中断时泄排池内的积水。

跌水两端的土质沟渠,应注意加固,保持水流畅通,不致产生水流冲刷或淤积,以充分发挥跌水的排水效能。

急流槽的纵坡,比跌水的平均纵坡更陡,结构的坚固稳定性要求更高,是山区公路回头曲线沟通上下线路基排水及沟渠出水口的一种常见排水设施。急流槽主体部分的纵坡依地形而定,一般可达 67%(1:1.5),如果地质条件良好,需要时还可更陡,但结构要求更严,造价亦相应提高,设计时应通过比较而定。

急流槽多用砌石(抹面)和水泥混凝土结构,也可利用岩石坡面挖槽。如临时急需时,可就近取材,采用竹木结构。

急流槽的构造,如图4-34所示。按水力计算特点,亦由进口、主槽(槽身)和出口3部分组成。

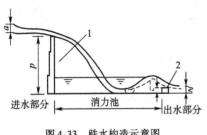 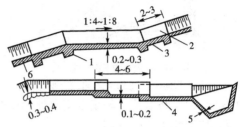

图4-33 跌水构造示意图
1-护墙;2-消力槛

图4-34 急流槽构造示意图(尺寸单位:m)
1-耳墙;2-消力池;3-混凝土槽底;4-钢筋混凝土槽底;5-横向沟渠;6-砌石护底

急流槽的进出口与主槽连接处,因沟槽横断面不同,为了能平顺衔接,可设过渡段,出口部分设有消力池。各个部分的尺寸,依水力计算而定。对于设计流量不超过 $1.0m^3/s$,槽底倾斜为1:1~1:1.5的小型结构,可参照图4-34。急流槽的基础必须稳固,端部及槽身每隔2~5m在槽底设耳墙埋入地面以下。槽身较长时,宜分段砌筑,每段长在5~10m,预留伸缩缝,并用防水材料填缝。

5. 蒸发池

气候干旱、排水困难地段,可利用沿线的集中取土坑或专门设置蒸发池排除地表水。

蒸发池与路基边沟(或排水沟)间应设排水沟连接。蒸发池边缘与路基边沟距离不应小于5m,面积较大的蒸发池不得小于20m。池中水位应低于排水沟的沟底。

蒸发池的容量应以1个月内路基汇流入池中的雨水能及时完成渗透与蒸发作为设计依据。每个蒸发池的容水量不宜超过200~300m。蓄水深度不应大于1.5~2.0m。

蒸发池的设置不应使附近地面形成盐渍化或沼泽化。

二、地下排水设备

路基及边坡土体中的上层滞水,或埋藏很浅的潜水称为地下水,当地下水影响路基路面强度或边坡稳定时,应设置暗沟(管)、渗沟和检查井等地下排水设施。

常用的路基地下排水设备有:盲沟、渗沟和渗井等,其特点是排水量不大,主要是以渗流方式汇集水流,并就近排出路基范围以外。对于流量较大的地下水,应设置专用地下管道予以排除。

由于地下排水设备埋置地面以下,不易维修,在路基建成后又难以查明失效情况,因此要求地下排水设备牢固有效。

1. 暗沟

相对于地面排水的明沟而言,暗沟又称盲沟,具有隐蔽工程的含义。从盲沟的构造特点出发,由于沟内分层填以大小不同的颗粒材料,利用渗水材料透水性将地下水汇集于沟内,并沿沟排泄至指定地点,此种构造相对于管道流水而言,习惯上称之为盲沟。

图4-35为一侧边沟下面所设的盲沟,用以拦截流向路基的层间水,防止路基边坡滑坍和毛细水上升危及路基的强度和稳定性。

图 4-36 是路基两侧边沟下面均设盲沟,用以降低地下水位,防止毛细水上升至路基工作区范围内,形成水分积聚而造成冻胀和翻浆,或土基过湿而降低强度等。

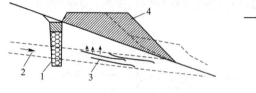

图 4-35 一侧边沟下设盲沟
1-盲沟;2-层间水;3-毛细水;4-可能滑坡线

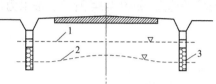

图 4-36 两侧边沟下设盲沟
1-原地下水;2-降低后地下水;3-盲沟

图 4-37 是设在路基挖方与填方交界处的横向盲沟,用以拦截和排除路堑下面层间水或小股泉水,保持路堤填土不受水害。

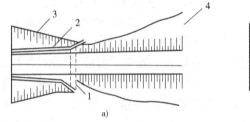
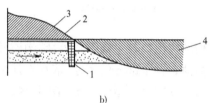

图 4-37 挖填交界处横向盲沟
a)平面;b)纵剖面
1-盲沟;2-边沟;3-路堑;4-路堤

这种盲沟的沟槽内全部填满颗粒材料,可以理解为简易盲沟,其构造比较简单,横断面成矩形,也可做成上宽下窄的梯形,沟壁倾斜度约 1:0.2 底宽 b 与深度 h 大致为 1:3,深在 1.0~1.5m,底宽在 0.3~0.5m。盲沟的底部中间填以粒径较大(3~5cm)的碎石,其空隙较大,水可在空隙中流动。粗粒碎石两侧和上部,按一定比例分层(层厚约 10cm)填以较细粒径的粒料,逐层粒径比例大致按 6 倍递减。盲沟顶部和底面,一般设有厚 30cm 以上的不透水层或顶部设有双层反铺草皮。

简易盲沟的排水能力较小,不宜过长,沟底具有 1%~2% 的纵坡,出水口底面高程应高出沟外最高水位 20cm,以防水倒渗。寒冷地区的暗沟,应做防冻保温处理或将暗沟设在冻结深度以下。

2. 渗沟

采用渗透方式将地下水汇集于沟内,并通过沟底通道将水排至指定地点,此种地下排水设备统称为渗沟,它的作用是降低地下水位或拦截地下水,其水力特性是紊流,但在构造上与上述简易盲沟有所不同。

渗沟有 3 种结构形式,如图 4-38 所示。

盲沟式渗沟与简易盲沟相似,但构造更为完善,当地下水流量较大,要求埋置更深时,可在沟底设洞或管,前者称为洞式渗沟,后者称为管式渗沟。

渗沟的位置与作用,视地下排水的需要而定,大致与简易盲沟相仿,但沟的尺寸更大,埋置更深,而且要进行水力计算确定尺寸。公路路基中,浅埋的渗沟在 2~3m,深埋时可达 6m以上。

渗沟底部设洞或管,底部结构相当于顶部可以渗水的涵洞。图 4-39 是洞式渗沟结构图例之一,其洞宽 b 约 20cm,h 为 20~30cm;盖板用条石或混凝土预制板;板长约为 $2b$,板厚 $P ≮$

15cm,并预留渗水孔,以便渗入沟内的水汇集于洞内排出。洞身要求埋入不透水层内,如果地基软弱还应铺设砂石基础;洞身埋在透水层中时,必要时在两侧和底部加设隔水层,以达到排水的目的。洞底设置不小于0.5%的纵坡,使集水通畅排出。

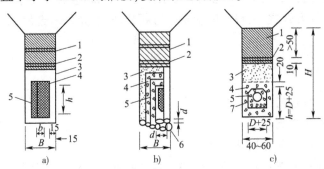

图 4-38 渗沟结构图式(尺寸单位:m)
a)盲沟式;b)洞式;c)管式
1-黏土夯实;2-双层反铺草皮;3-粗砂;4-石屑;5-碎石;6-浆砌片石沟洞;7-预制混凝土管

当排除地下水的流量更大,或排水距离较长,可考虑采用管式渗沟。渗沟底部埋设的管道,一般为陶土或混凝土的预制管,管壁上半部留有渗水孔,渗水孔交错排列,设于边沟下的管或渗沟,如图 4-40 所示。管的内径 D 由水力计算而定,一般在 $0.4 \sim 0.6 m$,管底设基座。对于冰冻地区,为防止冻结阻塞,除管道埋在冰冻线以下外,必要时采取保温措施,管径也宜较大一些。

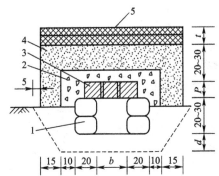

图 4-39 洞式渗沟结构图(尺寸单位:m)
1-浆砌块石;2-碎砾石;3-盖板;4-砂;5-双层反铺草皮或土工布

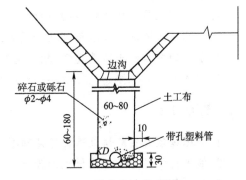

图 4-40 管式渗沟(尺寸单位:m)

3. 渗井

渗井属于水平方向的地下排水设备,当地下存在多层含水层,其中影响路基的上部含水层较薄,排水量不大,且平式渗沟难以布置,采用立式(竖向)排水,设置渗井,穿过不透水层,将路基范围内的上层地下水,引入更深的含水层中去,以降低上层地下水位或全部予以排除。图 4-41 为圆形渗井的结构与布置图例。

渗井的平面布置,以及孔径与渗水量,按水力计算而定,一般直径为 $1.0 \sim 1.5 m$ 的圆柱形。也可是边长为 $1.0 \sim 1.5 m$ 的方形。井深视地层构造情况而定,井内由中心向四周按层次,分别填入由粗而细的砂石材料,粗料渗水,细料反滤。填充料要求筛分冲洗,施工时需用铁皮套筒分隔填入不同粒径的材料,要求

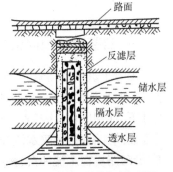

图 4-41 渗井的结构与布置图例

层次分明,不得粗细材料混杂,以保证渗井达到预期排水效果。

鉴于渗井施工不易,单位渗水面积的造价高于渗沟,一般尽量少用。有时,因土基含水率较大,严重影响路基、路面的强度,其他地下排水设备不易布置,其他技术措施如隔离层的造价较高,此时渗井可作为方式之一,设计时应进行分析比较,有条件地选用。

思考与练习

1. 简述路基路面排水的意义和作用。
2. 简述路基排水的原则。
3. 路基排水设计的一般原则是什么?
4. 地面排水设施和地下排水设施有哪些?各自的作用和适应条件是什么?

学习情境　路基防护与加固

知识目标

1. 了解路基防护措施的种类及适用条件。
2. 熟悉常见路基防护措施的设计要点。
3. 熟悉软土地基的处理原则及加固方法。
4. 了解的内容软土地基类型,软土地基沉降规律。
5. 掌握软土地基概念、软土地基特点、软土地基处理方法。

能力目标

1. 能根据项目实际情况选择路基防护加固措施。
2. 能进行常见路基加固措施的设计。
3. 能计算路基加固工程量。
4. 能进行湿软地基的加固方法的选用。

任务八　路基防护

一、路基防护加固设计概述

由岩土筑成的路基,大多暴露于空间,长期受自然因素的作用,岩土在不利水温条件作用下,物理、力学性质将发生变化。浸水后湿度增大,土的强度降低;岩性差的岩体,在水温变化条件下,加剧风化;路基表面在温差作用下形成胀缩循环,在湿差作用下形成干湿循环,可导致强度衰减和剥蚀;地表水流冲刷,地下水源浸入,使岩土表层失稳,易造成和加剧路基的水毁病害;沿河路堤在水流冲击、淘刷和侵蚀作用下,易遭破坏;湿软地基承载能力不足,易导致路基沉陷。所有这些均取决于岩土的物理力学性质及自然因素,且与路基承受行车荷载的情况密切相关。

合理的路基设计,应在路基位置、横断面尺寸、岩土组成等方面综合考虑。为确保路基的强度与稳定性,路基的防护与加固,也是不可缺少的工程技术措施。随着公路等级的提高,为维护正常的汽车运输,减少公路灾害,确保行车安全,保持公路与自然环境协调,路基的防护与加固更具有重要意义。实践经验证明,在高等级公路建设中,防护工程对保证公路使用品质、提高投资效益均具有重要的意义。

路基防护与加固设施,主要有边坡坡面防护、沿河路堤河岸冲刷防护与加固以及湿软地基的加固处治。

二、路基防护设计

1. 坡面防护

坡面防护,主要是保护路基边坡表面免受雨水冲刷,减缓温差及湿度变化的影响,防止和延缓软弱岩土表面的风化、碎裂、剥蚀演变进程,从而保护路基边坡的整体稳定性,在一定程度上还可兼顾路基美化和协调自然环境。坡面防护设施,不承受外力作用,必需要求坡面岩土整体稳定牢固。简易防护的边坡高度与坡度不宜过大,土质边坡坡度一般不陡于 1:1 ~ 1:1.5。地面水的径流速度以不超过 2.0m/s 为宜,水也不宜集中汇流。雨水集中或汇水面积较大时,应有排水设施相配合。如在挖方边坡顶部设截水沟,高填方的路肩边缘设拦水埂等。

常用的坡面防护设施有植物防护(种草、铺草皮、植树等)和工程防护(抹面、喷浆、勾缝、石砌护面等)。前者可视为有"生命"(成活)防护,后者属无机物防护。有"生命"防护以土质边坡为主,无机物防护以石质路堑边坡为主。在一定程度上,有"生命"防护在边坡稳定和改善路容方面,优于无机物防护。

2. 植物防护

植物防护,可美化路容,协调环境,调节边坡土的湿温,起到固结和稳定边坡的作用。它对于坡高不大,边坡比较平缓的土质坡面是一种简易有效的防护设施,其方法有种草、铺草皮和植树。土质边坡防护也可采用拉伸网草皮、固定草种布或网格固定撒种,用土工合成材料进行土质边坡防护的边坡坡度宜在 1:1.0 ~ 1:2.0。

拉伸网草皮是在土工网或土工垫等土工合成材料上铺设 3 ~ 5cm 的种植土层,经过撒种、养护后形成的人工草皮。固定草种布(也可称植生带)是在土工织物纺织时将草种固定于土工织物中,然后到现场铺筑以促使草皮生长的一种土工合成材料草皮制品。网格固定撒种是先将土工网固定于需防护的边坡上,然后撒播草种形成草皮的一种边坡防护方法。

种草,适用边坡坡度不陡于 1:1,土质适宜种草,不浸水或短期浸水,但地面径流速度不超过 0.6m/s 的边坡。草的品种,应适应当地自然条件,最好是根系发达,中茎低矮,多年生长,几种草籽混种。不宜种草的坡面,可以铺 5 ~ 10cm 厚的种植土层,土层与原坡面结合稳固。

当坡面冲刷比较严重,边坡较陡,径流速度 >0.6m/s,容许最大速度为 1.8m/s 时,应根据具体条件(坡度与流速等),分别采用平铺(平行于坡面)水平叠铺、垂直坡面或与坡面成一半坡角的倾斜叠铺草皮,还可采用片石铺砌成方格或拱式边框,方格或框内再铺草皮,如图 4-42 所示。

铺草皮需预先备料,草皮可就近培育,切成整齐块状,然后移铺在坡面上。铺时应自下而上,并用竹木小桩将草皮钉在坡面上,使之稳固。草皮根部土应随草切割,坡面要预先整平,必要时还应加铺种植土,草皮应随挖随铺,注意相互贴紧。

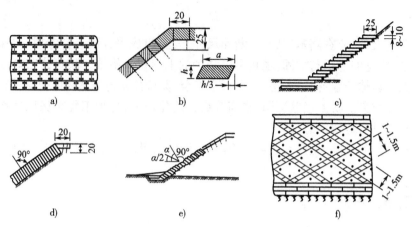

图 4-42 草皮防护示意图(除已注明尺寸外,其余单位为 cm)
a)平铺平面;b)平铺剖面;c)水平叠铺;d)垂直叠铺;e)斜交叠铺;f)网格式
(图中 h-草皮厚度,约 5~8cm,a-草皮边长,约 20~25cm)

植树主要用在堤岸边的河滩上,用来降低流速,促使泥沙淤积,防水直接冲刷路堤。多排林堤岸与水流方向斜交,还可起挑水改变水流方向的作用。沙漠与雪害地区,防护林带还起阻沙防雪作用。树木的品种与种植位置及宽度,应根据防护要求、流水速度等因素,参见有关公路设计手册、结合当地经验而定。城市或风景区的植物防护,应与有关部门协调配合。

3. 工程防护

当不宜使用植物防护或考虑就地取材时,采用砂石、水泥、石灰等矿质材料进行坡面防护是常用的防护形式。它主要有砂浆抹面、勾缝或喷涂以及石砌护坡或护面墙等,这些形式各自适合于一定条件。

抹面防护,适于石质挖方坡面,岩石表面易受风化,但比较完整,尚未剥落,如页岩、泥砂岩、千枚岩的新坡面。对此应及时予以封面,以预防风化成害。常用的抹面材料有石灰浆等,其中石灰为胶结料,要求精选。混合料如加纸筋或竹筋,可提高强度,防止开裂;如掺加适量制盐副产品卤水,因含有氯化钙与氯化镁,可使抹面加速硬化和预防开裂。抹面用料的配合比与用量参见有关公路手册。抹面厚度视材料与坡面状况而定,一般 2~10cm。操作前,应清理坡面风化层、浮土与松动碎块、填坑补洞、洒水润湿。抹面后,应拍浆、抹平和养生。

喷浆施工简便,效果较好,适用于易风化而坡面不平整的岩石挖方边坡,厚度一般为 5~10cm。喷浆的水泥用量较大,重点工程可选用。比较经济的砂浆是用水泥、石灰、河砂及水,按质量比 1:1:6:3 配合。喷浆前后的处治,与抹面相同。对坡面较陡或易风化的坡面,可以在喷浆前先铺设加筋材料,加筋材料可以用铁丝网或土工格栅,喷浆坡面应设置排水孔。

比较坚硬的岩石坡面,为防水渗入缝隙成害,视缝隙深浅与大小,分别予以灌浆、勾缝或嵌补等。

上述防护方法,可以局部处治,综合使用,并与放缓边坡等方法加以比较,力求实用和经济。如果在坡面防护时着色或修饰,还有助于改善路容。

路基坡面为防止地面水流或河水冲刷,可以使用干砌片石护面。图 4-43 所示为浸水路堤单层或双层护面示意图。重要路段或暴雨集中地区的土质高边坡,以及桥涵附近坡面与岩坡、地面排水沟渠等,亦可干砌片石加固。片石护面,要求坡面稳固,先垫以砂层,然后自下而上平整地铺砌片石,片石应逐块嵌紧且错缝,护面厚度一般不小于 20cm,干砌要勾缝,必要时改用浆砌,护面顶部封闭,以防渗水。

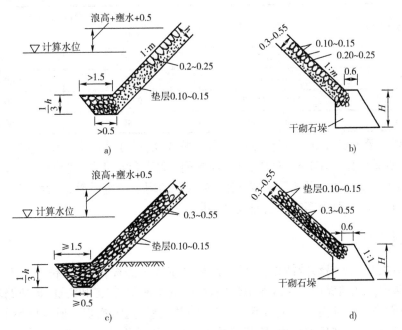

图 4-43 片石护面示意图(尺寸单位:m)
a)、b) 单层;c)、d) 双层

H-干砌石垛高度,为 20~30cm;h-护面厚度,大于 20cm

护面墙是浆砌片石的坡面覆盖层,用于封闭各种软质岩层和较破碎的挖方边坡;要求墙面紧贴坡面,表面砌平,厚度可不一。护面墙石料应符合规格。护面墙除自重外,不承受其他荷重,也不承受墙背土压力,其构造与布置,如图 4-44 所示。墙高与厚度及路堑边坡的关系,见表 4-11。

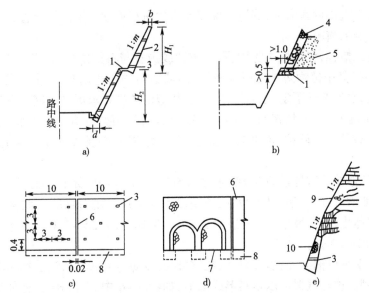

图 4-44 护面墙示意图(尺寸单位:m)
a) 双层式;b) 单层式;c) 墙面;d) 拱式;e) 混合式

1-平台;2-耳墙;3-泄水孔;4-封顶;5-松散夹层;6-伸缩缝;7-软地基;8-基础;9-支补墙;10-护面墙

护面墙的厚度 表4-11

护面墙高度 H(m)	路堑边坡	护面墙厚度(m) 顶宽 b	底宽 d
≤2	1:0.5	0.40	0.40
≤6	陡1:0.5	0.40	$0.40+0.10H$
$6<H≤10$	1:0.5~1:0.75	0.40	$0.40+0.05H$
$10<H<15$	1:0.75~1:1	0.40	$0.60+0.05H$

护面墙高一般不超过10m,可以分级中间设平台,墙背可设耳墙,纵向每10m设一条伸缩缝,墙身应预留泄水孔,基础要求稳固,顶部应封闭。墙基软硬不匀,可设拱跨过软弱地基。坡面常有各种不同地质现象,开挖后形成凹陷,应以石砌圬工填塞平整,称为支补墙。以上构造的具体要求与尺寸,均可参考有关公路设计手册。

三、冲刷防护

冲刷防护主要是对沿河滨海路堤、河滩路堤及水泽区路堤,亦包括桥头引道,以及路基边旁堤岸等的防护。此类堤岸常年或季节性浸水,受流水冲刷、拍击和淘洗,造成路基浸湿、坡脚淘空,或水位骤降时路基内细粒填料流失,致使路基失稳,边坡崩坍。所以堤岸的冲刷防护与加固,主要针对水流的破坏作用而设,起防治水害和加固堤岸的双重功效。

堤岸防护与加固设施有直接和间接两类。直接防护与加固设施中包括植物防护和石砌防护与加固两种,常用的有植物、铺石、抛石或石笼等。间接防护主要指导治结构物,如丁坝、顺坝、防洪堤、拦水坝等。必要时进行疏浚河床、改变河道,目的是改变流水方向,避免或缓和水流对路基的直接破坏作用。改变水流流速、流向和原来状态,可能导致堤岸对面及路基附近下游破坏,必须慎重对待,掌握流水运动规律,因势利导,防治结合,综合治理。

1. 直接防护措施

为了防止流水直接危害沿河、滨海路堤以及有关海河堤坝护岸的堤岸边坡和坡脚,必须采取一定的防止冲刷的措施。

堤岸防护直接措施,包括植物防护、石砌防护或抛石与石笼防护,以及必要时设置的支挡结构物(驳岸等)。其中植物防护与石砌防护,同坡面防护所述基本类同,但堤岸的冲刷主要原因是洪水急流,水位变迁不定,水流速度较大,相应的防护要求更高。盛产石料的地区,当水流速度达到3.0m/s或更高,植树与石砌防护无效时,可采用抛石防护。当水流速度达到或超过5.0m/s时,则改用石笼防护,也可就地取材,用竹笼防护,必要时可以采用土工织物软体沉排护坡。

抛石防护,类似在坡脚处设置护脚,亦称抛石垛,如图4-45所示。抛石不受气候条件限制,路基沉实以前均可施工,季节性浸水或长期浸水均可用。抛石垛的边坡坡度,不应陡于抛石浸水后的天然休止角,边坡率 m_1,一般为1.5~2.0,m_2 为1.25~2.0;石料粒径视水深与流速而定,一般为15~50cm。

石笼用铁丝编织成框架,内填石料,设在坡脚处,以防急流和大风浪破坏堤岸,也可用来加固河床,防止淘刷。铁丝框架可以是箱形或圆形,如图4-46中a)和b)。笼内填石的粒径,最小不小于4.0cm,一般为5~20cm,外层应用棱角突出的大石料,内层可用较小石块填充。石笼在坡脚处排列,用于防止冲刷淘底时,应平铺并与坡脚线垂直,而且堤岸一端固定,另一端不必固定,淘刷后可以向下沉落贴于底面;用于防止堤岸边坡冲刷时,则垒码平铺成梯形,如

图4-46c)和d)。单个石笼的大小,以不被相应速度的水流冲动为宜,铺设时须用碎(砾)石垫层铺平,底层各角,可用铁棒固定于基底。

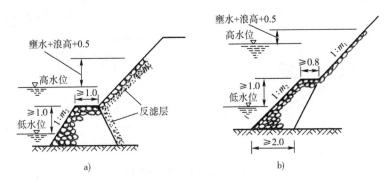

图4-45 抛石防护示意图(尺寸单位:m)
a)新堤石垛;b)旧堤石垛

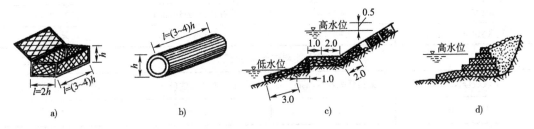

图4-46 石笼防护示意图(尺寸单位:m)
a)箱形笼;b)圆柱形笼;c)防止淘底;d)防护岸坡

土工织物软体沉排是在土工织物上以块石或预制混凝土块体为压重的护坡结构。土工织物软体沉排一般适用于水下工程及预计可能发生冲刷的河床和岸坡土面上。主要有单片垫和双片垫两种结构形式。

单片垫是利用土工织物拼接成大面积的排体;双片垫是将两块单片垫重叠后按一定距离和型式将两片垫连接在一起而构成管状或格状空间,其中再填充透水性砂石料(如砂卵石等),起到防冲与反滤的作用,双片垫的结构形式如图4-47所示。

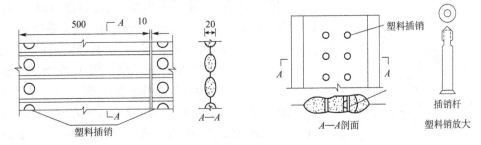

图4-47 双片垫形式(尺寸单位:cm)

土工模袋是一种双层织物袋,袋中充填流动性混凝土或水泥砂浆或稀石混凝土,凝固后形成高强度和高刚度的硬结板块。其主要应用场合及铺设形式如图4-48所示。土工模袋材料应满足表4-12的技术要求,袋内可充填混凝土或砂浆。粗骨料最大粒径应符合表4-13的要求,坍落度不宜小于20mm,其强度等级不低于C10;充填砂浆时,其强度等级不低于M2.5。

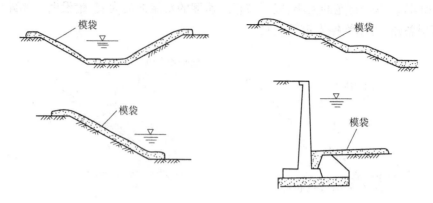

图 4-48 土工模袋的应用及铺设

土工模袋材料要求 表 4-12

指标内容	指标要求	指标内容	指标要求
顶破强度(N)	≥1500	等效孔径 D95(mm)	0.07~0.15
渗透系数(10^{-3}cm/s)	0.86~10	延伸率(%)	≤15

混凝土集料的最大粒径要求 表 4-13

土工模袋厚度(mm)	集料最大粒径(mm)	土工模袋厚度(mm)	集料最大粒径(mm)
150~250	≤20	≥250	≤40

采用土工模袋护坡的坡度不得陡于1:1。如在水下施工,水流速度不宜大于1.5m/s。模袋选型应根据工程要求和当地土质、地形、水文、经济与施工条件等确定。应根据水流量选定模袋滤水点分布数量,当选用无滤水点模袋时,应增设渗水滤管。模袋应用尼龙绳缝制。

2. 间接防护措施

设置导治结构物可改变水流方向,消除和减缓水流对堤岸的直接破坏,同时可减轻堤岸近旁淤积,彻底解除水流对局部堤岸的损害,起到安全保护作用。导治结构物是桥涵和路基的重要附属工程,由于涉及水流改变方向,影响范围较大,工程费用较高,务必慎重。用于防护堤岸的改河工程,一般限于小型工程,如裁弯取直、挖滩改道、清除孤石等,可在小河的局部段落上进行。

导治结构物主要是设坝,按其与河道的相对位置,一般可分为丁坝、顺坝或格坝。图 4-49 所示是桥梁附近设置导治结构物的总体布置示例之一。导治结构物的布置,应综合考虑河道宽窄、水流方向、地质条件、防护要求、材料来源、施工条件和工程经济等,要综合考虑,全面治理,要避免河床过多压缩,或因水位提高和水流改向,而危害河对岸或附近地段的农田水利、地面建筑及堤岸等。

顺坝大致与堤岸平行,主要作用为导流、束水、调整流水曲度、改善流态。格坝在平面上成网格状,设于顺坝与堤岸之间,防止高水位时水流溢入冲刷坝内岸坡和

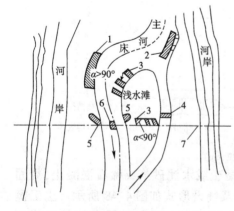

图 4-49 导流结构物综合布置示例
1-顺坝;2-格坝;3-丁坝;4-拦水坝;5-导流坝;
6-桥墩;7-路中线

坡脚,并促进格间的淤积。丁坝大致与堤岸垂直或斜交,将水流挑离堤岸,束河归槽,改善流态。顺坝也称导流坝,丁坝也称挑水坝。

导治结构物的布置是工程成败的关键。布置恰当能收到预期效果;布置不当反而恶化水流,造成水毁。关键在于合理设计导治线,使之符合预定的河轴线和河岸线要求,也取决于选择导治水位,确保不致出现不利的冲刷情况。导治线与导治水位,应依据水流和河岸、河床地形、地质情况、水流对上下游堤岸的影响等因素,通过综合分析和设计计算而定。

顺坝与丁坝均用石块修建成梯形横断面,坝体分为坝头、坝身和坝根 3 个组成部分,横断面尺寸依据构造要求、施工条件和使用需要而定,并应进行稳定性计算。

公路工程中的改河,主要目的是:将直接冲刷路基的水流引向旁处;路基占用河槽后,需要拓宽河道;挖滩改河,清除孤石,改移河道,以保护路基;裁弯取直,有利于布置路线或桥涵。这些措施如经过论证可行,确有必要且效益高时,方可通过设计计算,最后实施。

导治结构物的构造与要求,以及结构物与改河工程的具体设计计算方法,在路基设计手册等文献中有详细介绍,已有详细规定与建议,可供查用。

任务九 软土地基加固

随着我国高等级公路的不断修建,湿软地基的处理加固已显得愈来愈重要。土是一种松散介质,作为路基本身或其支承体,明显的缺点就是强度太低。对于软土路基更是如此。特别是高填路堤,由于其自身荷载较大,在修筑公路时,如果对软土地基不加处理,或处理不当,往往会导致路基失稳或过量沉降。因此,要保持地基稳定,保证地基具有足够的承载能力,不致产生过大沉降变形,就必须对湿软地基进行加固处理。

一、软土分类

软土地基是的土体本身含水率大、孔隙比大而使地基呈现出强度低、压缩性高、沉降量大的软弱土层地基。

软土地基按其成因可分为四种类型,分别为滨海沉积类、湖泊沉积类、河滩沉积类、谷地沉积类。在工程中,对软土地基主要是依据软土类型,根据天然含水率及天然孔隙比等主要特征及其他指标分类,通常可分为软黏土类、淤泥质土类、淤泥类、泥浆质土类及泥炭类等 5 种类型。

二、软土地基的工程特性

不同成因的软土地基都具有相向的共性,主要表现在:

(1)天然含水率高,孔隙比大。含水率为 34% ~ 72%,孔隙比为 1.0 ~ 1.9,饱和度一般大于 95%,液限一般为 35% ~ 60%,塑性指数为 13 ~ 20,天然重度为 15 ~ 19kN/m³。

(2)透水性差。大部分软土的渗透系数为 $10^{-8} \sim 10^{-4}$ cm/s。

(3)压缩性高:压缩系数 $\alpha_{0.1 \sim 0.3}$ 为 0.5 ~ 2.0MPa^{-1},属高压缩性土。

(4)抗剪强度低。其快剪黏聚力在 10kPa 左右,快剪内摩擦角为 10° ~ 15°。

(5)流变性显著。其长期抗剪强度只有一般抗剪强度的 0.4 ~ 0.8。

《公路路基设计规范》(JTG D30—2004)中规定了软土的鉴别依据,见表 4-14。

软土鉴别指标 表4-14

土 类	天然含水率（%）	天然孔隙比	直剪内摩擦角（°）	十字板剪切强度（kPa）	压缩系数 $\alpha_{0.1\sim0.2}$（MPa^{-1}）
黏质土、有机质土	≥35	≥1.0	宜<5	<35	宜>0.5
粉质土	≥30	≥液限 ≥0.90	宜<8		宜>0.3

三、软土地基处理方法

1. 换填法

换填法,即将压底下一定深度范围的湿软土层挖去,换以强度较大的砂、碎(砾)石、灰土或素土,以及其他性能稳定、无侵蚀性的土类,并予以压实。此方法适用于软土层较厚,稠度大、路堤高、施工期紧迫。

换填的作用,可提高承载力和稳定性,减小沉降量,防止冻胀,消除膨胀土的胀缩作用,也可处理暗穴。换填的作用因工程性质而有所不同,当采用砂、碎(砾)石等透水性材料回填时,还有加速软弱土层的排水固结的作用以采用灰土或素土等材料回填时,还可以消除一定深度范围内的黄土湿陷性。

换填法可采用开挖和强制挤出两种施工方法。开挖换填是在路堤范围内将需要处理的软土层挖除,并置换强度高、稳定性好的土。这种方法适用于软土层厚为3.0m以内,路堤需在短期内填筑完成的情况。部分开挖换填则是仅挖除表层最软弱部分的软土,换填好土,使沉降量减少到可接受程度。

强制换填法是利用路堤填土重力将软土向两侧或前方挤出;或者利用炸药爆破将软土从路堤下挤出。爆破震动对环境影响大,而且于软土从路堤下挤出,两侧和前方地基拱起,也会影响周围环境。因而,这种方法只适用于对周围环境的影响无不利后果的情况。

换填材料宜选用排水性能好,处于地下水位以下仍能保持有足够承载力的砂、砂砾及其他粗粒料。

2. 砂垫层法

在软土地基上铺设厚度一般为0.5~1.0m的砂层称为砂垫层,砂垫层的厚度不宜太厚也不宜太薄,太厚施工难,太薄效果差。砂垫层的作用,可提高承载力,减少沉降量,加速软弱土层的排水固结。常作为软土层固结所需的上部排水层,配合其他固结措施一起使用,如图4-50所示。

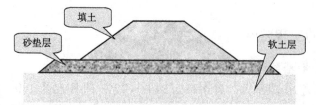

图4-50 砂垫层法

砂垫层材料应采用透水性好的砂(以中粗砂为宜)和砂砾等,要求级配良好,颗粒的不均匀系数不大于5,含泥量(0.074mm颗粒含量)不超过5%,以保证所需的排水能力。

3. 排水固结法

排水固结法是指通过多种技术手段在软弱地基中设置一些排水通道,形成竖向或水平向排水体,改变原有地基的边界条件,增加孔隙水的排出途径,利用结构物本身自重或外加附加荷载,通过逐级加载加压方式,将土体中多余的水通过排水体加以排除,减少土体中的孔隙水,逐渐固结,地基发生沉降,同时强度逐步提高的方法。

按照使用目的,排水固结法可以解决以下两个问题:

①沉降问题。使地基的沉降在加载预压期间大部分或基本完成,使建筑物在使用期间不致产生不利的沉降和沉降差。

②稳定问题。加速地基土的抗剪强度的增长,从而提高地基的承载力和稳定性。

排水固结法由排水系统和加压系统两部分组成,设置排水系统主要在于改变地基原有的排水边界条件,增加孔隙水排出的途径,缩短排水距离。只有排水系统而无加压系统,孔隙水压力差不能自动排出,因而地基得不到加固;而只有加载系统而无排水系统,排水距离不能缩短,就不能在顶压期尽快地提高地基强度。因此,在排水加压设计中,必须把排水系统和加载系统联系起来进行。下面介绍常见的几种排水固结法。

(1)砂井堆载预压法。对于饱和的黏性土地基,其透水性很小,往往采用砂井堆载预压的方法来加速土中孔隙水的排除,加快土的固结,达到挤紧土颗粒和提高强度的目的。为了缩短预压时间、在砂井上部铺设砂垫层,使砂井与砂垫层构成地基的排水系统,在填土荷载的作用下加速排水固结。此外,利用路基填土自重压密地基,不必另备材料。所以,砂井堆载预压方法,在路基工程中是一种经济有效的方法,适用于一般软土地基加固,可节省土方,少占农田。

(2)降水预压法。降水预压法是通过井点抽水使地下水位降低,从而增加土的自重应力,以达到预压的目的。由于使用了降水法,就不需控制加荷速率,也不会有因孔隙水压力增高而使地基破坏的情况,因而可以提高施工速度。

(3)真空排水预压法。真空排水预压法就是先在加固土中布置砂井与砂垫层,然后在砂垫层上铺设不透气的塑料薄膜,通过真主泵抽气,造成塑料薄膜下高度真空,使土中产生负的孔隙水压力,从而吸出孔隙水达到预压固结的目的(见图4-51)。

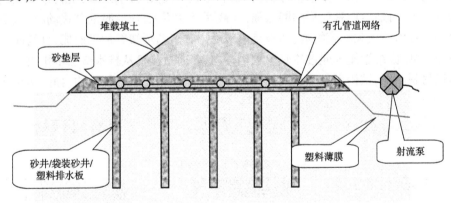

图4-51 真空堆载预压排水法示意图

真空排水加固湿软地基时,作用于土体的总应力并没有增加,降低的仅是土中的孔隙水压力,只发生收缩变形,不会发生侧向挤出的情况。因此,真空预压荷载无须分级施加,可以一次快速施加而不会引起地基失稳。因此,真空排水预压法比堆载预压法的施工工期要短得多。

真空排水预压法加固软基时,地基周围的土体向着加固区移动;而堆载预压则相反,向着加固区外移动(即侧向挤出)。当二者垂直变形相同时,真空排水顶压加固土体的密实度要高。由于真空排水预压加固土体在整个加固区范围内真空压力是均匀分布的,故加固后的土体其垂直变形在全区比堆载加固的要均匀。此外,真空排水预压法是利用大气来加固湿软地基的,因此施工干扰少,施工现场能保持整洁。

真空排水预压法的局限性主要表现在:加固效果显著的仅表现在上部4~5m处,下部稍差,因此加固的有效深度还不够大,设计计算理论还不完善;对测试技术和检测仪器要求较高;同时也不适用于要求较高的地基。

(4) 袋装砂井法。袋装砂井是从竖向排水井工艺的发展,是砂井排水法的延续。砂井的直径越大,间距越密,对某一固结度而讲所需的时间越短,或者某一时间内所达到的固结度越大。在同一井径的情况下,砂井间距减小一半,固结时间约缩短3倍;同一间距条件下,井径增大1倍,固结时间约只减少1/3。因此,缩短间距比增加井径对加速固结的效果更好,故应采用"细而密"的原则布置砂井。

普通砂井一般直径较小,当起拔护孔套管时,致使灌砂不能密实或嵌入黏土而中断。当地基有较大侧向变形时,砂井很可能错位、缩颈甚至被切断,使砂井无法正常工作。如果采用大直径砂井,则施工机具笨重、复杂,对周围土的扰动大、效率低,用砂量大,费用高。采用适当密布的小直径砂井,既可加快固结,又可降低造价。

袋装砂井,是先将柔性编织物按地基加固深度做成长袋,砂袋直径为7~12cm,在地面上灌砂后放入孔中,或将空袋放入孔中然后用压缩空气灌砂。这样就可以保证砂井的连续性并适应地基变形要求。考虑到施工的方便及经济方面的原因,袋装砂井的直径以7~10cm为宜,间距一般在1.0~2.0m。袋装砂井的砂袋必须具备透水、透气和一定强度,且起滤网作用,韧性和柔性好,在水中有一段时间的耐久性,一般以聚丙烯编织袋较好。

袋装砂井应使用含泥量小于3%的中、粗砂在地面上搭架灌入砂袋,成孔后放入孔中,砂袋应露出地面约50cm,如砂袋上端缺砂,则应补足。

(5) 塑料排水板法。塑料排水板法是利用塑料排水扳打入(或用插板机插入)土堤,作为垂直排水通道,可代替常用的排水砂井法,其滤水性好,可确保排水效果;塑料排水板具有一定的强度和延伸率,可适应地基变形的能力强;板截面尺寸不大,插放时地基扰动小,施工方便。

塑料排水板由芯板和滤膜组成,芯板是出聚丙烯和聚乙烯塑料加工而成,且两面有间隔沟槽的板体,土层中固结渗流水通过滤膜渗入沟槽内,并通过沟槽从排水垫层中排出。塑料排水板由于所用材料不同,结构也各不相同。国内外工程所应用的塑料板结构,如图4-52所示。

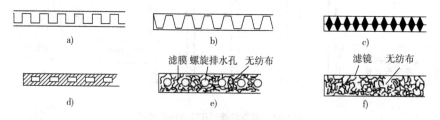

图4-52 塑料板结构

a) 方形槽塑料板;b) 梯形槽塑料板;c) 三角形槽塑料板;d) 硬透小塑料板;e) 无纺布螺旋排水板;f) 无纺布柔性塑料板

4. 粒料桩

用粒料桩加固地基有置换、排水固结和应力集中的作用,粒料校长度以内的地基属于复合地基,复合地基理论的最基本假定为桩与土的协调变形,设计小一般不考虑桩的负摩阻力及群桩效应问题。

粒料桩的承载能力不仅与桩身材料的性质和桩身密实度有关,而且还与桩周土体的侧阻能力有关,当被加同的软土强度很低时,粒料桩很难成桩。根据工程经验,振冲粒料桩在十字板抗剪强度大于 15kPa 的地基土可以成桩;沉管粒料桩施工时对土体扰动很大,又无法护壁,一般要求适应于不排水抗剪强度为 30~60kPa 的不会坍孔的低灵敏度的黏性土。

振冲法是以起重机吊起振冲器,电动振冲器振动,水泵喷射高压水流,在振动和高压水的联合作用下,振冲器沉入土中预定深度,经过清孔用循环水带出孔中稠泥浆,向孔中逐段添加粒料,予以振动挤密,在地基中形成振冲桩。振冲器的起重能力为 10~15t,水压力宜大于 500kPa,供水量宜大于 20m³/h,加料能力不小于 0.4~0.8m³/min。

振冲桩的填料应严格控制粒径和级配,粒径应不大于 5cm,大小要搭配,并掺 10%~15% 的中粗砂,以起反滤作用,以免泥砂堵塞碎石间隙,丧失桩的渗水排水作用。

总之,振冲法的施工机具简便、施工快、工期短、造价低,而且对砂性大的湿软地基加固效果特别明显,此外,加固后地基抗震能力增强,在地震区更显出其优点。

5. 挤密桩法

挤密桩法是在土基中成孔后,在孔中灌以砂、石、土、灰土或石灰等材料,捣实而成直径较大的桩体,利用横向挤紧作用,使地基土颗粒挤密,孔隙减小,从而提高承载载力,减小土的变形,如图 4-53 所示。

孔中灌砂,形成砂桩,与砂井形式相仿,但作用不同。砂井的作用是排水固结,井径较小而间距较大,砂桩的作用是将地基土挤紧,并与地基土组成复合地基,井径较大,间距较小。砂井适用于过湿湿软地基,而砂桩适用于处理松砂、杂填土和黏粒含量不大的普通黏性土,也可有效地防止砂土基底的振动液化。

石灰桩与砂桩类似,即在孔中填石灰,用于挤密软土地层,适用于没有滞水砂层的软土

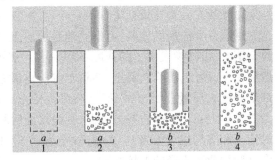

图 4-53 挤密桩法强度形成原理

地基。石灰桩的主要作用是挤密,而生石灰的吸水、膨胀、发热及离子交换作用,改善了原地基土的件质.也使桩体硬化,此外还可减小四周围土的蠕变所引起的侧向位移。利用石灰桩加固湿软地基,关键在于石灰桩在地下水中能否结便,试验表明:水中含有酸根是石灰桩结硬的基本条件。由于石灰桩在水下结硬的速度远比在空气中慢得多,所以将石灰和水就地拌和,增加石灰于外界的接触,结硬条件比纯石灰桩好得多,可提高桩的早期强度。石灰桩吸水膨胀和对土体的挤压作用,是石灰桩加用地基的特殊功能。石灰桩施工的基本要求:一是生石灰必须密封存放,最好选用新鲜块灰;二是石块必须粉碎至满足要求。

砂桩和石灰桩的布置与尺寸,需通过设计计算而定,一般桩径约 20~30cm,桩的间距约为桩径的 3.5 倍,可在平面上按梅花形布置,桩的长度与加固土层厚度及加固要求有关。

6. 化学加固法

利用化学溶液或胶结剂,采用压力灌注或搅拌混合等措施,使土颗粒胶结起来,达到对土基加固的目的,称为化学加固法,又称胶结法。此法加固效果取决于土的性质和所用化学剂,亦与施工工艺有关。

(1)通常使用的化学溶液主要有:

①以水玻璃溶液为主的浆液,常用的是水玻璃浆液和氯化钙浆液配合使用,价格昂贵,使用受到限制。

②以丙烯酸氨为主的浆液,我国研制的丙强是其中一种。加固效果较好,因价高亦难以广

泛采用。

③水泥浆液,是由高标号的硅酸盐水泥,配以速凝剂而组成的浆液。(目前应用最广泛)。

④以纸浆溶液为主的浆液,如重铬酸盐木质素和木铵,加固效果好,但有毒性,且易污染地下水。

(2)化学加固的施工工艺有:注浆法、旋喷法和深层搅拌法。

①注浆法(灌浆)是利用机械压力将浆液通过注入管,均匀注入地层,浆液以填充和渗透方式,排挤土粒间或石隙中的水分和空气,占据其位置,一定时间后,浆液凝固,可使原土层或缝隙固结成整体。其用途甚广,路基中除用于防护坡面和堤岸外,亦可用于加固土基和整治滑坡等病害,用于加固流砂或流石地基可以提高强度和不透水性,改善地下工程的开挖条件等。

②旋喷法是在注浆法基础上发展起来的一项新技术,又称为化学搅拌成型法。旋喷法是用钻机钻孔至设计深度,用高脉冲泵、通过安装在钻杆下端的特殊喷射装置,向土中喷射化学浆液,在喷浆的同时,钻杆以一定速度旋转并逐渐往上提升,高压射流使一定范围内的土体结构破坏,强制破坏的土体与化学浆液混合,胶结硬化后在土层中形成直径较匀称的圆柱体,如图 4-54 所示。旋喷的浆液以水泥浆液为主,如果土的渗水性较大或地下水流速较快,为防止浆液流失,浆液中加速凝剂(如三乙醇胺和氯化钙等)。

7. 重锤夯实法与强夯法

重锤夯实法加固地基,可提高地基表层土的强度。对湿陷性黄土,可降低地表的湿陷性;对杂填土,可减少表层土的强度不均一性。重锤夯实法适用于地下水位 0.8m 以下稍湿的一般黏性土、砂土、湿陷性黄土、杂填土等。重锤夯实法,一般以钢筋混凝土制成截头圆锥体(底部垫钢板),质量宜 1.5t 或稍重,锤底直径为 1~1.5m,起重设备的能力为 8~15t,落距高一般为 2.5~4.5m。重锤的夯击遍数,一般以最后两次的平均夯沉量不超过规定值来控制,即一般黏性土和湿陷性黄土为 1~2cm,砂土为 0.5~1.0cm。实践结果表明,一般是 8~12 遍,作用深度约为锤底直径的 1 倍左右。

强夯法,又称动力固结法,如图 4-55 所示,是以 8~12t(甚至 20t)的重锤,8~20m 落距(最高达 40m),对土基进行强力夯击,利用冲击波和动应力,达到土基加固的目的。具有施工简单、加固效果好、使用经济、运用面较广等优点。

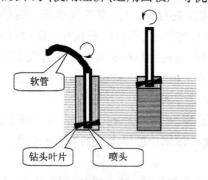

图 4-54 旋喷桩示意图

图 4-55 强夯法示意图

经强夯法处理的地基,其承载力可提高 2~5 倍,压缩性降低 2~10 倍,广泛用于杂填土(各种垃圾)、碎石土、砂土、黏性土、湿陷性黄土及泥炭和沼泽土,不但陆地上使用,亦可水下夯实。缺点是需要相应的机具设备,操作时噪声和振动较大,不宜在人口密集或附近防震要求高的地点使用。

8. 其他方法

湿软地基加固除上述方法外,还采用反压护道、土工布法、爆破法、铺网法及加筋法等。

(1)反压护道。在路堤两侧填筑一定高度和宽度的填土,使路堤下地基土不被挤出和隆起,以保证路堤的稳定的措施,如图 4-56 所示。反压护道的高度一般为路堤高度的 1/3~1/2,且不宜大于填土的极限高度,还可与其他方法配合应用,以少占耕地,增大效果。施工时还应与路堤同步。

反压护道提高路基的稳定性,但加大路堤沉降。当在施工过程中因填土使土基产生滑动破坏时,可在填方路堤两侧一定宽度范围内平衡反压填土,以谋求填土的稳定。但是,利用这种方法用地宽度显著增加,为此需要大量的土方。在用地困难、征地费高及难以得到廉价填土材料的情况下是很不经济的。因此这种方法大多是用在施工过程中已经明显显出不稳定的填方或发生了滑坍破坏的填方处,作为应急措施和修复措施。

(2)土工布法。在湿软地基土修筑路堤,用土工布铺于地基上和路堤中,然后填土的方法。该方法可使地基沉降均匀,增强地基和填土的强度,从而达到边施工和快速通车的目的。

土工布一般是以聚乙烯为主要材料经过纺织或无纺织后形成的布料。由于它在工作状态中受到各种力的作用,因此,使用土工前的,必须了解它的抗拉强度、延伸率、应力应变特性、摩擦性能、撕裂强度、耐磨性、抗化学和生物化学作用的能力等。

土工布对路堤的沉降量无多大影响,但能明显改善路堤的稳定性(防止侧向分离)及沉降的均匀性。

(3)爆破法。爆破法就是将炸药放在软土或泥沼中爆炸,利用爆炸时的张力作用,把淤泥或泥炭扬弃,然后回填以强度较高的渗水性土,如图 4-57 所示。爆破法是换上的一种施工方法,较一般方法换填深度大,工效较高,软土、泥沼均可采用。

图 4-56 反压护道示意图

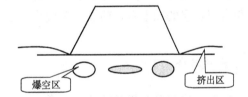

图 4-57 爆破法图

爆破法适用于淤泥(或泥炭)层轻厚、稠度大、路堤较高和施工期紧迫边等情况。

爆破法可根据爆破与填土的相对关系分为两种。一是先在原地面上填筑低于极限高度的路堤,再在基底下爆破。这种方法适用于稠度较大的软土或泥沼,先填的路堤随爆随沉,避免了回淤。但先填后爆要严格控制炸药,使既能炸开淤促或泥炭,又不致扬弃已填路堤,要做到这一点是较困难的。另一种是先爆后填,适用于稠度较小、回淤较慢的软土。采用这种方法时,应事先准备好充足的回填材料,于爆破后立即回填,做到随爆随填,填满再爆,爆后再填,以免因回淤而造成浪费。

(4)铺网法及加筋法。铺网法是将具有一定抗拉能力的网(如以聚乙烯为主要材料制成的合成纤维网),铺在强度很低的软土地基上,然后在其上堆砂土等材料而成。铺网不仅可增高地基上的承载能力,近可调整地基不均匀沉降,以及侧向位移。

图 4-58 所示为铺网法的示意图。在荷载作用下,软土产生沉降,地基产生侧向位移和部分隆起现象。在荷载中心处的铺网随着地基下沉而承受拉力,由于铺网与地基的共同作用,可减少地基的侧向位移,同时铺网也可承受部分荷载的作用。

施工时,先在湿软地基上铺网,然后填一层砂层以利排水固结。铺砂时应先铺两边后铺中间,其目的是先使两侧软土预压及固定铺网,这样在铺中间部分砂层时,可减少由于铺砂荷载而产生软土的侧向位移,也使铺网发挥较大的拉力作用。铺砂后在砂层上填土,当填土较厚时,铺网的作用消失,所以铺网是填土施工前及初始阶段的一项临时措施。

加筋法是在填土层的下部铺设筋条的方法。这是因为填土与软弱地基的刚度不一样,地基变形往往大于填土的变形,这样不能承受拉力的填土底部就会产生裂缝,路堤也因此而遭到破坏。如果在填土底部铺一些拉筋,就可以防止或减少填土底部开裂。而且这种拉筋还能超到约束土的变形及减小地基侧向位移的作用,如图 4-59 所示。

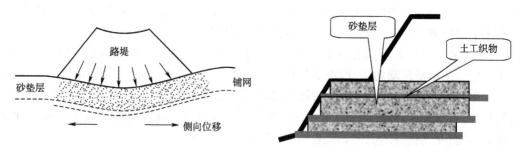

图 4-58 铺网法示意图　　　　图 4-59 路堤加筋法

（5）轻质路堤。轻质路堤是为减轻路堤自重,减少沉降及增大稳定安全系数,采用轻质材料修筑的路堤。轻质材料是人工制作的土工材料。其主要特点是密度比一般的土体小,而强度和变形特性可以达到甚至超过良好的土体。其作用是减轻路堤自重,减小或加速软土沉降提高土体抗剪强度,同时它作为填料还有节约投资、减少占地等效益。我国轻质路堤采用的材料一般是粉煤灰,国外也有用大块型硬质泡沫塑料 EPS 、粉煤路堤有 3 种类型,即单一的、土和粉煤灰互层的和土砂及粉煤灰等混合的。

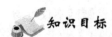思考与练习

1.路基防护与加固的意义和分类。
2.直接防护与间接防护的本质区别有哪些?
3.路基常用的坡面防护措施有哪些?其各自使用条件有哪些不同?
4.软基的概念以及加固的目的。
5.在公路工程中常采取哪些措施进行湿软地基处理?阐述各种措施的加固原理和适用范围。

学习情境　挡土墙的设计

知识目标

1.掌握各种类型挡土墙的构造、特点和使用场合。
2.掌握重力式挡土墙的构造与布置的要求及方法。
3.掌握挡土墙设计步骤及方法。
4.熟悉其他形式挡土墙的构造特点。

能力目标

1. 能根据项目实际情况选择合适的挡土墙。
2. 能进行重力式挡土墙设计。

任务十 挡土墙的基本知识

一、挡土墙的用途

挡土墙是为防止土体坍滑而修筑的,主要承受侧向土压力的墙式建筑物。在公路工程中广泛用于支承路堤填土或路堑边坡,以及桥台、隧道洞口及河流堤岸等。

路基在下列情况宜修建挡土墙,如图4-60所示:
(1)路基位于陡坡地段或岩石风化的路堑边缘地段。
(2)为避免大量挖方及降低边坡高度的路堑地段。
(3)可能产生塌方、滑坡的不良地质路段。
(4)水流冲刷严重或长期受水浸泡的沿河路基地段。
(5)为节约用地、减少拆迁或少占农田的地段。
(6)为保护重要建筑物、生态环境或其他特殊需要保护的地段。

 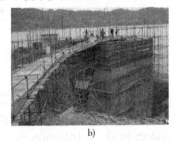 

图4-60 挡土墙设置地段
a)边坡治理;b)桥头挡土墙段;c)隧道与路基连接段

表4-15所示为几种常用的挡土墙。在路基工程中,挡土墙的建筑费用较高,故路基设计时,应与其他可能的工程方案进行经济比较,择优选定。

二、挡土墙的类型及用途

按挡土墙的位置不同分为:路堑挡墙、路堤挡墙、路肩挡墙和山坡挡墙等,如图4-61所示。

按挡土墙的墙体材料不同,分为:石砌挡墙、混凝土挡墙、钢筋混凝土挡墙、砖砌挡墙、木质挡墙和钢板墙等。

挡土墙各部分名称如图4-61a)所示。靠回填土或山体的一侧面称为墙背;外露的一侧面称为墙面,也称墙胸;墙的顶面部分称为墙顶;墙的底面部分称为基底或墙底;墙面与墙底的交线称为墙趾;墙背与墙底的交线称为墙踵;墙背与铅垂线的夹角称为墙背倾角 α。

挡土墙设置位置不同,其用途也不相同。

路堑墙设置在路堑边坡底部,主要用于支撑开挖后不能自行稳定的山坡,同时可减少挖方数量,降低挖方边坡的高度,如图4-61a)所示。

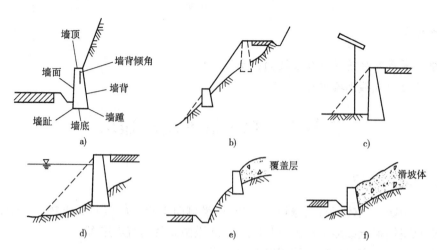

图 4-61 按位置设置的挡土墙分类
a)路堑墙;b)路堤墙(虚线为路肩墙);c)路肩墙;d)浸水挡土墙;e)山坡挡土墙;f)抗滑挡土墙

路堤墙设置在高填土路堤或陡坡路堤的下方,可以防止路堤边坡或路堤沿基底滑动,同时可以收缩路堤坡脚,减少填方数量,减少拆迁和占地面积,如图 4-61b)所示。

路肩墙设置在路肩部位,墙顶是路肩的组成部分,其用途与路堤墙相同。它还可以保护临近路线的既有的重要建筑物,如图 4-61c)所示。沿河路堤,在傍水的一侧设置挡土墙,可以防止水流对路基的冲刷和侵蚀,也是减少压缩河床的有效措施,如图 4-61d)所示。

山坡墙设置在路堑或路堤上方,用于支撑山坡上可能坍滑的覆盖层、破碎岩层或山体滑坡,如图 4-61e)和图 4-61f)所示。

按挡土墙的结构形式不同分为:重力式、半重力式、衡重式、悬臂式、扶壁式、锚杆式、拱式、锚定板式、桩板式和垛式等。

各类挡土墙的特点及其适用范围,见表 4-15。挡土墙类型的选择应根据与所支挡土体的稳定平衡条件,考虑荷载的大小和方向、地形、地质状况、冲刷深度、基础的埋置深度、基底的承载力设计值和不均匀沉降、可能的地震作用、与其他构造物的衔接、墙面的外观美感、施工难易、造价高低、环境特点等因素,综合比较后确定。

挡土墙的特点及适用范围　　　　　　　　　表 4-15

类型	结构示意图	特点及适合场合
重力式	墙身	主要依靠墙身自重保持稳定。它取材容易,形式简单,施工简便,适用范围广泛。多用浆砌片(块)石,墙高较低(≤6m)时也可用干砌;在缺乏石料的地区可用混凝土砌块或混凝土浇筑。其断面尺寸较大,墙身较重,对地基承载力的要求较高
半重力式	钢筋	一般采用片石混凝土浇筑,墙背拉应力较大时,需设置钢筋,由于整体强度较高,墙身截面和自重相对较小(与重力式比较),因而圬工数量较少;墙趾较宽,以保证基底宽度,减小基底应力,必要时也可在墙趾处设置少量钢筋;此外常在基底设凸榫。适用范围与重力式挡土墙相似,常用于不宜采用重力式挡土墙的地下水位较高和软弱地基上,以及缺乏石料的地区,一般多用于低墙

续上表

类型	结构示意图	特点及适合场合
衡重式		上下墙背间有衡重台,利用衡重台上填土重力和墙身自重共同作用维持其稳定。其断面尺寸较重力式小,且因墙面陡直、下墙墙背仰斜,可降低墙高和减少基础开挖量,但地基承载力要求较高。多用在地面横坡陡峻的路肩墙,也可作路堤或路堑墙。由于衡重台以上有较大的容纳空间,上墙墙背加缓冲墙后,可作为拦截崩坠石之用
悬臂式		属钢筋混凝土结构,由立壁、墙趾板和墙踵板三个悬臂部分组成,墙身稳定主要依靠墙踵板上的填土重力以及墙身自重来保证。断面尺寸较小,但墙较高时,立壁下部的弯矩大,钢筋与混凝土用量大,经济性差。多用于墙高≤6m 的路肩墙,适用于缺乏石料的地区和承载能力较低的地基
扶壁式		属钢筋混凝土结构,由墙面板(立壁)、墙趾板、墙踵板和扶肋(扶壁)组成,即沿悬臂式挡土墙的墙长,每隔一定距离增设扶肋,把墙面板与墙踵板连接起来。适用于缺乏石料的地区和地基承载力较低的地段,墙较高大于6m 时较悬臂式挡土墙经济
加筋土式		由墙面板、拉筋和填土三部分组成,借助于拉筋与填土间的摩擦作用,把土的侧压力传给拉筋,从而稳定土体。既是柔性结构,可承受地基较大的变形;又是重力式结构,可承受荷载的冲击、振动作用。施工简便、外形美观、占地面积少,而且对地基的适应性强。适用于缺乏石料的地区和大型填方工程
锚杆式		由锚杆和钢筋混凝土墙面组成。锚杆一端锚固在稳定的地层中,另一端与墙面连接,依靠锚杆与地层之间的锚固力承受土压力,维持挡土墙的平衡。土石方和圬工量都较少,施工安全,较为经济。适用于墙高较大,缺乏石料的地区或挖基困难的地段,具有锚固条件的路堑墙,对地基承载力要求不高

续上表

类型	结构示意图	特点及适合场合
锚定板式	肋柱、拉杆、锚定板、挡土板	由锚定板、拉杆、钢筋混凝土墙面和填土组成。锚定板埋置于墙后的稳定土层内,利用锚定板产生的抗拔力抵抗侧向土压力,维持挡土墙的稳定。基底应力小,圬工数量少不受地基承载力的限制,构件轻,可预制拼装、机械化施工。适用于缺乏石料的路堤墙和路肩墙,墙高时可分级修建
桩板式	挡土板、钢筋混凝土锚固桩	由钢筋混凝土锚固桩和挡土板组成。利用深埋的锚固段的锚固作用和被动抗力抵抗侧向土压力,从而维护挡土墙的稳定。适用于土压力较大、要求基础深埋的地段,多用于岩石地基,墙高一般不受限制。开挖面小,施工较为安全
柱板式	挡土板、立柱、拉杆、卸荷板、底梁、牛腿、基座	由钢筋混凝土立柱、挡土板、底梁、底板(卸荷板)、基座和钢拉杆组成。借助于底板上部填土的重力作用平衡全墙,并可减少立柱下部所受的土压力。柱板式结构构件轻便,可预制拼装,施工快,基础开挖量较悬臂式和扶壁式少,适用于支挡土质路堑高边坡和处治边坡坍滑,也可作路堤墙使用

任务十一　挡土墙设计

一、挡土墙的构造

常用的重力式挡土墙及钢筋混凝土挡土墙,一般由墙身、基础、排水设施与伸缩缝等部分构成。

1. 墙身

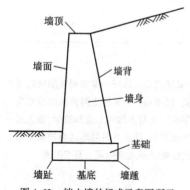

图 4-62　挡土墙的组成示意图所示

挡土墙靠近回填土的一面称为墙背如图 4-62 所示,暴露在外侧的一面称为墙面或墙胸,墙的顶面称为墙顶,墙的底面称基底。挡土墙的底部,称为基础或基脚,根据需要可与墙身分开建造,也可整体建造成为墙身的一部分。基底的外侧前缘部分称为墙趾,基底的内侧后缘部分称为墙踵。

(1)墙背。根据墙背倾斜方向的不同,墙身断面形式可分为仰斜、垂直、俯斜、凸形折线式和衡重式等几种,如图 4-63 所示。分析仰斜、垂直和俯斜三种不同的墙背所受的土压力可见,仰斜墙背所受的压力最小,垂直墙背次之。因此仰斜式的墙身断面较经济,且当用作路堑墙时,墙背与开挖的边坡较贴合,所以开挖与回填量均较小;但当墙趾处地面横坡较陡时,采用仰斜式墙背会使墙高增加,断面增大,因此仰斜式墙背不宜用于地面横坡较陡处。仰斜式挡土墙,墙背越缓,所受土压力越小,但施工越困难,故仰斜式墙背下宜过缓,一般常控制 $\alpha < 14°$。(即墙背的斜度为 1:0.25)。

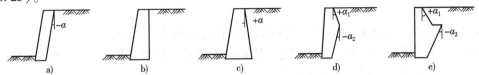

图 4-63 石砌挡土墙断面形式图
a) 仰斜;b) 垂直;c) 俯斜;d) 凸形折线式;e) 衡重式

俯斜墙背所受的压力较大,因此墙身断面比仰斜式要大。但当地面横坡较陡时,俯斜式挡土墙可采用陡直的墙面,从而减小墙高。俯斜墙背的坡度减缓固然对施工有利,但所受土压力亦随之增加,致使断面增大,因此墙背坡度不宜过缓,通常控制 $\alpha < 21.48°$(即 1:0.4)。

凸形折线式墙背,上部俯斜下部仰斜,故其断面较为经济。

衡重式墙背可视为在凸形折线式的上下墙之间设一衡重台,并采用陡直墙面。上墙墙背的坡度,通常为 1:0.25 ~ 1:0.45,下墙一般为 1:0.25 左右,上下墙的墙高比,通常采用 2:3。

(2) 墙面。通常,基础以上的墙面均为平面,墙面坡度除应与墙背的坡度相协调外,还应考虑到墙趾处地面的横坡度。当地面横坡较陡时,墙面可直立或外斜 1:0.05 ~ 1:0.2,以减小墙高;当地面横坡平缓时,墙面可放缓,一般采用 1:0.20 ~ 1:0.35 较为经济,但不宜缓于 1:0.4,以免过多增加墙高。

(3) 墙顶。对于石砌挡土墙墙顶的最小宽度,浆砌的不小于 50cm,干砌的不小于 600cm。当用作路肩墙时,一般用粗料石或低强度等级混凝土做成帽石,帽石厚度约为 40cm。对于路堑墙与路堤墙通常可不做帽石,墙顶选用大块石砌筑,并用砂浆抹平。

(4) 护栏。当挡土墙高度较大时,为增加驾乘人员心理上的安全感,保证行车安全,墙顶应设置护栏,如图 4-64 所示。护栏所采用的材料、护栏高度、宽度、应符合有关规范规定。护栏距路面边缘的距离,应满足路肩最小宽度的要求。

2. 基础

基础设计的主要内容包括基础形式的选择和基础埋置深度的确定。

挡土墙通常采用浅基础,只有在特殊情况下,才使用桩基。

绝大多数挡土墙的基础直接设置在天然地基上。当地基软弱,墙身较高时,为减少基底压应力,增加稳定性,墙趾可伸出台阶,以拓宽基底,台阶宽度不小于 20cm,高宽比可用 3:2 或 2:1。

图 4-64 挡土墙墙顶设置护栏

地基为较弱土层时,可用砂砾、碎石、矿渣或石灰土等质量较好的材料换填,以提高地基承载力。

基础埋置深度取决于地质条件、水文情况、冻结深度、邻近建筑物的基础影响等。为保证挡土墙的稳定,埋置深度应满足下列要求:

(1) 当冻结深度小于或等于 1m 时,基底应在冻结线以下不小于 0.25m,并符合基础最小埋置深度不小于1m的要求。

（2）当冻结深度超过1m时，基底最小埋置深度不小于1.25m，还应将基底至冻结线以下0.25m深度范围内的地基土换填为弱冻胀材料。

（3）受水流冲刷时，应按路基设计洪水频率计算冲刷深度，基底应置于局部冲刷线以下不小于1m。

（4）路堑式挡土墙基础顶面应低于路堑边沟底面，且不小于0.5m。

（5）在风化层不厚的硬质岩石地基上，基底一般应置于基岩表面以下0.15~0.6m；在软质岩石地基，基底最小埋置深度不小于1m。

建筑在斜坡地面上的挡土墙基础前趾埋入地面的深度和距地表的水平距离，不应小于表4-16的规定。当挡土墙采取倾斜基底时，其倾斜度则应符合表4-17所示的规定。

斜坡地面基础埋置条件　　　　　　　　　　　表4-16

土 层 类 别	最小埋入深h(m)	距地表水平距离L(m)	图　示
较完整的硬质岩石	0.25	0.25~0.50	
一般硬质岩石	0.60	0.60~1.50	
软质岩石	1.00	1.00~2.00	
土层	≥1.00	1.50~2.50	

基 地 倾 斜 度　　　　　　　　　　　表4-17

地 层 类 别		基底斜度($\tan\alpha_0$)
一般地基	岩石	
	土质	
浸水地基	$\mu<0.5$	0.0
	$0.5\leq\mu\leq0.6$	≤0.1
	$\mu>0.6$	≤0.2

注：α_0——基底倾斜角，为基底面与水平的夹角；μ——基底与地基的摩擦系数。

3. 排水设施

挡土墙的排水处理是否得当，直接影响到挡土墙的安全及使用效果。因此，挡土墙应设置完善的排水设施，以疏干墙后填料中的水分，防止地表水下渗造成墙后积水，使墙身承受额外的静水压力；消除黏性土填料因含水率增加而产生的膨胀压力；减小季节性冰冻地区填料的冻胀压力。

挡土墙的排水设施通常由地面排水和墙身排水两部分组成。

地面排水，主要是防止地表水渗入墙背填料或地基。因此，可设置地面排水沟，以截留地表水。夯实回填土顶面和地表松土，以减少雨水和地面水下渗，必要时应加设铺砌，采取封闭处理防止地表水渗入地基，可夯实墙前回填土及加固边沟等。墙身排水，主要是为了迅速排除墙后积水。通常在非干砌的挡土墙身的适当高度处设置一排或数排泄水孔，如图4-65所示。泄水孔尺寸可视泄水量大小分别采用5cm×10cm、10cm×10cm、15cm×20cm的方孔，或直径为5~10cm的圆孔。对于重力式、悬臂式、扶壁式等整体式墙身的挡土墙，应沿墙高和墙长设置泄水孔，泄水孔应具有向墙外倾斜的坡度，其间距一般为2.0~3.0m，浸水挡土墙为1.0~

1.5m,上下交错设置。折线墙背可能积水处,也应设置。干砌挡土墙可不设泄水孔。最下排泄水孔的底部应高出地面0.3m,若为浸水挡土墙,应设于常水位以上0.3m。泄水孔的进水侧应设反滤层,厚度不应小于0.3m。在最下排泄水孔的底部,应设置隔水层。当墙背料为非渗水性土时,应在最底排泄水孔至墙顶以下0.5m高度内,填筑不小于0.3m厚的砂、砾石竖向反滤层,反滤层的顶部应以0.3~0.5m厚的不渗水材料封闭,如图4-66所示。泄水量大时,可在排水层底部加设纵向渗沟,配合排水层把水排至墙外。

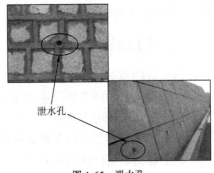

图4-65 泄水孔

一般情况下,墙身可不设防水层,但在严寒地区或附近环境水有侵蚀性时,应作防水处理。通常,对石砌挡土墙先抹一层水泥砂浆,再涂以热沥青;对混凝土挡土墙则涂以热沥青。

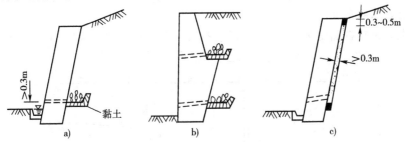

图4-66 泄水孔及排水层

a)和b)在泄水孔进口处设置粗粒料和土工布反滤层,以避免堵塞孔道的挡土墙结构形式;c)当墙背填料为非渗水性土时挡土墙结构形式

4. 沉降缝与伸缩缝(见图4-67)

为防止因地基不均匀沉陷而引起墙身开裂,应根据地基地质条件及墙高、墙身断面的变化情况,设置沉降缝。为了减少圬工砌体因硬化收缩和温度变化作用而产生的裂缝,须设置伸缩缝。

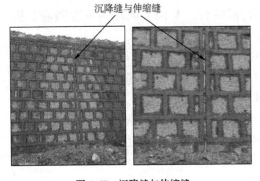

图4-67 沉降缝与伸缩缝

通常,把沉降缝与伸缩缝结合在一起,统称为沉降伸缩缝或变形缝。各类挡土墙应根据构造特点,设置容纳构件收缩、膨胀及适应不均匀沉降情况的变形缝构造。

重力式、半重力式、悬臂式、扶壁式等具有整体式墙身的挡土墙,一般沿墙长10~15m或与其他建筑物连接处应设置伸缩缝;挡土墙高度突变或基底地质、水文情况变化处,应设沉降缝;平曲线路段挡土墙按折线布置时,转折处宜设沉降缝。伸缩缝与沉降缝可全高设置,其宽度宜取0.02~0.03m,缝内沿墙内、外、顶3边填塞沥青麻筋或沥青木板,塞入深度不应小于0.15m。当墙背为填石且冻害不严重时,可仅留空隙,不塞填料。钢筋混凝土挡土墙表面须设置垂直的V形槽,间距不大于10m,设槽处钢筋不截断;在沉降或伸缩缝处水平钢筋应截断,接缝可做成企口或前后墙面槽口式。干砌挡土墙可不设伸缩缝与沉降缝。位于岩石地基上的整体式墙体的挡土墙,设缝间隔可适当增长,但不应大于20m。加筋土挡土墙的分段设缝距离可适当加长,但不应大于25m。

二、挡土墙的布置

挡土墙的布置是挡土墙设计的一个重要内容,通常是在路基横断面图和墙趾纵断面图上布设。个别复杂的挡土墙尚应作平面布置。

1. 挡土墙的横向布置

横向布置主要是在路基横断面图上进行,其内容为确定断面形式,选择挡土墙的位置。

挡土墙的断面形式和位置,均应根据实际情况分析计算后确定。例如,路肩墙与路堤墙的墙高与圬工数量相近,基础情况亦相仿时,宜作路肩墙,因为采用路肩墙,可减少填方和占地;但若路堤墙的墙高或圬工数量比路肩墙显著降低,且基础也可靠时,则宜作路堤墙。不论是路肩墙,还是路堤墙,当地形陡峻时,可采用俯斜式或衡重式;地形平坦时则可采用仰斜式。对路堑墙来说,宜用仰斜式或折线式。

2. 挡土墙的纵向布置

挡土墙纵向布置在墙趾纵断面图上布设,布置后绘成挡土墙正面图如图4-68所示。

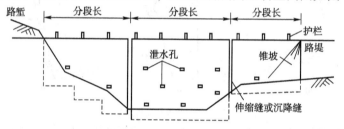

图4-68 挡土墙正面图

挡土墙的纵向布置主要内容包括以下4个方面:

(1)确定挡土墙的起讫点和墙长,选择挡土墙与路基或其他结构物的衔接方式。

路肩挡土墙端部可嵌入石质路堑中,或采用锥坡与路堤衔接,与桥台连接时,为了防止墙后回填土从桥台尾端与挡墙连接处的空隙中溜出,需在台尾与挡土墙之间设置隔墙及接头墙。

路堑挡土墙在隧道洞口应结合隧道洞门、翼墙的设置做到平顺衔接;与路堑边坡衔接时,一般将墙高逐渐降低至2m以下,使边坡坡脚不致伸入边沟内,有时也可与横向端墙连接。

(2)按地基及地形情况进行分段,确定伸缩缝与沉降缝的位置。

(3)布置各段挡土墙的基础。墙趾地面有纵坡时,挡土墙的基底宜做成不大于5%的纵坡。但地基为岩石时,为减少开挖,可沿纵向做成台阶。台阶尺寸视纵坡大小而定,但其高宽比不宜大于1:2。

(4)布置泄水孔的位置,包括数量、间隔和尺寸等。

在布置图上注明各特征点的桩号,以及墙顶、基础顶面、基底、冲刷线、冰冻线、常水位线或设计洪水位的高程等。

3. 平面布置

对于个别复杂的挡土墙,例如高的、长的沿河挡墙和曲线挡墙,除了横、纵向布置外,还应作平面布置,并绘制平面布置图。

在平面图上,应标示挡土墙与路线平面位置的关系,与挡土墙有关的地物、地貌等情况。沿河挡墙还应标示河道及水流方向,以及其他防护、加固工程等。

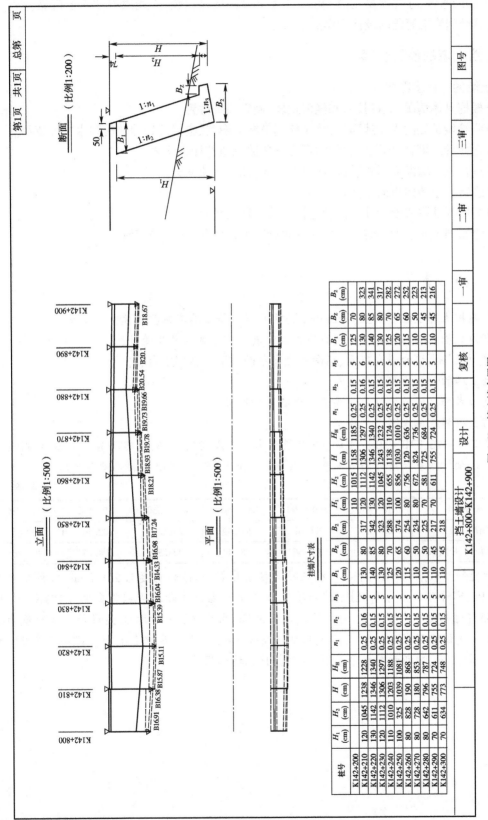

图 4-69 挡土墙布置图

挡土墙的布置,往往需要在横、纵、平 3 面上多次反复比较,方能取得技术上可靠,经济上合理,且照顾到施工简便的最佳方案。

三、挡土墙的设计步骤

挡土墙的设计步骤如下:
(1)根据具体情况,通过技术和经济比较,确定墙趾位置。
(2)测绘墙趾处的纵向地面线,核对路基横断面图,收集墙址处的地质和水文等资料。
(3)选择墙后填料,确定填料的物理力学参数和地基计算参数。
(4)进行挡土墙断面形式、构造和材料设计,确定有关参数。
(5)进行挡土墙的纵向布置。
(6)套用标准图或设计计算法确定挡土墙的断面尺寸。
(7)绘制挡土墙立面、横断面、平面图和计算工程量,如图 4-69 所示。

思考与练习

1. 按照挡土墙设置的位置,挡土墙分为哪几类?挡土墙有哪些用途?
2. 重力式挡土墙的基本组成部分有哪些?其各部分的名称又是什么?
3. 重力式挡土墙的横向布置、纵向布置和平面布置包括哪些内容?
4. 挡土墙的设计步骤有哪些?
5. 重力式挡土墙设计时为何要设沉降缝和伸缩缝?
6. 挡土墙的基础埋深有何要求?
7. 某二级公路 K10+500~K10+560 段为直线路段,拟在右侧修建路肩挡土墙,墙趾处纵断面地面线测量结果及设计高程见表 4-18,K10+502~K10+550 段横向地势平坦。

表 4-18

桩号	K10+480	K10+500	K10+502	K10+550	K10+560	K10+580
地面高(m)	209.19	206.69	200.69	201.22	202.56	202.06
路肩边缘设计高程(m)	207.36	206.56	206.48	204.56	204.16	203.36

设计资料:墙身材料采用 M7.5 水泥砂浆浆砌片石,砌体的重度为 $22kN/m^3$,容许压应力为 1250kPa,容许剪应力为 175kPa;墙后填料选用砂土,经土工试验得到其重度为 $18kN/m^3$,内摩擦角 35°;地基为中密砾石土,允许承载力 500kPa,基底摩擦系数取 0.5;设计车辆荷载为公路—Ⅰ级。建议墙顶宽度 1.0~1.3m,墙背与墙面平行,墙背坡度取 1:0.25。试确定墙身断面尺寸,绘制挡土墙、横断面图和平面图,并计算挡土墙工程量。

项目五　路面设计

学习情境　路面的认识

1. 熟悉交通运输对路面的基本要求,路面结构层次组成与划分。
2. 熟悉路面的分类类型,不同公路等级所采用的路面形式。
3. 掌握路面的技术要求、路面横断面类型、路面结构层次划分、路面分级、刚性路面、柔性路面。

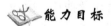

能根据交通量、公路等级等条件参照规范选择合适的路面等级。

任务一　路面的作用及结构组成

一、对路面的基本要求

路面是用各种材料混合料铺筑在路基上供车辆行驶的层状结构物。未铺筑路面的路基虽然也能行驶车辆;但它抵御自然因素和车辆荷载的能力很差、晴天时尘土飞扬、雨天泥泞,行车时会使其表面崎岖不平、车辆颠簸打滑、行车速度低、甚至无法通行,并且耗油量大和机件耗损严重。铺筑路面后,改善了道路条件和行车条件。能使车辆全天候通车,不受气候干扰,而且汽车能以一定的速度安全、舒适地在道路上行驶,道路的好坏直接影响行车速度、安全及运输成本。路面的质量对发挥道路运输经济效益有着十分重要的作用。

路面的基本功能是为车辆提供快速、安全、舒适和经济的行驶表面,要求路面能够满足行车的使用要求,降低运输费用和延长路面的使用年限。因此,路面应具有以下6方面的性能:

1. 强度和刚度

汽车在路面上行驶时,车辆通过车轮把垂直力和水平力传给路面,水平力又分为纵向和横向两种。同时路面还受到车辆的振动力和冲击力作用,在汽车身后还有真空吸力的作用,在上述外力的综合作用下,路面结构内就会产生不同的压应力、拉应力和剪应力。如果路面的结构强度不足,不能抵抗这些应力的作用,就会导致路面出现一系列的破坏现象,从而影响正常行车,逐渐会使路面造成大面积的破坏承载能力剧降,严重影响道路的使用。因此,要求路面结构必须具有足够的强度,以抵抗行车作用下所产生的各种应力,避免路面破坏。

刚度就是指路面抵抗变形的能力,使路面在车辆荷载作用下不发生过量的变形,避免影响正常行车和舒适性。路面结构有时显然强度足够。但其刚度不足时,在车辆荷载作用下,会出现波浪、车辙及沉陷等破坏现象,久而久之也会造成路面的破坏。因此,要求路面应具有足够的刚度。

2. 稳定性

路面既承受行车荷载的作用,又袒露在大气之中,经常受到水分和温度变化的影响。要求路面的强度和刚度在水分和温度变化的情况下,不致发生显著的降低,具有足够的稳定性。例如,沥青路面在夏季高温季节可能会软化,在车辆荷载作用下会出现车辙和推挤。在冬季低温时又可能出现收缩、变脆而产生开裂。水泥混凝土路面在高温时可能出现拱胀开裂、低温时可能出现收缩裂缝,当温度急剧变化时也可能出现面板翘曲而破坏。中、低级路面中的砂石路面,在雨季雨水和冬季融于水渗入路面结构含水率增大,强度显著下降。同时土基也会受到水分下渗的影响,强度降低,使路面结构强度受到影响。因此,在设计路面时,应调查和分析当地温度和湿度对路面结构的影响,选择有足够稳定性的路面结构及相应的路面材料。

3. 表面平整度

路面平整度对行车影响很大,是路面使用性能的一个重要方面。路面平整度差时行车阻力增大,行车因振动作用而使车辆颠簸,影响行车速度及行车安全性和舒适性。同时因车辆振动增加对路面的冲击力而使路面加快破坏,并增加了汽车的机体和轮胎的磨损及油耗。因而路面要求一定的平整度,尤其是高级路面行车速度快,对路面的平整度要求也就更高一些。平整度高的路面,要求有良好的路面结构,路面材料及精心的施工工艺和优质的施工机具及严格的施工质量控制。

4. 耐久性

路面在车辆荷载的重复作用和大气水温周期性的重复作用下,因而,会逐渐出现疲劳破坏和塑性变形的累积,使路面使用性能将逐渐下降,强度与刚度将逐年衰变,路面材料的各项性能也可能老化衰变,而导致路面结构的损坏。为了保证和尽可能地延长路面的使用寿命。应采用有足够疲劳强度、抗老化和抗变形累积能力的路面结构和路面材料,满足路面的耐久性要求。

5. 表面抗滑性

路面表面要求平整,但不宜光滑,汽车在光滑的路面上、行驶时,车轮与路面之间缺乏足够的附着力或摩擦力。在雨天高速行车、转弯和紧急制动时容易打滑,爬坡和突然起动时容易空转或打滑,致使行车速度降低,甚至引起交通事故。因此,路面表面应具有足够的抗滑性能,通常用摩擦系数表征抗滑性能。对于高速公路等行车速度高的路面应具有较高的抗滑性能,以保证行车安全和运输的经济效益。

要保证路面表面的抗滑性能,可以通过采用坚硬、耐磨、走而粗糙的集料组成的路面表层材料和具有抗滑性能的沥青面层来实现。水泥混凝土路面可以采用在表面刷毛或刻槽等工艺措施来实现。应及时清除路面表面的积雪、浮水或污泥等,加强养护措施,满足表面的抗滑要求。

6. 不透水性和少尘性

应尽量采用不透水的路面面层。透水的路面,水分容易渗入路面结构和土基,降低了路面和土基的强度而导致路面结构的破坏。

砂石路面在汽车行驶时,会由于车轮后面所产生的真空吸力位表层及其中的细料吸起而扬尘。扬尘会导致路面结构松散,形成坑洞等破坏,也会加速汽车机件损坏,而且对旅客和沿路居民及周围环境造成污染,因而要求路面具有少尘性,减少扬尘。

二、路面结构组成

1. 横断面

在路基顶面铺筑面层结构,沿横断面方向由行车道、硬路肩和土路肩所组成。路面横断面的形式随道路等级不同,可选择不同的形式,通常分为槽式横断面和全铺式横断面。如图 5-1 所示。

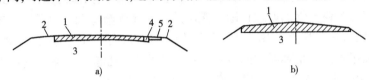

图 5-1 路面横断面形式
a) 槽式;b) 全铺式
1-路面;2-土路肩;3-路基;4-路缘石;5-加固路肩

(1) 槽式横断面。在路基上应按路面行车道及便路肩设计宽度开挖路槽,保留土路肩,形成浅槽,在槽内铺筑路面。

(2) 全铺式横断面。在路基全部宽度内都铺筑路面。在高等级公路建设中,有的为了将路面结构内部的水分迅速排出,在全宽范围内铺筑基层材料,保证水分由横向排入边沟。有时考虑到道路交通的迅速增长,为适应扩建的需要,将硬路肩及土路肩的位置全部按行车道标准铺筑面层。在盛产石料的山区或较窄的路基上,全宽铺筑中、低级路面。

2. 路拱和路拱横坡度

为了保证路面上雨水及时排出,减水雨水对路面的浸润和渗透而减弱路面结构强度,路面表面应做成中间高、两边低的直线形或抛物线路拱。如图 5-2 所示。

等级高的路面,平整度和水稳定性较好,透水性也差,通常采用直线形路拱和较小的路拱横坡度。直线形路拱在路拱两侧采用倾斜直线,在中间插入一段圆曲线,圆曲线长约为路面宽度的 1/3。但不超过 3m 圆曲线半径不小于 50m。等级低的路面,为了有利于迅速排除路表积水,

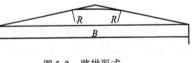

图 5-2 路拱形式

一般采用抛物线形路拱和较大的路拱横坡度。抛物线形路拱形式比较圆顺,中间坡度较小,两边坡度较大,这种形式有利于排除雨水,在形式上也较美观,缺点是路拱两边坡度较大、会使中间行车集中,而且增加施工难度。

各种不同类型路面的路拱平均横坡度如表 5-1 所示。

各级路面的路拱平均横坡度　　　　　　　　　　　　表 5-1

路 面 类 型	路拱平均横坡度(%)
沥青混凝土、水泥混凝土	1~2
沥青碎(砾)石、沥青贯入碎(砾)石、沥青表处、整齐石块	1.5~2.5
半整齐石块、不整齐石块	2~3
碎石、砾石等粒料	2.5~3.5
炉渣土、砾石土、砂砾土等	3~4

选择路拱横坡度,应充分考虑有利于行车平稳和有利于横向排水两方面要求。在干旱和有积雪、浮冰地区,应采用低值,多雨地区采用高值。当道路纵坡较大或路面较宽,或行车速度较高,或交通量和车辆载重较大,或常有拖挂汽车行驶时,应采用低值,反之应采用高值。

路肩横坡度一般较路面横坡大1%。高速公路和一级公路的硬路肩采用硬路面行车道相同的结构时,应采用与路面行车道相向的路面横坡度。

三、路面结构层次划分及其作用

行车荷载和自然因素对路面的影响是随着深度的增加而逐渐减弱的。因此,对路面材料的强度、抗形变能力和稳定性的要求也随着深度的增加而逐渐降低。为了适应这一特点,路面结构通常是分层铺筑的。根据使用要求、受力状况、土基支承条件和自然因素影响程度的不同,可在土基上采用不同规格和要求的材料分成若干层次,既能发挥各种材料的功能,又能节约工程造价。通常各个层次功能的不同,分为面层、基层和垫层。

1. 面层

面层是直接承受车辆荷载及自然因素影响的表面面层,在承受较大的车辆荷载的垂直力、水平力和冲击力的作用,同时还受到降水的侵蚀和气温变化的影响。因此,面层应具有较高的结构强度、抗形变能力,较好的水稳定性和温度稳定性,而且表面应耐磨、不透水,具有良好的抗滑性能和平整度。

面层所用的材料主要有水泥混凝土、沥青混凝土、沥青碎(砾)石混合料、碎(砾)石掺土和不掺土的混合料和块石料等。

面层有时可分为2层或3层铺筑。如高速公路一级公路沥青面层总厚度12~18cm,可分为上、中、下3层铺筑,并根据各分层的要求,采用不同的级配等级。水泥混凝土路面也可分为上、下两层铺筑,分别采用不同标号的水泥混凝土材料。砂石路面上所铺不超过3cm厚的磨耗层或保护层以及厚度不超过1cm的简易沥青表面处理,不能作为一个独立的层次来看待,应看作面层的一部分。

2. 基层

基层主要求受由面层传来的车辆荷载垂直力并扩散到下面的垫层和土基中去。实际上,基层是路面结构中的主要承重层,应具有足够的强度和刚度,并且有良好的扩散应力的性能。它有可能受到地下水和通过面层渗入水分的侵蚀,所以基层应有足够的水稳定性,以防湿软变形而影响路面结构的强度。同时,基层也应要求有较好的平整度,这是保证面层平整度的基本条件,并且与面层要结合良好。

基层所用的材料主要有各种结合料(如石灰、水泥或沥青等)稳定土或稳定碎(砾)石或工业废渣(主要有粉煤灰)组成的混合料,分为水泥混凝土、天然砂砾、各种碎(砾)石混合料、片石、硬石或圆石等。

3. 垫层

垫层介于土基与基层之间,其功能是改善土基的湿度和温度状况,以保证面层和基层的强度、刚度和稳定性不变土基水温状况变化所造成的不良影响,同时还能起到扩散应力的作用,减小土基产生的应力和变形和阻止路基土挤入基层的功能。

垫层所用的材料,强度要求不一定高,但要求水稳定性或隔温性能要好,常用的垫层材料主要有砂、砾石、炉渣等组成的透水性垫层和水泥、石灰稳定土组成的稳定类垫层。

应该指出,路面结构层次不一定如上述那样完备,有时一个层次可起到两个层次的作用,但面层和基层是必不可少的。一般公路的基层宽度要比面层每边至少宽出25cm,垫层宽度也应比基层每边至少宽出25cm或与路基同宽,以便排水。

任务二 路面等级与分类

一、路面等级

通常按路面面层的使用品质、材料组成类型以及结构强度和稳定性,将路面分为4个等级,如表5-2所示。

面层类型及使用范围　　　　　表5-2

面 层 类 型	使 用 范 围
沥青混凝土、沥青玛蹄脂碎石	高速、一级、二级、三级、四级公路
水泥混凝土	高速、一级、二级、三级、四级公路
沥青碎石、沥青贯入式、沥青表面处治	三级、四级公路
砂石路面	四级公路

1. 高级路面

高级路面的特点是强度高,刚度大,稳定性好,使用寿命长,能适应较大的交通量,路面平整,无尘埃,能保证高速行车。高级路面的养护费用少,运输成本低,但初期建设投资大,需要用高质量的材料来修筑。

2. 次高级路面

与高级路面相比,次高级路面的强度和刚度较低,使用寿命较短,所适应的交通量较小,行车速度也较低,次高级路面的初期建设投资虽较高级路面低些,但要求定期修理,养护费用和运输成本也较高。

3. 中级路面

中级路面的强度和刚度低,稳定性差,使用寿命短,平整度差,易扬尘,仅能适应较小的交通量,行车速度低。中级路面的初期建设投资虽然很低,但是养护工作量大,需要经常维修和补充材料才能延长使用年限,运输成本高。

4. 低级路面

低级路面的强度和刚度很低,水稳定性差,路面平整性差,易扬尘,故只能保证低速行车,所适应的交通量很小,在雨季有时不能通车。低级路面的初期建设投资很低,但要求经常养护修理,而且运输成本很高。

二、路面分类

路面类型可以从不同角度来划分,但是一般都按面层所用的材料划分,如水泥混凝土路面、沥青路面、砂石路面等。但是在工程设计中,主要从路面结构的力学特性和设计方法的相似性出发,将路面划分为柔性路面、刚性路面和半刚性路面3类。

1. 柔性路面

柔性路面的总体结构刚度较小,在行车荷载作用下产生较大的弯沉变形,路面结构本身的抗弯拉强度较低,它通过各结构层将行车荷载传递给路基,便路基承受较大的单位压力。路基路面结构主要靠抗压强度和抗剪强度承受行车荷载的作用。柔性路面主要包括各种用沥青处理和未经处理的粒料基层和各类沥青面层、碎(砾)石面层或块石面层组成的路面结构。

2. 刚性路面

刚性路面主要指用水泥混凝土做面层或基层的路面结构。水泥混凝土的强度高,与其他筑路材料比较,它的抗弯拉强度高,并且有较高的弹性模量,故呈现出较大的刚性。在行车荷载作用下,水泥混凝土结构层处于板体工作状态,竖向弯沉较小,路面结构主要靠水泥混凝土面板的抗弯拉强度承受行车荷载,通过板体的扩散分布作用,传递给基础上的单位压力较柔性路面小得多。

3. 半刚性路面

用水泥、石灰等无机结合料稳定的土或碎(砾)石以及含有水硬性结合料的工业废渣修筑的基层,在前期具有柔性路面的力学性质(初期强度和刚度较小),后期的强度和刚度均有较大幅度的增长,但是最终的强度和刚度仍远小于水泥混凝土。由于这种材料的刚度处于柔性路面与刚性路面之间,通常称之为半刚性基层,把这种基层和铺筑在它上面的沥青面层称为半刚性基层沥青路面。

任务三 路面材料的工程特性

一、路面材料的力学特性

路面所用的材料,按其不同的形态及成型性质大致可分为3类:松散颗粒型材料及块料;沥青结合料类;无机结合料类。这些材料按不同的成型方式(密实型、嵌挤型和稳定型)形成各种结构层。

由于材料的基本性质和成型方式不同,各种路面结构层具有不同的力学特性。

路面材料在车轮荷载和环境因素的作用下所表现出的力学特性,对路面的使用品质和使用寿命有重大影响。因此,深刻理解路面材料的力学特性将有助于正确判别路面各种病害的真实成因,也有助于设计出符合使用要求的路面结构。

1. 抗剪强度

路面结构层因抗剪强度不足而产生破坏的情况有以下3种:

(1)路面结构层厚度较薄,总体刚度不足,车轮荷载通过薄层结构传给路基的剪应力过大,导致路基路面整体结构发生剪切破坏。

(2)无结合料的粒料基层因层位不合理,内部剪应力过大而引起部分结构层产生剪切破坏。

(3)面层材料的抗剪强度较低,如高温条件下的沥青面层、级配碎石面层等,经受较大的水平推力时,面层材料产生纵向或横向推移等各种剪切破坏。

路面材料的抗剪强度主要由混合料中结合料的黏结力和集料与集料之间内摩擦阻力所提供,抗拉强度可以采用直接直接剪切试验确定。

沥青混合料受剪时,除了矿质颗粒之间存在摩擦阻力之外,还有粒料与沥青的黏结力以及沥青膜之间的黏滞阻力共同形成抗剪强度。因此沥青混合料的抗剪强度与沥青的黏度和用量、试验温度、加荷速率等因素有关,还受矿料的级配、形状和表面特性的影响。混合料中的矿质粒料因有沥青涂敷,其摩擦阻力比纯粒料有所下降。沥青含量越多,φ 值下降越多,而集料级配良好、富有棱角时,有助于提高摩擦阻力。

2. 抗拉强度

沥青路面、水泥混凝土路面及各种半刚性基层在气温急剧下降时产生收缩。水泥混凝土路面和各种半刚性基层在大气湿度变化时,产生明显的下缩,这些收缩变形受到约束阻力时,将在结构层内产生拉应力,当材料的抗拉强度不足以抵抗上述拉应力时,路面结构会产生拉伸断裂。

路面材料的抗拉强度主要由混合料中结合料的黏结力所提供,抗拉强度可以采用直接拉伸或间接拉伸试验确定。

沥青混合料是温度敏感件材料,其抗拉强度与温度有关,在常温条件下,随着试验温度增加,抗拉强度减小;在负温条件下,随着温度降低,抗拉强度增大。

3. 抗弯拉强度

由水泥混凝土、沥青混合料以及无机结合料稳定类材料(半刚性材料)修筑的结构层,在车轮荷载作用下,处于受弯曲工作状态。由行车荷载引起的弯拉应力超过材料的抗弯拉强度时,路面结构就会产生弯曲断裂。路面材料的抗弯拉强度可以采用简支小梁试验确定。

4. 应力-应变特性

路面结构层在行车荷载作用下的应力、应变和位移量,不仅与荷载状态有关,还取决于路面材料的应力-应变特性。

二、路面材料的重复荷载作用特性

路面结构在整个使用寿命期内,经受着行车荷载千百万次的重复作用。由于荷载重复作用,引起的路面结构破坏的极限状态,完全不同于其他结构物由于使用期内可能出现的最大极限荷载引起的破坏极限状态。路面结构在荷载应力重复作用下,可能出现的破坏极限状态有两类:

(1)若路面材料处于弹塑性工作状态,则重复荷载作用将引起塑性变形的累积,当累积变形超出一定限度时,路面使用功能将下降至允许限度以下,出现破坏极限状态。

(2)路面材料处于弹性工作状态,在重复荷载作用之下虽不产生塑性变形,但是结构内部将产生微量损伤,当微量损伤累积达到一定限度时,路面结构发生疲劳断裂,出现破坏极限状态。

这两类破坏极限的共同点就是破坏极限的发生不仅与荷载应力的大小有关,而且与荷载应力作用的次数有关。

水泥混凝土路面在整个使用期间处于弹性工作状态,因此在重复荷载作用之下,出现疲劳破坏;沥青路面在低温环境中,基本上处于弹性工作状态,则出现疲劳破坏,而在高温环境中,处于弹塑性工作状态,因此出现累积变形。在季节性温差很大的地区,沥青路面兼有疲劳破坏和累积变形两种极限状态。半刚性材料尽管在早期(1~3个月)处于弹塑性状态,但是过了这个期限之后,基本处于弹性状态,因此,在使用期间,主要的极限状态是疲劳破坏;以黏土为结合料的碎、砾石路面,由于混合料中的细粒黏土受大气湿度影响,因此,路面结构处于弹塑性状态,塑性变形的累积是极限状态的主要形式。

1. 累积变形

路面结构在行车荷载重复作用下因塑性变形累积而产生沉陷或车辙,是路面结构的主要病害。这种永久性的变形是路基路面各结构层材料塑性变形的综合,它不仅与荷载的大小、作用次数以及路基土的性状有关,也受路面各结构层材料变形特性的影响。

(1)碎、砾石混合料。碎、砾石混合料在重复应力作用下的塑性变形累积规律与细粒土相似,图5-4是一种级配良好的混合料的重复加载试验结果。由图5-3可知,当偏应力 σ_d 低于某一数值时,塑性变形随作用次数增加而增加,且逐渐趋向稳定。当重复次数大于 10^4 次后,基本达到平衡状态,平衡状态的应变量与的比值大小有关。当偏应力较大时,塑性变形量随作用次数增加而不断增长,直至破坏。

级配不良、颗粒尺寸单一的混合料,在应力重复作用很多次以后,塑性变形仍有增大趋势;含有细粒过多的混合料,由于混合料密实度较低,变形累积过大,因此均不宜用于修筑路面。

(2)沥青混合料。对沥青混合料在重复应力作用下变形累积过程的研究,可利用单轴压缩试验或重复作用三轴压缩试验来进行。两种试验方法所得的累积应变-时间关系的规律基本一致。

图5-4为一密实型沥青混合料经受重复试验的结果。由图5-4可以看出,塑性应变量随重复作用次数的增加而增加。温度越高,塑性应变累积量越大。试验结果表明,在同一温度条件下,控制累积应变量的是加荷时间的总和而不仅是重复作用的次数;加荷频率以及应力循环的间隔时间对累积应变-时间关系的影响不大。

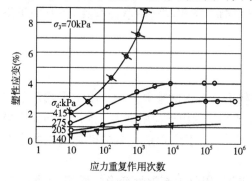

图5-3 良好级配碎石混合料的变形累积

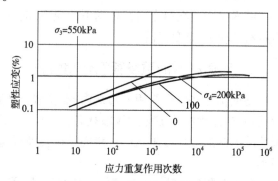

图5-4 密实型沥青混合料的变形累积

影响变形累积的因素,除了温度、施加应力大小以及加荷时间之外,与集料的状况也有关系。有棱角的集料比圆角的集料能获得较高的劲度模量,因此累积变形过较小;密实级配沥青混合料比开级配沥青混合料的累积变形量小;此外压实的方法、压实的程度对变形累积的规律都有一定影响。

2. 疲劳特性

对于弹性状态的路面材料承受重复应力作用时,可能在低于静载一次作用下的极限应力值时出现破坏,这种材料强度的降低现象称为疲劳。疲劳的出现,是出于材料微结构的局部不均匀,诱发应力集中而出现微损伤。在应力重复作用之下微量损伤逐步累积扩大,最终导致结构破坏,这种破坏称为疲劳破坏。

出现疲劳破坏的重复应力值(即疲劳强度),随重复作用次数的增加而降低。有些材料在应力重复作用一定次数(如 $10^6 \sim 10^7$ 次)后,疲劳强度不再下降,趋于稳定值,此稳定值称为疲劳极限。当重复应力低于此值时,材料可经受无限多次的作用而不出现破坏。路面材料的疲劳特性应主要考虑疲劳破坏的发生情况及疲劳强度、疲劳寿命和疲劳极限等方面。

(1)水泥混凝土及无机结合料稳定类材料。此类材料的疲劳性能可通过对小梁试件施加重复应力来测定。将重复弯拉应力 σ_r 与一次加载得出的极限弯拉应力(抗弯拉强度) σ_f 值之比称为应力比。绘制应力比 σ_r/σ_f 与重复作用次数 N_f 的关系曲线(称为疲劳曲线),如图5-5

所示。

由图 5-5 所示的水泥混凝土疲劳曲线,可发现以下 5 方面的规律:

①出现疲劳破坏的重复作用次数从随着应力比的增大而降低。

②重复应力级位相同时,N_f 的变动幅度较大,表明试验结果离散,但其概率分布基本符合对数正态分布。因此,必须通过大量的试验后才能得到可靠的均值。

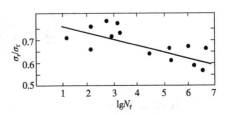

图 5-5　水泥混凝土疲劳试验曲线

③通过回归分析,可得到描述应力比与作用次数关系的疲劳方程。当 $N_f = 10^2 \sim 10^7$ 时在半对数坐标上应力比 σ_r/σ_f 与作用次数 N_f 的关系呈线性关系,可用下式表示:

$$\frac{\sigma_r}{\sigma_f} = \alpha - \beta \lg N_f$$

式中:$\alpha \backslash \beta$——由试验确定的系数,与材料的性质和试验条件有关。

④当重复作用次数为 $N_f = 10^7$、应力比 $\sigma_r/\sigma_f = 0.55$ 时尚未发现有疲劳现象。

⑤当应力比 $\sigma_r/\sigma_f < 0.75$ 时,重复应力施加的频率对试验结果(即疲劳方程)无明显的影响。

无机结合料稳定类材料其疲劳特性与水泥混凝土相类似,但疲劳方程的系数 α 和 β 值则有所不同,疲劳极限明显比水泥混凝土低。

(2)沥青混合料。沥青混合料疲劳特性的室内试验可以用简支小梁或圆柱体试件进行。由于沥青混合料的劲度模量较低,在应力反复加荷过程中,试件的受力状态不断发生变化,为此,根据不同的要求有控制应力试验和控制应变试验两种试验方法。

控制应力试验是在试验过程中保持荷载或应力值始终不变,而应变量的增长速率不断增加;控制应变试验,是在试验过程中不断调节所施加的荷载或应力值,使应变量始终保持个变。在试验中材料的劲度仍不断下降,保持不变应变量所需要的力不断减小,如图 5-6 所示。

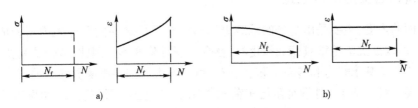

图 5-6　控制应力和控制应变疲劳试验
a)应力控制;b)应变控制

控制应力试验,材料的疲劳破坏往往以试件出现断裂为标志。控制应变试验,并不会出现明显的疲劳破坏现象,可以以劲度模量下降到初始模量值的 50% 作为疲劳破坏的标准。

思考与练习

1. 什么是路面?路面的基本要求有哪些?
2. 按照各个层位功能的不同,路面结构层可划分为几个层次?各具有什么特点?
3. 根据路面结构的力学特性和设计方法的相似性,可将路面划分为几类?各具有什么特点?
4. 路面材料的工程特性有哪些?

学习情境　常见路面类型

知识目标

1. 掌握无机结合料稳定土基层分类、特性及各自的影响因素。
2. 熟悉碎石、砾石类结构层的分类、特点及强度形成机理。
3. 掌握沥青路面的分类及常用的沥青类结构层特点。
4. 掌握水泥混凝土路面的分类及常用的水泥混凝土类结构层特点。

能力目标

1. 根据交通量、公路等级等条件参照规范选择合适的无机结合料稳定土基层。
2. 根据交通量、公路等级等条件参照规范选择合适的碎石、砾石类结构层。

任务四　石料路面

　　石料路面是主要由石料为原材料铺筑的块料路面、碎石路面、级配碎(砾)石路面等数种路面。其中用块状石料或混凝土预制块铺筑的路面称为块料路面；用加工轧制的碎石按嵌挤原理铺压而成的路面称为碎石路面；由各种集料(碎石、砾石)和土，按最佳级配原理修筑而成的路面称为级配碎(砾)石路面。

一、石料路面强度形成原理

　　块料路面的强度，主要是由基础的承载力和石块与石块之间的摩擦阻力所构成。当这两种力很小，不足以抵抗车轮垂直荷载作用时，就会出现沉陷变形。因此，欲使块料路面坚固，则块石料周界长与路基承载力和传布面积，均应尽可能地大。如果摩擦界面上的摩擦阻力很小，线路基和基层承载力不足，则路面在行车荷载作用下，将发生压缩变形。如果压缩变形小一致，则路面高低不平，最后导致块石松动而造成路面破坏。

　　碎、砾石路面通常是指出砂、石等为骨料，以土、水、灰为结合料，通过一定配比铺筑而成的路面的统称，包括级配碎(砾)石路面、水结碎石路面、泥结碎(砾)石路面、填隙碎石路面以及其他粒料路面。

　　碎、砾石路面结构强度形成的特点是：矿料颗粒之间的连接强度，一般都要比矿料颗粒本身的强度小得多；在外力作用下，材料首先将在颗粒之间产生滑动和位移，使其失去承载能力而遭致破坏。因此，对于这种松散材料组成的路面结构强度，其中矿料颗粒本身强度固然重要，但是起决定作用的则是颗粒之间的连接强度。由材料的黏结力和内摩擦阻力所表征的内摩擦阻力所决定的颗粒之间的连接强度，即构成了路面材料的结构强度。

　　纯碎石材料是按嵌挤原则产生强度，它的抗剪强度主要取决于剪切面上的法向应力和材料内摩擦角。纯碎石粒料摩擦角的大小主要取决于石料的强度、形状、尺寸、均匀性、表面粗糙度以及施工时的压实程度。当石料强度高、形状接近正立方体、有棱角、尺寸均匀、表面粗糙、压实度高,则内摩擦阻力就大。

土—碎(砾)石混合料的强度和稳定性取决于内摩擦阻力和黏结力的大小,当含土少时,也是按嵌挤原则形成强度;当含土量较多时,则按密实原则形成强度。

二、块料路面

块料路面根据其使用材料性质、形状、尺寸、修琢程度的不同,分为条石、小方石、拳石、粗琢块石及混凝土预制块路面。块料路面按其平整度、所采用的基层、整平层和填缝料,以及所承受交通量的不同,又分为高级、次高级和中级3种。拳石等个整齐块石路面属中级,粗琢块石等半整齐块石路面属于次高级路面,条石和小方石块等整齐块石路面及混凝土预制块路面属于高级路面。

块料路面的主要优点是坚固耐久,清洁少尘,养护修理方便。由于这种路面易于翻修,因而特别适用于路基不够稳定的桥头高填方路段、铁路交叉口以及有地下管线的城市道路上。又由于其粗糙度较好,故可在山区急弯、陡坡路段上采用,能提高抗滑能力。

块料路面的主要缺点是用手工铺筑,难以实现机械化施工,块料之间容易出现松动,铺筑进度慢,建筑费用高。

块料路面的构造特点是块料必须设置整平层,块料之间用填缝料嵌填,使块料满足强度和稳定性的要求。

整平层是用来垫平基础表面及块石底面,以保持块石顶面平整及缓和车辆行驶时的冲击、振动作用。整平层的厚度,视路面等级、块料规格、基层材料性质而异,二级及二级以下公路为2~3cm。整平层材料一般采用级配良好、洁净的粗砂或中砂,它具有施工简便、成本低的优点,但稳定性较差。有时采用煤渣或石屑以及水泥砂或沥青砂作为整平层。

块料路面的填缝料,主要用来填充块料间缝隙,嵌紧块料,加强路面的整体性,并起着保护块料边角与防止路面水下渗作用。一般采用砂作填缝料,但高级块石路面宜用水泥砂浆或沥青玛蹄脂来填缝。有时也可用砂填充下部2/3的缝隙,用1:2~1:2.5水泥砂浆填充其上部1/3深度。水泥砂浆具有良好防水和保护块石边角的作用,但翻修困难,有时每隔15~20m还需设置伸缩缝。沥青玛蹄脂是一种既能防水又富有弹性的填缝料,但国内很少采用。块料路面根据其采用的原材料可以分为天然块料路面和机制块料路面。

1. 天然块料路面

由石料经修琢成块状材料而铺筑的路面称天然块料路面。

天然块料路面的整齐石块和条石,宜采用Ⅰ级石料,其形状近似正方体或长方体,顶面与底面大致平行,底面积不小于顶面积的75%。半整齐块石路面是由坚硬石料经修琢成立方体(俗称方石)或长方体(俗称条石)铺筑而成的,石料品质应符合Ⅰ~Ⅱ级标准,要求顶底两面大致平行。不整齐石块路面(即拳石路面和片弹街路面)是天然石料经过粗琢以后铺成,符合Ⅰ~Ⅱ级标准的石料皆能用。

2. 机制块料路面

由预制的混凝土小块铺筑的路面称机制块料路面,有时也可用机制砖等铺筑。预制块料可以采用不同的形状及不同的颜色,以使路面更加美观。

预制块料路面的厚度可用8~20cm,块料可用(15~30)cm×(12~15)cm的矩形块,也可用15~30cm六角形块。机制块料路面的受力机理、施工与天然块料基本一致,然而预制块料路面能实现工厂化制块,且路面平整度较易保证。

三、碎石路面

碎石路面是按嵌挤原理铺压形成的,用加工轧制的碎石作主骨料,并用黏土或石灰土作结合料,或用泥浆灌缝。按施工方法及所用填充结合料的不同,分为填隙碎石(干压与湿压)、泥结碎石和泥灰结碎石等数种。碎石路面通常用砂、砾石、天然砂石、或块石为基层,有时亦可直接铺在路基上。碎石路面的优点是投资不高,可以随交通量的增加分期改善;缺点是平整度差,易扬尘,泥结碎石路面雨天还易泥泞。

1. 填隙碎石路面

用单一尺寸的粗碎石做主骨料,形成嵌锁作用,用石屑填满碎石间的空隙,增加密实度和稳定性,这种结构称为填隙碎石。填隙碎石的施工方法可分为干法(称为干压碎石)和湿法(称为水结碎石)两种。干法施工的填隙碎石特别适宜于干旱缺水地区施工。当缺乏石屑时,也可以添加细砾砂或粗砂等细集料,但其技术性质不如石屑。

填隙碎石路面要求填缝紧密,碾压坚实。如土基软弱,应先铺筑低剂量石灰土或砂砾垫层,以防止软土上挤和碎石下陷。

(1)水结碎石路面。水结碎石路面是用大小不同的轧制碎石从大到小分层铺筑,经洒水碾压后而成的一种结构层。其强度是由碎石之间的嵌挤作用以及碾压时所产生的石粉与水形成的石粉浆的黏结作用而形成的。由于石灰岩或白云岩石粉的黏结力较强,是水结碎石的常选石料。水结碎石路面厚度一般为 10～16cm。

水结碎石路面对材料的基本要求是:碎石应具有较高的强度(Ⅲ级以上)、韧性和抗磨耗能力;碎石应具有棱角且近于立方体,长条扁平的石料不超过10%;此外,碎石应洁净,不含泥土杂物。碎石的最大尺寸应根据石料品质及碎石层的厚度来确定,坚硬石料不得超过碎石层压实厚度的0.8倍。

(2)干压碎石路面。采用干法施工形成的干结碎石路面的施工工序与水结碎石路面基本相同,只是在成型期阶段采用干法施工。干结碎石不加任何的结合料,在填隙碎石表面空隙全部填满后,用12t的重型压路机碾压。碾压之前,宜在表面洒少量水,洒水量在$3kg/m^2$以上。

石料和嵌缝料的尺寸,视结构层的厚度而定:如压实厚度为8～10cm,一般采用30～50粒径的石料和5～15mm粒径的嵌缝料;如压实厚度为11～15cm,碎石最大尺寸不得大于层厚的0.70倍,50mm以上粒径的石料应为70%～80%,同时应两次嵌缝,其粒径为20～40mm和5～15mm。有些单位使用尺寸较大的碎石(大于80～100mm)铺筑厚度为15～25cm的基层,常称为大块碎石基层。干压碎石的水稳性好,可作路面基层使用。

2. 泥结碎石路面

泥结碎石路面是以碎石作为骨料、泥土作为填充料和黏结料,经压实修筑成的一种路面结构。泥结碎石路面厚度一般为8～20cm,当总厚度等于或超过15cm时,一般应分两层铺筑,上层厚度6～10cm,下层厚度9～14cm。泥结碎石路面的力学强度和稳定性不仅有赖于碎石的相互嵌挤作用,同时也有赖于土的黏结作用。泥结碎石路面虽用同一尺寸石料修筑,但在使用过程中由于行车荷载的反复作用,石料会被压碎而向密实级配转化。

泥结碎石路面所用的石料,其等级不宜低于Ⅳ级,长条、扁平状颗粒不宜超过20%。不产石料地区的次要道路,交通量少时,可采用礓石和碎砖等材料。碎砖粒径宜稍大,一般为路面厚度的0.8倍。泥结碎石层所用黏土,应具有较高的黏性,塑性指数以12～25为宜。熟土内不得含腐殖质或其他杂物。黏土用量一般不超过混合料总质量的15%~18%。

当用泥结碎石作面层时,面层之上应设置磨耗层和松散保护层以便通过日常养护工作保持一定的强度和稳定性。泥结碎石也能用作路面的基层,但其水稳定性较差,当用作沥青路面基层时一般只适用于干燥路段。泥结碎石作为基层时,主层矿料的粒径不宜小于40mm,并不大于层厚的0.7倍。嵌缝料应与主层矿料的最小粒径相衔接。土的塑性指数以10~12为宜,含土量不宜大与混合料总质量的15%。

3. 泥灰结碎石路面

泥灰结碎石路面是以碎石为骨料,用一定数量的石灰和黏土作黏结填缝料的碎石路面。因为掺入石灰,泥灰结碎石路面的水稳定性比泥结碎石为好。泥灰结碎石路面的黏土质量规格要求与泥结碎石相同;石灰质量不低于3级。石灰与土的用量不应大于混合料总质量的20%,其中石灰剂量为土质量的8%~12%。施工程序与质量要求与泥结碎石路面相同。采用拌和法时,应先将石灰与土拌和均匀,再撒在石料上拌和,摊铺均匀,边压边洒水,使石灰与土在碾压中成浆并充满空隙。

四、级配碎(砾)石路面

级配碎(砾)石路面是各种集料(碎石、砾石)和土按级配要求掺配而成的,按最佳级配原理形成强度。由于级配碎(砾)石是用大小不同的材料按一定比例配合、逐渐填充空隙,并用黏土黏结,故经过压实后,能形成密实的结构。级配碎(砾)石路面的强度是由内摩擦阻力和黏结力构成,具有一定的水稳性和力学强度。

级配碎石可作中级路面的面层,也可作各级公路的路面基层和底基层。在中湿和潮湿路段作沥青面层的基层时,应在级配碎石中掺石灰,细料含量可适当增加,掺石灰的目的是提高其水稳性和强度,石灰剂量为土质量的8%~12%。

1. 级配碎石路面厚度和材料

级配碎石路面厚度,一般为8~16cm,当厚度大于16cm时应分两层铺筑,下层厚度为总厚度的0.6倍,上层为总厚度的0.4倍。如基层和面层为同样类型的结构,其总厚度在16cm以下时,可分两层摊铺,一次碾压。

级配碎石路面所用材料,其形状以接近立方体为佳,强度不应低于Ⅳ级,轧制碎石的材料可以是各种类型的岩石(软质岩石除外)、圆石或矿渣。圆石的粒径应是碎石最大粒径的3倍以上;矿渣应是已崩解稳定的,其干密度和质量应比较均匀。碎石中针片状颗粒的总含量不应越过20%,不含黏土块、植物等有害物质。石料压碎值应符合表5-3的要求。

压碎值要求　　　　　　　　表5-3

层 位		基 层	底 基 层
压碎值(%),≤	高速公路、一级公路	26	30
	二级公路	30	35
	三级公路	35	40

2. 级配砾石路面

由于砾石的内摩擦角小于碎石,因此级配砾石的强度和稳定性均低于级配碎石,在天然砂砾中掺加部分未筛分碎石组成的混合料称为级配碎砾石,其强度和稳定性则介于级配碎石和级配砾石之间。

级配砾石适用于轻交通的二级和二级以下公路的基层以及各级公路的底基层。在中湿和潮湿路段作沥青面层的基层或底基层时,应在级配砾石中掺石灰,掺入的石灰剂量为细料含量的 8%~12%。级配砾石用作基层时,砾石的最大粒径应控制在 37.5mm 以内;用作底基层时,其最大粒径应控制在 53mm 以内。

3. 天然砂砾基(垫)层

天然砂砾也可用于修筑路面结构层,它可以就地取材,且施工简易,造价低廉。天然砂砾料含土少,水稳性好,宜作为路面的底基层或垫层。

天然砂砾基(垫)层所用的砂砾材料,虽无严格要求,但为了保证其水稳性及便于稳定成型,对于颗粒组成应予适当控制。综合各地使用经验,其颗粒组成中,大于 19mm 的粗集料要占 40% 以上,最大粒径不宜大于压实厚度的 0.7 倍,并不得大于 100mm,小于 0.6mm 的细料含量应小于 15%,细料塑性指数不得大于 4。

任务五 无机结合料稳定土基层

在粉碎的或原状松散的土中掺入一定量的无机结合料(包括水泥、石灰或工业废渣等)和水,经拌和得到的混合料在压实与养生后。其抗压强度符合规定要求的材料称为无机结合料稳定土,以此修筑的路面称为无机结合料稳定路面。

按照所用结合料品种可将无机结合料稳定土分为石灰稳定土、水泥稳定土、石灰工业废渣稳定土和综合稳定土。石灰稳定土就是在粉碎的或原状松散的土掺入足量的石灰而得到的混合料;当在经过粉碎的或原来松散的土中,掺入一定量的水泥时即为水泥稳定土;同样掺入一定的石灰和粉煤灰时即形成石灰粉煤灰稳定土,简称二灰稳定土;同时用水泥、石灰等两种或两种以上结合料混合时称为综合稳定土。

不同种类的土和不同品种的无机结合料拌和得到不同的稳定材料,如无机结合料稳定细粒土包括石灰土、水泥土和二灰土以及水泥砂、水泥石屑、二灰砂、二灰石屑等;无机结合料稳定颗粒土和无机结合料稳定粗粒土有石灰碎石土和石灰砂砾土、水泥碎石和水泥砂砾、二灰碎石和二灰砂砾等。

无机结合料稳定土组成结构分为密实型、悬浮密实型、骨架密实型和骨架空隙型等,无机结合料稳定细粒土属密实型结构;悬浮密实到结构的粗集料含量小于 70%;骨架结构要求粗集料含量达 70%~80%,骨架空隙结构一般用水泥稳定。

由于无机结合料稳定土的刚度与柔性路面材料和刚性路面材料之间的材料,以此修筑的基层(底基层)也称为半刚性基层(底基层)。

一、无机结合料稳定土基层特性

1. 无机结合料稳定土特性

无机结合料稳定土特性包括力学特性(强度、模量)、疲劳特性、冲刷特性、收缩特性(干燥收缩、温度收缩)和稳定性(水稳定性、冻稳定性)等。

(1)力学特性。无机结合料稳定土的重要特点之一,是强度和模量随龄期的增长而不断增长,水泥稳定土的早期强度比较大,而石灰和二灰稳定土的早期强度比较低。因此,一般规定水泥稳定土设计龄期为 3 个月,石灰或二灰稳定土设计龄期为 6 个月。

力学强度包括无侧限抗压强度、劈裂强度和抗弯拉强度,相对应的模量有无侧限抗压模量、劈裂模量和抗弯拉模量。《公路沥青路面设计规范》采用劈裂强度为强度控制指标,而《公路沥青路面施工技术规范》则以 7d 无侧限抗压强度为材料组成设计的强度控制指标。

无机结合料稳定土的强度形成主要来源于无机结合料与土的作用，这也直接决定了无机结合料稳定土的强度和应力-应变特性的影响因素。这些因素为原材料（即土与集料）的性质、结合料的性质和剂量及密实度、含水率、龄期、养生条件等。

（2）疲劳特性。无机结合料稳定土的疲劳寿命主要取决于重复应力与极限应力之比 σ_1/σ_β，原则上当 σ_1/σ_β 小于 50%，无机结合料稳定土可经受无限次重复、加荷而无疲劳破坏，但是，由于材料的变异性，实际试验时其疲劳寿命要小得多。

在一定的应力条件下，材料的疲劳寿命取决于材料的强度和刚度。强度愈大刚度愈小，其疲劳寿命就愈长。

（3）收缩特性。无机结合料稳定材料收缩分为因含水率变化而造成的干燥收缩和因温度变化而造成的温度收缩两种。

①干缩。干缩是指无机结合料稳定土因内部湿度变化（水分损失）而引起的体积收缩现象。

干燥收缩是由于水分的蒸发引发生的"毛细管张力作用"、"吸附水及分子间力作用"、矿物晶体或胶凝体的"层间水作用"以及"碳化脱水作用"而引起的整体宏观体积的变化。

把引起无机结合料稳定土干缩的主要作用过程的收缩力与含水率之间的关系绘制成曲线，大致呈抛物线变化如图 5-7 所示。由图 5-8 可分析得出干缩系数物的大致变化规律，也为近似抛物线的变化过程如图 5-8 所示。

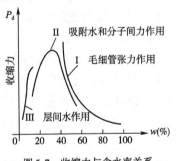

图 5-7 收缩力与含水率关系

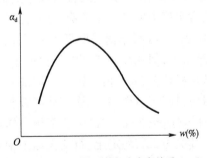

图 5-8 干缩系数与含水率关系

无机结合料稳定土的干缩系数主要取决于以下几个因素：

a. 结合料的矿物成分和分散度。含有较多熟土矿物和分散度大、比表面积大的材料有较大的干燥收缩性。

b. 养生龄期。龄期增加，胶结物不断滋生，致使空隙率下降，强度与刚度增大，从而导致干缩系数减小；集料含量。集料含量增加，可减少整体材料的空隙率、比表面积和含水率，从而可较大幅度地降低干缩性。

在采用干缩性较小的无机结合料稳定土作水泥混凝土路面的基层时，若控制好碾压时的含水率为最佳含水率，则在其上铺筑水泥混凝土路面板后，在混凝土路面板的"屏蔽"下，无机结合料稳定土基层的含水率减少得较少，也就是其含水率基本上能保持在施工时的最佳含水率。因而，无机结合料稳定土也就不会干燥到风干状态，无机结合料稳定土的收缩也较小。无机结合料稳定土的干缩特性的大小次序为：石灰稳定上＞水泥稳定土＞二灰稳定土。

②温缩。无机结合料稳定土是由固相（组成其空间骨架结构的原材料的颗粒和其间的胶

结构)、液相(存在于固相表面与空隙小的水和水溶液)和气相(存在于空隙中的气体)组成。所以,无机结合料稳定土的外观胀缩性是由其基本体的固、液、气相的不同温度收缩件的综合效应结果。一般气相大部分与大气贯通,在综合效应中影响较小,可以忽略。

温度收缩与同相颗粒的粒径有关,颗粒大,温度收缩系数小;粒径小,温度收缩大、粒径超小收缩系数越大。无机结合料稳定土中胶结物各矿物有较大的温度收缩性。存在于无机结合料稳定土内部的较大孔隙、毛细孔和胶凝孔中的水通过"扩张作用"、"毛细管张力作用"和"冰冻作用"3个作用过程,对无机结合料稳定土的温度收缩性质产生极大的影响,使无机结合料稳定土在干燥和饱水状态下有较小的温度收缩值,而在一般含水率下有较大的温度收缩值。

影响温度收缩性质的主要因素有含水率、集料或土的含量、土的矿物成分、环境温度和龄期等。

a. 含水率。含水率对无机结合料稳定上的温缩系数 a_1 影响极大。饱水风干状态和干燥状态下的 a_1 值小,约在最佳含水率左右 a_1 值最大。

b. 集料或土的含量。集料含量愈多,温度收缩愈大;天然粒料土中,若塑性细粒土含量大,则温缩系数 a_1 大;反之,则 a_1 小。因此,应尽可能筛除部分塑性细土,使其含量减到最小,以减小稳定土的温缩性,使其产生收缩裂缝的几率减至最小。实践证明,在高等级公路中,不论是沥青路面还是水泥混凝土路面下,均不宜采用稳定细粒土底基层。

c. 环境温度。环境温度高,昼夜温差小,温缩应变小;反之,温缩应变大。

d. 龄期。养护时间愈长,温缩性愈小;龄期愈长,温缩性愈小。

经过一定龄期的养生,无机结合料稳定土基层上铺筑沥青面层后,基层内相对湿度略有增大,使材料的含水率由回升趋于平衡,这时无机结合料稳定土基层的变形以温度收缩为主。

(4)冲刷特性。在行车荷载反复作用下评价冲刷的指标为单位时间的冲刷量。随时间延长冲刷量逐渐增加,但在冲刷初期由于稳定土中表面均含有一层细粒浆,试验表明,对于稳定土,不同类型材料均是 5min 内冲刷速率增加较快,而后逐渐减弱。这主要是因为当冲刷到一定程度时,粗集料起支承作用,从而使冲刷减弱。由此可以看出,为了定量评价不同无机结合料稳定土抗冲刷性,按 5min 内冲刷速率作为指标是合适的。对于稳定土,水泥稳定上的抗冲刷性能最好,其次为二灰稳定土,石灰稳定土相对较差。

研究表明,水泥稳定土存在临界水泥剂量(约为4%)。在此剂量以下,冲刷急剧增加;而在此剂量以上,冲刷几乎相等。二灰稳定土也与此类似,细颗粒含量愈多,冲刷愈严重;粗颗粒含量多,抗冲刷性能愈好。

养生的方式和温度能影响冲刷性。养生温度低,冲刷速率增加;养生温度高,冲刷速率减小。养生期间的不同湿度对冲刷速率所产生的影响更大。同一试件,在同温度不同湿度条件下,一组为100%湿度下养生 7d,一组则烘干并养生 7d,试验结果表明,前者的抗冲刷性要比后者大很多。

养生后进行冲刷试验前的浸水时间对冲刷速率有很大的影响。两组试件,一组浸水 2h,一组浸水 4h,试验结果表明,冲刷速率随浸水时间增加而增大。水泥剂量少时更明显。通常 28d 抗压强度愈大,抗冲刷性能也愈好。此外,增加附加荷载会使冲刷速率增加。

(5)稳定性。包括水稳定性和冻稳定性两方面:

①水稳定性。路面表面水会通过裂缝及沥青混合料空隙进入路面基层。在地下水位接近地表的路段,尤其是路基填土比较低时,地下水可通过毛细作用进入路基上部和路面结构层内。在冰冻地区,由于冬季水分重分布的结果,路基上层和路面底基层都可能处于潮湿或过湿

状态。沥青面层阻碍路面结构层和路基水分的蒸发,进入路面结构层中的水(包括气态水)能使含土较多、土的塑性指数较大的稳定土的含水率增加,使基层强度大大降低,从而导致路面过早破坏。在冰冻地区,这种水造成的危害更大。

无机结合料稳定土的水稳定性随细料的增加及其塑性指数的增大而降低。水泥稳定土、二灰稳定土较石灰稳定土的水稳定性好。

②冻稳定性。冻融循环作用下,无机结合料稳定土强度逐渐下降,产生薄弱面甚至在薄弱面发生开裂破坏。因此,选择抗冻性能好的材料作基层在一定程度下可以延缓基层开裂破坏的产生。

冻融破坏有以下两个原因:

a. 液体膨胀压力。无机结合料稳定土为多孔隙材料,这类材料受冻融循环作用时,其内部孔隙水冻胀产生的附加内应力将重复对材料的孔隙壁产生挤压破坏作用。

b. 渗透压力。由于毛细管中的水不是纯水,而是含有几种可溶性盐(大多数情况下是碱),当盐浓度增加时,冻结温度降低。因此、盐的浓度形成一个梯度。在稳定土孔隙中,溶液部分结冰时引起渗透压力。水结冰时,液体压力很高,产生很大渗透压力,可能是基层破坏的另一个原因。基于以上原理,冻融循环试验除了用于评定材料的抗冻性之外,也常用于评定有孔隙材料的耐久性。

与水稳定性相似,无机结合料稳定土的冻稳定性与细料的含量及塑性指数有关,一般水泥稳定土、二灰稳定土较石灰稳定土的冻稳定性好。

2. 无机结合料稳定土基层特性

无机结合料稳定土基层的特性与其组成材料有关,具有以下7个方面的特性:

(1)强度高、承载力大、整体性好。无机结合料与土的物理、化学作用下无机结合料稳定土基层逐渐形成整体,具有较高的强度和较大的承载力,特别是水泥稳定土和二灰稳定土,在高等级公路路面结构中起承重层。能适应重交通量和高等级公路路面基层的需要。但后期强度会衰减并逐渐疲劳。

(2)稳定性好。无机结合料稳定土基层具有较好的水稳定性、冻稳定性有时可用作垫层,改善路基的水温状况。

(3)就地取材,经济性能好。对地方材料的质量要求较低,一般来说,当地的材料都可以用无机结合料来稳定,特别是水泥除高塑性熟土和有机质较多的土外,几乎能稳定所有的土。而且粉煤灰等工业废渣的使用既变废为宝,又减少了环境污染,有很好的社会效益,有利于可持续发展。

(4)对荷载的敏感性较大。由于无机结合料稳定土基层刚度大,在荷载作用下基层层底会产生较大的拉应力,特别是荷载的小量增大,会使层底拉应力有较大的增大。重载、超载交通对无机结合料稳定土基层的影响较大,极易引起破坏。

(5)收缩系数较大、抗变形能力差。强度逐渐增大的同时,极限拉应变逐渐减小,即变形能力逐渐减少。温度的降低、温度的减小,会形起无机结合料稳定土基层的收缩变形,进而导致其开裂,并反射到沥青面层,形成反射裂缝。

(6)耐磨性能差。在行车荷载的作用下,无机结合料稳定土基层不耐磨,因而无机结合料稳定土不宜用作面层。在低等级道路上使用,也必须加铺一层沥青表面处治磨耗层。

(7)维修困难。无机结合料稳定土基层养生时间长,一定程度上会影响工程进度和开放交通,而且破坏后无愈合能力,新老基层无法连接。

此外,无机结合料稳定土基层与沥青面层之间难以结合成为整体,半刚性基层沥青路面的抗车辙能力并个比柔性基层沥青路面强。

石灰稳定土一般可以用于各类路面的基层或底基层,但石灰稳定土因其水稳定性较差,不应做二级及二级以上公路基层和底基层,在冰冻地区的潮湿路段以及其他地区的过湿路段,也不宜采用石灰稳定土做基层和底基层;水泥稳定土、二灰稳定上可以用于各级公路路由的基层和底基层,但水泥土、二灰土禁止作为高速公路或一级公路沥青路面的基层,也不宜作水泥混凝土路面的基层,只能用做底基层。

二、石灰稳定土基层

石灰稳定土基层是指由石灰稳定土铺筑的基层。石灰稳定土主要是由石灰、土和水组成。

1. 石灰稳定土强度形成原理

(1)强度形成机理。在土中掺入适量的石灰,并在最佳含水率下拌匀压实,石灰与土将发生一系列的物理、化学作用,从而使土的性质发生根本的变化。一般分 4 个方面:离子交换作用、结晶硬化作用、火山灰作用和碳酸化作用。

①离子交换作用。土的微小颗粒具有一定的胶结性质,它们一般都带有负电荷,表面吸附着一定数量的钠、氢、钾等低价阳离子(Na^+、H^+、K^+)。石灰是一种强电解质,在土加入石灰和水后,石灰在溶液中电离出来的钙离子(Ca^{2+})就与土中的钠、氢、钾离子产生离子交换。原来的钠(钾)土变成钙土,土颗粒表面所吸附的离子由一价变成了二价,减少了土颗粒表而吸附水膜的厚度,使土粒相互之间更为接近,分子引力随之增加,许多单个土粒聚成小团粒,形成一个稳定结构。这个反应过程是随石灰的解离和 Ca^{2+} 离子在土中的扩散过程逐渐地进行。在初期进展较快,是土体发生初期变化的主要原因。

②结晶硬化作用。在石灰稳定土中只有一部分熟石灰 $Ca(OH)_2$ 进行离子交换作用,绝大部分饱和的 $Ca(OH)_2$ 结晶。熟石灰与水作用生成熟石灰结品网格。其化学反应式为:

$$Ca(OH)_2 + nH_2O \rightarrow Ca(OH)_2 \cdot nH_2O$$

所生成的晶体相互结合,并与土粒结合起来形成共晶体,把土颗粒胶结成整体。晶体的 $Ca(OH)_2$ 与非晶体 $Ca(OH)_2$ 相比,溶解度几乎小一半,因而石灰稳定土的水稳定性得到提高。

③火山灰作用。熟石灰的游离 Ca^{2+} 与土中的活性氧化硅 SiO_2 和氧化铝 Al_2O_3 作用生成含水的硅酸钙和铝酸钙的化学反应就是火山灰作用,其反应式为:

$$xCa(OH)_2 + SiO_2 + nH_2O \rightarrow xCaO \cdot SiO_2(n+1)H_2O$$

$$xCa(OH)_2 + Al_2O_3 + nH_2O \rightarrow xCaO \cdot Al_2O_3(n+1)H_2O$$

上述所形成的熟石灰结晶网格和含水的硅酸钙以及铝酸钙结晶都是胶凝物质,具有水硬性并能在固体和水两相环境下发生硬化。这些胶凝物质在土微粒团外围形成一层稳定保护膜,填充颗粒空隙,充当胶结颗粒的结合料,减少了颗粒间的空隙与透水性,同时提高密实度,这是石灰稳定土获得强度和水稳定性的基本原因,但这种作用比较缓慢。

④碳酸化作用。土中的 $Ca(OH)_2$ 与空气中的二氧化碳发生作用,称为碳酸化作用,其化学反应式为:

$$Ca(OH)_2 + CO_2 \rightarrow CaCO_3 + H_2O$$

$CaCO_3$ 是坚硬的结晶体,它和其他生成的复杂盐类把土粒胶结起来,从而大大提高了土的强度和整体性。

由于石灰与土发生了一系列的相互作用,从而使土的性质发生根本的改变。在初期,主要表现为土的结团、塑性降低、最佳含水率增加和最大密实度减少等。后期主要表现为结晶结构的形成,从而提高其整体性、强度和稳定性。

(2)影响强度的因素有以下7个方面:

①土质。各种成因的土都可以用石灰来稳定,但工程实践表明,黏质土较好,其稳定的效果显著,强度也高。高液限黏土出于施工时不易粉碎,稳定的效果较差;采用粉质土的石灰稳定土早期强度较低,但后期强度也能满足行车要求;采用低液限土质时易拌和,但难以碾压成型,稳定的效果不显著。采用的土质,既要考虑其强度,还要考虑到施工时易于粉碎便于碾压成型。一般采用塑性指数15~20的就质土以及含有一定数量黏质土的中粒土和粗粒土为好。塑性指数偏大的黏质土,要加强粉碎,粉碎后,土中15~25mm的土块不宜超过5%。经验证明塑性指数小于15的土不宜用石灰稳定。对于硫酸盐类含量超过0.8%或腐殖质含量超过10%的上,对强度有显著影响,不宜直接采用。

②灰质。石灰应是消石灰粉或生石灰粉,对高速公路或一级公路宜用磨细生石灰粉。石灰质量应符合Ⅲ级以上的技术指标,并要尽量缩短石灰的存放时间。在同等石灰剂量下质量好的石灰,稳定效果好。如采用质量差的石灰,为了满足石灰稳定土的技术要求,就得适当增加石灰剂量。

③石灰剂量。石灰剂量(是石灰质量占全部土颗粒的干质量的百分率,即石灰剂量=石灰质量/干土质量)对石灰稳定土强度影响显著,石灰剂量较低(<3%~4%)时,石灰主要起稳定作用,土的塑性、膨胀性、吸水量减小,土的密实度、强度得到改善。随着剂量的增加,强度和稳定性均提高,但剂量超过一定范围时,强度反而降低。工程实践中常用的最佳剂量范围,对于黏质土及粉质土为8%~14%;砂类土则为9%~16%。石灰剂量应根据结构层技术要求由混合料组成设计确定。

④含水率。水是石灰稳定土的重要组成部分。它促使石灰稳定土发生物理化学变化,形成强度;便于土的粉碎、拌和与压实,并且有利于养生。不同土质的石灰稳定土有不同的最佳含水率。需通过标准击实试验确定,并用以控制施工中的实际加水量,所用水应是干净可供饮用的水。

⑤密实度。石灰稳定土的强度随密实度的增加而增长。实践证明,石灰稳定土的密实度每增减1%,强度月增减4%左右。而密实的石灰稳定土,其抗冻性,水稳性也较好,缩裂现象也较少。

⑥龄期。石灰稳定土强度具有随龄期增长的特点。一般石灰稳定土初期强度低,前期(1~2个月)增长速率较后期为快。

⑦养生条件。养生条件主要指温度与湿度。养生条件不同,其强度也有差异。当温度高时,物理化学反应和硬化快,从而强度增长快,反之强度增长慢,在负温条件下甚至不增长,因此,要求施工期的最低温度应在5℃以上,并在第一次重冰冻(-3~-5℃)到来之前1~1.5个月完成。多年的施工经验证明,热季施工的灰土强度高,质量可以保证,一般在使用中很少损坏。

养生的湿度条件对石灰稳定上的强度也有很大影响。石灰稳定土在一定湿度条件下养生形成的强度要比在一般空气中养生得到的强度要高。

2.石灰稳定土基层缩裂防治

(1)石灰稳定土基层防治缩裂的措施有以下7个方面:

①控制压实含水率。石灰稳定土因含水率过高产生的干缩裂缝显著,因而压实时,其含水率水率应略小于最佳含水率。

②严格控制比实标准。实践证明,压实度小时产生的收缩要比压实度大时严重,因此,应尽可能达到最大压实度。

③温度在 0 ~ -10℃时,而且材料处于最佳含水率附近,是温缩的最不利状态。因此施工应在当地气温进入0℃前 1 ~ 1.5 个月完成,以防在不利季节产生严重温缩。

④干缩的最不利情况是石灰稳定土成型初期,因此,要重视初期养护。保证石灰稳定土表面处于潮湿状况,严防干晒。

⑤石灰稳定土施工结束后要及早铺筑面层,使基层含水率不发生变化,可减轻干缩裂隙。

⑥在石灰稳定土中掺加集料(砂砾、碎石等),使其集料含量为 70% ~ 80%,甚至更多,并使混合料满足最佳组成要求,不仅可提高强度和稳定性,而量具有较好的抗裂件。

⑦掺加增韧剂(如聚合物、乳化沥青)、加筋纤维和膨胀剂等。掺加增韧剂可减小石灰稳定土的刚度;掺加加筋纤维可提高石灰稳定土抗裂能力;掺加膨胀剂可减小石灰稳定上的收缩变形。

(2)基层的缩裂会反射到沥青面层,为了防止基层裂缝的反射,常采取以下 4 项措施:

①设置联结层。设置沥青碎石层或沥青贯入式联结层,是防止反射裂缝的有效措施。

②铺筑碎石隔离过渡层。在石灰稳定土与沥青面层间铺筑厚 10 ~ 20cm 的碎石层或玻璃纤维网格,可减轻反射裂缝出现。

③设置应力消减层。在石灰稳定土与沥青面层间设置橡胶沥青封层、土工格栅等,减小基层裂缝对沥青面层的作用,使沥青面层的反射裂缝得到延缓和减轻。

④加厚沥青面层。采用混合式基层沥青路面结构(即石灰稳定土基层下放),也可延缓和减轻沥青面层的反射裂缝的出现。

3.使用用途

石灰稳定土一般可以用于各类路面的基层或底基层,但石灰稳定土因其水稳定性较差,不应做二级及二级以上公路基层和底基层,在冰冻地区的潮湿路段以及其他地区的过湿路段,也不宜采用石灰稳定土做基层和底基层。

三、水泥稳定土基层

水泥稳定土基层是指出水泥稳定土铺筑的基层。水泥稳定土主要是由水泥、土和水组成。

水泥是水硬性结合料,绝大多数的土类(高塑性黏土和有机质较多的土除外)都可以用水泥来稳定,以改善其物理力学性质,使其适应各种不同的气候条件与水文地质条件。水泥稳定土基层具有良好的整体性、足够的力学强度、良好的水稳定性和冻稳定性,其初期强度较高,且随龄期增长而增长,因而应用范围很广。

1.影响水泥稳定土强度的因素

(1)土质。土的类别和性质是影响水泥稳定土强度的重要因素,各类砂砾土、砂土、粉土和黏土均可用水泥稳定,但稳定效果不同。试验和工程实践证明,用水泥稳定级配良好的碎(砾)石和砂砾,效果最好,不但强度高,而且水泥用量少;其次是砂类土;再次是粉质土和黏质土。重黏土难于粉碎和拌和,不宜单独用水泥来稳定,因此,一般要求土的塑性指数不大于17。

(2)水泥的成分和剂量。各种类型的水泥都可以用于稳定土。但试验研究表明,水泥的矿物成分和分散度对其稳定效果有明显影响。对于同一种土,通常情况下硅酸盐水泥的稳定效果好,而硅酸盐水泥较差。

在水泥硬化条件相似,矿物成分相同时,随着水泥分散度的增加,其活性程度和硬化能力也有所增大,从而水泥稳定土的强度也大大提高。

水泥稳定土的强度随水泥剂量的增加而增长,但过多的水泥用量,虽获得强度的增加,在经济上却不一定合理,在效果上也不一定显著,很容易开裂。试验和研究证明,水泥剂量一般为4%~6%,目前水泥剂量有减小的趋势。

(3)含水率。含水率对水泥稳定土强度影响很大,当含水率不足时,水泥不能在混合料中完全水化和水解,发挥不了水泥对土的稳定作用,影响强度形成。同时,含水率小,达不到最佳含水率也影响水泥稳定土的压实。因此,使含水率达到最佳含水率的同时,也应满足水泥完全水化和水解作用的需要。

水泥正常水化所需的水量约为水泥质量的20%,对于砂类土,完全水化达到最高强度的最佳含水率较最佳密度的含水率为小;而对于黏质土则相反。

(4)施工工艺过程。水泥、土和水拌和应均匀,且在最佳含水率下充分压实,位于干密度最大,其强度和稳定性就高。水泥稳定土从开始加水拌和到完成压实的延迟时间要尽可能最短,一般要在6h以内。若时间过长,则水泥凝结,在碾压时,不但达不到压实度要求,而且也会破坏已结硬水泥的胶凝作用,反而使水泥稳定土强度下降。在水泥终凝时间达不到规定要求时,可以使用一定剂量的缓凝剂,但缓凝剂的品种和具体数量应根据试验确定。

水泥稳定土需湿法养生,以满足水泥水化形成强度的需要。养生温度愈高,强度增长得愈快。因此,要保证水泥稳定土养生的温度和湿度条件。

2.使用用途

水泥稳定土可以用于各级公路路由的基层和底基层,但水泥土禁止作为高速公路或一级公路沥青路面的基层,也不宜作水泥混凝土路面的基层,只能用做底基层。

四、工业废渣稳定类基层

常用的工业废渣有:火力发电厂的粉煤灰和煤渣,钢铁厂的高炉渣和钢渣,化肥厂的电石渣以及煤矿的煤矿石等。粉煤灰和煤渣中含有较多的二氧化碳、氧化钙或氧化铝等活性物质。用石灰稳定工业废渣时,石灰在水的作用下形成饱和的 $Ca(OH)_2$ 溶液。废渣的活性氧化硅、氧化钙和氧化铝在 $Ca(OH)_2$ 溶液中产生火山灰反应,生成水化硅酸钙和铝酸钙凝胶,把颗粒胶凝在一起,随水化物不断产生而结晶硬化,具有水硬性。温度较高时,强度增长快,因此,石灰稳定工业废渣最好在夏季施工,并应加强保湿养生。

工业废渣材料主要用石灰与之综合稳定,即石灰工业废渣材料,常用的石灰工业废渣材料与石灰粉煤灰类及石灰其他废渣类。

石灰稳定工业废渣基层具有:水硬性、缓凝性、强度高、稳定性好,成板体性强度随龄期不断增加,抗水、抗冻、抗裂而且收缩性小,适应各种气候环境和水文地质条件等特点。近年来,常选用石灰稳定工业废渣做高等级公路的基层或底基层。

1.材料要求

(1)石灰。工业废渣基层所用的结合料是石灰或石灰下脚料。石灰的质量宜符合Ⅲ级以上技术指标。

(2)废渣材料。粉煤灰是火力发电厂燃烧煤粉产生的粉状灰渣。主要成分是二氧化硅

SiO_2、三氧化二铝 Al_2O_3 和三氧化二铁 Fe_2O_3，其总含量一般要求超过70%。粉煤灰的烧失量一般应小于20%，比表面积宜大于 $2500m^2/g$（或70%通过0.075mm筛孔）。粉煤灰如达不到上述要求，应通过试验后，才能采用。干粉煤灰和湿粉煤灰都可以应用。干粉煤灰堆放时应洒水以防飞扬；湿粉煤灰堆放时，含水率不宜超过35%。

（3）粒料，应满足表5-4的要求。

二灰稳定土粒料压碎值和最大粒径要求　　　　　　　　　　　　　　　　表5-4

指　标	高速公路和一级公路		二级及二级以下公路	
	基层	底基层	基层	底基层
碎石或砾石的压碎值(%)	≤30	≤35	≤35	≤40
颗粒最大粒径(mm)	≤31.5	≤37.5	≤37.5	≤53

石灰工业废渣混合料中粒料含量宜占80%以上，并有良好的级配，二灰稳定砂砾混合料应符合表5-5的规定，二灰稳定碎石混合料应符合表5-6的规定。

二灰稳定砂砾混合料的级配范围　　　　　　　　　　　　　　　　表5-5

筛孔尺寸(mm)		37.5	31.5	19	9.5	4.75	2.36	1.18	0.6	0.075
通过百分率(%)	基层	—	100	85~100	55~75	39~59	27~47	17~35	10~25	0~10
	底基层	100	85~100	65~85	50~70	35~55	25~45	17~35	10~27	0~15

二灰稳定碎石混合料的级配范围　　　　　　　　　　　　　　　　表5-6

筛孔尺寸(mm)		37.5	31.5	19	9.5	4.75	2.36	1.18	0.6	0.075
通过百分率(%)	基层	—	100	81~98	52~70	30~50	18~38	10~27	6~20	0~7
	底基层	100	90~100	72~90	48~68	30~50	18~38	10~27	6~20	0~7

2. 石灰粉煤灰类基层

二灰稳定上基层是用石灰和粉煤灰按一定配合比，加水拌和、摊铺、碾压及养生而成型的基层。在石灰中掺入一定量的土，经加水拌和、摊铺、碾压及养生成型的基层，称二灰稳定土基层。

采用二灰稳定土做基层或底基层时，石灰与粉煤灰的比例，常用1:2~1:4（对于粉土，以1:2为合适）。石灰粉煤灰与细粒土的比为30:70~90:10。

采用二灰稳定级配中粒土和粗粒土时，石灰与粉煤灰的比为1:2~1:4 二灰与粒料的比常采用20:80~15:85。

3. 石灰煤渣类基层

石灰煤渣（简称二渣）基层是用石灰和煤油按一定比例配合，加水拌和、摊铺、碾压、养生而成型的基层。二渣中如掺入一定量的粗骨料便称三渣。掺入一定量的土，便成为石灰煤灰土。混合料的配合比，应满足二灰稳定土混合料的强度和压实度标准规定的强度标准。各地可根据当地气候、水文地质条件，公路等级及工程实践经验参照如下配比选用：

采用石灰煤渣做基层或底基层时，石灰与煤渣的比例可以是20:80~15:85。

采用石灰煤渣土做基层或底基层时（土为细粒土），石灰与煤渣的比例可以是1:1~1:4，但混合料中的石灰含量不应小于10%，石灰煤渣与土的比例可用1:1~1:4。

采用石灰煤渣粒料做基层或底基层时，石灰:煤渣:粒料可以是(7~9):(26~33):(67~58)。

为了提高石灰煤渣和石灰煤渣土的早期强度，可外加1%~2%的水泥。

石灰煤渣、石灰煤渣土和三渣均具有水硬性，物理力学性质基本上与石灰稳定土相似，初期强度与水稳定性都比石灰稳定土好。石灰煤渣的28d强度可达1.5~3.0MPa,并随龄期而增长。初期强度增长慢,尚有一定的塑性,但达到一定龄期后,处于弹性工作状态,成板体,具有刚性,当冷缩和干缩时,易产生裂缝。当采用石灰煤渣粒料时,抗缩裂能力有所改善。

任务六 沥青路面

沥青路面是以沥青材料为结合料黏结矿料修筑面层与各类基层和垫层所组成的路面结构。沥青路面作为我国应用最广的高等级路面,与其他路面相比有着显著的优点。由于沥青路面使用了黏结力较强的沥青材料,使矿料之间的黏结力大大增强,从而提高了混合料的强度和稳定性,路面的使用质量和耐久性都得到提高。其主要优点有以下5个方面:

(1)沥青路面表面平整、坚实、无接缝,行车平稳、舒适、噪声小;
(2)沥青路面柔韧性好,抗压性能高,路面使用质量和耐久性好;
(3)沥青路面晴天无尘土,雨天不泥泞,在烈日照射下不反光,便于行车;
(4)沥青路面适宜于机械化施工,质量较易得到保证,且施工进度快,开放交通快,并利于修补和分期修建;
(5)现行的沥青再生技术可有效地提高资源利用率。

虽然,沥青路面也存在着一些缺点。与水泥混凝土路面相比.沥青路面的抗弯拉强度较低,故对基层的强度和稳定性要求较高;沥青面层的温度稳定性较差,夏季高温时,强度下降,易出现车辙、推移、波浪等现象;冬季低温时,由于沥青材料变脆而易导致路面开裂;沥青路面施工受季节和气候影响较大,在低温季节和雨季,除乳化沥青外,不能施工;与水泥混凝土路面相比,沥青路面的建造费用和养护费用较高。沥青路面的强度和稳定性在很大程度上取决于土基和基层的强度,因此,对土基和基层的要求较高。

一、沥青路面的基本要求

沥青路面直接承受车辆和大气因素的作用,而沥青材料的物理、力学性质受气候和时间因素的影响很大,这是沥青路面使用中的一个重要特点。针对这特点,沥青路面必须满足以下5项基本要求:

1.高温稳定性

沥青路面的强度与刚度,随温度的升高而显著下降。为了保证高温季节在行车荷载的反复作用下,不致产生诸如波浪、推移、车辙、泛油、黏轮等病害,沥青路面应具有良好的高温稳定性,确保高温时期仍具有足够的强度与刚度。

2.低温抗裂性

裂缝是沥青路面的一种主要破坏形式,且裂缝的出现往往是路面损坏急剧增加的开始。
由于沥青路面在高温时变形能力较强,而低温时变形能力较差,故不论哪种裂缝,以低温时发生居多。从低温抗裂性的要求出发,沥青路面在低温时,应具有较低的劲度和较大的抗变形能力,且在行车荷载和其他因素的反复作用下不致产生疲劳开裂。

3.耐久性

沥青路面应具有抵抗温度、阳光、空气、水等各种气候因素作用的能力,即在这些因素的作用下,沥青路面的性质不致很快恶化——失去黏性、弹性,性质变脆,以致在行车荷载和其他因素的作用下发生碎裂,沥青与矿料脱离,导致路面松散破坏。

4. 抗滑能力

沥青路面应具有足够的抗滑能力,以保证在最不利的情况下(如路面潮湿等)车辆能够高速安全行驶,而且在外界因素作用下其抗滑能力不致很快降低。

5. 平整性

平整性主要是指沥青路面的平整度,它直接影响着车辆在路固上的行驶质量和道路基本功能的充分发挥。路面的平整度是一项综合性指标,涉及施工过程的各个环节的诸多因素,它是路基路面施工全过程各个环节质量的最终体现。

二、沥青路面的分类

1. 按强度构成原理分类

按强度构成原理可将沥青路面分为密实型和嵌挤型两大类。

(1)密实型沥青路面要求矿料的级配按最大密实原则设计,其强度和稳定性主要取决于混合料的黏结力和内摩擦阻力。密实型沥青路面按其空隙率的大小可分为闭式和开式两种:

①闭式混合料中含有较多的小于0.6mm 和0.075mm 的矿料颗粒,空隙率小于6%,混合料致密而耐久,但高温稳定性较差;

②开式混合料中小于0.6mm 的矿料颗粒含量较少,空隙率大于6%,其高温稳定性较好。

(2)嵌挤型沥青路面要求采用颗粒尺小较为均一的矿料,路面的强度和稳定性主要依靠骨料颗粒之间相互嵌挤所产生的内摩擦阻力,而黏结力则起着次要的作用。按嵌挤原则修筑的沥青路面,其高温稳定性较好,但因空隙率较大、易渗水,因而耐久性较差。

2. 按施工工艺分类

按施工工艺的不同,沥青路面可分为层铺法、路拌法和厂拌法3类。

(1)层铺法是用分层洒布沥青,分层铺撒矿料和碾压的方法修筑,其主要优点是工艺和设备简便、功效较高、施工进度快、造价较低,其缺点是路面成型期较长,要经过炎热季节行车碾压之后,路面方能成型。用这种方法修筑的沥青路面有沥青表面处治和沥青贯入式两种。

(2)路拌法是在路上用机械将矿料和沥青材料就地拌和、摊铺和碾压密实而成的沥青路面。此类路面所用的矿料为碎(砾)石者称为路拌沥青碎(砾)石;所用的矿料为土者则称为路拌沥青稳定土。路拌沥青路面通过就地拌和,沥青材料在矿料中的分布比层铺法均匀,可以缩短路面的成型期。但因所用的矿料为冷料,需使用稠度较低的沥青材料,故混合料的强度较低。

(3)厂拌法是将规定级配的矿料和沥青材料在工厂用专用设备加热拌和,然后运送到工地摊铺碾压而成型的沥青路面。厂拌法按混合料铺筑时温度的不同,又可分为热拌热铺和热拌冷铺两种:热拌热铺是混合料在专用设备加热拌和后立即趁热运送到工地摊铺压实。如果混合料加热拌和后储存段时间再在常温下运送到工地摊铺压实,即为热拌冷铺。厂拌法使用较黏稠的沥青材料,且矿料经过精选,因而混合料质量高,所铺路而的使用寿命较长,但修建费用也较高。

3. 根据沥青路面的技术特性分类

根据沥青路面的技术特性,沥青路面可分为沥青表面处治、沥青贯人式、沥青碎石、沥青混凝土、乳化沥青碎石混合料5种类型的路面。

(1)沥青表面处治路面是指用沥青和集料按层铺法或拌和法铺筑而成的厚度不超过3cm的沥青路面。沥青表面处治适用于三级及三级以下公路的面层、旧沥青路面罩面或加铺抗滑层、磨耗层等。

(2)沥青贯入式路面是指用沥青贯入碎(砾)石作面层的路面。沥青贯入式路面的厚度一般为 4~8cm。当沥青贯入式的上部加铺拌和沥青混合料时，也称为上拌下贯路面，此时拌和层的厚度不宜小于 1.5cm，一般为 3~4cm，其总厚度为 7~10cm。沥青贯入式路面强度主要依靠矿料的嵌挤作用和沥青材料的黏结力。沥青贯入式路面适用于三级及三级以下的公路、城市道路的次干道及支路。沥青贯入式也可用作沥青路面的联结层或基层。

(3)沥青碎石路面是指用沥青碎石作面层的路面，属高级路面，沥青碎石可应用于高等级公路的中下面层，有时也用作联结层。

(4)沥青混凝土路面是指用沥青混凝土作面层的路面，其面层可由单层或双层或三层沥青混合料组成，各层混合料的组成设计应根据其层厚和层位、气温和降雨量等气候条件、交通量和交通组成等因素确定，以满足对沥青面层使用功能的要求。沥青混凝土常用作高等级公路的面层。

(5)乳化沥青碎石混合料是以乳化沥青为结合料，采用冷拌的方式形成的混合料，适用于做三级、四级公路的沥青面层、二级公路养护罩面以及各级公路的调平层，也可用作为柔性基层。

近年来发展了一些新型的沥青路面，如沥青玛蹄脂碎石路面、浇注式沥青混凝土路面、透水性沥青路面、塑料栅格沥青路面、半刚性沥青路面、环氧沥青混凝土路面、沥青稳定碎石基层等。当前应用较多的是沥青玛蹄脂碎石路面和沥青稳定碎石路面。

沥青玛蹄脂碎石路面是指用沥青玛蹄脂碎石混合料(简称 SMA)作面层或抗滑层的路面。沥青玛蹄脂碎石混合料是以间断级配为骨架，用改性沥青、矿粉及木质纤维素织成的沥青玛蹄脂为结合料，经拌和、摊铺、压实而形成的一种构造深度较大的抗滑面层。它又有抗滑耐磨、空隙率小、抗疲劳、高温抗车辙、低温抗开裂的优点，适用于高速公路、一级公路和其他重要公路的表面层。

沥青稳定碎石混合料是由矿料和沥青组成具有一定级配要求的混合料，按空隙率、集料最大粒径、矿粉含量，分为密级配沥青稳定碎石(ATB)、开级配沥青碎石(OGFC 表面层和 AT—PB 基层)和半开级配沥青碎石(AM)。

三、沥青混合料组成结构

沥青混合料是种结构复杂的材料，其路用性能与它的结构特点有着非常密切的关系，沥青混合料的结构是指混合料各组成材料之间相互作用的特点、相对位置分布与相互联系的状况。

由于压实成型的沥青混合料是矿质集料、沥青结合料和残余空隙所组成的一种具有空间网络的多相分散体系，其材料属性为颗粒性材料。颗粒性材料的强度构成起源于内摩擦阻力和黏结力。对于沥青混合料，它的力学强度主要取决于集料颗粒间的摩擦力和嵌挤力、沥青结合料的黏结性以及沥青与集料之间的黏附性等。不同级配组成的沥青混合料，具有不同的空间结构类型，也就具有不同的内摩擦阻力和黏结力。因而，沥青混合料的组成发生变化，会对整个混合料受力特性产生直接影响，从而使混合料具有不同的变形特性与强度构成。

沥青混合料按组成结构中"嵌挤成分"和"密实成分"所占的比例不同，有 3 种典型类型，即悬浮密实结构、骨架空隙结构、骨架密实结构，如图 5-9 所示。

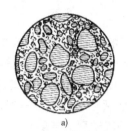  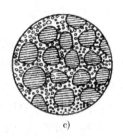

图 5-9 沥青混合料的典型组成结构
a)悬浮密实结构；b)骨架空隙结构；c)骨架密实结构

1. 悬浮密实结构

当采用连续型密级配矿质混合料与沥青组成混合料时，按粒子干涉理论，为避免次级集料对前级集料密排的干涉，前级集料之间必须留出比次级集料粒径稍大的空隙供次级集料排布。按此组成的沥青混合料，虽然可以获得很大的密实度，但是各级集料均被次级集料所隔开，不能直接靠拢而形成骨架，犹如悬浮于次级集料及沥青胶浆之间，其结构组成如图 5-10 中曲线①所示。这种结构的沥青混合料，具有较高的黏结力，但内摩擦阻力较小，因此高温稳定性较差。密级配沥青混凝土（AC）是较为典型的悬浮密实结构。

2. 骨架空隙结构

当采用连续开级配矿质混合料与沥青组成混合料时，由于这种矿质混合料的递减系数较大，粗集料所占的比例较高，细集料则很少，甚至没有。按此组成的沥青混合料，粗集料可以互相靠拢形成骨架；但由于细集料数量过少，不足以填满粗集料之间的空隙，因此形成"骨架空隙"结构，如图 5-10 中曲线②所示。这种结构的沥青混合料具有较大的内摩擦阻力，但黏结力较低，因而高温稳定性较好。但由于空隙率较大，其低温抗裂性能、耐老化性及耐久性较差。半开级配沥青碎石混合料（AM）及开级配沥青碎石（OGFC）是典型的骨架空隙结构。

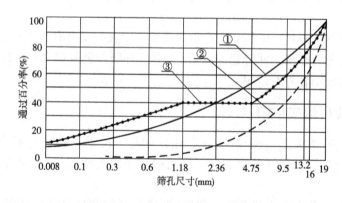

图 5-10 3 种类型混合料的级配曲线

3. 骨架密实结构

当采用间断型密级配矿质混合料与沥青组成混合料时，由于这种矿质混合料断去了中间尺寸粒径的集料，既有较多数量的粗集料可形成空间骨架，同时又有相当数量的细集料可填充骨架的空隙，因此形成"骨架密实"结构，如图 5-10 中曲线③所示。这种结构的沥青混合料不仅具有较大的黏结力，而且具有较大的内摩擦阻力。因此，这种结构兼见上述两种结构的优点，是一种较理想的结构类型。沥青玛蹄脂碎石混合料（SMA）就是典型的骨架密实结构。

四、沥青路面的稳定性与耐久性

沥青路面直接承受行车荷载和大气因素的作用,同时沥青混合料的物理、力学性质也受气候因素与时间因素的影响,为了保证路面能够为车辆提供稳定、耐久的服务,沥青路面必须具有足够的高温稳定性、低温抗裂性、水稳定性、抗疲劳性能、耐老化性能等,其中高温稳定性和低温抗裂性称为沥青路面的温度稳定性,水稳定性、抗疲劳性能及耐老化性能则称为沥青路面的耐久性。

1. 高温稳定性

沥青路面高温稳定性通常是指沥青混合料在行车荷载作用下抵抗永久变形的能力。所谓"高温"条件通常是指在使用过程中受行车荷载的反复作用,容易产生车辙、推移、拥包、搓板、泛油等永久变形的温度范围,一般是指高于 25~30℃ 的气温条件。严格地讲,车辙、推移、拥包、搓板、泛油等现象均属于沥青路面高温稳定性不足的表现。稳定性不足问题,主要出现在高温、低加荷速率以及抗剪切能力不足时,即沥青路面的劲度较低的情况下。

沥青路面在行车荷载的反复作用下,产生永久变形的累积而导致路表面出现车辙,轮迹处沥青层厚度减薄,削弱了面层及路面结构的整体强度,从而诱发其他病害;雨天路表排水不畅,甚于由于车辙积水导致车辆漂滑,影响高速行车的安全;车辆在超车或更换车道时方向失控,将影响车辆操纵的稳定性。可见车辙的产生,将严重影响路面的使用寿命和服务质量。对于渠化交通的沥青路面而言,高温稳定性问题主要表现为车辙。

推移、拥包、搓板等损坏主要是由于沥青路面在水平荷载作用下抗剪强度不足引起的,它大量发生在沥青表面处治、沥青贯入式、路拌沥青碎石等次高级沥青路面的交叉口和变坡路段。而泛油是指由于行车荷载作用使混合料内集料不断挤紧、空隙率减小,最终将沥青挤压到路表面的现象,它令路面光滑,抗滑能力下降。

影响沥青混合料高温稳定性的因素主要有沥青和集料的性质及其相互作用特性,集料的级配组成等。

为了提高沥青混合料的高稳定性,就应设法提高内摩阻力和黏结力。常用的方法是在混合料中增加粗集料含量,使粗集料形成空间骨架结构,提高混合料的内摩阻力。适当地提高沥青材料的黏稠度,严格控制沥青用量,采用具有活性的矿粉,来改善沥青与集料的相互作用,以提高混合料的黏结力。此外,在沥青混合料中掺入聚合物(如橡胶、聚乙烯等)改性的沥青,也能取得较好的效果。

2. 低温稳定性

由于材料受到约束,随着温度下降材料不能缩短,则立即产生温度应力,当该应力达到材料的抗拉强度时,就会产生裂缝。温度较高时,沥青混合料表现出黏弹性性质,温度略有降低,所产生的温度应力将因应力松弛而消失。但在低温范围内,沥青混合料主要表现为弹性特性,温度应力不会消失,就有可能产生裂缝。一旦达到破坏温度就会产生裂缝,释放应力。新路面的裂缝间距一般在 30m 左右。随着路面老化,裂缝间距将减小 3~6m。

沥青路面的低温开裂有两种形式:一是由于气温骤降使面层收缩,在有约束的沥青层内产生的温度应力超过沥青混合料的抗拉强度造成开裂。二是温度疲劳裂缝,沥青混合料经受长时间的温度循环,应力松弛性能下降,极限拉应变减小,结果在温度应力小于抗拉强度的情况下产生开裂。这种裂缝主要发生在温度变化频繁的温和地区。

影响沥青路面低温开裂的因素很多,其中主要的因素是路面所用沥青的性质、当地的气温状况、沥青老化程度、路基类型和路面结构层厚度等。此外,路面面层与基层的黏附状况、基层所用材料的特性、行车的状况对开裂也有一定的影响。

使用稠度较低、温度敏感性较低的沥青,可以延缓和减少路面开裂。在严寒地区采用针入度较大、黏度较低的沥青,但同时也应满足夏季的要求;选用温度敏感性较小的沥青有利于减少沥青路面的温度裂缝;采用吸水率低的集料,粗集料的吸水率应小于2%;采用100%轧制碎石集料拌制沥青混合料;控制沥青用量在马歇尔最佳用量±0.5%范围内对裂缝影响小,但同时也应保证高温稳定性,采用应力松弛性能好的聚合物改性沥青;掺加纤维等。

3. 水稳定性

由于水侵入沥青中使沥青黏附性减小,导致混合料的强度和劲度减小;水进入沥青薄膜和集料之间,阻断沥青与集料的相互黏结,由于集料表面对水比对沥青有更强的吸附力,使沥青与集料表面的接触面减小,从而使沥青从集料表面剥落。

影响沥青与集料之间黏附性的因素包括:沥青与集料表面的界面张力,沥青与集料的化学组成,沥青与集料的表面构造,集料的孔隙率,集料的清洁度及集料的含水率,集料与沥青拌和的温度。沥青路面的耐久性主要依靠沥青与集料之间的黏附程度。水和矿料的作用破坏了沥青与集料之间的黏附性,是影响沥青路面耐久性的主要因素之一。无论在冰冻地区,还是在南方多雨地区,水损害都有可能发生。水损害发生后使得沥青与集料脱离,从而使路面出现松散、剥落、坑洞等病害害,严重危害道路的使用性能。

在沥青材料的选取应考虑黏度大的沥青和表面活性成分高的沥青;尽量选择 SiO_2 含量低的碱性集料,若不可能得到碱性集料时,应掺加外掺剂,以改善新附件,如消石灰、抗剥离剂等,也可用石灰浆处理粗集料,可以改善沥青与集料的黏附性,提高沥青路面的水稳定性。

4. 疲劳性能

沥青混合料的变形和破坏,不仅与荷载应力的大小有关,而且同荷载作用次数有很大关系。路面材料在低于极限抗拉强度下经受重复拉应力或拉应变而最终导致破坏,称为疲劳破坏。导致路面材料最终破坏(即开始疲劳开裂)的荷载作用次数,称为疲劳寿命。

在行车荷载作用下,路面结构内各点处于不同的应力应变状态,如图5-11所示。路面面层底部 B 点处于3向应力状态。①车轮作用其上时,B 点受到全拉应力作用;②车轮驶过后应力方向改变,量值变小,并有剪应力产生;③当车轮驶过一定距离后,B 点则承受土压应力作用。B 点应力随时间的变化曲线如图5-12所示。

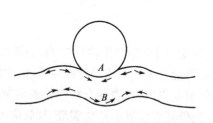

图5-11 路面面层在车轮下的受力状态

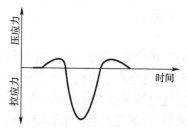

图5-12 B 点应力随时间的变化

路面表上 A 点相反,车轮驶近时受拉,车轮直接作用时受压,车轮驶过后又受拉。车轮驶过一次就会使 A、B 点出现一次拉压应力循环。路面在整个使用过程小,长期处于应力(应变)重复循环变化的状态。由于路面材料的抗压强度远大于抗拉强度,而面层底部 B 点在车轮下所受的拉应力较之表面 A 点在车轮驶近或驶离后产生的拉应力要大得多,因此在荷载重复作用下路面裂缝通常从面层底部开始发生。路面疲劳设计大多数以面层底部拉应力或拉应变作为控制指标。

影响沥青混合料疲劳特性的因素很多,除了与材料的性质(种类、组成等)、环境因素(温度、湿度等)、加荷方式等因素有关外,还取决于沥青混合料的劲度。因此,任何影响劲度的因素(矿料级配、沥青种类和用量、混合料的压实程度和空隙率、试验的温度、加荷速度和应力级等)对混合料的疲劳特性都有影响。

5. 耐老化性能

沥青材料在沥青混合料的拌和、摊铺、碾压过程中以及沥青路面的使用过程中都存在老化问题。老化过程一般分为两个阶段,即施工过程中的热老化(短期老化)和路面使用过程中长期老化。沥青混合料老化后将导致沥青路面路用性能的降低。

沥青材料自身的耐老化性能是影响沥青路面使用质量和寿命的最主要因素。路面铺筑时受加热作用,路面建成后受自然因素和行车荷载作用,沥青的技术性能向着不利的方向发生不可逆的变化,即沥青的老化。受沥青老化的制约,沥青混合料的物理力学性能随着时间的推移逐年降低,直至满足不了行车荷载的要求。在路面施工中沥青始终处于高温状态,受热会产生短期老化;路面使用期内沥青长期裸露在自然环境中,同时还要受到行车荷载等机械力的作用而产生长期老化,即使用期老化。

影响沥青混合料热老化的主要因素是温度,即沥青混合料的施工温度,其次是高温保持时间和与空气接触的条件等因素。因此,可从以下4个方面来减轻沥青混合料的短期老化。

(1)在保证沥青混合料拌和、摊铺、碾压等能正常进行的前提下,尽可能采用比较低的拌和温度,并严格控制拌和温度,最高拌和温度不得超过规范规定值。同时,应尽量避免在低温季节施工。

(2)尽量缩短沥青混合料的高温贮存时间。拌和机的热储料仓采用充氮气的方法以减轻沥青氧化。

(3)尽量缩短运距和等料时间。

(4)在运输过程中应加盖篷布,以减少混合料与空气的接触。

同时应优先使用耐老化性能好的沥青材料,对于那些抗老化性能指标达不到规定要求的沥青材料不能使用。在使用过程中,沥青的老化是个长时间的过程,减轻沥青混合料此阶段的老化,主要应从混合料的结构上考虑,即尽量使用吸水率小的集料,加强压实,减小沥青混合料的剩余空隙率。总之,保证沥青路面具有足够的密实性是减缓老化的根本性措施。

五、沥青路面混合料

沥青路面的原材料主要有以下4种:

1. 沥青材料

沥青路面所用的沥青材料有石油沥青、煤沥青、液体石油沥青和沥青乳液等。各类沥青路面所用沥青材料的标号,应根据路面的类型、施工条件、地区气候条件、施工季节和矿料性质与尺寸等因素而定。煤沥青不宜作沥青面层,一般仅作为透层沥青使用。选用乳化沥青时,对于酸性石料、潮湿的石料以及低温季节施工,宜选用阳离子乳化沥青;对于碱性石料或与掺入的水泥、石灰、粉煤灰共同使用时,宜选用阴离子乳化沥青。

对热拌热铺沥青路面,由于沥青材料和矿料均须加热拌和,并在热态下铺压,故可采用稠度较高的沥青材料;而热拌冷铺类沥青路面,所用沥青材料的稠度可较低。对浇灌类沥青路面,若采用的沥青材料过稠,难以贯入碎石中,过稀又易流入路面底部。因此,这类路面宜采用中等稠度的沥青材料。当地气候寒冷、施工气温较低、矿料粒径偏细时，宜采用稠度较低的沥青材料。但炎热季节施工时，由于沥青材料的温度散失较慢，则可用稠度较高的沥青材料。对于路拌类沥青路面，一般仅采用稠度较低的沥青材料。

2. 粗集料

沥青路面所用的粗集料有碎石、筛选砾石、破碎砾石、矿渣等。碎石系由各种坚硬岩石轧制而成。沥青路面所用的碎石应具有足够的强度和耐磨性能，根据路面的类型和使用条件选定石料的等级。

碎石应是匀质、洁净、坚硬、无风化的，并应不含过量小于 0.075mm 的颗粒(小于 2%)，吸水率小于 2%~3%。颗粒形状接近立方体并有多棱角，细长或扁平的颗粒(长边与短边或长度与厚度比大于 3)含量应小于 15%、压碎值应不大于 20%~30%。

碎石与沥青材料的黏附性大小，对沥青混合料的强度和耐久性有极大影响，应优先选用同沥青材料有良好黏附性的碱性碎石。碎石与沥青材料的黏附性用水煮法测定时，一般公路不小于 3 级，高等级公路应不小于 4 级。

筛选砾石由天然砾石筛选而得。由于天然砾石是各种岩石经自然风化而成不同尺寸的粒料，强度极不均匀，而且多是圆滑形状，因此，筛选砾石仅适用于交通量较小的路面面层下层、基层或联结层的沥青混合料中使用，不宜用于防滑面层。在交通量大的沥青路面面层，若使用砾石拌制沥青混合料，则在砾石中至少应掺有 50%（按质量计算）大于 5mm 的碎石或经轧制的砾石，沥青贯入式路面用砾石时，主层矿料中也应掺有 30%~40% 以上的碎石或轧制砾石。

轧制砾石系由天然砾石轧制并经筛选而得，要求大于 5mm 颗粒中 40%（按质量计）以上至少有一个破碎面。用于沥青贯入式面层时，主层矿料中要有 30%~40%（按质量计）以上颗粒至少有 2 个破碎面。

路面抗滑表层粗集料应选用坚硬、耐磨、抗冲击性好的碎石，不得使用筛选砾石、矿渣及软质集料。用于高速公路、一级公路沥青路面表面层及各类抗滑表层的粗集料应符合规定的石料磨光要求。为了保证石料与沥青之间有较好的黏结性能，经检验属于酸性岩石的石料，用于高速公路、一级公路时，宜使用针入度较小的沥青，必要时可在沥青中掺加抗剥离剂，或用干燥的磨细消石灰或生石灰粉、水泥作为填料的一部分，其用量宜为矿料总量的 1%~2%。将粗集料用石灰浆处理后使用也可以有效地提高石料与沥青之间的黏结力。

3. 细集料

粗细集料通常以 2.36mm 作为分界、沥青面层的细集料可采用天然砂、机制砂及石屑。细集料应洁净、干燥、无风化、无杂质，并有适当的颗粒组成。热拌沥青混合料的细集料宜采用优质的天然砂或机制砂，在缺砂地区也可以用石屑。但由于一般情况下石屑的含泥量高，强度不高，因此，用于高速公路、一级公路沥青混凝土面层反抗滑表层的石屑用量不宜超过天然砂及机制砂的用量。细集料应与沥青有良好的黏结能力，与沥青黏结性能很差的天然砂及用花岗岩、石英岩等酸性石料破碎的机制砂或石屑不宜用于高速公路、一级公路沥青面层。必须使用时，应有抗剥落措施。

4. 填料

沥青混合料的填料宜采用石灰岩或岩浆岩中的强基性岩石等憎水性石料经磨细得到的矿粉，原石料中的泥土杂质应除净。矿粉要求干燥、洁净，其质量应符合技术要求。当采用水泥、石灰、粉煤灰作填料时，其用量不宜超过矿料总量的 2%。

任务七 水泥混凝土路面

一、水泥混凝土路面定义与分类

水泥混凝土路面是指以水泥与水拌和成的水泥浆为结合料,以碎(砾)石、砂为集料,再添加适当的外加剂,有时掺加掺和料拌制成的混凝土铺筑面层的路面,亦称刚性路面,俗称白色路面。

它包括普通混凝土路面(又称素混凝土路面)、钢筋混凝土路面、连续配筋混凝土路面、钢纤维混凝土路面、复合式混凝土路面、水泥混凝土预制块路面等。目前采用最广泛的就是就地浇筑的普通混凝土路面,简称混凝土路面。

普通混凝土路面是指除接缝区和局部范围(边缘和角隅)外不配置钢筋的混凝土路面。

钢筋混凝土路面是指为防止可能产生的裂缝缝隙张开,板内配置有纵、横向钢筋(或钢丝)网的混凝土路面。

连续配筋混凝土路面是沿纵向配置连续的钢筋,除了在与其他路面交接处或临近构造物附近设置胀缝以及视施工需要设置施工缝外,一般不设横缝的混凝土路面。

预应力混凝土路面是指对混凝土施加预应力的一种路面结构形式,分无筋预应力混凝土路面、有筋预应力混凝土路面和自应力混凝土路面。

钢纤维混凝土路面是指在水泥混凝土中掺入一些低碳钢或不锈钢纤维拌制而成的混合料,经摊铺、振实、硬化成型的一种均匀而多向配筋混凝土路面。

碾压混凝土路面是指水泥和水用量较普通混凝土显著减少的水泥混凝土,经摊铺、振动碾压成型的水泥混凝土路面。

装配式混凝土路面是在工厂中把水泥混凝土预制成板块,然后运至工地现场装配而成的一种路面结构形式。

二、水泥混凝土路面的特点

1. 水泥混凝土路面的优点

(1)强度高

水泥混凝土路面具有很高的抗压强度和较高的抗弯拉强度以及抗磨耗能力。

(2)稳定性好

水泥混凝土路面的水稳性和热稳性均较好,特别是它的强度能随着时间的延长而逐渐提高,不存在沥青路面的那种"老化"现象。

(3)耐久性好

由于水泥混凝土路面的强度和稳定性好,所以它好久耐用,一般能使用20~40年,而且它能通行包括履带式车辆等在内的各种运输工具。

(4)有利于夜间行车

水泥混凝土路面色泽鲜明,能见度好,对夜间行车有利。

2. 水泥混凝土路面的缺点

(1)对水泥和水的需求量大。修筑0.2m厚、7m宽的水泥混凝土路面,每1000m要耗费水泥400~500t和水约250t,尚不包括养生用的水在内,这给水泥供应不足和缺水地区带来较大困难。

(2)有接缝。一般水泥混凝土路面要建造许多接缝,这些接缝不但增加施工和养护的复杂性,而且容易引起行驶车辆的跳动,影响行车的舒适性,接缝又是路面的薄弱点,如处理不当,将导致路面板边和板角处破坏。

(3)开放交通较迟。一般水泥混凝土路面完工后,要经过28d的潮湿养生,才能开放交通,如需提早开放交通,则需采取特殊措施。

(4)修复困难。水泥混凝土路面损坏后,开挖很困难,修补工作量也大,且影响交通。

三、水泥混凝土路面力学特性

水泥混凝土面层是承受行车荷载和经受环境因素作用的路面结构的主体。为满足路面的使用要求,水泥混凝土面层材料应具有强度高、耐疲劳、收缩性小、耐冰冻、抗磨耗的性质。而其中面层混凝土的强度和疲劳特性是影响路面结构承载力和使用寿命的重要因素,同时也是面层厚度设计中的关键因素。

水泥混凝土具有抗压强度高、使用耐久的优点,同时它也是一种体积稳定性差、抗拉强度低的脆性材料,其抗弯拉强度比抗压强度低得多,为抗压强度的 $1/7 \sim 1/6$,因此,决定水泥混凝土板尺寸的强度指标是抗弯拉强度。混凝土面层在车轮荷载作用下当弯拉应力超过混凝土的极限弯拉强度时,混凝土板便产生断裂破坏。在车轮荷载的重复作用下,虽然荷载应力低于混凝土极限抗弯拉强度,混凝土面层仍会出现疲劳破坏。因此,要使路面板能够经受车轮荷载应力低于车轮荷载的多次重复作用而不损坏,混凝土板必须具有足够的抗弯拉疲劳强度。此外,由于面层顶面和底面的温差会产生温度翘曲应力,面层的平面尺寸越大,翘曲应力也越大,这是温度疲劳应力导致混凝土板破坏的原因之一。

此外,水泥混凝土是一种脆性材料,它在断裂时的相对拉伸变形很小,弯曲断裂的表面相对拉伸变形只有 $1/10000 \sim 3/10000$。因此,在荷载作用下土基和基层的变形情况对混凝土板的影响很大,不均匀的基础变形会使混凝土板与基层脱空,在车轮荷载作用下板产生过大的弯拉应力而遭到破坏。

总之,为使路面能够经受车轮荷载的多次车轮荷载的多次重复作用,抵抗温度翘曲应力反复作用,并对地基变形有较强的适应能力,混凝土面层应具有足够的弯拉强度和厚度。

1. 面层混凝土的强度特性

混凝土强度是水泥混凝土硬化后的主要力学性能,主要包括:立方体抗压强度、棱柱体抗压强度、劈裂抗拉强度、弯拉强度、剪切强度和黏结强度等。混凝土的强度一般由抗压强度试验和抗拉强度试验确定,但与一般工程结构不同,水泥混凝土路面以弯拉强度作为主要强度指标,抗压强度作为参考或辅助指标。这主要是因为混凝土路面面板承受行车荷载和温度应力的弯曲作用,面层底面所产生的弯拉应力和混凝土的弯拉强度控制面层所需的厚度。由于弯拉试验仍较为复杂,通常采用对钻孔取得圆柱形试件进行劈裂试验确定其间接拉伸强度。同时,在混凝土路面评价时混凝土的抗拉强度也有应用。

(1)抗压强度。一般工程结构中采用抗压强度作为评价混凝土力学性能的指标。由于抗压试件尺寸较小、抗压强度试验方法简单,路面工程中通常将其作为设计施工的参考指标。此外,混凝土的抗压强度是影响混凝土的耐磨性的重要因素,随着抗压强度的提高,混凝土的耐磨性增强。试验结果表明,抗压强度 34.5MPa 的混凝土的耐磨性是强度 20.7MPa 混凝土耐磨性的2倍。因此,可以将抗压强度作为间接评价混凝土耐磨性的指标。

(2)弯拉强度。水泥混凝土路面设计中,由于面层板承受行车荷载和温度荷载的共同作用,面层底面所产生的弯拉应力和混凝土的弯拉强度确定了面层所需的厚度。因此,采用弯拉试验确定的弯拉强度能更好地同路面受力状况相匹配。

现行水泥混凝土路面设计规范中,水泥混凝土的设计弯拉强度标准值为28d龄期的弯拉强度。当混凝土浇筑90d内不开放交通时,可采用90d龄期的弯拉强度,约为28d强度的1.15倍。各交通等级要求的混凝土弯拉强度标准值不低于表5-7中的规定。

水泥混凝土弯拉强度标准值   表5-7

交通荷载等级	极重、特重、重	中等	轻
水泥混凝土的弯拉强度等级(MPa)	≥5.0	4.5	4.0
钢纤维混凝土的弯拉强度等级(MPa)	≥6.0	5.5	5.0

(3)劈裂强度。在混凝土面层施工质量检验和现有混凝土面层评定时,直接进行弯拉强度试验有一定的困难,通常采用钻心方式取出圆柱形试件,进行劈裂试验确定其劈裂强度,根据所建立的劈裂强度与弯拉强度的经验关系式,由劈裂强度得到弯拉强度。

劈裂强度试验采用圆柱体试件。试件直径随钻心直径而定,一般为10cm或15cm,试件高度为面层厚度。

(4)抗拉强度。混凝土的抗拉强度通常采用直接拉伸或间接拉伸试验测得。直接拉伸试验时,棱柱体试件在两端固定,施加拉力至试件破坏,破坏荷载除以截面积即得抗拉强度。但是混凝土的直接拉伸试验难以做的得准确,因为试件很不容易夹紧,试件与作用荷载易产生偏心,且有较大的试验误差,因此抗拉试验不是一种标准试验方法,很少使用。我国的国家标准和行业技术规程均规定采用劈裂抗拉试验间接确定混凝土的抗拉强度。

混凝土的抗拉强度在普通混凝土路面中未予应用,而在连续配筋混凝土路面的设计时,需采用混凝土的极限抗拉强度指标确定面层内纵向钢筋的配筋率。

2. 水泥混凝土路面的疲劳特性

水泥混凝土路面使用过程中,持续受到车轮荷载重复作用,同时还经受大气温度周期性变化的影响。因此,混凝土路面板的破坏现象不仅与荷载重复次数有关,而且与温度周期性变化产生的温度翘曲应力重复作用有关。

混凝土面层承受行车荷载及温度和湿度变化所产生的应力的反复作用,会在低于静载极限强度值时出现破坏。材料强度随荷载反复作用而降低的现象称为疲劳。混凝土出现疲劳损坏时所能经受的反复应力重复作用次数,称为疲劳破坏。疲劳寿命随反复应力的增大而减小,不同疲劳寿命时混凝土能承受的反复应力的大小,称为混凝土的疲劳强度。

混凝土出现疲劳破坏,其深层次的原因是由于材料内部存在瑕疵或微裂隙,荷载作用下该处发生应力集中而超出其强度,从而不断出现新的微裂隙逐步增多和扩展,有效的应力承受面积不断减少,终于在反复作用一定次数后导致混凝土的开裂破坏。

我国现行混凝土路面设计规范规定,水泥混凝土路面面层以行车荷载疲劳应力和温度疲劳应力综合作用产生断裂作为设计标准,即行车荷载产生的荷载疲劳应力和温度疲劳应力之和不超过混凝土弯拉强度的设计值。因此,预估混凝土面层的疲劳寿命,得出混凝土面层的疲劳强度是水泥混凝土路面结构设计的依据。

3. 混凝土面层的应力-应变特性

混凝土是一种多相复合材料,其应力-应变特性是各组成相(集料、水泥浆体)应力-应变性状的组合。集料和浆体的应力-应变关系虽然都是线性的,但其弹性模量值却相差很大,在同一应力级位的作用下,集料和浆体会产生不同的应变量,这也使得混凝土的应力-应变曲线呈

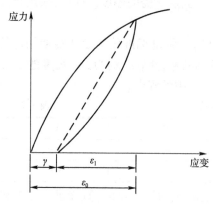

图 5-13　加荷与卸荷时混凝土应力-应变曲线

现非线性特征。

在持续增加的荷载作用下，混凝土的应力-应变关系曲线如图 5-13 所示。由图可知，当卸荷后，其变形并未能恢复到原点，即存在残余应变。所以，其应变和不可逆的残余变形组成。一般把加荷瞬间产生的变形看作弹性变形，而把持续加荷期间产生的变形看作徐变，但两者难以严格区分。工程上采用反复加荷、卸荷的方法是徐变减小，从而测得弹性变形。经几次反复加荷与卸荷后，其残留应变不会增加，而且加荷应力不超过混凝土抗压强度的 50%～60% 时，混凝土的应力-应变关系大致呈线性关系。

思考与练习

1. 半刚性材料的分类和特征。
2. 水泥稳定类，石灰稳定类，二灰稳定类材料各自适应的公路等级。
3. 强度形成符合嵌挤原则的碎砾石材料有哪些？举例说明。
4. 强度形成符合密实原则的碎砾石材料有哪些？级配碎石适用的公路等级？
5. 比较沥青路面和水泥混凝土路面各自的优缺点？
6. 常见的沥青路面有哪些？各自的特点有哪些？
7. 比较沥青路面和水泥混凝土路面对基层的要求有何不同？
8. 常用的水泥混凝土有哪些？各自特点有哪些？

学习情境　沥青路面设计

知识目标

1. 掌握沥青路面常见病害特征及产生原因。
2. 熟悉沥青路面设计理论。
3. 掌握沥青路面设计标准。
4. 掌握沥青路面设计程序和步骤及方法。

能力目标

1. 能识别沥青路面常见病害和分析其产生的原因。
2. 能合理确定沥青路面的设计依据及设计指标。
3. 能进行沥青路面设计。
4. 能识读路面结构图，并会核算工程量。

任务八 常见沥青路面病害成因分析

沥青路面在行车荷载的反复作用下和自然因素的不断影响下会逐渐出现损坏,其使用性能逐渐恶化。由于荷载、环境、材料组成、结构层组合、施工和养护等条件的变异,损害形态是多种多样的。从表象上看,有各式各样的裂缝,如横向或纵向裂缝、块状裂缝和网状裂缝(龟裂)等;也有各种类型的变形,如沉陷、车辙、搓板、推移和拥起等;表层有时可能还有各种露骨、松散、剥落、坑槽和泛油等现象的出现,如图 5-14 所示。上述各种损害现象或单独发生,或同时出现,错综复杂。沥青路面状况和使用品质由于环境的干、湿、冷、热的交替循环和行车荷载的反复作用而逐渐变坏,或完全丧失工作能力。为了保证路面结构性能在规定的使用年限内不恶化到某一程度。需要分析常见沥青路面病害类型和产生的原因,并依此找出相应的预防措施。

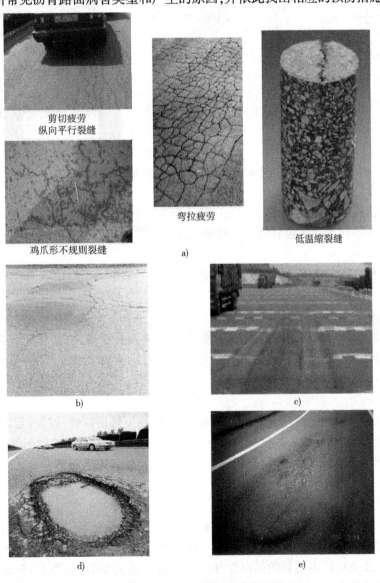

图 5-14 常见沥青路面的病害
a)裂缝;b)沉陷;c)车辙;d)坑槽;e)拥包

沥青路面破坏形态各异,破坏的原因是错综复杂的,根据损坏现象的成因及对路面使用性能的影响,路面的病害可分为以下几种主要类型。

一、沉陷

沉陷是路面在车轮荷载作用下,其表面产生的较大凹陷变形,有时凹陷两侧伴有隆起现象,如图 5-15a)所示,在《公路技术状况评定标准》(JTG H20—2007)中将大于 10mm 的路面局部下沉称为沉陷。当沉陷严重超过了结构的变形能力,在结构层受拉区产生开裂而形成纵裂,并有可能逐渐发展成网裂。引起沉陷的主要原因是路基水文条件差而过于湿软,承载力显著降低,在车轮荷载作用下出现沉陷并导致路面的开裂、变形和破坏。

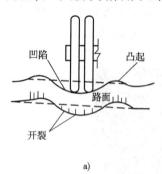
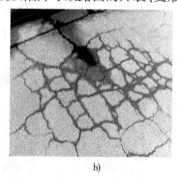

a) b) c)

图 5-15 沥青路面沉陷
a)沉陷示意图;b)沉陷引起裂缝;c)沉陷引起坑槽、裂缝

1. 表面现象

路面在车辆荷载作用下轮迹处下陷,轮迹两侧往往伴有隆起,形成纵向带状凹槽。实施渠化交通的路段或停制动频率较高的路段较易出现。

2. 产生原因

沥青混合料热稳定性不足;面层施工时未充分压实;基层或下卧层软弱或不稳定夹层或未充分压实。

3. 预防措施

粗集料应粗糙具有较多的破碎裂面;根据气候条件选择优质沥青,优化配合比设计;施工时按照规范碾压,保证压实度;对特殊路段,要采用改性沥青或高性能沥青;道路结构设计时,每层厚度不超过集料最大粒径的 4 倍。

4. 治理方法

仅轮迹处凹陷,两侧无隆起,凿去面层、凿毛凹槽,涂刷黏层沥青,修补;若轮迹两侧同时隆起,应先将隆起部位凿去,波谷处原面层凿毛,涂黏层油,铺筑与面层相同的混合料;因基层强度不足、水稳性不好引起,则对基层进行补强或挖除损害的基层重新铺筑。

二、车辙

路面并未出现很大的凹陷和隆起变形,但轮迹处(特别是在渠化交通下)出现相对其两侧较大的变形(10～20mm 以内),从而在纵向形成车辙。车辙是路面结构层及土基在行车荷载重复作用下,以及结构层中材料的侧向位移产生的累计永久变形,如图 5-16 所示。车辙的出现,是行车荷载多次重复作用下路基和路面塑性变形(包括压密和剪切变形)逐步积累的结果,即便路基和路面具有足够的刚度,每一次行车荷载作用下产生的塑性变形量极小,但多次重复作用后累积而达到的量还是相当可观。特别是在高温和轮压大时,沥青层因蠕变而积累的塑性变形量较大。

图 5-16　沥青路面车辙

1. 表面现象

路面在车辆荷载作用下轮迹处下陷,轮迹两侧往往伴有隆起,形成纵向带状凹槽。实施渠化交通的路段或紧急制动频率较高的路段较易出现。

2. 产生原因

沥青混合料热稳定性不足;面层施工时未充分压实;基层或下卧层软弱或不稳定夹层或未充分压实。

3. 预防措施

粗集料应粗糙具有较多的破碎裂面;根据气候条件选择优质沥青,优化配合比设计;施工时按照规范碾压,保证压实度;对特殊路段,要采用改性沥青或高性能沥青;道路结构设计时,每层厚度不超过集料最大粒径的 4 倍。

4. 治理方法

仅轮迹处凹陷,两侧无隆起,凿去面层,凿毛凹槽,涂刷黏层沥青,修补;若轮迹两侧同时隆起,应先将隆起部位凿去,波谷处原面层凿毛,涂黏层油,铺筑与面层相同的混合料;因基层强度不足、水稳性不好引起,则对基层进行补强或挖除损害的基层重新铺筑。

三、裂缝

裂缝是沥青路面最普通的一种损坏现象。裂缝按照外观可划分为横向裂缝、纵向裂缝、龟裂以及不规则裂缝;按照成因可划分为荷载型裂缝和非荷载型裂缝,按发展过程有可分为由下而上的反射裂缝和由上而下的下延裂缝。

1. 疲劳裂缝

疲劳裂缝(疲劳开裂)是指路面无显著永久变形情况下沿轮迹带出现的裂缝。行驶在路上的轮载使沥青面层受到反复的弯曲变形,当荷载作用下面层底部产生的弯拉应变(应力)超过了材料的疲劳限度,便在底面处发生开裂,并逐渐扩展到表面,即在行车荷载反复作用,路面材料在低于极限抗拉强度的情况下,结构层经受重复拉应力和拉应变而最终导致结构层开裂。初期大都数是细而短的横向裂缝,随着行车的反复作用,裂缝连片发展成网状或龟背状裂缝。

产生疲劳裂缝的主要原因是结构整体强度不足或在车轮荷载反复作用下,沥青结构层或半刚性基层底面产生的拉应力超过材料的疲劳强度,底面便产生开裂,并逐渐扩展延伸到表面,形成反射裂缝。

(1)横向裂缝:

①表面现象:裂缝与路中心线基本垂直,缝宽不一,缝长有贯穿整个路幅的,也有部分路幅的,如图5-17a)所示。

  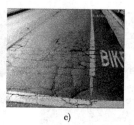 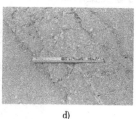

图5-17 疲劳裂缝
a)横向裂缝;b)纵向裂缝;c)网状裂缝;d)块状较小的龟裂

②产生原因:施工缝未处理好,接缝不紧密,结合不良;沥青未达到气候条件和使用条件的质量标准;半刚性基层收缩裂缝的反射缝;桥梁涵洞两侧的填土产生固结或地基沉降。

③预防措施:合理组织施工,摊铺作业连续进行,尽量减少冷接缝;充分压实横向接缝;选取优质的适用于本地区气候条件的沥青;桥涵两侧填土充分压实。

④治理方法:细裂缝(2~5mm)用乳化沥青灌缝;大于5mm的裂缝,可用改性沥青灌缝。灌缝前,清缝;灌缝后,表面撒粗砂或3~5mm石屑。

(2)纵向裂缝:

①表面现象:裂缝走向基本与行车方向平行,裂缝长度和宽度不一,如图5-18b)所示。

②产生原因:冷接缝未按照有关规范要求认真处理,结合不紧密而脱开;纵向沟槽回填土压实质量差而发生沉陷;拓宽路段的新老路面交界处沉降不一。

③预防措施:采用全路幅一次摊铺;无条件全幅摊铺时,上下层施工缝应错开15cm以上;沟槽回填土应分层填筑、压实,压实度必须达到要求;拓宽路段的基层厚度和材料须与老路面一致,或稍厚。

④治理方法:细裂缝(2~5mm)用乳化沥青灌缝;大于5mm的裂缝,可用改性沥青灌缝。灌缝前,清缝;灌缝后,表面撒粗砂或3~5mm石屑。

(3)网状裂缝:

①表面现象:裂缝纵横交错,缝宽1mm以上,缝距40mm以下,1m²以上,如图5-17c)和图5-17d)所示。

②产生原因:路面结构中夹有软弱层或泥灰层,粒料层松动,水稳性差;沥青与沥青混合料质量差,延度低,抗裂性差;沥青层厚度不足,层间黏结差,水分渗入,加速裂缝的形成。

③预防措施:沥青面层摊铺前,对下卧层应认真检查,及时清除泥灰,处理好软弱层,保证下卧层稳定,并宜喷洒0.3~0.6kg/m² 黏层沥青;原材料质量和混合料质量严格按照规范要求进行选定、拌制和施工;沥青面层各层应满足最小施工厚度的要求,保证上下层的良好黏结;路面结构设计应做好交通量调查和预测。

④治理方法:如夹有软弱层或不稳定结构层,应将其铲除;结构层积水引起网裂,铲除面层后,加设排水设施,再铺筑新的沥青混合料;若因沥青层厚度不足引起网裂,则铣刨网裂的面层后加铺新料来处理;路基不稳造成网裂,可采用石灰或水泥处理路基,或注浆加固处理;由于基层软弱或厚度不足引起路面网裂时,可分别采取加厚、调换或综合稳定的措施进行加强。

2.低温缩裂

路面中的一些整体性结构层在低温时(负温度)由于材料收缩受限制而产生较大的拉应

力,当它超过材料相应条件下的抗拉强度时抗拉强度时便产生横向间隔性的(间距为5~8m)裂缝,严重时发展为纵向裂缝(因为路面的纵向约束远大于横向约束),如图5-18、图5-19所示。在冰凉地区,沥青面层及用水硬性材料稳定的整体性基层。冬季可能出现这种裂缝。低温裂缝的产生与荷载无关。路面材料的干缩裂缝或半刚性基层上沥青面层的反射裂缝,均为横向裂缝,另外路基不均匀沉陷、冻胀也会产生横裂和纵裂。横向裂缝和纵向裂缝进一步发展会扩展成网裂。

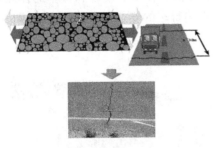 

图5-18 低温缩裂缝　　　　　图5-19 低温缩裂缝引起的横向裂缝和纵向裂缝

3. 反射裂缝

(1)表面现象:基层产生裂缝后,在温度和行车荷载作用下,裂缝将逐渐反射到沥青层表面,路表裂缝的位置形状与基层裂缝基本相似。半刚性基层以横向裂缝居多。对于在柔性路面上加罩沥青结构层,裂缝形式不一,取决于下卧层。

(2)产生原因:半刚性基层收缩裂缝的反射裂缝;在旧路上加罩沥青面层后原路面上已有裂缝包括水泥混凝土路面的接缝反射。

(3)预防措施:采取有效措施减少半刚性基层收缩裂缝材料;在旧路面加罩沥青路面结构层前,可先铣削原路面后再加罩,或采用铺设土工织物、玻纤网后再加罩,以延缓反射裂缝的形成。

(4)治理方法:裂缝小于2mm时,可不作处理;大于2mm的裂缝,可用改性沥青灌缝。灌缝前,清缝;灌缝后,表面撒粗砂或3~5mm石屑。

四、松散和坑槽

由于面层材料组合不当或施工质量差,结合料含量太少或黏结力不足或外来油的侵蚀及重载情况下,面层混合料的集料间失去黏结而成片散开,成为松散。松散的材料被车轮后的真空吸力以及风和雨等带离路面,便形成大小不等的坑槽。网裂的后期,碎块被行车荷载继续碾碎,并被带离路面,也会形成坑槽。

1. 松散

(1)表面现象:面层集料之间的黏结力丧失或基本丧失,路表面可观察到成片悬浮的集料或小块混合料,面层部分区域明显不成整体。干燥季节,在行车作用下可见轮后粉尘飞扬,如图5-20所示。

(2)产生原因:沥青针入度偏小,黏结力不良;混合料沥青用量偏少;矿料潮湿或不洁净或含风化石;拌和时温度偏高,沥青焦枯;沥青老化或与酸性石料黏附性不良;摊铺时未充分压实,或沥青混凝土温度偏低;或雨天摊铺;基层强度不足导致不均匀沉降而引起结构破坏,或湿软时摊铺沥青;溶解性油类泄露,雨雪水渗入,降低了沥青的黏结力。

(3)预防措施:酸性石料,掺入抗剥落剂或生石灰粉、干净消石灰、水泥;混合料生产中,选用符合要求的沥青和集料;控制各个环节中的温度;沥青混合料到工地后应及时摊铺、及时碾压,达到规定的压实度;路面出现脱皮等轻微病害时应及时修补。

(4)治理方法:将松散的面层清除,重铺沥青混凝土面层;如涉及基层,则应先对基层进行处理。

2. 坑槽

(1)表面现象:表层局部松散,形成深度2cm以上的凹槽。在水的侵蚀和行车的作用下,凹槽进一步扩大,或相互连接,形成较大较深坑槽,严重影响行车的安全性和舒适性,如图5-21所示。

图5-20 松散

图5-21 坑槽

(2)产生原因:面层厚度不够,沥青混合料黏结力不佳,沥青加热温度过高,碾压不密实,在雨水和行车等作用下,面层材料性能日益恶化松散、开裂,逐步形成坑槽;摊铺时,下层表面泥灰、垃圾未彻底清除,使上下层不能有效黏结;路面罩面前,原有的坑槽、松散等病害未完全修复;养护不及时,当路面出现松散、脱皮、网裂等病害时,或被机械行驶刮铲损坏后,为及时养护修复。

(3)预防措施:沥青面层应具有足够的设计厚度;沥青混合料配合比设计宜选用具有较高黏结力的较密实的级配;混合料拌制过程中,严格掌握拌制时间、沥青用量及拌和温度,保证混合料的均匀性;摊铺面层前,下层应清扫干净,并均匀喷洒黏层沥青;当路面出现松散、脱皮、轻微网裂等可能使雨水下渗的病害,或路面被机械刮铲受损,应及时修补以免病害扩展。

(4)治理方法:路基完好,坑槽深度仅涉及下面层的确定所需修补的坑槽范围,一般可根据路面的情况略大于坑槽的面积,修补范围应方正并与行车方向平行或垂直;若小面积的坑槽较多或较密时,应将多个小坑槽合并确定修补范围;采用人工或机械的方法将修补范围内的面层削去,槽壁与槽底应垂直。槽底面应坚实无松动现象,并使周围好的路面不受影响或松动损害;将槽壁槽底的松动部分、损坏的碎块及杂物清扫干净,然后再槽壁和槽底表面均已涂刷一层黏层沥青,用量为 0.3~0.6kg/m²;将与原面层材料级配基本相同的沥青混合料填入槽内,摊铺平整,并按槽深1.2倍掌握好松铺系数如图5-22所示。摊铺时要特别注意将槽壁四周的原沥青面层边缘压实铺平,用压实机具在摊铺好的沥青混合料上反复来回碾压至与原路面平齐;如基层已损坏,须先将基层补强或重新铺筑。

五、推移(拥包)泛油

推移是沥青路面材料沿行车方向发生剪切或拉裂破坏面出现推挤或拥起现象。造成推移的主要原因是:当沥青路面受到较大的水平荷载作用时(在车辆经常起动、制动的路段及弯道、坡度变化处等),车辆荷载引起的竖向力和水平力的综合作用使结构层内的切应力或拉应力超过材料的抗剪或抗拉强度。

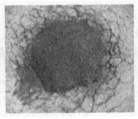

图 5-22　坑槽处治过程

面层沥青混合料中沥青含量偏多或空隙率太小(低于 3%)时,沥青会在夏天受行车的作用而溢出路表面,形成一层有光泽的沥青膜,称为泛油。这种沥青混合料的抗剪强度往往过低,在承受较大水平力作用车辆经常启动和制动的路段上,面层材料会沿行车方向发生剪切或者拉裂破坏而出现推移和拥起。

1. 推移(拥包)

(1)表面现象:沿行车方向或横向出现局部隆起。较易发生在车辆经常起动、制动的地方,如图 5-23 所示。

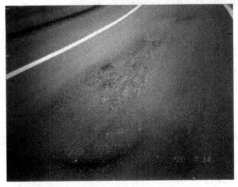

图 5-23　推移(拥包)

(2)产生原因:沥青用量偏高或细料偏多;面层摊铺时,底层未清扫或未喷洒黏层油;基层或下面层未经充分压实,强度不足;日常养护时,局部路段沥青用量过多,细集料偏细;陡坡或平整度较差路段,面层混合料低处积聚。

(3)预防措施:配合比设计时,控制沥青含量和细集料用量;面层摊铺前下层清扫干净并喷洒黏层油;人工摊铺时,做到粗细均匀分布。

(4)治理方法:路面拥包,可在气温较高时,用加热器烘烤发软后铲除,夯实后用烙铁烙平,而后找补平顺;对已趋于稳定(其底部沥青混合料油分挥发或老化)不再发展的拥包,可用铣刨机,铣刨平整后,加铺稳定性较好的沥青混合料。

2. 泛油

(1)表面现象:表面处治和贯入式路面的表面基本上被一薄层沥青覆盖,未见或很少看到集料,路表光滑,容易引起行车滑溜交通事故,如图 5-24 所示。

(2)产生原因:表面处治、贯入式使用沥青标号不当,针入度过大;沥青用量过多或集料洒布量过少;动态施工,面层成型慢,集料散失过多。

(3)预防措施:施工前须根据本地区气候条件选定合适的沥青标号;优化沥青混合料配合比设计。

(4)治理方法:在热天气温较高时进行处理最为有效。如轻微泛油,可撒布3~5mm(或3~8mm)石屑或粗黄砂,撒布量以车轮不黏沥青为度;如泛油较严重,可先撒布5~10mm(或5~15mm)集料,经行车碾压稳定后再撒布3~5mm(或3~8mm)石屑或粗黄砂嵌缝。使用过程中,散失的集料须及时回扫,或补撒集料;情节严重进行铣刨加罩。

六、翻浆

1. 表面现象

基层的粉、细料浆水从面层裂缝或从多空隙面层的空隙处析出,雨后路表面呈淡灰色或白色的一种现象,图5-25所示。

图5-24 泛油

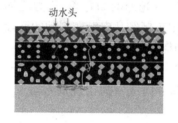

图5-25 沥青路面翻浆

2. 产生原因

基层用料不当,或拌和不均,细料过多;低温季节施工的半刚性基层,强度增长缓慢,而路面开放交通过早,在行车与雨水作用下使基层表面粉化,形成浆水;冰冻地区基层,冬季水分积聚成冰,春天解冻时翻浆;沥青面层厚度较薄,空隙较大,雨水下渗,促使翻浆形成。表面处治和贯入式面层竣工初期,由于行车次数不多,结构层尚未达到应有密实度就遇到雨季,使渗水增多,基层翻浆。

3. 预防措施

采用含粗粒料的水泥、石灰粉煤灰稳定类材料作为高等级道路的上基层;低温季节施工时,石灰稳定类材料可掺入早强剂,以提高早期强度;根据道路等级和交通量要求,选择合适的面层类型和适当的厚度;设计时应考虑排水结构。

4. 治理方法

及时清除雨水进水孔垃圾,确保排水顺畅;对轻微翻浆路段,挖除面层,清除基层表面软弱层,施设下封层后铺筑沥青面层;严重翻浆路段,将面层基层挖除,如涉及路基,需处理好路基后铺筑良好的半刚性基层,并做好排除内部积水的技术措施。

任务九 沥青路面设计的基本知识

一、沥青路面设计任务、设计原则

1. 沥青路面设计任务

沥青路面设计的任务是根据使用要求及气候、水文、土质等自然条件,密切结合当地实践经验,设计确定经济合理的路面结构,使之能承受行车荷载和环境因素的作用,在预定的使用期限满足各级道路相加的承载能力、耐久性、舒适性、安全性的要求。沥青路面设计包括原材料的调查与选择、沥青混合料配合比以及基层材料配合比设计、各项设计参数的测试与确定、路面结构组合设计、路面结构层厚度确定以及路面结构的方案比选、路面排水系统设计和路肩加固等内容。本章重点介绍行车道沥青路面的结构组合设计和路面结构层厚度计算两个方面的内容。

2. 沥青路面结构设计一般原则

沥青路面结构设计应遵循以下7项原则:

(1)路面结构设计应认真做好现场资料收集、掌握沿线路基特点,查明路基干湿类型,在对不良地质路段处理的基础上,将路基路面作为一个整体,进行综合设计。

(2)做好交通量和轴载的调查、分析和预测工作,按照全寿命周期成本的理念进行路面结构设计。

(3)在满足交通量和使用要求的前提下,应遵循"因地制宜、合理选材、节约投资"的原则,选择技术先进、经济合理、安全可靠、方便施工的路面结构方案。

(4)应结合当地条件,积极、慎重地推广新材料、新工艺、新技术,并认真铺筑试验段,总结经验,不断完善,逐步推广。

(5)设计方案应符合国家环境保护的有关规定,注意施工中废弃料的处理,积极推动旧面层和基层的再生利用,应保护施工人员的健康和安全。

(6)为确保工程质量,应尽可能选择有利于机械化、工厂化施工的设计方案。

(7)高速公路、一级公路的路面一般不宜分期修建。但对于地处不良地基的路段,为了适应路基沉降、稳定周期较长的特点,路面结构可以遵循"一次设计、分期修建"的方案。即在路基沉降、稳定周期内(3~5年),根据交通量增长规律,分几次修建,最终实现设计的目标,这样既适应交通量不断增长的需要,又提高了投资效益,最终保证路面结构的质量达到规定要求。

总之,沥青路面结构设计应遵循下列原则:因地制宜、合理选材、方便施工、利于养护、节约投资的方针。

3. 沥青路面结构设计理论与方法

世界各国的沥青路面设计方法可分为经验法和力学—经验法两大类。经验法主要通过对试验路或使用道路的实验观测,建立路面结构(结构层组合、厚度和材料性质)、车辆荷载(轴载大小和作用次数)和路面使用性能三者之间的关系,如美国的加州承载比(CER)法和美国各州公路和运输工作者协会(AASHTO)法。力学—经验法应用力学原理分析路面结构在荷载与环境作用下的力学响应量(应力、应变、位移),建立力学响应量与路面使用性能之间的关系模型,路面设计按使用要求,运用关系模型完成结构设计。我国现行的沥青路面设计方法、美国的沥青学会(AI)法和壳牌(Shell)法均为力学—经验法。

我国现行的《公路沥青路面设计规范》(JTG D50—2006)采用弹性层状体系作力学分析基础理论,以双圆垂直均布荷载作用下的路面整体沉降(弯沉)和结构层的层底拉应力作为设计指标,以疲劳效应为基础,处理轴载标准化转换与轴载多次重复作用效应。

4. 弹性层状体系理论简介

由不同材料的结构层及路基组成的路面结构,在荷载作用下其应力—应变关系一般呈非线性特性,且应变随应力作用时间而变化,同时应力卸除后常有一部分应变不能恢复。因此,严格地说,沥青路面在力学性质上属于非线性的弹—黏—塑性体。但是,考虑到行驶车轮作用的瞬时性(仅为0.01~0.10s),在路面结构中产生的黏—塑性变形数量很小,所以,对于厚度较大、强度较高的路面结构,将其视作线性弹性体,并应用弹性层状体系理论进行分析计算是合适的。

弹性层状体系是由若干个弹性层组成,上向各层具有一定厚度,最下一层为弹性半空间体,如图5-26所示。应用弹性力学方法求解弹性层状体系的应力、应变和位移等分量时,引入以下5种假设:

(1)各层材料是连续的、完全弹性的、均匀的、各向同性的;各层的位移和应变是微小的;

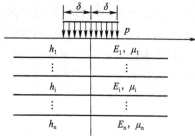

图5-26 弹性层状体系示意图

(2)最下一层在水平方向和垂直向下方向为无限大,其上各层厚度为有限、水平方向为无限大;

(3)各层在水平方向无限远处及最下一层向下无限深处,其应力、应变和位移为零;

(4)层间接触,或者位移完全连续(称连续体系),或者层间仅竖向应力和位移连续而无摩擦阻力(称滑动体系);

(5)不计自重。

二、行车荷载与交通分析

汽车是路面的服务对象,也是使路面遭受破坏的最直接因素。因此,必须了解汽车对路面的作用特点。

1. 车辆的种类和轮轴形式与参数

(1)车辆种类。公路路面设计中,通常考虑不同车辆的轮数和轴数的不同的作用。

在交通调查中,一般将汽车分为10类,即小型客车、大型客车、小型载货汽车、中型载货汽车、中型载货自卸汽车、中型载货特种汽车、大型载货自卸汽车、大型载货特种汽车、载货拖拉机、大型载货汽车。不同类型的货车示意图如表5-8所示。

不同类型的货车示意图　　　　表5-8

序 号	简 图	典型车名	序 号	简 图	典型车名
1		跃进	9		挂车
2		解放	10	10t	黄河挂车
3		黄河	11	4.8t　8.5　17t	五十铃
4		日野	12	4t　16t　23t	半挂大于20t
5		大拖拉	13	5.4t　15.6t　19t	集装箱小于25t
6		客车	14	5t　24t　24t	集装箱大于25t
7		大客车	15	30t　40t	车辆数大于6个
8	6t　9t	半挂	16	4.5t	大中型拖拉机

(2)轮轴形式。轴重的大小直接关系到路面结构的设计承载力与结构强度,标准轴载问题涉及运输经济和路面结构经济性两个方面。无论是客车还是货车,车身的全部质量都通过车轴上的轮子传给路面,因此,对于路面结构设计而言,更加重视车辆的轴载。由于轴载的大小直接关系到路面结构的设计承载力与结构强度,为了统一设计标准和便于交通管理,各个国家对于轴载的最大限度均有明确的规定。据国际道路联合会1989年公布的统计数据,在141个成员国和地区中,单轴限最大的为140kN,近40%的国家和地区执行100kN轴限,我国公路路面设计均以双轮组单轴100kN作为标准轴载。通常认为我国的道路车辆轴限为100kN(双轮组单轴)。

2. 静态压力

车辆对道路的作用可分为停驻状态和行驶状态。当车辆处于停驻状态时,对路面的作用力为静态压力,主要是由轮胎传给路面的垂直压力 p,它的大小受以下因素的影响:

(1)车辆轮胎的内压力。

(2)轮胎的刚度和轮胎与路面接触的形状。

(3)轮载的大小。

货车轮胎的标准静内压力 p_i 一般为 0.4～0.7MPa。通常轮胎与路面接触面上的压力 p 略小于内压力 p_i,为 $(0.8～0.9)p_i$。车轮在行驶过程中,内压力会因轮胎充气温度升高而增加,因此,滚动的车轮,接触压力也有所增加,达到 $(0.9～1.1)p_i$。

轮胎的刚度随轮胎的新旧程度而有所不同,接触面的形状和轮胎的花纹也会影响接触压力的分布,一般情况下,接触面上的压力分布是不均匀的。不过在路面设计中,通常忽略上述因素的影响,而直接取内压力作为接触压力,并假定在接触面上,压力是均匀分布的。

轮胎与路面的接触面形状如图 5-28 所示,它的轮廓近似于椭圆形,因其长轴与短轴的差别不大,在工程设计中以圆形接触面积表示。将车轮荷载简化成当量的圆形均布荷载,并采用轮胎内压力作为轮胎接触压力 p。当量圆的半径 δ 可以按式(5-1)确定:

$$\delta = \sqrt{\frac{P}{\pi p}} \tag{5-1}$$

式中:P——作用在车轮上的荷载(kN);

p——轮胎接触压力(kPa);

δ——接触面当量圆半径(m)。

对于双轮组车轴,若每一侧的双轮用一个圆表示,称为单圆荷载;如用两个圆表示,则称为双圆荷载,如图 5-27 所示。双圆荷载的当量圆直径 d 和单圆荷载的当量圆直径 D,分别按式(5-2)和式(5-3)计算:

$$d = \sqrt{\frac{4P}{\pi p}} \tag{5-2}$$

$$D = \sqrt{\frac{8P}{\pi p}} = \sqrt{2}d \tag{5-3}$$

我国现行路面设计规范中规定的标准轴载(100kN)的轮载为 $p = 25$kN,$P = 0.7$MPa,用式(5-2)和式(5-3)计算,可分别得到相应的当量圆直径为:

$$d = 0.213\text{m}, D = 0.302\text{m}$$

3. 动态影响

行驶状态的车辆除了施加给路面垂直静态压力之外,还给路面施加水平力和振动力。此外,由于车辆以较快的速度通过,这些动力影响还有瞬时性的特征。

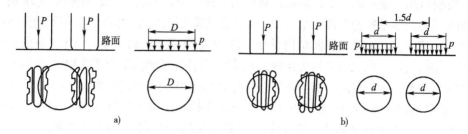

图 5-27 车轮荷载计算图式
a) 单圆图式；b) 双圆图式

车辆在道路上等速行驶，车轮受到路面给它的滚动摩擦阻力，路面也相应受到车轮施加于它的一个向后的水平力；车辆在上坡行驶，或者在加速行驶过程中，为了克服重力与惯性力，需要给路面施加向后的水平力，相应在下坡行驶或者在减速行驶过程小，为了克服重力与惯性力的作用，需要给路面施加向前的水平力。车辆在弯道上行驶，为了克服离心力，保持车身稳定不产生侧滑，需要给路面施加侧向水平力。特别是在车辆启动和制动过程中，施加于路面的水平力相当大。

车轮施加于路面的各种水平力 Q 值与车轮的垂直压力 P，以及路面与车轮之间的附着系数 φ 有关，如图 5-28 所示，其最大值 Q_{max} 不会超过 P 与 φ 的乘积，即：

$$Q_{max} \leq P\varphi \tag{5-4}$$

若以 q 和 p 分别表示接触面上的单位水平力和单位垂直接触压力，则最大水平力 q_{max} 应满足：

$$q_{max} \leq p\varphi \tag{5-5}$$

φ 的最大值一般不超过 0.8，与路面类型和湿度以及行车速度有关，相同的路面结构类型，干燥状态的 φ 值比潮湿状态高；路面结构类型与干燥状态相同的情况下，车速越高，φ 值越小。路面表面必须保持足够的附着系数，这是保证正常行车的重要条件。但是，从路面结构本身来看，附着系数的大小直接影响结构层承受的水平荷载。在水平荷载的作用下，结构层生产复杂的应力状态，特别是直接承受水平荷载作用的面层结构，若是抗剪强度不足，将会导致推挤、拥包、波浪、车辙等破坏现象。

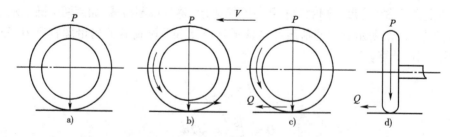

图 5-28 车轮作用于路面的垂直压力与水平力
a) 停驻；b) 起动、一般行驶、加速；c) 减速、制动；d) 转向

车辆在道路上行驶，由于车身自身的振动和路面的不平整，其车轮实际上是以一定的频率和振幅在路面上跳动，作用在路面上的轴载时而大于静态轴载，时而小于静态轴载，呈波动状态，图 5-29 即为轴载波动的实例。

轴载的这种波动，近似呈正态分布，其变异系数（标准偏差与静态轴载之比）主要随着以下 3 因素而变化：

(1)行车速度:车速越高,变异系数越大。
(2)路面的平整度:平整度越差,变异系数越大。
(3)车辆的振动特性:轮胎的刚度越低,减振装置的效果越好,变异系数越小。

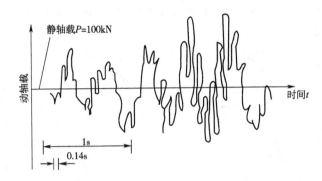

图 5-29 轴载的动态波动

正常情况下,变异系数一般小于 0.3。振动轴载的最大峰值与静载之比称为冲击系数。在较平整的路面上,行车速度不超过 50km/h 时,冲击系数不超过 1.30。车速增加或路面平整性不良,则冲击系数还要增大。在设计路面时,有时以静载乘以冲击系数作为设计荷载。

在图 5-29 中,车速为 60km/h;路面平整度中等;轮胎着地长为 23cm;通过时间为 0.0138s。

4. 交通调查与分析

(1)交通量。在规定时间内通过整个路面横断面的车辆数称为交通量。交通量如按小时统计称为小时交通量,如按一昼夜统计称为日交通量,如按年统计称为年交通量。

路面的交通量是随时间的变化而变化的,但在路面设计中为了简化,只考虑交通量逐年变化的情况并近似采用年平均日交通量表征道路的交通量。所谓年平均日交通量就是指 1 年内每天交通量之和的平均值,即:

$$N = \frac{\sum_{i=1}^{365} N_i}{365} \tag{5-6}$$

(2)交通量增长率。一般说来,交通量是逐年增长的,增长的幅度取决于国家的政治、经济情况,道路的性质和作用以及所在地区的人口增长和经济发展情况等。研究表明,交通量的逐年增长大致符合几何级数的规律,即 t 年的交通量计算式为:

$$N_t = N_1 (1+\gamma)^{t-1} \tag{5-7}$$

通常,在进行路面结构设计是采用 t 年内的平均增长率,即

$$\sum_{i=1}^{t} N_i = \frac{N_1 (1+\gamma)^{t-1}}{\gamma} \tag{5-8}$$

5. 轮迹横向分布

车辆在道路上行驶时,车轮的轨迹总是在横断面中心线附近一定范围内左右摆动。由于轮迹的宽度远小于车道的宽度,因而总的轴载通行次数既不会集中在横断面上某一固定位置,也不可能平均分配到每一点上,而是按一定规律分布在车道横断面上,称为轮迹的横向分布。图 5-30 所示为单向行驶时一个车道内的轮迹横向分布频率曲线,图 5-31 所示为混合行驶时双车道内轮迹横向分布频率曲线。

分布频率曲线中的直方图条带宽为 25cm,大约接近轮迹宽度,以条带上受到的车轮作用次数除以车道上受到的作用次数作为该条带的频率。由图 5-30 可知,对于单向行车的一个车道上,由于行车的渠化,频率曲线出现两个峰值,达到 30% 左右,而车道边缘处频率很低。由图 5-31 可知,混合行驶的双车道,车辆集中在双车道中央,频率曲线出现一个峰值,为 30% 左右,两侧边缘频率很低。

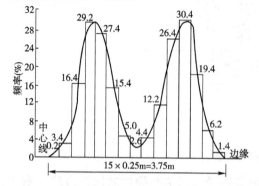 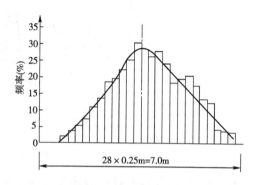

图 5-30　轮迹横向分布频率曲线(单向行驶一个车道)　　图 5-31　轮迹横向分布频率曲线(混合行驶双车道)

轮迹横向分布频率曲线图形随许多因素而变化,如:交通量、交通组成、车道宽度、交通管理规则等,需分别各种不同情况,通过实地调查,才能确定。

在路面结构设计中,用横向分布系数 η 来反映轮迹横向分布频率的影响。通常取宽度为两个条带的宽度,即 50cm。因为双轮组每个轮宽 20cm,轮隙宽 10cm,这时的两个条带频率之和称为轮迹横向分布系数。然而,对于沥青路面结构设计,轮迹横向分布用车道系数来表征,其含义是车轮轮迹横向分布峰值百分率与单车道时的车轮轮迹横向分布峰值百分率之比值。

三、沥青路面设计的设计依据

1. 沥青路面设计年限

路面设计年限的选择应根据公路等级、公路在路网中的功能定位、当地国民经济发展的需求以及投资条件等因素,经综合论证后确定。各级公路沥青路面设计使用年限不宜低于表 5-9 要求。若有特殊使用要求,可适当调整。

各级公路沥青路面设计使用年限　　表 5-9

公 路 等 级	设计年限(年)	公 路 等 级	设计年限(年)
高速公路、一级公路	15	三级公路	8
二级公路	12	四级公路	6

2. 标准轴载与轴载换算

路面结构设计的目标是要求路面结构在设计年限内满足预测交通量累计标准轴载通行时,具有快速、安全、稳定的服务功能,路面结构具有相应的承载能力,结构层的应力应变满足材料容许的标准。

(1)标准轴载。公路上行驶的车辆种类繁杂,不同车型和不同作用次数对路面影响不同,为便于路面设计与计算,应将各种轴载的作用次数换算成某种统一轴载的当量轴次,这种作为轴次换算的统一的轴载,称为标准轴载。

《公路沥青路面设计规范》(JTJ D50—2006)中规定:沥青路面设计是以双轮组单后轴载 100kN 为标准轴载,以 BZZ—100 表示。标准轴载的计算参数按表 5-10 所示。

标准轴载计算参数 表5-10

标准轴载 P(kN)	100	单轮传压面当量圆半径 δ(cm)	10.65
轮胎接地压强 p(MPa)	0.70	两轮中心距(cm)	$1.5d$
单轮传压面当量圆直径 d(cm)	21.30		

对运煤或运建筑材料等大型载货汽车为主的公路,应根据实际情况,经论证选用设计荷载计算参数进行设计。

(2)设计交通量。沥青路面设计交通量,应在实测各类相关车型轴载谱(各种车辆不同轴载重的概率分布)的基础上,参照项目可行性研究报告等有关交通量预测资料,考虑未来各种车型的组成,论证的确定各种车型在路面交工后第一年双向日平均交通量 n_i。

(3)轴载换算。公路实际行驶的车轮类型千差万别,轴载也各不相同,它们对路面结构的损耗作用也不同,无法分析它们对弯沉增大的总效应,有必要定义一种标准轴载,将其他轴载的作用等效为标准轴载作用。

①轴载当量换算的原则:

a. 等破坏原则:不同标准轴载使用末期达到相同的临界状态为标准。即对同一种路面结构,甲轴载作用 N_1 次后路面达到预定的临界状态,乙轴载作用使路面达到相同临界状态的作用次数为 N_2,此时甲乙两种轴载作用在使用末期的破坏状态相同;

b. 等厚度原则:对某一种交通组成,不同标准轴载换算换算所得轴载作用次数设计计算确定的路面厚度相同。

②当量轴次。按弯沉或弯拉应力为指标将不同车型、不同轴载的作用次数换算为与标准轴载 100kN 相当的轴载作用次数。

③换算方法:

a. 当以设计弯沉值为指标及沥青层层底拉应力验算时,凡轴载小于或等于130kN的各级轴载 P_i 的作用次数 n_i 均按式(5-9)换算成标准轴载 P 的当量作用次数 N_i:

$$N_i = C_1 \cdot C_2 \cdot n_i \left(\frac{P_i}{P}\right)^{4.35} \tag{5-9}$$

各级轴载的作用次数换算成标准轴载的当量作用次数的总和为:

$$N_s = \sum_{i=1}^{K} C_1 \cdot C_2 \cdot n_i \left(\frac{P_i}{P}\right)^{4.35} \tag{5-10}$$

式中:N_s——标准轴载的当量轴次,次/日;

n_i——被换算车型的各级轴载作用次数(次/日);

C_1——轴数系数;当轴间距大于3m时,应按单独的一个轴载计算,此时轴数系数为1;当轴间距小于等于3m时,按双轴或多轴计算,轴数系数按下式计算:$C_1 = 1 + 1.2(m-1)$,其中 m 为轴数;

C_2——轮组系数,单轮组为6.4,双轮组为1,四轮组为0.38(见图5-32)。

b. 当以半刚性材料层底拉应力为设计指标时,凡轴载小于或等于130kN的各级轴载 P_i 的作用次数 n_i 均按式(5-11)换算成标准轴载 P 的当量作用次数 N'_s:

$$N'_s = \sum_{i=1}^{K} C'_1 \cdot C'_2 \cdot n_i \left(\frac{P_i}{P}\right)^{8} \tag{5-11}$$

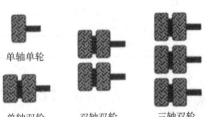

图5-32 车辆轮组示意图

式中:N'_s——标准轴载的当量轴次,次/日;

n_i——被换算车型的各级轴载作用次数,次/日;

C'_1——轴数系数;当轴间距大于3m时,当轴间距小于等于3m时,按双轴或多轴计算,轴数系数按下式计算:$C'_1 = 1 + 1.2(m-1)$,其中 m 为轴数;

C'_2——轮组系数,单轮组为18.5,双轮组为1,四轮组为0.09。

(4)累计当量轴次计算

在设计年限内,考虑车道数量影响后,一个车道上的当量轴次总合称为累计当量轴次。

设计年限内考虑车道系数后一个车道上的累计当量轴次 N_e 可用式(5-12)。

$$N_e = \frac{365N_1[(1+\gamma)^t - 1]}{\gamma}\eta \tag{5-12}$$

式中:N_e——为设计年限内一个车道上累计当量轴次,次;

N_1——为路面竣工通车第一年的日平均当量轴次,次/日;

γ——为设计年限内交通量年平均增长率,应根据《工程可行性研究报告》中有关预测的交通量增长率,分析论证确定设计交通量的平均增长率;

η——为轮迹横向分布系数(车道系数),可按表5-11所示选用;

t——为设计年限(年)。

车 道 系 数 η 表5-11

车道特征	车道系数	车道特征	车道系数
双向单车道	1.0	双向六车道	0.3~0.4
双向两车道	0.6~0.7	双向八车道	0.25~0.35
双向四车道	0.4~0.5		

注:公路无分隔时,路面窄取高值,路面宽取低值。

(5)交通等级。路面结构在设计年限内承担交通荷载的繁重程度以交通等级来划分。我国沥青路面按承担交通荷载的轻重划分为特轻交通、轻交通、中等交通、重交通和特重交通5个等级见表5-12。当用两种方法划分的交通等级不相同时,选择一个较高的交通等级作为设计交通等级。路面结构选型、结构组合设计、结构层位的确定、路面材料的选定都应充分考虑沥青路面的交通等级。

交 通 等 级   表5-12

交通等级		BZZ-100kN 累计标准轴次 N_e(万次/车道)	中型以上货车及大客车(日/辆)
A	特轻交通	<100	<300
B	轻交通	100~400	300~1000
C	中交通	400~1200	1000~4000
D	重交通	1200~2500	4000~10000
E	特重交通	>2500	>10000

任务十　沥青路面设计指标

沥青路面由于环境因素的不断影响和行车荷载的反复作用,经过一段时间的使用,便会产生破坏而失去原有的使用性能。由于沥青路面结构破坏的原因及沥青路面结构类型和组成多种多样,因此导致沥青路面的破坏状态也是多种多样的,归纳起来,主要有沉陷、车辙、疲劳开裂、推移和低温缩裂等。

根据沥青路面在行车荷载和自然因素作用下所产生的应力、应变和位移量不超过路面任一结构层中材料的允许应力、应变和位移量来选定路面结构层的组合和厚度,以达到防止或减少各种路面破坏现象的发生,保证在设计使用年限内汽车能够在路面上安全、迅速、舒适地行驶。沥青路面设计的设计指标如下:

1. 沉陷

控制路基土的压缩引起路面的沉陷指标,可选用路基土的垂直压应力作为设计标准,即:

$$\sigma_{z0} \leq [\sigma_{z0}]$$

式中:σ_{z0}——路基表面内行车荷载作用产生的垂直应力,可用弹性层状体系理论求得;

$[\sigma_{z0}]$——路基土的容许垂直应力,其值与路基的特性(弹性模量)和行车荷载作用次数有关。

2. 车辙

路面的车辙与荷载应力大小、重复作用次数以及结构层和路基的性质有关。目前,控制车辙深度的指标有两种:一种是路面各结构层包括路基的残余变形总和;另一种是路基表面的垂直变形。

对于前一种,可表示为:

$$L_{re} \leq [L_{re}]$$

式中:L_{re}——行车荷载重复作用下路面的计算总残余变形,可由各结构层残余变形经验公式确定(各层应力由弹性层状体系理论计算得到);

$[L_{re}]$——容许总残余变形,由使用要求确定。

路基表面的垂直应变标准,可表示为:

$$\varepsilon_{E0} \leq [\varepsilon_{E0}]$$

式中:ε_{E0}——路基表面的垂直应变,可由弹性层状体系理论求得;

$[\varepsilon_{E0}]$——路基表面容许垂直应变,可由路基残余变形和荷载应力、应力重复作用次数及路基土弹性模量之间的经验关系确定。

3. 疲劳开裂

路面结构层疲劳寿命主要取决于所受到的重复应变(或应力)大小,同时也与路面的环境因素有关。以疲劳开裂作为设计标准时,用结构层底面的拉应变或拉应力不超过相应的容许值控制设计,即:

$$\varepsilon_r \leq [\varepsilon_R] \quad \text{或} \quad \sigma_r \leq [\varepsilon_R]$$

式中:ε_r、σ_r——按弹性层状体系理论计算的结构层底面的最大拉应变和拉应力;

$[\varepsilon_R]$——由疲劳方程确定的该结构层容许拉应变和容许拉应力。

4. 推移(拥起)

为防止沥青面层表面产生推移和拥起,可用面层抗剪强度标准控制设计。也就是在车轮的垂直力和水平力的共同作用下,面层中可能产生的最大剪应力 τ_{max}(由弹性层状体系理论计算的各应力分量求得),应不超过材料的容许剪应力 τ_R,即:

$$\tau_{max} \leq \tau_R$$

这项设计标准通常用于停车站、交叉口等车辆频繁制动地段及紧急制动路段高温情况下的沥青路面设计。与沥青混合料黏结力和内摩擦角有关的容许剪应力 τ_R,其取值应考虑路面的温度状况。

5. 低温缩裂

低温缩裂是一项与荷载因素无关的设计指标,即低温时结构层材料因收缩受约束而产生的温度应力 σ_{tt} 不应大于该温度时材料的容许拉应力 σ_{tR},即:

$$\sigma_{tr} \leqslant \sigma_{tR}$$

6. 路面弯沉设计标准

路基路面在车轮荷载作用下产生的垂直位移(垂直变形)通常称为弯沉。路基或路面材料是非线性弹塑性体,路面总弯沉包括可以恢复的变形(称为回弹变形或回弹弯沉)和不可以恢复的变形(称为残余变形或残余弯沉)两部分。

为了控制路基路面的总变形,防止网裂、沉陷、车辙,使路面具有足够的整体刚度和强度。采用路表设计弯沉值 L_d 作为路面整体刚度和强度的控制指标。即路面设计弯沉值 L_d 应大于或等于路表实际可能产生的回弹弯沉值 L_s,即:

$$L_s \leqslant L_d$$

《公路沥青路面设计规范》(JTG D50—2006)规定:高速公路、一级公路、二级公路的路面结构,以路表面弹弯沉值、沥青混凝土层的层底拉应力和半刚性材料层的层底拉应力为设计指标。三级公路、四级公路的路面结构以路表设计弯沉值为设计指标。有条件时,对重交通路面宜检验沥青混合料的抗剪切强度。

任务十一 沥青路面结构组合设计

一、沥青路面结构设计内容与一般原则

1. 沥青路面结构设计的内容

沥青路面的设计工作可分为结构设计与厚度计算两大部分。只有路面结构设计工作获得正确的成熟在此基础上进行厚度计算才是有意义的,所以路面结构设计的成败直接关系到路面设计工作的成败,它在路面设计工作中处于关键地位。

路面结构设计包括各分层的结构设计和结构层的组合设计。

路面结构设计的任务:结合当地的具体条件和使用要求,选择各结构层种类和组成材料,按就地取材和分期修建的原则,组合成既能经受行车荷载和自然因素的反复作用,又能充分发挥各结构层材料的最大效能和经济合理的路基路面结构体系。

2. 沥青路面结构设计的一般原则

在沥青路面结构设计工作中,应该遵循下述的技术经济原则:

(1)因地制宜,合理选材。路面各结构层所用的材料,尤其是用量大的基、垫层材料,应充分利用当地的天然材料、加工材料或工业副产品,以减少运输费用和降低工程造价,以充分发挥当地材料的优势,做到因材施用。

(2)分期修建,逐步提高。交通量是确定路面等级和路面类型的最重要因素,而交通量是随时间而逐步增长的。当资金不足时,一般应按近期使用要求进行路面设计(高速公路和一级公路除外),先以满足近期需要为主。以后随着交通量的增长,车型的加重和投资的增多,逐步提高路面等级,增加路面厚度。但在建造时必须注意使前期工程能为后期工程奠定基础,

即能为后期工程所充分利用。

(3)整体考虑,综合设计。在路面结构设计时,对土基、垫层、底基层、基层和面层都应看作是一个有机的整体。按照土基稳定、基层坚实、面层耐久的要求,充分发挥各结构层的作用,合理选用路面材料,确定适当的结构层厚度,使路面设计既能在整体上满足强度和稳定性的要求,又能做到经济、合理和耐久。

(4)方便施工,利于养护。选择各结构层时还应考虑机具设备和施工条件,在可能的条件下,应尽量采用机械化施工、考虑建成通车后的养护工作问题。特别是对于高等级公路来说,要求平时养护工作量越少越好,以免影响大交通量的通行,故在路面结构设计时,应考虑便于施工、利于养护,以保证长时间通车的需要。

(5)考虑气候因素和水温状况的影响。路面结构设计要保证在自然因素和车轮荷载反复作用下,路面整体结构具有足够的水稳性、干稳性、冰冻稳定性和高温稳定性,因此对自然气候和水温状况可能对路面有影响,所以充分的重视。在水文地质不良的路段,要采取一定措施改善路段的干湿状况。在潮湿和中湿路段,应采取技术措施保证结构层的水稳性。在冰冻地区,也要采取措施保证路面结构层的冰冻稳定性。

二、沥青路面等级及各结构层

1.路面等级

路面等级一般情况下是应与公路等级和交通量相适应,公路等级越高,则路面等级也越高。确定路面等级和面层类型应以政治、经济、国防、旅游以及经济发展的需要和设计交通量为主要依据。此外,还应考虑使用需要、材料供应、施工机械设备、地区特点、施工养护工作条件等多方面的因素。具体确定时可参考表5-13所示。

各种不同等级公路对应路面等级、路面面层类型参考表　　　　表5-13

公 路 等 级	路面等级	面 层 类 型	设计年限(年)
高速公路 一、二级公路	高级路面	沥青混凝土 热拌沥青碎石	15
二级公路	次高级路面	冷拌沥青碎(砾)石 沥青贯入式 沥青上拌下贯式	12
		沥青表面处治	8
三级公路 三、四级公路	中级路面	泥结或级配碎(砾)石 其他粒料等	5
四级公路	低级路面	当地材料加固或改善土	5

2.沥青面层

沥青面层直接经受车轮荷载反复作用和各种自然因素影响,并将荷载传递到基层以下的结构层。因此,沥青面层应满足功能性和结构性的使用性能要求。沥青面层可为单层、双层、三层。双层结构分为表面层、下面层;三层结构分为表面层、中面层、下面层。

表面层应具有平整密实、抗滑耐磨、稳定耐久的服务功能,同时应具有高温抗车辙、低温抗开裂、抗老化等品质;中面层应具有一定的密水性、抗剥离性,高温或重载条件下,沥青混合料具有较高的抗剪强度;下面层应具有良好的抗疲劳裂缝的性能,并兼顾其他性能要求。

高速公路、一级公路一般选用三层沥青面层结构。为满足上述要求,应精心选择沥青面层混合料。通常认为,密实型中粒式或细粒式沥青混凝土混合料(如 DAC—13、DAC—16)最宜于表面层,其空隙中一般为 3%~6%。在这个最佳范围内,可以防止水害及冻害。由于它保留一定的空隙率,高温季节不会泛油,表面层不宜使用空隙率大于 6% 的半密实型混合料。此外,密实型级配沥青混合料的抗裂性、疲劳强度和耐久性均较优越。对于重交通(D 型)和特重交通(E 型)等级,当普通热拌和沥青混凝土混合料不能满足使用要求时,可以采用 SMA—10、SMA—13 沥青混合料,必要时可以采用改性沥青结合料。

沥青中面层和下面层经受着与沥青上面层相同的不利工作环境,只有对平整性和抗滑性方面的要求略低一些,因此对沥青混合料的选择同样有较高的要求,特别是在密实防水和抗剪切变形等方面的要求也很高,通常选用密实型中粒式和粗粒式混合料(如 DAC—20、DAC—25),对特重交通也有的采用 SMA—20 沥青混合料修筑中面层并采用改性沥青结合料。

二级、三级公路一般采用双层式沥青面层,即上面层与下面层。沥青混合料的选型,除了沥青混凝土之外,也可选用热拌沥青碎石或沥青贯入式结构,再加上表面封层。三级、四级公路一般般可采用双层沥青表面处理结构。

各级公路沥青面层结构选型可参考表 5-14 所示选定。

各级公路沥青面层类型选择 表 5-14

公路 等级	热拌沥青混凝土	热拌沥青碎石混合料	沥青贯入碎石	沥青表面处治	冷拌乳化沥青碎石混合料
高速、一级公路	√				
二级公路	√	√	√		
三级公路	√	√	√	√	√
四级公路	√			√	√

沥青面层在路面结构层中价格最高。一般情况下对沥青面层厚度应有所控制,但是也不宜过薄。从压实效果来看,各种类型的沥青层最小压实厚度与其最大粒径值相关。若小于最小厚度,则压实效果不好。从技术经济合理的角度考虑,宜采用表 5-15 所示的适宜厚度。

沥青混合料结构层的最小压实厚度与适宜厚度 表 5-15

沥青混合料类型	公称最大粒径(mm)	最小压实厚度(mm)	适宜厚度(mm)
砂粒式沥青混凝土	4.75	10	15~25
细粒式沥青混凝土	9.5	20	20~25
细粒式沥青混凝土	13.2	30	30~40
中粒式沥青混凝土	16	40	40~60
中粒式沥青混凝土	19	50	60~80
粗粒式沥青混凝土	26.5	60	70~100
粗粒式大粒径沥青碎石	26.5	70	80~120
粗粒式大粒径沥青碎石	31.5	90	100~150
特粗式大粒径沥青碎石	37.5	100	120~150

3. 沥青基层

沥青路面的基层承担着沥青面层向下传递的全部荷载,支承着面层,确保面层发挥各项重要的路面性能。与此同时,基层结构还承受着由于土基水温状况多变而发生的地基支承能力变化的敏感性,使之不致影响沥青面层的正常工作。基层结构是承上启下保证路面结构耐久、稳定的承重结构层,因此要求基层具有较高的强度、稳定性和耐久性。与沥青面层相比,由于基层不直接与车轮和大气接触,相对于路面表面性能有关的材料性能指标(如抗滑性能,抗剪切变形等)可以略为放宽。

沥青路面的基层按材料和力学特性的不同可分为柔性基层(有机结合料稳定碎石或无结合料稳定碎石)、半刚性基层(水泥、石灰、工业废渣等无机结合料稳定碎石)和刚性基层(低强度等级混凝土)3种。各种基层有不同的特点,各有其适用场合。

(1)柔性基层。柔性基层主要采用沥青处理的级配碎石和无结合料的级配碎石修筑基层。一般情况下,沥青碎石适用于C级及C级以上交通等级的柔性基层;无结合料的级配碎石适用于交通等级较低的C级以下的沥青路面基层。柔性基层的力学特性与沥青面层一样,因此,在应力、应变传递的协调过渡方向比较顺利,同时由于结构材料均为颗粒状材料级配成型,所以结构排水畅通,路面结构不易受水损害。柔性基层的缺点在于基层本身刚度较低,因此沥青面层将承受较多的荷载弯矩,在同样交通荷载作用之下,沥青面层应采用较厚的结构层。

(2)半刚性基层。半刚性基层主要采用水泥、石灰或工业废渣等无机结合料,对级配集料作稳定处理的基层结构。半刚性基层对集料的品质要求不高,且经过适当养生结合料硬化之后,整个基层有板体效应,大大提高了路面结构的整体刚度。半刚性基层沥青路面整体刚度较强,因此沥青面层的厚度可以适当减薄,由于半刚性基层承受了荷载弯矩的主要部分,沥青面层因荷载引起的裂缝破坏较少。半刚性基层的主要缺点是它本身的收缩裂缝难以避免,如沥青面层没有足够的厚度,基层的横向收缩裂缝在使用初期即会反射至沥青面层,形成较多的横向开裂。此外,在多雨地区,半刚性基层直接铺筑在沥青面层之下,雨水不易向下渗透,造成沥青路面水损害等病害。

(3)刚性基层

刚性基层采用低强度等级混凝土修筑基层混凝土板,板上铺筑沥青面层。刚性基层沥青路面的基层混凝土板承受了绝大部分车轮荷载,沥青面层的弯拉应力很小,主要考虑表面的功能效应,即满足路面平整性、抗车辙、防水、抗渗等要求。刚性基层沥青路面同样存在基层收缩裂缝向上反射而形成沥青面层横向裂缝等病害的可能性。

基层结构一般比沥青面层厚,通常需要200~400mm甚至更厚,为节省原材料,降低造价,可将基层分为上基层、下基层(也称为底基层)。上下基层可以采用不同的材料,或下基层采用性能比上基层略低的结合料。基层材料以集料为主,应尽量利用当地材料,以降低工程造价。

选择基层类型关系到路面结构的耐久性和长期使用性能,首先应根据路面结构所承受的交通等级进行比选,同时应考虑地基支承的可靠性以及当地水温状况和路基排水与路基稳定的可靠程度提出不同方案,比较后择优选定。沥青路面基层的水稳定性是选择时要着重考虑的因素。

在交通环境各方面条件都十分恶劣的情况下,可以考虑各种基层组合使用。如地基承载力不佳,交通特别繁重,雨水集中,路基排水不良,可以考虑半刚性基层和柔性基层组合,用半刚性下基层,柔性上基层。一方面可提高结构承载力,减轻沥青面层荷载应力;另一方面可发挥柔性基层变形协调作用,利于渗水排水的优势,使路面始终保持良好工作状态,还可避免横向裂缝反射到面层。对于严重超载的沥青路面,除了采用组合基层之外,也可以采用配钢筋的混凝土板或连续配筋混凝土板作基层的沥青路面。

基层结构的厚度主要应满足强度与刚度的设计要求,在厚度设计时,逐层进行验算。除此之外,应考虑施工实施的可行性和材料规格对厚度的影响。一般情况下,基层的厚度应大于混合料最大粒径的4倍。同时还应考虑压实机具的功能,通常取能一次压密的最佳厚度。若基层厚度超过最佳厚度,可分几层铺筑,每层厚度接近最佳厚度。各种基层的最小压实厚度和适应的压实厚度如表5-16所示。

结构层最小压实厚度与适宜厚度　　　　表5-16

结 构 层 类 型	最小压实厚度(mm)	适宜厚度(mm)
上拌下贯沥青碎石	60	60~100
沥青贯入式碎石	40	40~80
沥青表处	10	10~30
水泥稳定类	150*	180~200
石灰稳定类	150*	180~200
石灰粉煤灰稳定类	150*	180~200
贫混凝土	150	180~240
级配碎、砾石	80	100~200
泥结碎石	80	100~150
填隙碎石	100	100~120

注:*为半刚性基层补强的最小厚度。

4．沥青垫层

沥青路面垫层结构位于基层以下,主要用于路基状况不良的路段,以确保路面结构不受路基中滞留的自由水的侵蚀以及冰冻的危害。通常认为,路基处于以下状况应专门设置垫层。

(1)地下水位高,排水不良,路基经常处于潮湿、过湿状态的路段。

(2)排水不良的土质路堑,有裂隙水、泉眼等水文不良的岩石挖方路段。

(3)季节性冰冻地区的中潮、潮湿路段,可能产生冻胀需设防冻垫层的路段。

(4)基层或底基层可能受污染以及路基软弱的路段。

从垫层的设置目的与功能出发,垫层可分为:防水垫层、排水垫层、防污垫层和防冰垫层。

当路基处于潮湿、过湿状态,土质不良,粉性土的含量高,在毛细水作用下水分将自下而上渗入底基层和基层结构的情况下,为隔断地下水源而设置防水垫层。防水垫层应不含粉性土、黏性土的成分,主要采用粗砂、砂砾、矿渣等粗粒材料铺筑。在垫层以下应铺设不透水层(如透水系数低的黏土层及土工织物反滤层),防止自下而上的渗透和污染。

排水垫层的功能主要是排除通过路基顶面渗入的潜水、泉水和毛细上升水。排水垫层的材料规格、要求以及排水能力、结构层厚度均应满足路面结构排水设计的规定与要求,通过设计计算确定。排水垫层与路基路面排水系统的衔接,出口的设置等都应按照设计要求选定。排水垫层以下应设置土工织物反滤层,严防路基土通过地下水进入排水垫层污染结构降低排水功能。若排水垫层同时也承担着排除地面渗入路面结构的雨水的功能,则排水层与底基层交界面上也应设置反滤层,以防止基层材料的有害成分污染排水层,影响其排水功能的发挥。对于地处软土地带的潮湿路段,为了防止路基土浸入路面污染结构,可设置防污垫层作为隔离层,以保护路面结构。通常,采用土工合成材料与粒料分多层间隔铺筑,即可达到防污的效果。有时将防污垫层设置在防水垫层及排水垫层以下,两种垫层同时使用,可取得良好效果。在季节性冰冻地区,当冻深较大且路基土为易冻胀土时,常常出现冻胀和翻浆。在这种路段应设置防冻垫层,以保护路面结构不受冻胀和翻浆的危害。防冻层应采用隔温性能良好,导热系数低的材料,如煤渣、矿渣、石灰煤渣稳定粒料等。防冻层厚度的确定,除了路面结构总厚度应满足力学强度和弯沉等设计控制指标达到规范要求之外,主要应满足防止冻胀的要求,以确保路基路面在冻探范围内不会出现聚冰带。防冻层厚度与路基土湿类型、路基土类、道路冻深以及路面结构材料的热物理性能有关。

三、沥青路面结构组合设计

在路面等级、面层类型、基层类型都选定之后,就应考虑各结构层如何安排的问题。要使整个路面结构既能承受行车荷载和自然因素的作用,又能最大限度地发挥各结构层的效能,这是路面结构组合要解决的问题。

路面结构层的组合设计,就是按行车和环境因素对不同层位的要求,结合各类结构层本身的性能,进行合理的安排。不同的结构组合会产生不同的结果,层次多、厚度大的路面结构,其使用效果不一定好。

路基路面是一个整体结构,各结构层有各自的特性和作用,并相互制约和影响,结构组合不合理,所用材料再好,厚度再大也无济于事。根据实践经验和理论分析,结构组合应遵循下列原则:

1. 根据各结构层功能组合

遵循路面耐久、基层坚实、土基稳定的原则,结合各结构层功能正确合理的选择面层、基层和垫层是组合设计的前提条件。就面层来讲,不仅要考虑高强、耐磨、热稳性好和不透水等性能,还应考虑设几层较为合适。如果交通量繁重的道路,应加设联结层作为面层下层,以抵抗水平力在面层底产生的切应力。采用空隙大的沥青混合料或沥青贯入式碎石做面层时,应在面上加设沥青砂或沥青表面处治做封层。

基层要有足够的抗压强度,一定的刚度和水稳定性。交通繁重时,单层应选择沥青或水泥(或二灰)稳定类材料,并采用双层式基层,即加设底基层;如果土基水温状况不良时,应设石灰土及天然砂砾等垫层。

要使路面有足够的整体强度,还应保证路基的强度和稳定性。否则,单靠加强或增厚面层或基层,并不能收到良好的效果,同时也不经济合理。稳定路基的一般措施,最经济最易办到的方法是,加强路基排水和使路基达到要求的压实度。

2. 强度组合

轮载作用于路面表面,其竖向应力和应变随深度而递减,因而对各层材料的强度(模量)的要求,也可随深度而相应减小如图5-33所示。因此,路面各结构层应按强度自上而下递减的方式组合。这样既能充分发挥各结构层材料的效能,又能充分利用当地材料充当底基层和基层,以降低造价。采用强度(模量)按深度递减的规律组合路面时,还应注意各相邻结构层之间的模量不能相差过大。上下两层模量相差过大时,上层底面将会因下层变形过大而产生较大的拉应变,导致上层被拉裂。因此,规范要求基层同面层之间的模量比不应小于0.35,土基

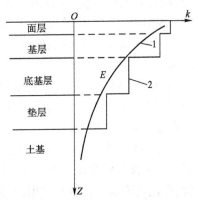

图5-33 应力与强度随深度的变化
1-荷载应力分布曲线;2-材料强度;E-布置曲线

与基层的模量比应在 0.08~0.40。不满足上述要求的应更换材料或增加结构层次。当然，在实际使用中，也有模量上小下大的倒装结构，如在模量较高的半刚性基层与沥青混凝土面层之间设置碎石过渡层等。这种结构可根据具体情况使用。

3. 合理的层间组合

各结构层材料具有不同特性，在组合时应注意相邻层次的互相影响，采取措施或消除所产生的不利影响。比如，在水泥或石灰稳定类基层上修建沥青面层时，由于基层材料的干缩或低温收缩而开裂，会导致面层，或者在其间加设一层由稳定粒料组成的连接层。在潮湿的土路基上，不宜直接铺筑颗粒较大的(碎)石材料，防止污泥挤入基层与其掺杂，导致过大变形而使面层损坏，此时应在软弱土基上铺天然砂砾或石灰土垫层。

层间结合应尽量紧密，避免产生层间滑移，以保证结构的整体性和应力分布的连续性。例如，为了保证沥青面层与基层的紧密结合，除了根据施工规范的有关规定，采取施工技术措施外，在设计高速公路和一级公路的沥青路面时，在沥青面层与半刚性基层之间应设置由沥青材料组成的联结层。

4. 考虑自然水温条件的不利影响

在潮湿或某些中湿路段上修筑沥青路面时，由于在中湿和潮湿路基中的水分以液态或气态形式上升至基层，被不透水的沥青面层所隔离，不能蒸发而积聚在邻近面层的基层内。除此之外地面水的渗透和地下水的毛细水上升同样在基层内产生水分积聚。如果基层材料仅以土为结合料(如泥结碎石、级配砾石)，水稳性差，就会因湿度过大时变软、强度和刚度急剧下降而导致路面开裂破坏，因此，沥青路面的基层应选用水稳定性好的材料，特别是在中湿和潮湿路段更应如此。

潮湿路段，为了改善路基的温度和湿度状况，防止冻胀和翻浆的出现，保证路面良好的使用品质，还必须设置垫层。垫层一般采用天然砂砾、粗砂、煤渣、矿渣等粒料以及水泥或石灰、煤渣稳定粗粒土，石灰粉煤灰稳定粗粒土等。垫层厚度一般为 15~25cm。在季节性冰冻区有冻胀可能的中湿、潮湿路段，防止产生导致路面开裂的不均匀冻胀，路面总厚度不应小于《公路沥青路面设计规范》中的规定。

5. 适当的层数和厚度

沥青路面通常为多层结构，为了便于施工，路面结构层的层数不宜过多。根据材料的最大粒径并考虑有利于结构层应力分布，有利于压实成稳定的结构层次等因素以及结合施工经验；《公路沥青路面设计规范》提出了各类结构层最小厚度；为了保证路面的使用质量，该规范还根据理论分析与使用经验，提出了沥青层最小总厚度。

每一结构层适宜厚度的确定除了考虑上述各项规定外，一般还要综合考虑以下 4 个方面的因素：

(1)结构层的造价。出于路面各层造价不同，面层比较贵，而基层、垫层相对比较便宜，因此面层厚度一般相对比较薄。在设计时可根据表 5-15 和表 5-16 的厚度值加以选择和控制，而下面各层相对比较厚。

(2)各结构层扩散应力的效果。根据理论分析，基层厚度为 15~25cm 时，增大基层厚度对减小路表面弯沉和减小面层底面拉应力有明显作用；当基层厚度大于 40cm 时，在增加基层厚度，作用已不明显。结合使用经验，基层厚度一般以 15~25cm 为宜。

(3)压实机具的能力。一般来说，沥青面层一层的压实厚度最大为 6~8cm；基层一层的压实厚度为 15~20cm，在有重型机具压实的条件下，可根据试验将压实厚度增加到 20~25cm。

在安排各结构层厚度时,应尽量使其与压实机具所能达到的厚度相适应。

(4)沥青面层的厚度应与混合料的公称最大粒径相匹配。采用的公称最大集料粒径偏大时,如沥青面层的施工厚度偏小,施工过程混合料容易离析,而且碾压时石料压碎情况严重,不仅达不到增强抗车辙能力的目的,还会造成沥青面层透水,导致局部早期水损坏。

任务十二 沥青路面结构设计的方法

我国沥青路面设计方法采用双圆垂直均布荷载作用下的多层弹性体系理论,以路表面回弹弯沉值和沥青混凝土层弯拉应力、半刚性材料层弯拉应力为设计指标进行路面结构厚度设计。设计完成后,路面结构的路表弯沉与各结构层的弯拉应力均应满足设计指标的极限标准。

一、计算图式

路面弯沉、拉应力和面层剪应力的计算图式分别如图 5-34、图 5-35、图 5-36 所示。图 5-34 中,A 点是路表弯沉的计算点,位于双圆均布荷载的轮隙中间,验算沥青混凝土及半刚性材料基层、底基层层底部拉应力时,应力最大点在 B 和 C 两点之间,可分别计算图 5-35 中点 B、D、C、E 的应力,然后确定最大应力。考虑到路面实际使用情况以及计算的合理性,在进行弯沉计算或验算层底拉应力时,层间接触条件设定为完全连续体系。

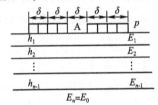
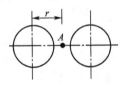

图 5-34 路表弯沉值计算图式

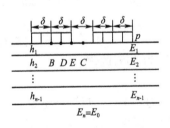
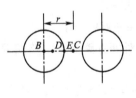

图 5-35 沥青混凝土层和半刚性材料层的层底拉应力计算图式

图 5-36 三层弹性体系剪应力计算图式

二、路面容许弯沉值和设计弯沉值

弯沉值的大小反映了路基路面的强弱。在相同车轮荷载下,路面的弯沉值愈大。则路面抵抗垂直变形的能力愈弱,反之则愈强。实践表明,回弹弯沉值大的路面,在经受了较少次轮载的重复作用后,即呈现出某种形态的破坏;而回弹弯沉值小的路面,能经受轮载较多次重复作用才能达到这种形态的破坏。就是说,在达到相同程度的破坏时,回弹弯沉大小同该路面的使用寿命即轮载累计重复作用次数成反比关系。如果能够找到路面达到某种破坏状态时的重复荷载作用次数与此时弯沉值之间的关系,那么,就可以根据对该种路面所要求的使用寿命来确定它所容许的最大弯沉值,这个弯沉值被称作容许弯沉值。

路面容许弯沉值的确切含义是:路面在使用期末的不利季节,在设计标准轴载作用下容许出现的最大回弹弯沉值。

容许弯沉值与路面性用寿命的关系可通过调查测定确定。现有路面回弹弯沉值是用杠杆式弯沉仪和规定的具有标准轴载汽车按前进卸荷法测定的。选择使用多年并出现某种破坏状况的路面,测定弯沉值,调查累计交通量,近行分析整理。对于路面破坏状况的判定十分重要,既要考虑路面的使用要求,又要顾及能够达到这种要求的经济力量。我国对公路沥青路面按外观特分为5个等级如表5-17所示,把第四外观等级作为路面临界破坏状态,以第四级路面的弯沉值的低限作为临界状态的划界标难,这样的临界状态相当于路面已疲劳开裂并伴有少量永久变形的情况。对相同路面结构不同外观特征的路段进行测定发现,外观等级数愈高,弯沉值愈大,并且外观等级向弯沉值大小有着明显的联系。这样,便可确定路面处于不同极限状态时的容许弯沉值,并将此弯沉值该路面在以前使用期间的累计交通量建立关系。

沥青路面外观等级描述 表5-17

外观等级	外观状况	路面表面外观特征
一	好	坚实、平整、无裂缝、无变形
二	较好	平整、无变形、少量裂纹
三	中	平整、无变形、有少量纵向或不规则裂纹
四	较坏	无明显变形、有较多纵横向或局部网裂
五	坏	连片严重龟(网)裂或伴有车辙、沉陷

路面设计弯沉值是根据设计年限内每个车道通过的累计当量轴次、公路等级、面层和基层类型确定的,相当于路面竣工后第一年不利季节、路面在标准轴载100kN作用下,测得的最大回弹弯沉值。路面设计弯沉和容许弯沉的关系实际上反映路表弯沉在使用期间的变化。路基路面结构层的材料特性、压实程度、干湿状况、温度环境、结构类型、气候条件、交通组成、检测时的环境条件以及所使用的仪器设备等均将对弯沉的变化产生很大的影响。经过大堡的测试和分析,得到路面设计弯沉值计算公式如下:

$$l_d = 600 N_e^{-0.2} A_c A_s A_b \tag{5-13}$$

式中:l_d——路面设计弯沉值,0.01mm,对沥青路面系指路面温度为20℃的值;

N_e——累计当量轴次,次;

A_c——公路等级系数,高速公路、一级公路为1.0,二级公路为1.1,三、四级公路为1.2;

A_s——面层类型系数,沥青混凝土面层为1.0,热拌沥青碎石、沥青上拌下贯式、沥青贯入式、乳化沥青碎石为1.1;沥青表面处治为1.2;粒料类面层(中低级路面)为1.3;

A_b——基层类型系数,对半刚性基层、底基层总厚度大于或等于20cm时,$A_b=1.0$,其他情况见规范规定。

路面厚度是根据弹性多层体系理论、层间接触状态为完全连续,在以双圆均布荷载作用下,轮隙中心实测路表弯沉值l_s等于设计弯沉值l_d的原则进行计算,即$l_s=l_d$,由于力学计算模型、土基模量、材料特性和参数等方面在理论假设和实际状态之间存在一定的差异,理论弯沉值和实测弯沉值之间存在一定误差,因此需要对理论弯沉值进行修正、通过对大量的实测资料进行分析。得到如下实测弯沉和理论弯沉关系式:

$$l_s = 1000 \times \frac{p\delta}{E_0} \times \alpha_c F \tag{5-14}$$

$$F = 1.63\left(\frac{l_s}{2000\delta}\right)^{0.38}\left(\frac{E_0}{p}\right)^{0.36} \tag{5-15}$$

式中：l_s——路面实测弯沉位(0.01mm)；

p、δ——标准车型的轮胎接地压强(MPa)和当量圆半径(cm)；

F——弯沉综合修正系数；

α_c——理论弯沉系数 $\alpha_c = f\left(\frac{h_1}{\delta}, \frac{h_2}{\delta}, \cdots, \frac{h_{n-1}}{\delta}; \frac{E_2}{E_1}, \frac{E_3}{E_2}, \cdots, \frac{E_n}{E_{n-1}}\right)$；

E_0——土基回弹模量值，MPa，E_1、E_2、$\cdots$、E_{n-1} 为各层材料回弹模量值(MPa)；

h_1、h_2、$\cdots$、h_{n-1}——各结构层厚度(cm)。

三、土基回弹模量值的确定

回弹模量是指路基、路面及筑路材料在荷载作用下产生的应力与其相应的回弹应变的比值。车辆荷载通过路面传至土基的垂直压力，使土基产生一定程度的竖向位移变形，假定土基为均质的弹性体，在圆形垂直均布荷载作用下，在应力与应变成直线关系时，可用弹性理论来建立荷载与变形之间的关系式：

$$L_r = \frac{2p\delta(1-\mu_0^2)}{E_0}a \tag{5-16}$$

式中：L_r——路表距离荷载中心轴为 r 某点处的垂直位移，也称弯沉值(cm)；

p——圆形垂直均布荷载(MPa)；

E_0——土基回弹模量(MPa)；

δ——圆形均布荷载面积半径(m)；

μ——土的泊松系数，取 0.35；

a——竖向位移系数，是 r/δ 的函数，$r/\delta = 0$ 时，$a = 1$；$r/\delta = 1.5$ 时，$a = 0.356$。

由式(5-16)看出：在一定的车轮荷载作用下，土基的回弹模量 E_0 值越大，所产生的回弹弯沉值 L_r 就越小。这标志着土基的承载能力大，抵抗变形的能力强。

土基的强度可用若干指标来表达(如抗剪强度、CBR 值、回弹模量等)。我国是以路表设计弯沉值作为路面整体强度的设计控制指标。由式(5-16)或三层体系理论分析可知，影响路表弯沉的主要因素是路基的强度，70%~95%的弯沉取决于路基。因此，采用土基回弹模量 E_0 来表示土基的强度。

目前，确定土基弹模量(E_0)的常用方法有以下 4 种。

1. 现场实测法

现场实测法是在不利季节，采用刚性承载板直接在现场土基上实测 E_0，目前是按照《公路路基路面现场测试规程》(JTG E60—2008)规定的测试方法，用大型承载板测定土基。

0~0.5mm(路基软弱时为1mm)的变形压力曲线，按下式计算土基回弹模量。

$$E_0 = 1000 \times \frac{\pi D}{4} \frac{\sum p_i}{\sum l_i} \times (1-\mu_0^2) \tag{5-17}$$

式中：E_0——土基回弹模量(MPa)；

μ_0——土的泊松比，取 0.35；

D——承载板直径(30cm)；

p_i——承载板压力(MPa)；

l_i——相应于荷载p_i时的回弹变形值(0.01mm)。

因弯沉测定比承载法简便、快捷，可选择典型路段测试，建立E_0和L_0的相关关系用弯沉值检验土基回弹模量，可用下式由回弹弯沉测值计算土基回弹模量E_0：

$$E_0 = 1000 \times \frac{2p\delta}{l_0} \times (1-\mu_0^2)\alpha_0 \tag{5-18}$$

式中：p、δ——测定车单轮轮胎接地压强(MPa)与当量圆半径(cm)；

l_0——轮隙中心处的回弹弯沉(0.01mm)；

α_0——均匀体弯沉系数，取0.712。

实测到回弹弯沉后，可按下式确定土基回弹模量设计值。在非不利季节实测土基回弹模量时，还应考虑季节影响系数。

$$E_{0S} = (\overline{E_0} - Z_\alpha S)/K_1 \tag{5-19}$$

式中：E_{0S}——某路段土基回弹模量设计值；

$\overline{E_0}$、S——该路段实测土基回弹模量平均值与标准差；

Z_α——保证率系数，高速公路、一级公路为2，二、三级公路为1.645，四级公路为1.5；

K_1——不利季节影响系数，可根据当地经验选用。

2. 查表法

指在不具备实测条件时，可参考相关表列的建议值，按以下步骤求得路基的回弹模量值。

(1)确定临界高度。临界高度指在不利季节，土基分别处于干燥、中湿或潮湿状态时，路床表面距地下水位或地表积水水位的最小高度。可根据土质、气候条件按当地经验确定。当缺乏实际资料时，干燥、中湿、潮湿状态的路基临界高度(H_1、H_2、H_3)可参考路基临界高度参考值表选用。

(2)拟定土的平均稠度。在新建公路的初步设计中，因无法实测求得的平均稠度，可根据当地经验或路基临界高度，判断各路段土基的干湿类型，利用土基干湿状态的稠度建议值表或土基干湿类型表论证得到各路段土的平均稠度ω_c值。

(3)预测土基回弹模量。根据土类和气候区以及拟定的路基土的平均稠度，可参考表5-18所示的预测土基回弹模量值。当采用重型击实标准时，土基回弹模量值可较表列数值提高15%~30%。

《公路沥青路面设计规范》(JTG D50—2006)规定：高速公路和一级公路的土基回弹模量值应大于30MPa，其他公路的土基回弹模量值应大于25MPa。

路基建成后，应在不利季节实测各路段土基回弹模量代表值，以检验是否符合设计值的要求。若代表值小于设计值，应采取翻晒补压、掺灰处理，调整路面结构、厚度等加强路基的措施，以保证路基路面的强度和稳定性。

3. 室内试验法

按最佳含水率下制备3组土样试件，测得不同压实度与其相对应的回弹模量值，绘成压实度与回弹模量曲线；查图求得标准压实度条件下土的回弹模量值。

4. 换算法

各地区在有条件进行现场或室内土的回弹模量E_0、土性配套指标(w_c、w_L、w_p、粒径组成等)、压实度(K_h、K_1)，CBR值等试验，建立室内与现场的土基各种力学指标间的相关关系式，见《公路沥青路面设计规范》(JTG D50—2006)中表10、表11，再根据相关关系式推算E_0值。

二级自然区划各土组土基回弹模量参考值(单位:MPa) 表 5-18

区划	土类名称	0.80	0.90	1.00	1.05	1.10	1.15	1.20	1.30	1.40	1.70	2.00
Ⅱ1	黏质土	19.0	22.0	25.0	26.5	28.0	29.5	31.0				
	粉质土	18.5	22.5	27.0	29.0	31.5	33.5					
Ⅱ2	黏质土	19.5	22.5	26.0	28.0	29.5	31.5	33.5				
	粉质土	20.0	24.5	29.0	31.5	34.0	36.5					
Ⅱ2a	粉质土	19.0	22.5	26.0	27.5	29.5	31.0					
Ⅱ3	土质砂	21.0	23.5	26.0	27.5	29.0	30.0	31.5	34.5	37.0	45.5	
	黏质土	23.5	27.5	32.0	34.5	36.5	39.0	41.5				
	粉质土	22.5	27.0	32.0	34.5	37.0	40.0					
Ⅱ4	黏质土	23.5	30.0	35.5	39.0	42.0	45.5	50.5	57.0	65.0		
	粉质土	24.5	31.5	39.0	43.0	47.0	51.5	56.0	66.0			
Ⅱ5	土质砂	29.0	32.5	36.0	37.5	39.0	41.0	42.5	46.0	49.5	59.0	69.0
	黏质土	26.5	32.0	38.5	41.5	45.0	48.5	52.0				
	粉质土	27.0	34.5	42.5	46.5	51.0	56.0					
Ⅱ5a	粉质土	33.5	37.5	42.5	44.5	46.5	49.0					
Ⅲ1	粉质土	27.0	36.5	48.0	54.0	61.0	68.5	76.5				
Ⅲ2	土质砂	35.0	38.0	41.5	43.0	44.5	46.0	47.5	50.5	53.5	62.0	70.0
	黏质土	27.0	31.5	36.5	39.0	41.5	44.0	46.5	52.0	57.5		
	粉质土	27.0	32.5	38.5	42.0	45.0	48.5	51.5	59.0			
Ⅲ2a	土质砂	37.0	40.0	43.0	44.5	46.0	47.5	49.0	52.0	54.5	62.5	70.0
Ⅲ3	土质砂	36.0	39.0	42.5	44.0	45.5	47.0	48.5	51.5	54.5	63.0	71.0
	黏质土	26.0	30.0	34.5	36.5	38.5	41.0	46.0	47.5	52.0		
	粉质土	26.5	32.0	37.0	40.0	43.0	46.0	49.0	55.0			
Ⅲ4	粉质土	25.0	34.0	45.0	51.5	58.5	66.0	74.0				
Ⅳ1	黏质土	21.5	25.5	30.0	32.5	35.0	37.5	40.5				
Ⅳ1a	粉质土	22.0	26.5	32.0.	35.0	37.5	40.5					
Ⅳ2	黏质土	19.5	23.0	27.0	29.0	31.0	33.0	35.0				
	粉质土	31.0	36.5	42.5	45.5	48.5	51.5					
Ⅳ3	黏质土	24.0	28.0	32.5	35.0	37.5	39.5	42.0				
	粉质土	24.0	29.5	36.0	39.0	42.5	46.0					
Ⅳ4	土质砂	28.0	30.5	33.5	35.0	36.5	38.0	39.5	42.0	45.0	53.0	61.0
	黏质土	25.0	29.5	34.0	36.5	38.5	41.0	43.5				
	粉质土	23.0	28.0	33.5	36.0	39.0	42.0					

注:表中未列出的土基回弹模量值请查看《公路沥青路面设计规范》(JTG D50—2006)中附录 F 表 F.0.3。

四、路面材料设计参数值

我国现行的《公路沥青路面设计规范》(JTG D50—2006)规定,以设计弯沉值计算路面厚度。对高速公路、一级公路、二级公路沥青混凝土面层和半刚性材料的基层、底基层,应验算拉应力是否满足容许拉应力的要求,各层材料的计算模量采用抗压回弹模量。沥青混凝土和半刚性材料的抗压强度采用劈裂测得的劈裂强度。路面设计中,各结构层材料强度设计参数,应根据公路等级和设计阶段的要求确定。

高速公路、一级公路,在初步设计阶段,应选用沿线筑路材料和外购材料进行混合料配合比设计。在选定配合比的基础上,按有关规程的规定实测材料设计参数,并确定各层材料回弹模量和抗拉强度的设计值。

(1)半刚性材料的抗压回弹模量,按《公路工程无机结合料稳定材料试验规程》(JTG E51—2009)规定的方法测定。沥青混合料的抗压回弹模量测试方法应按《公路工程沥青及沥青混合试验规程》(JTG E20—2011)规定的方法进行(试验温度为20℃和15℃,不浸水)。

(2)沥青混合料的劈裂强度,按《公路工程沥青及沥青混合料试验规程》(JTG E20—2011)规定进行,试验温度为15℃。半刚性材料的劈裂强度,按《公路工程无机结合料稳定材料试验规程》(JTG E51—2009)有加载压条的方法进行。对于水泥稳定类材料系指龄期为90d的极限劈裂强度;对于二灰稳定类、石灰稳定类材料系指龄期为180d的极限劈裂强度;对于水泥粉煤灰稳定类材料系指龄期为120d的极限劈裂强度。

在工程可行性研究或二级、三级公路的初步设计阶段,可查表5-19、表5-20所示或参考《公路沥青路面设计规范》(JTG E50—2006)中附录E表E1、表E2,论证地选用各种材料回弹模量及抗拉强度。

基层、底基层材料设计参数 表5-19

材料名称	配合比或规格要求	抗压模量 E(MPa) 弯沉计算	劈裂强度 σ (MPa)	抗压模量 E(MPa) 拉应力
二灰砂砾	7:13:80	1100~1500	0.6~0.8	
二灰碎石	8:17:80	1300~1700	0.5~0.8	
水泥砂砾	5%~6%	1100~1500	0.4~0.6	
水泥碎石	5%~6%	1300~1700	0.4~0.6	
石灰水泥粉煤灰砂砾	6:3:16:75	1200~1600	0.4~0.6	
石灰水泥碎石	5:3:92	1000~1400	0.35~0.5	
石灰土碎石	粒料>60%	700~1100	0.3~0.4	
碎石灰土	粒料>40%~50%	600~900	0.25~0.35	
水泥石灰砂砾土	4:3:25:68	800~1200	0.3~0.4	
二灰土	10:30:60	600~900	0.2~0.3	
石灰土	8%~12%	400~700	0.2~0.25	
石灰土处理路基	4%~7%	200~350	—	
级配碎石	上基层级配	300~350	—	
		300~800		
	底基层、垫层	200~250		
填隙碎石	底基层	200~280		
未筛分碎石	做底基层用	180~220		
级配砂砾、天然砂砾	做底基层用	150~200		
中粗砂	垫层	80~100		

沥青混合材料设计参数   表5-20

材料名称		抗压模量 E(MPa)			劈裂强度	备注
		20℃	15℃(弯沉)	15℃(拉应力)	15℃	
细粒式沥青混凝土	密级配	1200~1600	1800~2200		1.2~1.6	AC 10,AC 13
	开级配	700~1000	1000~1400		0.6~1.0	OGFC
沥青玛蹄脂碎石		1200~1600	1200~1500		1.4~1.9	SMA
中粒式沥青混凝土		1000~1400	1600~2000		0.8~1.2	AC 16 AC 20
密级配粗粒式沥青混凝土		800~1200	1000~1400		0.6~1.0	AC 25
大粒径沥青碎石基层	密级配	1000~1400	1200~1600		0.6~1.0	LSM25 35
	半开级配	600~800	—		—	AM25 35
沥青贯入式		400~600	—			

注：沥青为90号或70号。

五、结构层材料的容许拉应力

容许拉应力 σ_R 是路面承受行车荷载反复作用达到临界破坏状态时的最大疲劳拉应力。容许拉应力的确定与材料的极限抗拉强度有关(极限抗拉强度的大小通过试验确定)，同时也与重复荷载次数有关，容许拉应力要比一次荷载作用的极限抗拉强度小，其减少的程度同重复荷载次数和路面结构层材料的性质有关，其公式如下：

$$\sigma_R = \frac{\sigma_{sp}}{K_S} \tag{5-20}$$

式中：σ_{sp}——沥青混凝土或半刚性结构层材料的劈裂强度，MPa，由试验确定；
K_S——抗拉强度结构系数，同荷载的反复作用次数有关。

对于沥青混凝土层：

$$K_S = 0.99 N_e^{0.22}/A_c \tag{5-21}$$

对于无机结合料稳定集料类：

$$K_S = 0.35 N_e^{0.11}/A_c \tag{5-22}$$

对于无机结合料稳定细粒土类：

$$K_S = 0.45 N_e^{0.11}/A_c \tag{5-23}$$

六、新建路面结构设计步骤

路面结构设计，应按图5-37所示的流程进行，主要设计内容包括以下6个方面。

(1)根据设计任务书的要求，按弯沉或弯拉指标分别计算设计年限内一个车道的累计标准当量轴次，确定设计交通量与交通等级，面层、基层类型，并计算设计弯沉值或允许拉应力。

(2)按路基土类与干湿类型及路基横断面形式，将路基划分为若干路段，确定各个路段土基回弹模量设计值。

(3)参考本地区的经验,拟订几种可行的路面结构组合与厚度方案,根据选用的材料进行配合比试验,测定各结构层材料的抗压回弹模量、弯拉模量与抗拉强度等,确定各结构层的设计参数。

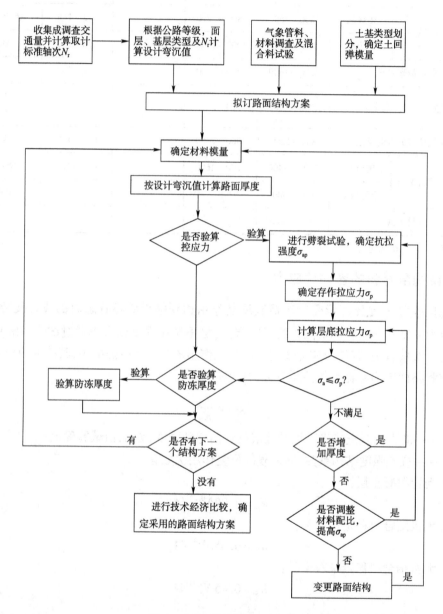

图 5-37　路面结构设计程序图

(4)根据设计指标采用多层弹性体系理论设计程序计算路面厚度。
(5)对于季节性冰冻地区应验算防冻厚度是否符合要求。
(6)进行技术经济比较,确定路面结构方案。

【案例】　甲、乙两地之间计划修建一条四车道的一级公路,在使用期内交通量的年平均增长率为10%。该路段处于Ⅳ7区,为粉质土,稠度为1.0,沿途有大量碎石集料,并有石灰供给。预测该路竣工后第一年的交通组成如表5-21所示,试进行路面设计。

预测交通组成表 表5-21

车型	前轴重(kN)	后轴重(kN)	后轴数	后轴轮组数	后轴距(m)	交通量(次/d)
三菱T653B	29.3	48.0	1	双轮组	—	300
黄河JN163	58.6	114.0	1	双轮组	—	400
江淮HF150	45.1	101.5	1	双轮组	—	400
解放SP9200	78.0	31.3	3	双轮组	>3	300
湘江HQP40	23.1	73.2	2	双轮组	>3	400
东风EQ155	26.5	56.7	2	双轮组	=3	400

1. 交通分析

路面设计以双轮组单轴载100kN为标准轴载。

(1) 轴载换算(弯沉及沥青层弯拉应力分析时)。

轴载换算采用如下的计算公式:

$$N = \sum_{i=1}^{k} C_1 C_2 n_i \left(\frac{P_i}{P}\right)^{4.35} \tag{5-24}$$

计算结果如表5-22所示。

轴载换算结果表(弯沉) 表5-22

车型		P_i(kN)	C_1	C_2	n_i(次/d)	$C_1 C_2 n_i \left(\frac{P_i}{P}\right)^{4.35}$(次/d)
三菱T653B	前轴	29.3	1	1	300	1.4
	后轴	48.0	1	1	300	12.3
黄河JN163	前轴	58.6	1	1	400	39.1
	后轴	114.0	1	1	400	707.3
江淮HF150	前轴	45.1	1	1	400	12.5
	后轴	101.5	1	1	400	426.8
解放SP9200	前轴	31.3	1	1	300	1.9
	后轴	78.0	3	1	300	305.4
湘江HQP40	后轴	73.2	2	1	400	205.9
东风EQ155	前轴	26.5	1	1	400	1.2
	后轴	56.7	2.2	1	400	74.6
$N = \sum_{i=1}^{k} C_1 C_2 n_i \left(\frac{P_i}{P}\right)^{4.35}$(次/d)						1788.4

(2) 轴载换算(半刚性层弯拉应力分析时)。

轴载换算采用如下的计算公式:

$$N' = \sum_{i=1}^{k} C_1' C_2' n_i \left(\frac{P_i}{P}\right)^8$$

计算结果如表5-23所示。

轴载换算结果表(弯沉)　　　　　　　表5-23

车　型		P_i	C_1'	C_2'	n_i	$C_1'C_2'n_i\left(\dfrac{P_i}{P}\right)^8$
黄河 JN163	前轴	58.6	1	1	400	5.6
	后轴	114.0	1	1	400	1141.0
江淮 HF150	后轴	101.5	1	1	400	450.6
解放 SP9200	后轴	78.0	3	1	300	123.3
湘江 HQP40	后轴	73.2	2	1	400	65.9
东风 EQ155	后轴	56.7	3	1	400	12.8
$N' = \sum\limits_{i=1}^{k} C_1'C_2'n_i\left(\dfrac{P_i}{P}\right)^8$						1799.2

(3) 累计标准轴载作用次数(累计当量轴次)。

根据设计规范，一级公路沥青路面的设计年限取15年，四车道的车道系数是0.4~0.5，取0.45。

①作弯沉计算及沥青层底弯拉应力验算时：

$$N_e = \frac{[(1+\gamma)^t - 1] \times 365}{\gamma} N_1 \eta = \frac{[(1+0.1)^{15} - 1] \times 365}{0.1} \times 1788.4 \times 0.45 = 9332998 \text{ 次}$$

②作半刚性基层层底弯拉应力验算时：

$$N_e' = \frac{[(1+\gamma)^t - 1] \times 365}{\gamma} N_1 \eta = \frac{[(1+0.1)^{15} - 1] \times 365}{0.1} \times 1799.2 \times 0.45 = 9389359 \text{ 次}$$

2. 初拟结构组合和材料选取

(1) 设计年限内一个行车道上的累计标准轴次约为900万次。根据规范推荐结构，并考虑到公路沿途有大量碎石且有石灰供应，路面结构面层采用沥青混凝土(15cm)，基层采用水泥稳定碎石(厚度取25cm)，底基层采用石灰土(厚度待定)。

(2) 采用三层式沥青面层，表面层采用细粒式密级配沥青混凝土(厚度4cm)，中面层采用中粒式密级配沥青混凝土(厚度5cm)，下面层采用粗粒式密级配沥青混凝土(厚度6cm)。

3. 各层材料的抗压模量与劈裂强度

查表得到各层材料的抗压回弹模量和劈裂强度。抗压回弹模量取20℃的模量，得到20℃的抗压回弹模量：细粒式密级配沥青混凝土为1400MPa，中粒式密级配沥青混凝土为1200MPa，粗粒式密级配沥青混凝土为1000MPa，水泥碎石为1500MPa，石灰土550MPa。

弯拉回弹模量和弯拉强度沥青层取15℃的值，分别为2000MPa、1800MPa、1200MPa、3550MPa、1480MPa。

各层材料的劈裂强度：细粒式密级配沥青混凝土为1.4MPa，中粒式密级配沥青混凝土为1.0MPa，粗粒式密级配沥青混凝土为0.8MPa，水泥碎石为0.5MPa，石灰土0.225MPa。

4. 土基回弹模量的确定

该路段处于Ⅳ7区，为粉质土，稠度为1.0，查表"二级自然区划各土组土基回弹模量参考值(MPa)"得土基回弹模量为40MPa。

5. 设计指标的确定

(1) 设计弯沉值。本公路为一级公路，公路等级系数取1.0，面层是沥青混凝土，面层类型系数取1.0，半刚性基层、底基层总厚度大于20cm，基层类型系数取1.0。

设计弯沉值为：$l_d = 600N_e^{-0.2}A_c \cdot A_s \cdot A_b = 24.22(0.01\text{mm})$

(2) 各层材料的容许拉应力

$$\sigma_R = \frac{\sigma_{SP}}{K_S}$$

①细粒式密级配沥青混凝土：$K_s = 0.09A_a \cdot N_e^{0.22}/A_c = 3.07$；

$$\sigma_R = \frac{\sigma_{SP}}{K_S} = \frac{1.4}{3.07} = 0.4450\text{MPa}$$

②中粒式密级配沥青混凝土：$K_s = 0.09A_a \cdot N_e^{0.22}/A_c = 3.07$

$$\sigma_R = \frac{\sigma_{SP}}{K_S} = \frac{1.0}{3.07} = 0.3257\text{MPa}$$

③粗粒式密级配沥青混凝土：$K_s = 0.09A_a \cdot N_e^{0.22}/A_c = 3.38$

$$\sigma_R = \frac{\sigma_{SP}}{K_S} = \frac{0.8}{3.38} = 0.2367\text{MPa}$$

④水泥碎石： $K_s = 0.35N_e^{0.11}/A_c = 2.05$

$$\sigma_R = \frac{\sigma_{SP}}{K_S} = \frac{0.5}{2.05} = 0.2439\text{MPa}$$

⑤石灰土： $K_s = 0.45N_e^{0.11}/A_c = 2.63$

$$\sigma_R = \frac{\sigma_{SP}}{K_S} = \frac{0.225}{2.63} = 0.0856\text{MPa}$$

6. 设计资料汇总

设计弯沉值为24.22(0.01mm)相关设计汇总如表5-24所示。

设计资料汇总表　　　　　　　　　表5-24

材料名称	h(cm)	20℃模量(MPa)	容许拉应力(MPa)
细粒式沥青混凝土	4	1400	0.4560
中粒式沥青混凝土	5	1200	0.3257
粗粒式沥青混凝土	6	1000	0.2367
水泥碎石	25	1500	0.2439
石灰土	—	550	0.0856
土基	—	40	—

7. 确定石灰土层厚度

通过程序设计计算得到，石灰土的厚度为24.5cm，实际路面结构的路表实测弯沉值为24.19(0.01mm)，沥青面层的层底均受压应力，水泥碎石层底的最大拉应力为0.1223MPa，石灰土层底最大拉应力为0.075MPa。

上述设计结果满足指标要求，底基层厚度24cm。

思考与练习

1. 沥青路面常见的破坏现象有哪些？各自产生的原因有哪些？
2. 沥青里面疲劳开裂的特点和产生的原因是什么？

3. 弹性层状体系理论引入的假设有哪些？如何理解？
4. 我国现行《公路沥青路面设计规范》的设计指标是什么？有何意义？
5. 路面设计试用年限与公路远景设计年限具有相同意义吗？为什么？
6. 沥青路面结构层次如何划分？各层分别起什么作用？
7. 沥青路面结构组合设计时应注意哪几个方面问题？
8. 简述沥青路面设计程序。
9. 甲、乙两地之间计划修建一条四车道的高速公路，在使用期内交通量的年平均增长率为 6.7%。该路段处于Ⅳ7 区，为粉质土，稠度为 1.0，沿途有大量碎石集料，并有石灰供给。预测竣工年初交通组成与交通量，如表 5-25 所示，试进行路面设计。

汽车参数与交通量表 表 5-25

汽车车型	前轴重（kN）	后轴重（kN）	后轴数	后轴轮组数	后轴距（m）	日交通量（辆/d）
北京 BJ130 型轻型货车	13.4	27.4	1	2	0	260
东风 EQ140 型	23.6	69.3	1	2	0	660
东风 SP9250 型	50.7	113.3	3	2	4	330
黄海 DD680 型长途客车	49	91.5	1	2	0	450
黄海 JN163 型	58.6	114.5	1	2	0	868
江淮 AL6600 型	17	26.5	1	2	0	220

学习情境 水泥混凝土路面设计

知识目标

1. 掌握常见水泥混凝土路面病害产生的原因。
2. 了解水泥混凝土路面的设计理论。
3. 掌握水泥混凝土路面的结构。
4. 掌握水泥混凝土路面结构层组合设计。
5. 掌握水泥混凝土路面设计的基本知识。
6. 掌握水泥混凝土路面设计程序及板厚的计算。

能力目标

1. 能识别水泥混凝土路面常见病害现象，并能分析其产生的原因。
2. 能进行水泥混凝土路面结构层组合设计。
3. 能进行普通水泥混凝土路面板厚的计算。
4. 能看懂路面结构图，并会核算工程量。

任务十三　常见水泥混凝土路面病害成因分析

水泥混凝土路面的使用性能,在行车荷载及自然因素的作用下会逐渐降低,以致出现各种类型的破坏现象,破坏大体分为接缝破坏和混凝土板破坏两个方面。

一、接缝破坏

1. 挤碎

出现于横向接缝(主要是胀缝)两侧数10cm宽度内,这是由于胀缝内的滑动传力杆位置不正确,或滑动端的滑动功能失效,或施工时胀缝内局部混凝土有搭连,或胀缝内落入坚硬的杂物等原因,板即发生剪切挤碎如图5-38a)所示。

图5-38　常见水泥混凝土路面病害
a)挤碎;b)拱起;c)错台;d)唧泥;e)断裂、破碎;f)裂缝

2. 拱起

当混凝土面板在受热膨胀而受阻时,某一接缝两侧的板向上拱起。这是由于板收缩时缝隙张开,填缝料失效,坚硬碎屑等不可压缩的材料塞满缝隙,使板在膨胀时产生较大的热压应力,从而出现纵向压弯失稳,如图5-38b)所示。

3. 错台

横向接缝两侧路面板出现的竖向相对位移。当胀缝下部嵌缝板与上部缝隙未能对齐,或胀缝两侧水泥混凝土壁面不垂直,使缝旁两板在伸胀挤压过程中,会上下错开而形成错台。地表水通过接缝渗入基础使其软化,或者接缝传荷能力不足,或传力效果降低时,都会导致错台的产生。当交通量或基础承载力在横向各幅板上分布不均匀,各幅板沉陷不一致时,纵缝也会产生错台现象,如图5-38c)所示。

4. 唧泥

汽车行经接缝时,由缝内喷溅出稀泥浆的现象。在行车荷载的频繁作用下,基层由于期性变形累积而与面层板脱空,地表水沿接缝下渗而积聚在脱空的空隙内;在行车荷载作用下积水变成有压水而与基层内浸湿的细料混搅成泥浆,并沿接缝缝隙喷溅出来。唧泥的出现,使面板边缘部分失去支承,因而往往在离接缝 1.5~1.8m 以内导致横向裂缝如图 5-38d)所示。

此外,纵缝两侧的横缝的后搓开、纵缝缝隙拉宽、填缝料丧失和脱落等,也都属于接缝的破坏。

二、混凝土板的破坏

水泥混凝上面板的破坏,主要是断裂和裂缝,如图 5-38e)、f)所示。面板内于所受内应力超过了水泥混凝土的强度而出现横向或纵向以及板角的断裂和裂缝,其原因是多方面的:板太薄或荷载太大;行车荷载的渠化作用(荷载次数超过容许值);板的平面尺寸太大,使温度翘曲应力过人;路基过度变形使板底脱空失去支承;养生期间收缩应力过大;由于材料或施工质量不良,水泥混凝土未能达到设计要求等。断裂和裂缝破坏了板的结构整体性,使板丧失应有的承载能力。

任务十四 水泥混凝土路面设计基本知识

水泥混凝土路面设计的目的,是以最低的寿命周期费用,提供一种与所处的自然环境相适应,并能承受预期的行车荷载作用,满足预定的使用性能要求的路面结构。由于路面的结构特性会随环境和行车荷载的反复作用而逐渐变坏,以至于完全丧失工作能力,路面结构设计的具体目标,便是控制或限制其结构特性在预定的使用年限内不恶化到某一规定的程度。

一、水泥混凝土路面设计理论概况

水泥混凝土路面面板,在车辆荷载作用下产生的变形微小,在力学分析时常将其视为弹性板。地基视为弹性地基。因此,水泥混凝土路面在力学上可视为弹性地基上的弹性板,简称弹性地基板。将水泥混凝土面板下的基层(底基层)或垫层及路基的作为弹性层状地基,可用弹性层状体系理论,求解基层顶面的当量回弹模量。

水泥混凝土面板的刚度远大于基层(垫层)和路基的刚度。在荷载作用下,它具有良好的扩散荷载的能力,所产生的弯曲变形远小于其厚度,因此,一般用小挠度薄板理论进行分析。

1. 小挠度弹性薄板理论的基本假设

板是由两个平行面和垂直于这两个平行面的柱面或棱柱面所围成的物体。两个平行面之间的垂直距离为板厚,平分厚度的平面称为板的中面。如果板厚远小于中面的最小边尺寸,这种板称薄板。研究薄板在垂直于的荷载作用下均的弯曲时,通常采用以下 4 种基本假设:

(1)垂直于中面方向的应变极其微小,可以忽略不计;表明垂直位移沿板的垂直向相等,可以用板中面的挠度代表板弯曲挠度。

(2)直线法假设,即变形的垂直于板中面的法线,在变形后仍垂立于板中面,因而无横向剪切应变。

(3)中面内各点无平行于中面的位移。

(4)板内平行于中面互不挤压。

2. 地基顶面的挠度与反力之间的关系

地基顶面地基顶面的挠度与反力之间的关系,有温克勒地基和弹性半空间地基两种不同假设:

(1)温克勒地基。假设地基上任一点的反力仅同该点的挠度成正比,而与其他点无关,即地基相当于由互不联系的弹簧组成。这是以反力模量 K 表征的地基,简称 K 地基。

(2)以弹性模量和泊松比表征的地基。假设地基为一个各向同性的弹性半无限体称为 E 地基。

弹性半空间地基假设,要比温克勒地基假设更符合地基实际的工作情况。但在荷载作用于板边、板中或板角隅处,对有限尺寸的矩形板,运用弹性半无限地基板理论计算相应位置的挠度和弯矩时,在数学上遇到困难。因此,在实际计算中常采用近似的数值算方法——有限元法。

在我国的生产实践和科研成果,我国现行规范采用弹性地基板理论,而地基模型则采用以弹性模量和泊松比表征的弹性半空间地基假设。

二、水泥混凝土路面设计内容

1. 结构层组合设计

根据公路的交通繁重程度,结合当地环境条件和材料供应情况,选择水泥混凝土路面的结构层次,也括路基、垫层、基层和面层的结构组合及各层结构类型和厚度,以组合成能够提供均匀、稳定支撑,防止或减轻唧泥、错台等病害,承受预期行车荷载作用,满足使用性能要求的路面结构。

2. 各结构层组成材料配合比设计

针对各结构层在路面结构中所起的作用,依据当地材料供应情况,选择满足结构层性能要求的混合料,进行配合比设计。混合料的各项性质参数,应按有关试验规程规定的试验方法经试验确定。

通过材料配合比设计,使路面混凝土具有足够的弯拉强度及抗疲劳性能,基层又有良好的抗冲刷性能和一定的刚度,垫层达到要求的稳定性及一定的刚度。

3. 平面尺寸、接缝构造和配筋设计

根据水泥混凝土路面板内产生的荷载应力和温度应力进行板的平面尺寸设计。依据接缝的作用,选择缩缝、胀缝或施工缝等类型、确定接缝的间距,布设接缝的位置,设计接缝的构造,包括传力杆、拉杆的布置置及填缝料的确定,同时,还应确定板内的配筋量和配筋布置。

4. 路面厚度设计

根据公路等级、材料类型和参数,以及当地的气候、水文、地质条件,确定满足设计使用期内使用要求所需的水泥混凝土路面结构层厚度。

5. 路面排水设计

根据路面排水要求及表面排水或内部排水设施的作用与设置条件,选择路面结构排水系统的布设方案,确定排水设施的构造尺寸和材料规格要求。

6. 路肩设计

确定路肩铺面的结构层次、各结构层的类型和厚度。

三、水泥混凝土路面设计参数

1. 可靠度设计标准

各级公路水泥混凝土路面结构的设计安全等级及相应的设计基准期、目标可靠指标和目标可靠度,以及各安全等级路面的材料性能和结构尺寸参数的变异水平等级,宜按表 5-26 所示的建议选用。

可靠度设计标准 表 5-26

公路技术等级	高速公路	一级公路	二级公路	三、四级公路
安全等级	一级	二级	三级	四级
设计基准期(年)	30	30	20	20
目标可靠度(%)	95	90	85	80
目标可靠指标	1.64	1.28	1.04	0.84
变异水平等级	低	低~中	中	中~高

各安全等级路面的材料性能和结构尺寸参数的变异水平可分为低、中和高 3 级,应按公路等级以及所采用的施工技术和所能达到的施工质量控制和管理水平,通过调研确定变异水平等级和相应的变异系数。高速公路、一级公路的变异水平等级宜为低级,二级公路的变异水平等级应不大于中级。确有困难时可按表 5-27 所示规定的主要设计参数变异系数范围选择相应的变异系数。

变异系数 C_v 的变化范围 表 5-27

变异水平等级	低	中	高
水泥混凝土弯拉强度、弯拉弹性模量	$0.05 \leq C_v \leq 0.10$	$0.10 < C_v \leq 0.15$	$0.15 < C_v \leq 0.20$
基层顶面当量回弹模量	$0.15 \leq C_v \leq 0.25$	$0.25 < C_v \leq 0.35$	$0.35 < C_v \leq 0.55$
水泥混凝土面层厚度	$0.02 \leq C_v \leq 0.04$	$0.04 < C_v \leq 0.06$	$0.06 < C_v \leq 0.08$

可靠度系数,依据所选目标可靠度及变异水平等级按表 5-28 所示确定。

可 靠 度 系 数 表 5-28

变异水平等级	目标可靠度(%)			
	95	90	85	80
低	1.20~1.33	1.09~1.16	1.04~1.08	—
中	1.33~1.50	1.16~1.23	1.08~1.13	1.04~1.07
高	—	1.23~1.33	1.13~1.18	1.07~1.11

注:变异系数在表 5-27 所示的变化范围的下限时,可靠度系数取低值;上限时,取高值。

水泥混凝土路面结构设计以行车荷载和温度梯度综合作用产生的疲劳断裂作为设计的极限状态,其表达式为

$$\gamma_r(\sigma_{pr} + \sigma_{tr}) \leq f_r$$

式中:σ_{pr}——行车荷载疲劳应力,MPa;

σ_{tr}——温度荷载疲劳应力,MPa;

γ_r——可靠度系数,依据所选目标可靠度、变异水平等级及变异系数,通过计算确定;

f_r——水泥混凝土弯拉强度标准值,MPa。

2. 设计轴载与轴载换算公式

按疲劳断裂设计标准进行结构分析时,以 100kN 单轴—双轮组荷载作为设计轴载,对极

重交通荷载等级的水泥混凝土路面,宜选用货车中占主要份额特重车型的轴载作为设计轴载。各级轴载作用次数 N_i,可按式(5-25)换算为设计轴载的作用次数 N_s。

$$N_s = \sum_{i=1}^{n} N_i \left(\frac{p_i}{p_s}\right)^{16} \quad (5-25)$$

式中:p_i——第 i 级轴载重,kN,联轴按每一根轴载单独计;

p_s——设计轴载重 $p_s = 100$ kN,kN;

n——各种轴型的轴载级位数;

N_i——i 级轴载的作用次数;

N_s——设计轴载的作用次数。

3. 交通分级

水泥混凝土路面所承受的轴载作用,按设计基准期内设计车道所承受的标准轴载累计作用次数分为 5 级,分级范围如表 5-29 所示。

交通荷载分级 表 5-29

交通等级	极重	特重	重	中等	轻
设计车道标准轴载累计作用次数 N_e(10^4)	$>1×10^6$	$1×10^6 \sim 2000$	$100 \sim 2000$	$3 \sim 100$	<3

注:交通调查和分析及 N_e 计算,参照规范。

4. 设计基准期内标准轴载累计作用次数 N_e

(1)设计车道使用初期的标准轴载日作用次数 N_s

可利用当地交通量观测站的观测和统计资料,或者通过实地设立站点进行交通量观测和统计,获取所设计公路的初期年平均日交通量(双向)及其车辆类型组成数据,剔除 2 轴 4 轮及以下的客、货运车辆交通量,得到包括大型客车交通量在内的初期年平均日货车交通量(双向)。

2 轴 6 轮及以上车辆交通量的方向分配系数应根据实际调查确定,如确有困难可在 0.5 ~ 0.6 范围内选用。2 轴 6 轮及以上车辆交通量的车道分配系数,可依据设计公路的车道数,按表 5-30 所示确定。

2 轴 6 轮及以上车辆交通量的车道分配系数 表 5-30

单向车道数		1	2	3	≥4
车道分配系数	高速公路	—	0.70 ~ 0.85	0.45 ~ 0.60	0.40 ~ 0.50
	其他等级公路	1.00	0.50 ~ 0.75	0.50 ~ 0.75	—

初期年平均日货车交通量(双向)乘以方向分配系数和车道分配系数,即为设计车道的年平均日货车交通量(ADTT)。

①轴载当量换算系数法。随机统计 3000 辆 2 轴 6 轮及以上车辆中单轴、双联轴和三联轴等不同轴型出现的单轴次数,并分别称取其单轴轴重。可按单轴轴重级位统计整理后得到轴载谱,并按式(5-26)计算确定不同轴重级位的设计轴载当量换算系数。

$$k_{p,i} = \left(\frac{p_i}{p_s}\right)^{16} \quad (5-26)$$

式中:$k_{p,i}$——不同单轴轴重级位 i 的设计轴载当量换算系数;

p_i——单轴级位 i 的轴重,kN;

p_s——设计轴载的轴重,kN。

依据单轴轴载谱和相应的设计轴载当量换算系数,可按式(5-27)计算得到设计车道使用初期的设计轴载日作用次数。

$$N_s = \text{ADTT} \frac{n}{3000} \sum_i (k_{p,i} \times p_i) \tag{5-27}$$

式中：N_s——设计车道的设计轴载日作用次数[轴次/(车道·日)];

ADTT——设计车道的年平均日货车交通量[辆汽车道·日)];

n——随机调查 3000 辆 2 轴 6 轮及以上车辆中出现的单轴总轴数;

p_i——单轴轴重级位 i 的频率(以分数计)。

②车辆当量轴载换算系数法。以车辆类型为基础进行各种轴型的轴载称重和统计时,可采用车辆当量轴载系数法计算分析设计车道使用初期的设计轴载日作用次数。可将 2 轴 6 轮及以上车辆分为整车、半挂和多挂车 3 大类,每类车再按轴数细分,分别按车型称重后得到单轴轴载谱,可由式(5-26)和式(5-28)计算得到各类车辆的设计轴载当量换算系数。

$$k_{p,k} = \sum_i k_{p,i} p_i \tag{5-28}$$

式中：$k_{p,k}$——k 类车辆的设计轴载当量换算系数;

p_i——k 类车辆单轴轴重级位 i 的频率(以分数计)。

依据调查所得的车辆类型组成数据,可按式(5-29)计算确定设计车道使用初期的设计轴载日作用次数。

$$N_s = \text{ADTT} \sum_k (k_{p,k} \times p_k) \tag{5-29}$$

式中：p_k——k 类车辆的组成比例(以分数计)。

(2)计基准期内设计轴载累计作用次数 N_e

可依据公路等级、功能及所在地区的经济和交通运输发展情况,通过调查分析,预估设计基准期内的货车交通量增长趋势,确定设计基准期内货车交通量的年平均增长率。设计基准期内水泥混凝土面层临界荷位处所承受的设计轴载累计作用次数,按式(5-30)计算：

$$N_e = \frac{N_s[(1+g_r)^T - 1] \times 365}{g_r} \cdot \eta \tag{5-30}$$

式中：N_e——标准轴载累计作用次数;

T——设计基准期;

g_r——交通量年平均增长率;

η——临界荷位处的车辆轮迹横向分布系数,按表 5-31 所示选用。

车辆轮迹横向分布系数　　　　表 5-31

公 路 等 级		纵缝边缘处
高速公路、一级公路、收费站		0.17~0.22
二级及二级以下公路	行车道宽>7m	0.34~0.39
	行车道宽≤7m	0.54~0.62

注：车道或行车道宽或者交通量较大时,取高值;反之,取低值。

求得标准轴载累计作用次数 N_e 后,根据表 5-29 判断交通荷载分级。

5. 混凝土面板的设计强度

水泥混凝土的设计强度,应采用 28d 龄期的弯拉强度。各交通荷载等级要求的水泥混凝土弯拉强度标准值,不得低于表 5-32 所示规定。

水泥混凝土弯拉强度标准值　　　　　　表 5-32

交通荷载等级	极重、特重、重	中等	轻
水泥混凝土的弯拉强度等级(MPa)	≥5.0	4.5	4.0
钢纤维混凝土的弯拉强度等级(MPa)	≥6.0	5.5	5.0

6. 混凝土面板内最大温度梯度

混凝土面板顶面和底面的温度之差除以板的厚度,即为板的温度梯度。水泥混凝土面层的最大温度梯度计算值 T_g,可按照公路所在地的公路自然区划按表 5-33 所示选用。

最大温度梯度标准值 T_g　　　　　　表 5-33

公路自然区划	Ⅱ、Ⅴ	Ⅲ	Ⅳ、Ⅵ	Ⅶ
最大温度梯度(℃/m)	83~88	90~95	86~92	93~98

注:海拔高时,取高值;湿度大时,取低值。

任务十五　水泥混凝土路面的构造

一、板的平面尺寸

水泥混凝土路面受气温变化影响较大,当板块很大时,由于热胀冷缩产生过大的温度应力而导致混凝土板的破坏。温度应力又分由于板顶板底温差而产生的两种(下凹或凸起)翘曲应力,以及由于季节变化板内温度均匀增(减)时所产生的压(拉)应力。为了使混凝土板不致因温度应力过大而导致破坏,必须设置垂直相交的纵向和横向接缝,将混凝土面层划分为较小的矩形板块。横向接缝是垂直于行车方向的接缝,简称横缝;纵向接缝是指平行于水泥混凝土路面行车方向的接缝,简称纵缝。

1. 纵缝间距

纵缝间距,即是板的宽度。板的宽度可按路面总宽、每个单车道宽度以及板厚而定。每个单车道宽度一般为 3.75m 或 3.50m,纵缝间距可据此选用,在行车道宽 9m 时,可以考虑把纵缝间距增大为 4.5m,但这是最大限度。实践证明,过宽时容易出现纵向裂缝,在短期内板即发生破坏。

2. 横缝间距

横缝间距,即是板的长度。板长应根据当地气象条件、板厚、路基稳定状况和经验确定。在一般情况下,当地气温变化幅度较大、板厚也大、路基稳定状况较差时,板长宜短;反之,板可稍长。根据经验,板长应是板厚的 25 倍左右,故板长为 4~6m。而且要求板的宽长比不宜大于 1:1.25。这样,因温度翘曲应力过大而引起板的横向出现随意裂缝的几率就很小,否则容易产生随意性横向裂缝。

二、纵缝

纵向接缝的布设,应视路面总宽度、行车道及硬路肩宽度以及施工铺筑宽度而定。

1. 纵向施工缝

一次铺筑宽度小于路面宽度时,应设置纵向施工缝。纵向施工缝应采用设拉杆平缝形式,上部应锯切槽口,深度宜为 30~40mm,宽度宜为 3~8mm,槽内应灌塞填缝料。其构造如图 5-39a)所示。

2. 纵向缩缝

一次铺筑宽度大于 4.5m 时,应设置纵向缩缝。纵向缩缝应采用设拉杆假缝形式,锯切的槽口深度应大于施工缝的槽口深度。采用粒料基层时,槽口深度应为板厚的采用半刚性基层时,槽口深度应为板厚的 2/5。其构造如图 5-39b)所示。碾压混凝土面层一次摊铺宽度大于 7.5m 时,应设置纵向缩缝,缩缝构造如图 5-39b)所示;钢纤维混凝土面层在摊铺宽度小于 7.5m 时,可不设纵向缩缝。

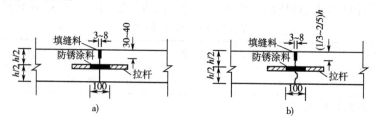

图 5-39　纵缝构造(尺寸单位:mm)
a)纵向施工缝;b)纵向缩缝

行车道路面与混凝土硬路肩之间的纵向接缝必须设置拉杆。纵缝应与路线中线平行。在路面等宽的路段内或路面变宽路段的等宽部分,纵缝的间距和形式应保持一致。路面变宽段的加宽部分与等宽部分之间,应以纵向施工缝隔开。加宽板在变宽段起终点处的宽度不应小于 1m。

纵向接缝在板厚的中央设置拉杆,拉杆应采用螺纹钢筋,设在板厚中央,并应对拉杆中部 100mm 范围内进行防锈处理。拉杆的直径、长度和间距可参照表 5-34 所示选用。施工布设时,拉杆间距应根据横向接缝的实际位置予以调整,最外侧的拉杆距横向接缝的距离,不得小于 100mm。

拉杆直径、长度和间距　　　　　表 5-34

面层厚度 (mm)	到自由边或未设拉杆纵缝的距离(m)					
	3.00	3.50	3.75	4.50	6.00	7.5
200~250	14×700×900	14×700×800	14×700×700	14×700×600	14×700×500	14×700×400
≥260	16×800×800	16×800×700	16×800×600	16×800×500	16×800×400	16×800×300

注:拉杆直径、长度和间距的数字为直径×长度×间距。

连续配筋混凝土面层的纵缝拉杆,可由板内横向钢筋延伸穿过接缝代替。

纵向接缝的间距(即板宽)宜在 3.0~4.5m 选用,这对行车和施工都比较方便。当双车道路面按全幅宽度施工时,纵缝可做成假缝形式。

三、横缝

横向接缝是垂直于行车方向的接缝,共有 3 种:缩缝、胀缝和施工缝。

缩缝保证板因温度和湿度的降低而收缩时沿该薄弱断面缩裂,从而避免产生不规则裂缝。胀缝是保证板在温度升高时能部分伸张,从而避免产生路面板在热天的拱胀和折断破坏,同时胀缝也能起到缩缝的作用。每日施工结束或因临时原因中断施工时,必须设置横向施工缝,其位置尽可能选在缩缝或胀缝处。

1. 胀缝

在胀缝处混凝土板完全断开,因而也成为真缝,它的设置是为了防止由于混凝土板的膨胀时产生的纵向应力,保证板在温度升高时能部分伸张,从而避免产生路面板在热天的拱胀和折断破坏,同时胀缝也能起到缩缝的作用。

在邻近桥梁或其他固定构造物处,或者与其他道路相交处,应设置横向胀缝。胀缝条数应根据膨胀量大小设置。胀缝宽宜为20~25mm,缝内应设置填缝板和可滑动的传力杆。胀缝的构造如图5-40所示。

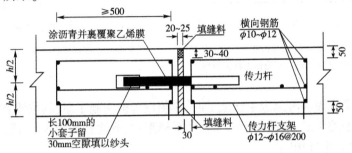

图5-40 胀缝构造(尺寸单位:mm)

传力杆应采用光圆钢筋。横向缩缝传力杆的尺寸、间距和要求与胀缝相同,可按表5-35所示选用。最外侧传力杆距纵向接缝或自由边的距离宜为150~250mm。

传力杆尺寸和间距(单位:mm)　　　　表5-35

面层厚度	传力杆直径	传力杆最小长度	传力杆最大间距
220	28	400	300
240	30	400	300
260	32	450	300
280	32~34	450	300
≥300	34~36	500	300

2. 缩缝

缩缝保证板因温度和湿度的降低而收缩时沿该薄弱断面缩裂,从而避免产生不规则裂缝。横向缩缝可等间距或变间距布置,应采用假缝形式。极重、特重和重交通荷载公路的横向缩缝,中等和轻交通荷载公路邻近胀缝或自由端部的3条横向缩缝,收费广场的横向缩缝,应采用设传力杆假缝形式,其构造如图5-41a)所示。其他情况可采用不设传力杆假缝形式,其构造如图5-41b)所示。传力杆的设置不应妨碍相邻混凝土板的自由伸缩,钢筋表面应作防锈处理。

横向缩缝顶部应锯切槽口,设置传力杆时槽口深度宜为面层厚度的1/4~1/3,不设传力杆时槽口深度宜为面层厚度的1/5~1/4。槽口宽度应根据施工条件、填缝料性能等因素而定,宽度宜为3~8mm 槽内应填塞填缝料。二级及二级以下公路的槽口可一次锯切成型。高速和一级公路槽口宜二次锯切成型,在第一次锯切缝的上部宜增设宽7~10mm的浅槽口,槽口下部应设置背衬垫条,上部应用填缝料灌填,其构造如图5-42所示。

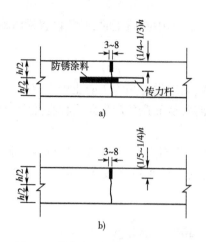
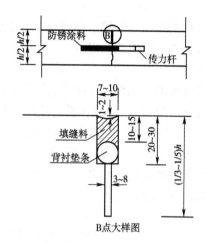

图 5-41 横向缩缝构造(尺寸单位:mm)
a)设传力杆假缝型;b)不设传力杆假缝型

图 5-42 二次锯切槽口构造(尺寸单位:mm)

3. 施工缝

每日施工结束或因临时原因中断施工时,必须设置横向施工缝,其位置宜选在缩缝或胀缝处。设在缩缝处的施工缝,应采用加传力杆的平缝形式,其构造如图 5-43 所示;设在胀缝处的施工缝,其构造应与胀缝相同。

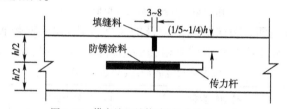

图 5-43 横向施工缝构造(尺寸单位:mm)

传力杆应采用光面钢筋,其尺寸和间距可按表 5-36 所示选用。最外侧传力杆距纵向接缝或自由边的距离为 150～250mm。

传力杆尺寸和间距(单位:mm)　　表 5-36

面层厚度	传力杆直径	传力杆最小长度	传力杆最大间距	面层厚度	传力杆直径	传力杆最小长度	传力杆最大间距
220	28	400	300	280	35	450	300
240	30	400	300	300	38	500	300
260	32	450	300				

四、拉杆与传力杆

1. 拉杆

拉杆是为了防止板块横向位移而设置在纵缝上的异形钢筋。拉杆应采用螺纹钢,设在板厚中央,并应对拉杆中部 10cm 范围内进行防锈处理。

2. 传力杆

传力杆的设置目的是为了保证接缝的传荷能力和路面的平整度,防止错台等病害的产生。传力杆主要用于横向的接缝,采用光圆钢筋。由于其在胀缝和缩缝所起的作用不同,尺寸上应有所不同,前者要大些。对设在缩缝处的传力杆,其长度的一半再加 5cm,应涂以沥青或加塑料套,涂沥青端宜在相邻板中交错布置;对设在胀缝处的传力杆,尚应在涂沥青一端加一套子,内留 3cm 的空隙,填以纱头或泡沫塑料。套子端宜在相邻板中交错布置。

五、水泥混凝土路面与构筑物相接

1. 水泥混凝土路面与沥青路面相接

在水泥混凝土路面和沥青路面相接处,由于沥青路面难以顶住混凝土面板末端的水平推力,因而首先在沥青路面的一端,然后在混凝土路面的一端发生损坏。此外,由于沥青路面与水泥混凝土路面之间的沉降不同,使得接头处变得不平整,引起跳车。因此,对高速公路和一级公路,水泥混凝土路面与沥青路面相接时,应在沥青路面面层下埋设长度为3m的水泥混凝土板,此板在水泥混凝土路面相接的一端的厚度与水泥混凝土面板相同,另一端不小于15cm,如图5-44所示。埋设在水泥混凝土板与水泥混凝土路面相接处的拉杆,应采用螺纹钢,直径一般为25cm,长70cm,间距40cm。对于其他各等级公路,由于汽车行驶速度较低,交通量不大,水泥混凝土路面与沥青路面相接,可采用水泥混凝土预制块过渡或径相连接。

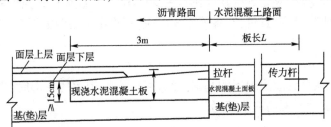

图5-44 水泥混凝土路面与沥青路面相接的处理

2. 水泥混凝土路面与桥梁相接

水泥混凝土路面与桥梁相接,可根据公路等级,使用要求和当地经验选用以下或其他适当的措施。

在各等级的公路上,特别是在高等级的公路上,应设置桥头搭板。搭板与水泥混凝土路面之间采用钢筋混凝土面板过渡,其长度不小于5m。搭板与钢筋混凝土面板之间的接缝应设置传力杆。钢筋混凝土面板与水泥混凝土面板之间应设置胀缝,如图5-45所示。当与桥梁为斜交时,钢筋混凝土面板的锐角部分应采用钢筋网补强,如图5-48所示。钢筋混凝土面板按钢

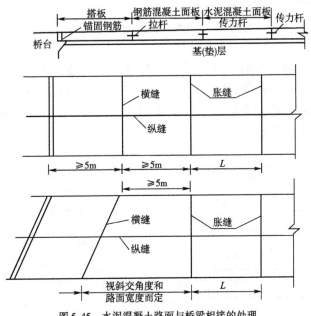

图5-45 水泥混凝土路面与桥梁相接的处理

筋混凝土路面的有关规定执行。搭板与钢筋混凝土面板相接处设拉杆,其尺寸、间距和水泥混凝土路面与沥青路面相交时设置的拉杆相同。对于等级较低的公路或作为高等级公路的过渡措施,桥头可铺筑一段水泥混凝土预制块或沥青路面,待沉降稳定后,再铺筑水泥混凝土路面。当桥头设有搭板时,其长度不小于 5m;当桥头未设搭板时,其长度不小于 8m。

3. 水泥混凝土路面同其他构造物相接

水泥混凝土路面中应尽量避免设置其他构造物,如检查井、雨水口等。若必须设置构造物时,则宜设在板中或接缝处,并设胀缝同水泥混凝土面层板分开,构造物周围的水泥混凝土面层板的板边用钢筋加固。

4. 交叉口接缝

交叉口处接缝布置应与交通流向相适应。应整齐美观,施工方便,每块板角不宜小于90°,当不得已出现锐角时,应尽量将其放在非主要行车部位,或加设补强钢筋。接缝边长不应小于 1m,当接缝为曲线时,不宜过长,各缝应相对应,不得出现错缝如图 5-45 所示。

六、补强钢筋

混凝土面板纵、横自由边边缘下的基础,如有可能产生较大的变形时,宜在板边缘加设补强钢筋和角隅加设发针形钢筋或钢筋网。

1. 板边补强

水泥混凝土面板边缘部分的补强,一般选用 2 根 12~16mm 的螺纹钢筋,布置在板的下部,距板底为板厚的 1/4,并不应小于 5cm,间距一般为 10cm,钢筋两端应向上弯起,如图 5-46 所示。钢筋保护层的最小厚度不应小于 5cm。

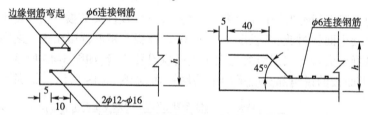

图 5-46 边缘钢筋布置(尺寸单位:cm)

2. 角隅补强

角隅补强部分的补强,可选用 2 根直径为 12~16mm 的螺纹钢,布置在板的上部,距板顶不应小于 5cm,距板边为 10cm,如图 5-47 所示。板角小于 90°时,亦可采用双层补强钢筋网补强,钢筋可选用直径 6mm,布置在板的上下部,距板顶和板底以 5~10cm 为宜,如图 5-48 所示。钢筋保护层的最小厚度不应小于 5cm。

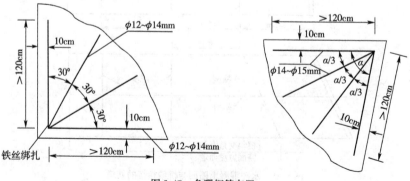

图 5-47 角隅钢筋布置

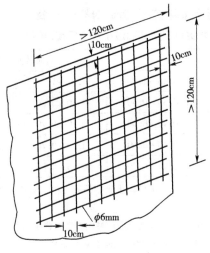

图 5-48 钢筋网补强布置

任务十六　水泥混凝土路面结构层组合设计

水泥混凝土路面的结构层次,较沥青路面简单,结构组合时,考虑的因素也有所不同。

一、路基

水泥混凝土的弹性模量为$(25\sim40)\times10^7$MPa,水泥混凝土面板具有很高的刚度和扩散荷载的能力,通过水泥混凝土路面结构传到路床顶面的荷载应力很小,一般不超过0.05MPa。因此,对路基承载能力要求并不高。然而,如果路基的稳定性不足,在水温变化的影响下出现较大的变形,特别是不均匀沉陷,则任将给水泥混凝土面板带来很不利的影响。实践证明,由于路基不均匀支承,使水泥混凝土面板在受荷时底部产生过大的弯拉应力,导致水泥混凝土路面产生破坏。因此,要求路基必须密实、稳定和均质,对路面结构提供均匀地支承,即路基在环境和荷载作用下的不均匀变形很小。路床顶面的综合回弹模量值,轻交通荷载等级时不得低于40MPa,中等或重交通荷载等级时不得低于60MPa,重或极重交通荷载等级时不得低于80MPa。

二、垫层

在路基水温状况不良的路段上,路基与基层之间宜设垫层。从面改善土基的湿度和温度状况,保证水泥混凝土面板和基层的强度、稳定性及抗冻胀能力;扩散由基层传来的荷载应力,减少土基的应力和变形。此外,垫层还能阻止路基土挤入基层中,以保证路面结构的稳定性。防冻垫层所采用的粒料(砂或砂砾)中,小于0.075mm的细粒含量不宜大于5%。排水垫层的粒料级配应同时满足渗水和反滤的要求。遇有以下4种情况时,应在基层或底基层下设置垫层:

(1)季节性冰冻地区,路面结构厚度小于最小防冻厚度要求表5-37所示时,应设置防冻垫层,使路面结构厚度符合要求。

(2)水文地质条件不良的土质路基,路床土湿度较大时,宜设置排水垫层。

(3)垫层应与路基同宽,厚度不得小于150mm。

(4)防冻垫层和排水垫层宜采用碎石、砂砾等颗粒材料。

水泥混凝土路面最小防冻厚度(单位:m) 表 5-37

路基类型	路基土质	当地最大冰冻深度			
		0.50~1.00	1.01~1.50	1.51~2.00	>2.00
中湿	易冻胀土	0.30~0.50	0.40~0.60	0.50~0.70	0.60~0.95
	很易冻胀土	0.40~0.60	0.50~0.70	0.60~0.85	0.70~1.10
潮湿	易冻胀土	0.40~0.60	0.50~0.70	0.60~0.90	0.75~1.20
	很易冻胀土	0.45~0.70	0.55~0.80	0.70~1.00	0.80~1.30

注:1. 易冻胀土——细粒土质砾(GM、GC)、除极细粉土质砂外的细粒土质砂(SM、SC)、塑性指数小于12的蒙古质土(CL、CH)。

2. 很易冻胀土——粉质土(ML,MH)、极细粉土质砂(SM)、塑性指数在12~22的黏质土(CL)。

3. 冻深小或填方路段,或基、垫层采用隔温性能良好的材料,可采用低值;冻深大或挖方及地下水位高的路段,或基、垫层采用隔温性能稍差的材料,应采用高值。

4. 冻深小于0.50m的地区,可不考虑结构层防冻厚度。

三、基层和底基层

水泥混凝土面板下设置基层,不仅为水泥混凝土面板提供均匀而稳定的支承,且能防止唧泥、错台、冻胀等病害,从而保证路面的整体性,延长路面的使用寿命。因此,除非土基本身就是有良好级配的砂砾类土,而且是有良好排水条件的轻交通之外,都应设置基层。同时,基层应具有足够的刚度和稳定性,且断面正确,表面平整。理论计算和实践都已证明,采用整体性好,具有较高的弹性模量的材料修筑基层,可以确保混凝土路面良好的使用特性和延长路面的使用寿命。

基层材料应根据交通等级,当地条件和经济性等因素选用贫混凝土、沥青混合料、水泥稳定土、石灰稳定工业废渣、级配碎(砾)石、填隙碎石等。由于石灰稳定土的强度较低,在特重和重交通的公路上,或冰冻地区潮湿路段及其他地区的过湿路段上,不宜采用石灰稳定土基层。各种基层材料组成与参数要求应符合现行《公路水泥混凝土路面设计规范》(JTG D40—2011)的规定。

基层和底基层的材料可依据交通荷载等级、结构层组合要求和材料供应条件,分别参照表 5-38 所示选用。

各交通荷载等级的基层、底基层材料类型 表 5-38

基 层		底 基 层	
交通荷载等级	基层材料类型	交通荷载等级	底基层材料类型
极重、特种	贫混凝土、碾压混凝土	极重、特种、重	级配碎石,水泥稳定碎石,石灰、粉煤灰稳定碎石
	沥青混凝土		
重	密级配沥青稳定碎石	中等、轻	未筛分碎石、级配碎石或不设
	水泥稳定碎石		
中等、轻	级配碎石		
	水泥稳定碎石,石灰、粉煤灰稳定碎石		

承受极重、特重或重交通荷载的路面,基层下应设置底基层;承受中等或轻交通荷载时,可不设底基层。当基层采用无机结合料稳定类材料,且上路床由细粒土组成时,应在基层下设置

粒料类底基层。

基层采用无机结合料稳定类材料时,底基层宜选用小于0.075mm颗粒含量少于7%的粒料类材料。贫混凝土或碾压混凝土基层上应铺设沥青混凝土夹层,层厚不宜小于40mm。无机结合料稳定碎石基层上应设置封层,封层可采用单层沥青表面处治或适宜的膜层材料等。当采用单层沥青表面处治时,层厚不宜小于6mm。

多雨地区,路基由低透水性细粒土组成的高速公路和一级公路或者承受极重或特重交通荷载的二级公路,宜设置由开级配沥青稳定碎石或开级配水泥稳定碎石组成的排水基层。排水基层下应设置由密级配粒料或水泥稳定碎石组成的不透水底基层。底基层顶面宜铺设沥青类封层或防水土工织物。

各类基层和底基层的厚度范围,应依据结构层成型、施工方便(单层摊铺碾压)或排水要求等因素选择,一般适宜压实厚度参见表5-39。增加基层或底基层的厚度,对于降低面层的应力或者减薄面层的厚度,影响不大。因而混凝土面层下的基层或底基层不必很厚。按设计轴载数和路床的强弱程度选定基层和底基层的厚度,如果设计厚度超出适宜厚度,可以按所提供的施工条件决定是否需要采用分层铺筑和压实。

各种材料基层和底基层的结构层适宜施工层厚 表5-39

材 料 种 类		适宜施工层厚度(mm)
贫混凝土、碾压混凝土		120~200
无机结合料稳定粒料		150~200
沥青混凝土	集料公称最大粒径9.5mm	25~40
	集料公称最大粒径13.2mm	35~65
	集料公称最大粒径16mm	40~70
	集料公称最大粒径19mm	50~75
沥青稳定碎石	集料公称最大粒径19mm	50~75
	集料公称最大粒径26.5mm	75~100
多孔隙水泥稳定碎石		100~150
级配碎石、未筛分碎石、级配砾石或碎砾石		100~200

承受极重、特重或重交通荷载的路面,基层下应设置底基层。承受中等或轻交通荷载时,可不设底基层。当基层采用无机结合料稳定类材料,且上路床由细粒土组成时,应在基层下设置粒料类底基层。基层采用无机结合料稳定类材料时,底基层宜选用小于0.075mm颗粒含量少于7%的粒料类材料。各种基层和底基层的结构层适宜压实厚度,应按所选集料的公称最大粒径和压实效果的要求而定。基层或底基层的设计层厚超出相应材料的适宜压实厚度范围时,宜分层铺设和压实。

为保证模板和轨模式摊铺机轨道的安装、滑模式摊铺机的施工,以及水泥混凝土面板边缘的强度和稳定性,当采用小型机具或轨模式摊铺机施工时,基层的宽度应比水泥混凝土面板每侧宽出30cm(采用小型机具施工时)或50cm(轨道式摊铺机施工时)或65cm(滑模式摊铺机施工时);硬路肩采用水泥混凝土面层时基层的结构与厚度应与行车道相同。基层的宽度应比水泥混凝土面层每侧宽出300mm(小型机具施工时)或650mm(滑模式摊铺机施工时);级配粒料基层的宽度也易与路基同宽;当路基为膨胀土或排水不良时,应与路基同宽。

四、水泥混凝土面板

水泥混凝土面板直接承受行车荷载和自然因素的作用,并直接体现使用功能的好坏,同时又是水泥混凝土路面的承重结构。水泥混凝土面层应具有足够的强度和耐久性,表面应抗滑、耐磨、平整。应满足以下3点要求。

(1)水泥混凝土的设计强度应采用28d龄期的弯拉强度。各交通荷载等级要求的水泥混凝土弯拉强度标准值不得低于表5-32所示的规定。

(2)有足够的表面平整度。

(3)有足够的抗滑性,路面表面必须采用拉毛、拉槽、压槽或刻槽等方法筑做表面构造,在交工验收时构造深度应满足表5-40的要求。

各级公路水泥混凝土面层的表面构造深度要求(单位:mm)　　　　表5-40

公路等级	高速公路、一级公路	二、三、四级公路
一般路段	0.70~1.10	0.50~1.00
特殊路段	0.80~1.20	0.60~1.10

注:1.特殊路段对于高速和一级公路系指立交、平交或变速车道等处,对于其他等级公路系指急弯、陡坡、交叉口或集镇附近。

2.在年降雨量600mm以下的地区,表列数值可适当降低。

普通水泥混凝土、钢筋混凝土、碾压混凝土和连续配筋混凝土面层的计算厚度,可依据交通荷载等级、公路等级和变异水平等级确定。各种水泥混凝土面层的设计厚度应依据计算厚度加6mm磨耗层后,按10mm向上取整。水泥混凝土面板的横断面一般采用等厚式,其厚度和平面尺寸应符合《公路水泥混凝土路面设计规范》(JTG D40—2011)的有关规定。

水泥混凝土预制块可采用矩形块或异形块。矩形块的长度宜为200~250mm,宽度宜为100~125mm,厚度宜为80~150mm。预制块下砂垫层的厚度宜为30~50mm。

五、路肩与路面排水

路肩铺面结构,应具有一定的承载能力,其结构层组合和材料选用应与行车道路面相协调,不应使渗入的路表水积滞在行车道路面结构内。行车道混凝土面层宜宽出外侧车道边缘线0.6m。

高速公路和一级公路以及承受极重、特重和重交通荷载等级的公路,路肩铺面应采用与行车道路面相同的结构层组合和组成材料类型。其他等级公路,路肩铺面的基层和底基层应采用与行车道路面结构相同的材料类型和厚度。路肩面层可选用水泥混凝土或沥青类材料。路肩面层选用沥青类材料时,中等交通荷载以上等级公路,应采用热拌沥青混合料;低等级公路和轻交通荷载等级公路,可采用沥青表面处治。路肩基层为粒料类材料时,其细料(小于0.075mm)含量不应超过6%。路肩混凝土面层与行车道面层应设置拉杆相连,二者的横向缩缝应连通。行车道面层为连续配筋混凝土时,路肩混凝土面层的横向缩缝间距应为4.5m。

行车道路面横坡度宜为1%~2%,路肩表面的横向坡度宜为2%~3%。

行车道路面结构设置排水基层或垫层时,应在排水基层或垫层外侧边缘设置纵向集水沟和带孔集水管,并间隔50~100m设置横向排水管。集水沟和集水管的纵坡宜与路线纵坡相同,且不宜小于0.3%。横向排水管的坡度不宜小于5%。

排水基层的纵向边缘集水沟,当路肩采用沥青面层时,可设在路肩内侧边缘内;当路肩采用水泥混凝土面层时,可设在路肩下或路肩外侧边缘内。排水垫层的纵向边缘集水沟宜设在路床边缘。

带孔集水管的管径宜采用100～150mm。集水沟的宽度宜采用300mm。集水沟的深度应能保证集水管管顶低于排水层底面,并有足够厚度的回填料使集水管不被施工机械压裂。沟内回填料宜采用与排水基层或垫层相同的透水性材料,或不含细料的碎石或砾石粒料。横向排水管应不带孔,其管径与集水管相同。

集水沟和集水管的纵坡,宜与路线纵坡相同,且不宜小于0.3%。横向排水管的坡度不宜小于5%。

横向排水管出口端应设端墙,端头宜用镀钚铁丝网或格栅罩住,出水口下方应铺设水泥混凝土防冲垫板或进行坡面防护。在横向排水管上方的路肩边缘处应设置标志标明出水口位置。

任务十七　普通混凝土路面板厚计算

一、设计模型

按基层和面层类型和组合的不同,路面结构分析可分别采用下述力学模型。

1. 弹性地基单层板模型

适用于粒料基层上混凝土面层,旧沥青路面加铺水泥混凝土面层;面层板底面以下部分按弹性地基处理。

2. 弹性地基双层板模型

适用于无机结合料类基层或沥青类基层上水泥混凝土面层,旧水泥混凝土路面上加铺分离式水泥混凝土面层;面层和基层或者新旧面层作为双层板,基层底面以下或者旧面层底面以下部分按弹性地基处理。

3. 复合板模型

适用于两层不同性能材料组成的面层或基层复合板。旧水泥混凝土路面上加铺结合式水泥混凝土面层,两层不同性能材料组成的层间连接的面层,作为弹性地基上的单层板或者弹性地基上。

双层板的上层板;无机结合料类基层或沥青类基层与无机结合料类底基层组成的基层,作为弹性地基上双层板的下层板。

水泥混凝土路面板在车辆荷载作用下产生的变形微小,在力学分析时常将其视为弹性板,地基视为弹性地基。因此,水泥混凝土路面在力学上可视为弹性地基上的弹性板,简称弹性地基板。将水泥混凝土面层下的基层、底基层或垫层及路基作为弹性层状地基,可用弹性层状体系理论求解基层顶面当量回弹模量。

二、水泥混凝土路面厚度计算流程

水泥混凝土路面厚度计算流程如下:
(1)收集交通资料,计算设计基准期内设计车道标准荷载累计作用次数。
(2)初拟路面结构,包括垫层类型和厚度、基层类型和厚度、面板初估厚度和平面尺寸等。
(3)路面材料参数确定,包括普通混凝土面层的弯拉强度标准值及相应的弯拉弹性模量、板底地基综合回弹模量等。

（4）参照图5-49所示的水泥混凝土路面板厚度计算流程，分别计算荷载疲劳应力和温度疲劳应力。

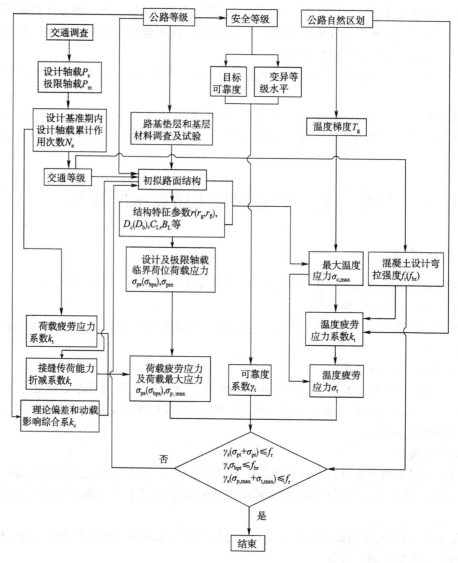

图5-49 混凝土路面板厚度

（5）确定板厚 h_c。当荷载疲劳应力与温度疲劳应力之和与可靠度系数的乘积小于且接近于水泥混凝土弯拉强度标准值，即满足 $\gamma_r(\sigma_{pr}+\sigma_{tr})\leqslant f_r$ 的要求时，则初选厚度可作为水泥混凝土路面板的计算厚度。否则，应改选水泥混凝土路面板厚度，重新计算，直到满足 $\gamma_r(\sigma_{pr}+\sigma_{tr})\leqslant f_r$ 为止。设计厚度依计算厚度按10mm向上取整。

三、荷载应力计算

选取水泥混凝土板的纵向边缘中部作为产生最大荷载和温度梯度综合疲劳损坏的临界荷位。设计轴载 p_s 在临界荷位处产生的荷载疲劳应力 σ_{pr} 按式(5-31)计算确定。

$$\sigma_{pr}=k_r k_f k_c \sigma_{ps} \tag{5-31}$$

式中：σ_{pr}——设计轴载 p_s 在临界荷位产生的荷载应力，MPa；

σ_{ps}——设计轴载 p_s 在四边自由板临界荷位处产生的荷载应力（MPa），按式(5-32)确定；

k_r——考虑接缝传荷能力的应力折减系数，采用混凝土路肩时，$k_r = 0.87 \sim 0.92$（路肩面层与路面面层等厚时取低值，减薄时取高值）；采用柔性路肩或土路肩时，$k_r = 1$；

k_f——考虑设计基准期内荷载应力累计疲劳作用的疲劳应力系数，按式(5-35)确定；

k_c——考虑计算理论与实际差异以及动载等因素影响的综合系数，按公路等级查表 5-41 所示确定。

综合系数 k_c　　　　　　　　　表 5-41

公路等级	高速公路	一级公路	二级公路	三、四级公路
k_c	1.15	1.25	1.20	1.10

1. σ_{ps} 的计算

设计轴载在四边自由板临界荷位处产生的荷载应力 σ_{ps} 应按式(5-32)计算。

$$\sigma_{ps} = 1.47 \times 10^{-3} r^{0.70} h_c^{-2} p_s^{0.94} \tag{5-32}$$

$$r = 1.21 \left(\frac{D_c}{E_t}\right)^{\frac{1}{3}} \tag{5-33}$$

$$D_c = \frac{E_c h_c^3}{12(1-\nu_c^2)} \tag{5-34}$$

上述式中：σ_{ps}——设计轴载的单轴重(kN)；

h_c——混凝土面层板的厚度(m)；

E_c——弯拉弹性模量(MPa)；

ν_c——泊松比；

r——混凝土面层板的相对刚度半径(m)，按式(5-33)计算；

D_c——混凝土面层板的截弯曲刚度(MN·m)，按式(5-34)计算；

E_t——板底地基当量回弹模量(MPa)。

设计基准期内的荷载疲劳应力系数 k_f 应按式(5-35)计算：

$$k_f = N_e^\lambda \tag{5-35}$$

式中：N_e——设计基准期内设计轴载累计作用次数；

λ——材料疲劳指数，普通混凝土、钢筋混凝土、连续配筋混凝土，$\lambda = 0.057$；碾压混凝土和贫混凝土，$\lambda = 0.065$；钢纤维混凝土，按式(5-36)计算；

$$\lambda = 0.053 - 0.017 \rho_f \frac{l_f}{d_f} \tag{5-36}$$

式中：ρ_f——钢纤维的体积率(%)；

l_f——钢纤维的长度(mm)；

d_f——钢纤维的直径(mm)。

新建公路的板底地基当量回弹模量 E_t 应按式(5-37)计算。

$$E_t = \left(\frac{E_x}{E_0}\right)^\alpha E_0 \tag{5-37}$$

$$\alpha = 0.86 + 0.26 \ln h_x$$

$$E_x = \sum_{i=1}^{n}(h_i^2 E_i)/\sum_{i=1}^{n} h_i^2$$

$$h_x = \sum_{i=1}^{n} h_i$$

上述式中：E_0——路床顶综合回弹模量（MPa）；

α——与粒料层总厚度 h 有关的回归系数；

E_x——粒料层的当量回弹模量（MPa）；

h_x——粒料层的总厚度（m）；

n——粒料层的层数；

E_i——第 i 结构层的回弹模量（MPa）；

h_i——厚度（m）。

2. E_t 的计算

在旧沥青混凝土路面上铺筑水泥混凝土面层时，原沥青混凝土路面顶面的地基综合当量回弹模量 E_t 可根据落锤式弯沉仪（荷载 50kN、承载板半径 150mm）的中心点弯沉的测定结果应按式(5-38)，或根据贝克曼梁（后轴重 100kN 的车辆）的弯沉测定结果，按式(5-40)计算确定。

$$E_t = 18621/\omega_o \tag{5-38}$$

$$E_t = 13739/\omega_o^{-1.04} \tag{5-39}$$

$$\omega_o = \bar{\omega} + 1.04 S_w \tag{5-40}$$

上述式中：ω_o——路段代表弯沉值，0.01mm；

$\bar{\omega}$——路段弯沉平均值，0.01mm；

S_w——路段弯沉的标准差，0.01mm。

四、温度应力计算

水泥混凝土面板内的温度沿其截面呈非线性分布。它一方面使水泥混凝土面板由于板顶和板底的温度差而产生翘曲应力，另一方面由于板截面的平面变形而产生内应力。温度梯度作用在板边缘中点处产生的温度疲劳应力，可按式(5-41)确定。

$$\sigma_{tr} = k_t \sigma_{tm} \tag{5-41}$$

式中：σ_{tr}——最大温度梯度时混凝土面板的温度应力（MPa）；

σ_{tm}——最大温度梯度时混凝土面板的温度应力（MPa）；

k_t——考虑温度应力累计疲劳作用的疲劳应力系数。

1. σ_{tm} 的计算

最大温度梯度时混凝土面板的温度应力（MPa），按式(5-42)确定计算。

$$\sigma_{tm} = \frac{\alpha_c E_c h_c T_g}{2} B_L \tag{5-42}$$

式中：α_c——混凝土的线膨胀系数，根据《公路水泥混凝土路面设计规范》（JTG D40—2011）中粗集料的岩性按表 E.0.3-2 取用；

T_g——公路路所在地 50 年一遇的最大温度梯度，查《公路水泥混凝土路面设计规范》（JTG D40—2011）中表 3.0.10 取用；

B_L——综合温度翘曲应力和内应力的温度应力系数，按《公路水泥混凝土路面设计规范》（JTG D40—2011）中 B.3.3 条确定。

E_c——基层和底基层或垫层的当量回弹模量（MPa）；

综合温度翘曲应力和内应力的温度应力系数 B_L 应按式(5-43)计算。

$$B_L = 1.77^{-4.48h_c}C_L - 0.131(1-C_L) \tag{5-43}$$

$$C_L = 1 - \frac{\sinh t\cos t + \cosh t\sin t}{\cos t\sin t + \sinh t\cosh t} \tag{5-44}$$

$$t = \frac{L}{3r} \tag{5-45}$$

式中：C_L——混凝土面层板的温度翘曲应力系数，按式(5-44)计算；
L——面层板的横缝间距，即板长(m)；
r——面层板的相对刚度半径(m)。

2. k_t 的计算

$$k_t = \frac{f_r}{\sigma_{tm}}\left[a_t\left(\frac{\sigma_{tm}}{f_r}\right)^{b_t} - c_t\right] \tag{5-46}$$

式中：a_t、b_t 和 c_t——回归系数，根据所在地区的公路自然区划查表5-42确定。

回 归 系 数　　　　　　　　　　　　　　表 5-42

系数	公路自然区别					
	Ⅱ	Ⅲ	Ⅳ	Ⅴ	Ⅵ	Ⅶ
a_t	0.828	0.855	0.841	0.871	0.837	0.834
b_t	1.323	1.355	1.323	1.287	1.382	1.270
c_t	0.041	0.041	0.058	0.071	0.038	0.052

五、板厚计算

按路面所承受的交通等级，参照表5-43选择初估板厚，由式(5-31)和式(5-41)分别求得荷载疲劳应力 σ_{pr} 和温度疲劳应力 σ_{tr}。

水泥混凝土面层厚度参考值　　　　　　　　　　表 5-43

交通荷载等级	极重	特重			重		
公路等级	—	高速	一级	二级	高速	一级	二级
变异水平等级	低	低	中	中	低	中	中
面层厚度(mm)	≥320	320~280	300~260	280~240	270~230	260~220	

交通荷载等级	中等				轻	
公路等级	二级		三、四级		三、四级	
变异水平等级	高	中	高	中	高	中
面层厚度(mm)	250~220	240~210		230~200	220~190	210~180

检验 σ_{pr} 与 σ_{tr} 之和是否满足下列要求：$0.95f_{cm} \leq \gamma_r(\sigma_{pr}+\sigma_{tr}) \leq 1.03f_{cm}$，如满足此条件，说明则初估板厚可作为设计板厚；否则，应改选估板厚，或改变板的平面尺寸，重新计算，直到满足上述要求为止。

【案例】　公路自然区划E区拟新建一条二级公路，路面宽7m，路基为低液限黏土，路床顶距地下水位平均1.2m，当地的粗集料以花岗岩为主。拟采用普通混凝土路面。经交通调查得知，设计轴载 $P_S=100$kN，最重轴载 $P_m=150$kN，设计车道使用初期设计轴载的日作用次数为100次,交通量年平均增长率为5%。试设计该水泥混凝土路面。

解:(1) 交通分析。

由表5-26得知,二级公路的设计基准期为20年,安全等级为三级。由表5-31得知,临界荷位处的车辆轮迹横向分布系数取0.62。按式(5-28)计算得到设计基准期内设计车道设计轴载累计作用次数:

$$N_e = \frac{N_s \times [(1+g_r)^t - 1] \times 365}{g_r} \times \eta = \frac{100 \times [(1+0.05)^{20} - 1] \times 365}{0.05} \times 0.62 = 74.8 \times 10^4 \text{ 次}$$

由表5-29可知,属中等交通荷载等级。

(2) 初拟路面结构。

由表5-26得知,施工质量变异水平选择中级。根据二级公路、中等交通荷载等级和中级变异水平。初拟普通混凝土面层厚度为0.23 m,基层选用级配碎石,厚0.20m。普通混凝土板的平面尺寸4.5m×3.5m纵缝为设拉杆平缝,横缝为不设传力杆的假缝,路肩面层与行车道面层等厚并设拉杆相连。

(3) 路面材料参数确定。

按表5-32规定,取普通混凝土面层的弯拉强度标准值为4.5MPa,相应弯拉弹性模量29GPa与泊松比为0.15。查《公路水泥混凝土路面设计规范》(JTG D40—2011)附录E表E.0.3-2,粗集料为花岗岩的混凝土线膨胀系数 $a_c = 10 \times 10^{-6}$ ℃。

查《公路水泥混凝土路面设计规范》(JTG D40—2011)表E.0.1-1,取低液限结土路基回弹模量80MPa。查《公路水泥混凝土路面设计规范》(JTG D40—2011)E.0.1-2,取距地下水位1.2m时的湿度调整系数为0.75,由此得到路床顶综合回弹模量为 $80 \times 0.75 = 60$ MPa。查《公路水泥混凝土路面设计规范》(JTG D40—2011)表E.0.2-1,取级配碎石基层回弹模量为300MPa。

计算板底地基当量回弹模量如下:

$$E_x = \sum_{i=1}^{n}(h_i^2 E_i) / \sum_{i=1}^{n} h_i^2 = \frac{h_1^2 E_1}{h_1^2} = 300 \text{MPa}$$

$$h_x = \sum_{i=1}^{n} h_i = h_1 = 0.20 \text{m}$$

$$\alpha = 0.26\ln(h_x) + 0.86 = 0.26 \times \ln(0.20) + 0.86 = 0.442$$

$$E_t = \left(\frac{E_x}{E_0}\right)^\alpha E_0 = \left(\frac{300}{60}\right)^{0.442} \times 60 = 122.2 \text{MPa}$$

板底地基当量回弹模量 E_t 取为120MPa。

普通混凝土面层的弯曲刚度 D_c 按式(5-34)计算,相对刚度半径 r 按式(5-33)计算。

$$D_c = \frac{E_c h_c^3}{12(1-v_c^2)} = \frac{29000 \times 0.23^3}{12 \times (1-0.15^2)} = 30.1 \text{MN} \cdot \text{m}$$

$$r = 1.21 \left(\frac{D_c}{E_t}\right)^{1/3} = 1.21 \times \left(\frac{30.1}{120}\right)^{1/3} = 0.762 \text{m}$$

(4) 荷载应力。按式(5-32)计算设计轴载和最重荷载在临界荷位处产生的荷载应力:

$$\sigma_{ps} = 1.47 \times 10^{-3} r^{0.70} h_c^{-2} P_s^{0.94} = 1.47 \times 10^{-3} \times 0.763^{0.70} \times 0.23^{-2} \times 100^{0.94} = 1.744 \text{MPa}$$

$$\sigma_{pm} = 1.47 \times 10^{-3} r^{0.70} h_c^{-2} P_m^{0.94} = 1.47 \times 10^{-3} \times 0.763^{0.70} \times 0.23^{-2} \times 150^{0.94} = 2.554 \text{MPa}$$

式(5-31)计算荷载疲劳应力,计算最大荷载应力:

$$\sigma_{pr} = k_r k_f k_c \sigma_{ps} = 0.87 \times 2.162 \times 1.05 \times 1.744 = 3.44 \text{MPa}$$

$$\sigma_{p,\max} = k_z k_c \sigma_{pm} = 0.87 \times 1.05 \times 2.554 = 2.33 \text{MPa}$$

其中,考虑接缝传荷能力的应力折减系数 $k_r = 0.87$;综合系数 $k_c = 1.05$;疲劳应力系数 $k_f = N_e^\lambda = 2.162$。

(5)温度应力。由表5-33可知,最大温度梯度取 88℃/m。按式(5-43)~式(5-45)计算综合温度翘曲应力和内应力的温度应力系数 B_L。

$$t = \frac{L}{3r} = \frac{4.5}{3 \times 0.763} = 1.97$$

$$C_L = 1 - \frac{\sin(1.97)\cos(1.97) + \cos(1.97)\sin(1.97)}{\cos(1.97)\sin(1.97) + \sin(1.97)\cos(1.97)} = 1 - 0.162 = 0.838$$

$$B_L = 1.77 e^{-4.48 h_c} \times C_L - 0.131(1 - C_L)$$
$$= 1.77 e^{-4.48 \times 0.23} \times 0.838 - 0.131 \times (1 - 0.838)$$
$$= 0.508$$

计算最大温度应力:

$$\sigma_{tm} = \frac{\alpha_c E_c h_c T_g}{2} B_L = \frac{10^{-5} \times 2900 \times 0.23 \times 88}{2} \times 0.508 = 1.49 \text{MPa}$$

温度疲劳应力系数 k_t 的计算。

$$k_t = \frac{f_r}{\sigma_{tm}} \left[a_t \left(\frac{\sigma_{tm}}{f_r} \right)^{b_t} - c_t \right] = \frac{4.5}{1.491} \left[0.828 \left(\frac{1.491}{4.5} \right)^{1.323} - 0.041 \right] = 0.46$$

再由式(5-41)计算温度疲劳应力:

$$\sigma_{tr} = k_t \sigma_{tm} = 0.46 \times 1.49 = 0.69 \text{MPa}$$

(6)结构极限状态校核。二级公路、中等变异水平条件下的可靠度系数 γ_r 取 1.13。校核路面结构极限状态是否满足要求。

$$\gamma_r (\sigma_{pr} + \sigma_{tr}) = 1.13 \times (3.44 + 0.69) = 4.67 > f_r = 4.5 \text{MPa}$$
$$\gamma_r (\sigma_{p,\max} + \sigma_{t,\max}) = 1.13 \times (2.33 + 1.49) = 4.32 > f_r = 4.5 \text{MPa}$$

显然,初拟的路面结构不能满足要求。将混凝土面层厚度增至 0.24m。重复以上计算,得到荷载疲劳应力 $\sigma_{pr} = 3.26 \text{MPa}$,最大荷载应力 $\sigma_{pmax} = 2.21 \text{MPa}$,最大温度应力 $\sigma_{tmax} = 1.47 \text{MPa}$,温度疲劳应力 $\sigma_{tr} = 0.67 \text{MPa}$,然后再进行结构极限状态验算。

$$\gamma_r (\sigma_{pr} + \sigma_{tr}) = 1.13 \times (3.26 + 0.67) = 4.46 > f_r = 4.5 \text{MPa}$$
$$\gamma_r (\sigma_{p,\max} + \sigma_{t,\max}) = 1.13 \times (2.21 + 1.47) = 4.16 > f_r = 4.5 \text{MPa}$$

满足结构极限状态要求,所选的普通混凝土面层计算厚度 0.24m,可以承受设计基准期内设计轴载荷载和温度梯度的综合疲劳作用,以及最重轴载在最大温度梯度时的一次极限作用。取设计厚度为 0.25m。

思考与练习

1. 简述水泥混凝土路面的力学模型。
2. 简述水泥混凝土路面的设计步骤和设计内容。
3. 水泥混凝土路面各层次的功能有什么区别?设计中应分别注意哪些问题?
4. 对水泥混凝土路面接缝设置的基本要求有哪些?

5. 水泥混凝土路面施工中施工缝的设置位置如何选择？

6. 拉杆与传力拉杆主要有哪些不同？

7. 对水泥混凝土路面填缝料有哪些要求？

8. 当前层板下设有基层和底基层或垫层等多个层次时如何确定基层顶面当量回弹模量？

9. III_1区某地一级公路拟建水泥混凝土路面，设计为四车道，路基宽24.5m，行车道宽15m，中间设隔离带，经调查和预测设计扯到使用初期标准轴载日作用次数为703，试确定混凝土板厚度和板的平面尺寸。

项目六 交叉设计

学习情境 平面交叉

知识目标

1. 了解平面交叉勘测要点及相关要求、平面交叉设计的程序及主要内容。
2. 熟悉平面交叉的交通分析、平面交叉设计的一般原则。
3. 分析平面交叉类型及选择、平面交叉立面设计模式及设计方法。

能力目标

1. 能描述交叉口类型及其选择。
2. 能进行平面交叉口设计。

任务一 平面交叉设计的基本知识

公路与公路、公路与铁路及公路与其他道路或管线相交的形式称为交叉,相交的地方称为交叉口。相交公路在同一平面位置时,称为平面交叉,相交公路在不同平面位置时,称为立体交叉,见图6-1和图6-2所示。

图6-1 平面交叉

图6-2 立体交叉

一、交叉口设计的内容及要求

公路交叉口是道路系统的重要组成部分,是道路交通的咽喉。相交道路的各种车辆和行人都要在交叉口汇集,通过或转换方向。由于它们之间的相互干扰,会使行车速度降低,阻滞交通,耽误通行时间,也易发生交通事故。因此,如何设计交叉口,合理组织交通,提高交叉口的通行能力,避免交通阻塞及减少交通事故,都有十分重要的意义。

交叉口设计的基本要求:一是保证车辆和行人在交叉口能以最短的时间安全地通过,使交叉口的通行能力能适应各条道路的行车要求;二是正确设计交叉口的立面,即通过合理设计,以保证转弯车辆的行车稳定,同时符合排水要求。

交叉口设计的主要内容有以下 4 点:
(1)正确选择交叉口形式,确定各组成部分的几何尺寸。
(2)进行合理的交通组织,合理布置各种交通设施。
(3)验算交叉口的行车视距,保证安全通行条件。
(4)合理进行交叉口的立面设计,布置各种排水设施。

二、交叉口的交通分析

1.交叉口的交通分类

交叉口的交通主要有 3 类:
(1)进出交叉口的车辆,由于行驶方向不同,车辆与车辆之间的交错方式也不相同。当同一行驶方向的车辆进人交叉口后,以不同的方向分离行驶的地点称之为分流点;
(2)来自不同方向的车辆,以较小的角度,向同一方向汇合行驶的地点称为交织点;
(3)来自不同方向的车辆以较大的角度相互交叉的地点称为冲突点。

此 3 类交错点存在相互尾撞、挤撞或碰撞的可能性,是影响交叉口行车速度、通行能力和发生交通事故的主要原因。其中,以直行与直行、左转与左转及直行与左转车辆之间所产生的冲突点对行车干扰及安全影响最大.其次是交织点,再次是分流点。因此,在交叉口设计时,应尽量采取措施减少或消除冲突点。

2.无管制交叉口的交通

对无交通管制时,三、四路和五路相交的平面交叉的冲突点、交织点及分流点分布情况如图 6-3 所示。平面交叉的危险点数量如表 6-1 所示。

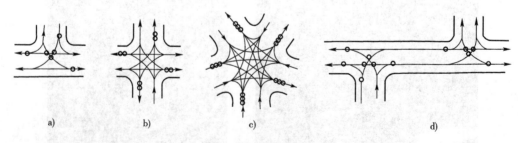

图 6-3 平面交叉口危险点

a)三路交叉口;b)四路交叉口;c)五路交叉口;d)四路错位 T 形交叉口

通过以上分析可以得出以下两点结论:
(1)在无交通管制的交叉口,都存在各类危险点。其数量随交叉道路条数的增加而急剧增大,特别是冲突点,其数量随交叉条数的增加呈级数增大。因此,在交叉口设计中,应力求减少交叉道路的条数,尽量避免5条或以上的道路相交。

平面交叉口危险点数量表　　　　　表6-1

交叉口类型	危险点数量(个)			
	冲突点	交织点	分流点	合计
三路交叉	3	3	3	9
四路交叉	16	8	8	32
五路交叉	50	15	15	80

(2)产生冲突点最多的是左转弯车辆,由图6-3a)可知,若无左转弯车辆,则冲突点的个数由原来的16个减少至4个。若为五路交叉,则可以从50个减少至5个。因此,在交叉口设计中如何正确处理和组织左转弯车辆,是保证交叉口交通通畅和行车安全的关键。

减少或消除冲突点的措施有以下3点:

①建立交通管制:即在交叉口处设置信号灯或由交警指挥,使直行车和左转弯车在通行时间上错开。如图6-3d)中的四路交叉的冲突点个数由16个减少至2个。

②采用渠化交通:在交叉口处合理布置交通岛、交通标志和标线、或增设车行道等。引导各方向车流沿一定的方向行进,减少车辆之间的相互干扰,使车流像水流一样被渠化。

③采用立体交叉:将相互冲突的车流从空间上分开,使其互不干扰。这是解决交叉交通问题最彻底、最有效的方法。

三、公路与公路平面交叉的一般规定

公路与公路平面交叉的一般规定有以下9个方面:

(1)公路与公路交叉,除高速公路全部采用立体交叉外,一级公路可少采用平面交叉,二级公路尽量减少平面交叉,其他各级公路可采用平面交叉。

(2)平面交叉的形式,应根据各相交公路的交通量、计算行车速度、交通组成及其在公路网中的作用,并结合地形、用地条件和投资等因素确定。

(3)平面交叉路线,应为直线并尽量正交,当采用曲线时,其半径宜大于不设超高的最小半径。当必须斜交时,交叉角应大于45°,当交角小于45°时,必须采取技术措施。

(4)平面交叉一般设在水平地段。紧接水平地段的纵坡,一般不应大于3%,困难地段不应大于4%,坡长应符合最小长度要求。

(5)平面交叉的间距应尽量地大,提高通行能力,保证行车安全。

(6)各相交公路应保证相应行车速度所对应的最小视距。

(7)远期拟建成立体交叉的平面交叉口,近期设计应将平面交叉与立体交叉作出总体设计,以便将来改建。

(8)平面交叉的交通管理分为信号控制和不设信号控制两种形式。部分控制出入的一级公路上的平面交叉不得设置信号控制;设计速度大于或等于60km/h的一般公路,对直行交通不得设置信号控制;城市出入口或通过城镇的地段,对车速有限制时,可设信号控制。

(9)平面交叉范围内的计算行车速度,原则上应与相交公路的相应等级的计算行车速度一致。当相交公路等级相同或交通量相近时,平交范围内直行交通的计算行车速度可降低,但与该公路的计算行车速度之差不应大于20km/h。其他情况的车速按交通法规办理。

四、交叉口的类型及选择

平面交叉口的类型取决于道路网规划和与周围的地形和地物情况,以及交通量、交通性质和交通组织。常用的平面交叉口类型有十字形、T字形、及其演变而来的X形、Y形、错位多路交叉等。这些交叉口在平面上的几何图形,取决于规划道路网和临街建筑的形状。在具体设计中,常因交通量、交通性质及交通组织方式等有以下4种类型。

1. 加铺转角式

在平面交叉口转弯处,以回曲线构成加宽来连接交叉公路的路基和路面的形式称为加铺转角式,如图6-4所示。此类交叉形式简单,占地少,造价低,设计方便,但行车速度低,通行能力小。一般适用于交通量不大,车速不高,转弯车辆少的三、四级公路或地方道路。设计时主要解决合适的转角曲线半径和足够的视距问题。

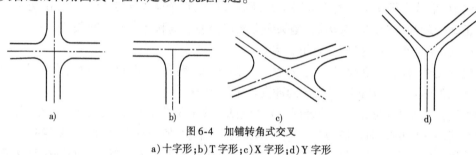

图6-4 加铺转角式交叉
a)十字形;b)T字形;c)X字形;d)Y字形

2. 分道转弯式

通过在路面上设置导流岛、划分车道、设分隔器、分隔带或交通岛等措施来限制车流的行车路线,使不同车型、车速和行驶方向的车辆,沿着指定方向通过交叉口的形式,称为分道转弯式,如图6-5所示。分道转弯式适用于交通量不大、车速较高、转弯车辆较多的三、四级公路,设计时主要解决分道转弯半径、保证足够的视距和满足导流岛端部半径的要求。分道转弯式交叉也起到渠化交通的作用。

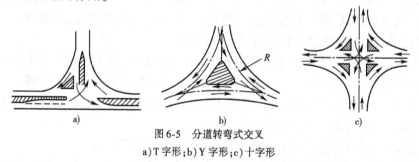

图6-5 分道转弯式交叉
a)T字形;b)Y字形;c)十字形

3. 加宽路口式

为使转弯车辆不影响其他车辆的正常行驶,在交叉口连接部增设变速车道和转弯车道的平面交叉,称为加宽路口式。如图6-6所示。这种交叉可以单增右转改左转车道,也可同时增设左、右转车道。此类交叉可以减少转弯车辆对直行车辆的干扰,车速较高,事故率低,通行能力较大,但占地多,投资大,适用于交通量较大、转弯车辆较多的二级公路。设计时主要解决扩宽的车道数,同时也要满足视距和转弯半径的要求。

4. 环形交叉

在交叉口中央设置中心岛,用环道组织渠化交通,使进入环道的所行车辆一律按逆时针方向绕岛单向行驶,直至所要去的路口离岛驶出的平面交叉,俗称转盘,如图6-7所示。

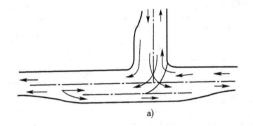 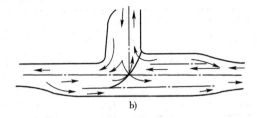

图 6-6 加宽路口式交叉
a)增设左转弯车道的 T 字形交叉；b)增设左、右转的专用车道

驶入环形交叉口的各种车辆,可连续不断地单向运行,没有停滞,减少车辆在交叉口的延误时间;环道上行车只有分流与合流,消灭了冲突点,提高了行车的安全性,交通组织简便,不需信号管制;对多路交叉和畸形交叉,用环道组织渠化交通更为有效;中心岛绿化可美化环境。但其占地面积大,城区改建困难;增加了车辆绕行距离,特别是左转弯车辆;一般造价高于其他平面交叉。

当多条道路相交,通过交叉口的交通量为 500~3000 辆/h,左右转弯车辆较多,且地形较平均时,可考虑采用。在快速道路和交通量大的干线道路上、有大量非机动车和行人交通、位于斜坡较大地形以及桥头引道上,均不宜采用。按规划需修建立体交叉处,在一个时期内可采用环形平面交叉作为过渡形式,并预见到远期改建为立交的可能性。

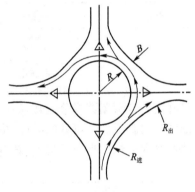

图 6-7 环形交叉

任务二　平面交叉设计方法与步骤

一、平面交叉的测设要点

1. 勘测要点

(1)搜集原有公路的等级、交通量、交通性质、交通组成、交通流向等资料和远景规划。

(2)根据地形和其他自然条件以及掌握的资料,按照有关规定,拟定交叉口类型。

(3)选定交叉位置和确定交叉点,使各相交路线在平、纵、横 3 方面都合良好的衔接;通常交叉口设在原有公路的中心线上或中心线的延长线上。

(4)测量交叉角、中线、纵断面和横断面。

(5)若地形复杂时,为合理选择交叉口的位置和类型,应详测交叉口处的地形图。测图比例可采用 1:200~1:500,当范围较大时,也可采用 1:1000。

2. 设计要点

(1)平面交叉范围内各相交公路的最小圆曲线半径规定如表 6-2 所示。

(2)平面交叉范围内的纵坡,以设置平缓坡段为宜。当受地形限制坡段较短时,其他长度应符合最小长度规定,并对称地布置于交叉点的两侧,紧接该段的纵坡应小于 3%,特殊情况下应不大于 5%。

(3)平面交叉范围内竖曲线设置应符合有关规定。

平面交叉圆曲线最小半径   表6-2

设计速度(km/h)	主要公路(m) 一般值	主要公路(m) 极限值	次要公路(m)	设计速度(km/h)	主要公路(m) 一般值	主要公路(m) 极限值	次要公路(m)
100	460	380	—	40	60	50	30
80	280	230	—	30	30	25	15
60	150	120	60	20	15	12	15

(4)在交叉以前一定距离应能识别出交叉的存在和信号、标志等。其方法是将图6-8中 $AO=BO$ 和 $CO=DO$ 作为相应公路的停车视距长度,$ABCD$ 为平面交叉的视距范围,识别距离按表6-3执行。

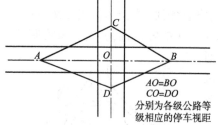

图6-8 平面交叉视距三角形

(5)平面交叉处的平曲线半径,应根据平面交叉的类型、交通量、计算行车速度和交叉角确定。

①加铺转角式交叉,其转弯车速一般在 10~25km/h 范围,连接行车道边缘的曲线半径应符合表6-3所示的规定。

②转弯交通量大、车速较高时,应根据所需速度计算确定右转弯车道或分道转弯式交叉的转弯车道平曲线半径。平曲线的曲率过渡段可采用复曲线或回旋线。转弯处的纵坡、横坡和高程,应与相交公路相适应,并保证平面交叉范围内的路面排水流畅。当交通量大、转弯车辆较多时,可增设减速车道和加速车道。

加铺转角边缘的圆曲线半径   表6-3

公路等级		二		三		四	
设计速度(km/h)		80	40	60	30	40	20
右转弯车速(km/h)		20~25	15~20	15~20	15	10~15	10
不同交叉角的圆曲线半径(m)	45°	27~35	25~27	25~27	25	27~25	27
	60°	23~32	17~23	17~23	17	20~17	20
	80°	20~30	13~20	13~20	13	12~13	12
	90°	19~30	12~19	12~19	12	10~12	10
	100°	19~29	11~19	11~19	11	9~11	9
	120°	18~29	10~18	10~18	10	8~10	8
	135°	18~28	10~18	10~18	10	7~10	7

(6)平面交叉范围内的附加车道有变速车道和转弯车道。其设计要点和有关规定,详见《公路路线设计规范》。

(7)平面交叉中转弯车道的加宽值,可采用表6-4中的单车道加宽值,转弯车道或加铺转角部分的超高因车速低可采用较小的超高横坡度。形式简单或规模较小的平面交叉在特殊困难情况下若能保证排水良好可不超高。加宽与超高的过渡方式应与公路平曲线加宽与超高的过渡方式一致。

路面内缘的最小半径   表6-4

转弯速度(km/h)	≤15	20	25	30	40	50	60	70
最小半径(m)	15	20(15)	25(20)	30	45	60	75	90
最小超高(%)	2	2	2	2	3	4	5	6
最大超高(%)	一般值:6;极限值:8							

注:条件受限制时可采用括号内的值。

(8) 平面交叉处的排水设计是一项重要内容。设计时应绘制排水系统图,并注明流向和坡度等。在公路用地范围内所降的雨水等由路基和路面排除;公路用地范围外的地面水不允许流入交叉处的路面范围。当平面交叉位于设计车速大于或等于 60km/h 的公路上或平面交叉的立面设计比较复杂时,宜绘制等高距为 0.05~0.10m 路面等高线图,以检查路面排水效果。

(9) 平面交叉处的交通量较大时,应作渠化设计,即采用交通岛、路面标线等设施疏导车流。渠化的行驶路线应简单明了,并应避免交通流的分流、合流集中于一点。导流的宽度应适当,过宽会引起车辆并行行驶而导致交通事故。驾驶员驶近导流设施前能醒目地觉察到导流设施的存在。交通岛的端部应视情况设置标志、标线和照明等设施。

二、平面交叉口立面设计

1. 交叉口立面设计的一般要求

交叉口立面设计,是解决相交道路之间以及周围建筑物之间在立面上有一个共同面,以保证汽车安全行驶、路面正常排水及艺术上要求。立面设计主要取决于相交道路的等级、交通量、横断面形状、纵坡的大小和方向以及当地的地形要求。设计时首先满足主要公路的行车方便,在不影响主要公路安全行车的条件下,也可适当改变主要公路的纵、横坡,以照顾次要道路的行车。平面交叉口正面设计的一般要求有以下 4 个方面:

(1) 主要公路通过交叉口时,其设计纵坡保持不变。

(2) 当相交公路的等级相同且交通量相差不大时,则两条公路的设计纵坡维持不变,只改变它们的横坡度。一般是改变纵坡较小的公路横断面形状。

(3) 当相交公路的等级和交通量都不相同时,则主要公路的纵坡和横断面保持不变,次要公路的纵坡随主要公路的纵坡改变,即次要公路的双向倾斜的横断面应逐渐过渡到与主要公路的纵坡一致的单向倾斜横断面。

(4) 为保证排水,设计时尽可能有一条公路的纵坡方向背离交叉口。

2. 交叉口立面设计的基本类型

交叉口立面设计的形式,主要取决于相交道路的纵坡和横坡度、地形以及交叉口交通量和排水要求。公路交叉口立面根据其纵坡方向不同,可分为 6 种类型。

(1) 处于凸形地形上,相交道路的纵坡方向均背离交叉口。设计时使交叉口的纵坡与相交道路的纵坡一致,适当调整接近交叉口的路段横坡,使雨水向 4 个转角方向排除,如图 6-9a) 所示。

(2) 处于凹形地形上,相交道路的纵坡都指向交叉口。这种形式对排水不利,应尽量避免,如图 6-9b) 所示。

(3) 处于分水线地形上,有 3 条道路纵坡方向背离交叉口。设计时应将纵坡指向交叉口的道路路脊线在交叉口处分为 3 个方向,相交道路的横断面不变,并在指向交叉口道路处设置雨水口以防止雨水进入交叉口内,如图 6-9c) 所示。

(4) 处于山谷线地形上,有 3 条道路的纵坡指向交叉口而一条背离。设计时应尽量考虑纵坡处设转坡点并使纵坡方向背离交叉口,并使其转坡点的位置离交叉口远一些,如图 6-9d) 所示。

(5) 处于斜坡地形上,相邻两条道路的纵坡指向交叉口,而另两条则背离交叉口,设计时保证相交道路的纵坡不变,而将两条道路的横坡在进入交叉口之前逐渐向相交道路的纵坡方向变化,使交叉口处形成一个简单的倾斜面,如图 6-9e) 所示。

(6) 处于马鞍形地形上,相对两条道路的纵坡指向交叉口而另两条则背离交叉口。设计时,相交道路纵、横坡都可根据自然地形的交叉口内适当调整,如图 6-9f) 所示。

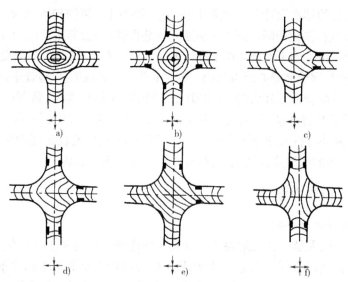

图 6-9 交叉口立面的基本类型

a)凸形地形;b)凹形地形;c)分水线地形;d)谷线地形;e)斜坡地形;f)马鞍形地形

除以上 6 种组合外,还有一种特殊形式,即交叉口处于水平位量上。立面设计类型不同,有不同的使用效果,主要是与相交道路的纵坡方向的组合有关。所以,如要获得交叉口理想的立面设计效果,在进行公路纵断面设计时就应为立面设计创造有利条件。

三、立面设计的方法

平面交叉口立面设计的方法有方格网法、设计等高线法、方格网设计等高线法 3 种。

方格网法是将交叉口范围内以相交道路的中心线为坐标基线打方格网,方格网一般采用 $5m \times 5m$ 或 $10m \times 10m$ 平行于路中心线,斜交公路交叉口应选在便于施工放线的方向,测出方格网点上的地面高程,并按一定要求计算出方格网点的设计高程,从而计算出施工高度以便计算其交叉口的工程数量。

设计等高线法是在交叉口的设计范围内,选定路脊线和划分高程计算线网,算出路脊线和高程计算线上各点的设计高程,最后勾画出设计等高线,并算出各点的施工高度。设计等高线法的主要优点是比方格网法能更加清晰地反映出交叉口的设计地形,其缺点是设计等高线上的各点高程位置不易放样。故通常是两种方法结合使用(方格网设计等高线法),取长补短,即:采用设计等高线法设计,为了便于施工测量放样,用方格网标出各点的地面高程、设计高程和施工高程。

方格网设计等高线法主要用于大型的主要交叉口和广场的竖向设计。对一般交叉口的竖向设计,通常都采用设计等高线法或方格网法。

方格网法设计的主要计算方法如下:

(1)在交叉平面图上,平行于道路中心线画出 $5m \times 5m$ 或 $10m \times 10m$ 的方格网。

(2)根据路脊线交点 P 的控制点高程 H_p 可求出 A、C 点的高程。其计算公式为

$$H_C = H_P - \overline{CP} \times i_1$$
$$H_A = H_C - \overline{AC} \times i_2$$

同理,可求得 B、E 点高程。

由 $\overline{PE}$ 延长线与缘石的相交点 G 可根据 F 点高程,按 3 点同坡的方法求得,其中 A 点高程可按下式计算

$$H_F = \frac{(H_B + \overline{BF} \times i_3) + (H_A + \overline{AF} \times i_1)}{2}$$

其他缘石上各点高程可按 A、B、G 3 点高程用补插法计算求得,同理可求得其他 3 个角处的高程。

四、平面交叉设计成果

1. 平面布置图

比例一般采用 1:500～1:1000,图中标明路中心线、路面边缘线、缘石边线,图上标明交叉点、各交叉的起、终点、交叉加桩、控制断面的位置和桩号,列出各交叉道的曲线要素表,视需要列出各交叉道路段的纵坡值表。图中还应标出各控制断面的宽度、横坡度和两侧路面边缘高程。在交叉口平面布置图上注明各坡段的纵坡等。

2. 纵、横断面图

除横断面图可用 1:100～1:200 比例尺外,其余要求与一般路线的设计相同。

3. 交叉口地形图和立面设计图

交叉口设计资料一览表、交叉口工程数量计算表等资料。

公路交叉口立面设计图如图 6-10 所示。

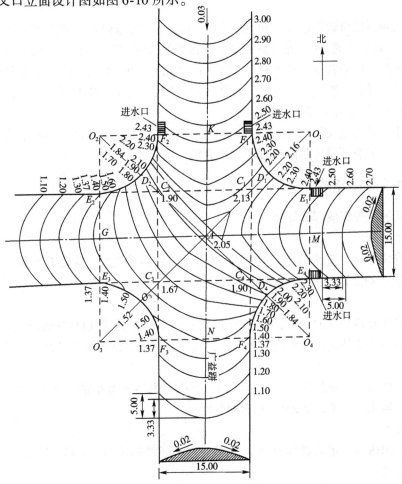

图 6-10　公路交叉口立面设计图(尺寸单位:m)

学习情境 立体交叉

1. 了解公路立体交叉的分类及适用条件。
2. 了解匝道的基本形式,熟悉匝道的平面、纵断面、横断面设计的有关要求。

1. 能分析立体交叉的匝道布置方式。
2. 能应用匝道的平面、纵断面、横断面设计的主要参数。

任务三 立体交叉的基本组成

立体交叉是利用跨线构造物使相交的公路与公路(或铁路)在不同高程的平面上相互交叉的连接形式,是高速道路(高速公路和城市快速路的统称)必不可少的组成部分。

采用立体交叉可使各方向车流在不同高程的平面上行驶,消除或减少了冲突点;车流可连续、稳定地行驶,提高了车速和道路的通行能力;可控制相交道路车辆的出入,车辆各行其道,互不干扰,保证了行车安全和畅通。

由于立体交叉占地面积大、构造物多、施工复杂、造价高、不易改建,因此,应根据路网规划,经过技术、经济及环境效益的比较和分析后慎重确定。

一、立体交叉的组成

立体交叉的主要组成部分如下。

1. 跨线构造物

跨线构造物是相交道路的车流实现空间分离的主体构造物,指设于地面以上的跨线桥(上跨式)或设于地面以下的地道或隧道(下穿式)。

2. 正线

正线是组成立体交叉的主体,指相交道路的直行车行道,主要包括连接跨线构造物两端到地坪高程的引道和立体交叉范围内引道以外的直行路段。正线可分为主线和次线。

3. 匝道

匝道是立体交叉的重要组成部分,是供上、下相交道路转弯车辆行驶的连接道,也包括匝道与正线以及匝道与匝道之间的跨线桥或地道。

4. 出口与入口

由正线驶出进入匝道的道口为出口,由匝道驶入正线的道口为入口。

5. 变速车道

为适应车辆变速行驶的需要而在正线右侧的出入口附近设置的附加车道称为变速车道。

变速车道分减速车道和加速车道两种，出口端为减速车道，入口端为加速车道。

除以上主要组成部分外，立体交叉还包括辅助车道、集散车道、绿化地带以及立体交叉范围内的排水、照明、交通工程等设施。

立体交叉的设计范围，一般是指各相交道路出入口变速车道渐变段顶点以内包含的正线、跨线构造物、匝道等的全部区域。

二、公路立体交叉的主要特征

公路立体交叉在主要组成部分、设计方法及其主要作用方面是基本相同的，但内于受地形、地物、用地、交通组成和管制以及收费制式等环境条件的影响。

公路上立体交叉，一般附设收费站，两立体交叉间的间距较大，地物障碍少，用地较松，多采用地上明沟排水系统。立体交叉形式简单，采用的设计速度高，线形指标也较高，但占地也较大，以两层式为主。

任务四 立体交叉的类型及使用条件

一、按结构物形式分类

立体交叉按相交道路结构物形式划分为上跨式和下穿式（隧道式）两类，如图6-11所示。

1. 上跨式

用跨线桥从相交道路上方跨过的交叉方式。这种立交施工方便、造价低、排水易处理，但占地大、引道较长，高架桥影响行车视线和路容，多用于市区以外或周围有高大建筑物处。

2. 下穿式

也称隧道式，即用地道（或隧道）从相交道路下方穿过的方式。这种立交占地少，立面易处理，对视线及市容影响小，但施工复杂，造价高，排水困难，多用于市区处。

二、按交通功能分类

按交通功能可划分为分离式和互通式立体交叉两类。

1. 分离式立体交叉

分离式立体交叉是仅设一座跨线构造物（跨线桥或地道），位相交道路在空间上分离上、下道路间无匝道连接的交叉形式，如图6-12所示。

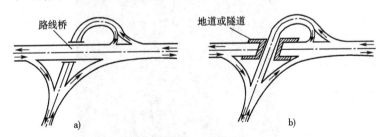

图6-11 上跨式和下穿式立体交叉
a)上跨式；b)下穿式

图6-12 分离式立体交叉

这种类型的立体交叉，结构简单，占地少，造价低，但相交道路的车辆不能转弯互通行驶，适用于高速公路或城市快速路与铁路或次要道路之间的交叉。

在下列情况下可采用分离式立体交叉:直行交通量大、转弯车辆少或因交通组织不允许转弯行驶时,可不设转弯车道的交叉处;公路与干线铁路交叉处;高速公路同其他各级道路交叉时,除在控制出入的地点设置互通式立体交叉外的交叉处;一般公路之间交叉时,因场地或地形条件限制时,为减少工程数量和降低造价处。

2. 互通式立体交叉

不仅设跨线构造物使相交道路空间分离,而且上、下道之间有匝道连接,以供转弯车辆行驶的交叉方式。这种立交车辆可以转弯行驶,全部或部分消灭了冲突点,各方向行车相互干扰小,但立交结构复杂,占地多,造价高。互通式立体交叉适用于高速公路与其他各类道路、大城市出入口道路,以及重要港口、机场或游览圣地的道路相交处,如图 6-13 所示。

图 6-13 互通式立体交叉

互通式立体交叉,根据交叉处车流轨迹线的交叉方式和几何形状的不同,又可分为完全互通式、部分互通式和交织式 3 种类型。

(1) 完全互通式立体交叉如图 6-13b) 所示:是指相交道路的车流轨迹线全部在空间分离的交叉。它是一种比较完善的高级形式立交,代表形式有喇叭形立交如图 6-14a)、b) 和苜蓿叶形立交如图 6-17b) 所示、定向型立交如图 6-15 所示、部分定向型立交如图 6-16a)、b) 所示等,其特点是转弯方向数与匝道数相等,各转弯方向都有专用匝道,无冲突点,行车安全,通行能力大,但立交占地面积大、造价高,适用于高速公路之间及高等级公路与其他较高等级公路相交。布设时应考虑相交道路等级、使用任务和性质、结合交通量和地形条件,在满足交通功能的条件下,合理选择立交的形式和布置立交的匝道,尽量减少占地、降低造价。

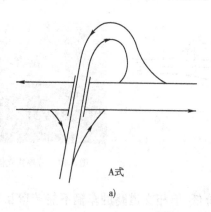 

图 6-14 T形三路喇叭形立交

(2)部分互通式立体交叉。相交道路的车流轨迹线之间至少有一个平面冲突点的交叉。这是一种低级的互通式立体交叉,代表形式有部分苜蓿叶式立交如图 6-17 所示和菱形立交如图 6-18 所示等。其特点是形式简单,仅需一座跨线的构造物、占地少,造价低,但存在平面交叉,对行车干扰大。适用于一级公路与较低等级公路相交,个别方向的交通量很小或分期修建时,或用地和地形等条件限制时可采用部分互通式立体交叉。布设时应将平面交叉设在次要道路上。

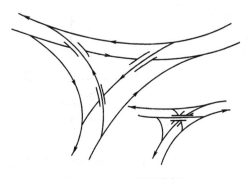

图 6-15 定向 Y 形三路交叉

(3)交织式立体交叉。相交道路的车流轨迹线以交织的方式运行,存在交织路段的交叉,它是由环形平面交叉发展而来的,代表形式有环形立体交叉如图 6-19 所示。其特点是保证主要道路直通,交通组织方便,占地少且无冲突点,但通行能力受到环道交织能力的限制。车速也受到环岛半径的限制,绕行距离长,构造物多。适用于较高等级公路与次高等级公路之间的交叉。当采用环形立体交叉时,必须根据相交道路的性质进行比较,须满足环道通行能力、交通量及车速的要求。布设时应让主线直通,中心岛可采用圆形、椭圆形或其他形状。

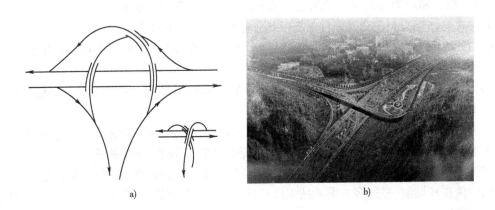

图 6-16 半定向 Y 形三路交叉

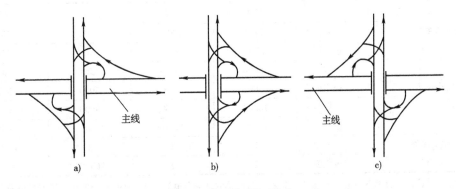

图 6-17 部分苜蓿叶式立交

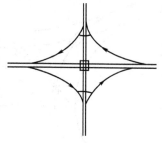
图6-18 部分菱形立交四路交叉

图6-19 环形立体交叉

任务五 立体交叉设计

一、交叉的一般规定

交叉的一般规定主要有以下9个方面：

(1)高速公路与其他公路交叉必须采用立体交叉。交叉类型除在控制出入的地点设置互通式立体交叉外，均采用分离式立体交叉。

(2)互通式立体交叉的形式、设置的间距及加(减)速车道、匝道设计，应根据《公路路线设计规范》(JTG D20—2006)的有关要求及具体情况确定。

(3)一级公路间的交叉应尽量采用立体交叉。交叉的类型可根据具体情况采用互通式交叉或分离式立体交叉。在交通条件需要及地形条件许可时，其他公路交叉可采用立体交叉。

(4)设置互通式立体交叉应根据交通量、远景规划及其在公路网中的作用，并结合地形、用地条件、投资等因素确定。

(5)互通式立体交叉间的间距为大城市、重要工矿区周围为5~10km，一般地区为15~25km。最大间距不超过30km，最小间距不小于4km。

(6)互通式立体交叉位置的选定，应以现有公路网或已批准的规划为依据。一般应选择地势平坦开阔、地质良好、拆迁少以及相交两公路具有较高的平、纵线形指标。

(7)互通式立体交叉的设计应对该地区的交通条件、社会条件、自然条件等进行广泛、深入细致的调查和勘测，经过多方案的技术经济比较，选择合理的形式及适当的规模，并合理确定各设计指标。

(8)互通式立体交叉范围内的主线的主要技术指标规定如表6-5所示。

互通式立体交叉范围内的主线的主要技术指标　　　　表6-5

设计速度(km/h)			120	100	80	60
最小圆曲线半径(m)		一般值	2000	1500	1100	500
		极限值	1500	1000	700	350
最小竖曲线半径(m)	凸形	一般值	45000	25000	12000	6000
		极限值	23000	15000	6000	3000
	凹形	一般值	16000	12000	8000	4000
		极限值	12000	8000	4000	2000
最大纵坡(%)		一般值	2	2	3	4.5(4)
		极限值	2	2	4(3.5)	5.5(4.5)

注：当主要公路以较大的下坡进入互通式立体交叉，且所接的减速车道为下坡，同时，后随的匝道线形指标较低时，主要公路的纵坡不得大于括号内的值。

(9)互通式立体交叉建筑限界应满足要求。

二、立体交叉的匝道

1. 匝道的基本形式

匝道的形式很多,按其功能及与相交道路的关系分为右转匝道和左转匝道两大类。

(1)右转匝道如图 6-20 所示。

从公路右侧驶出后直接右转约 90°,至相交道路右侧进入,一般不需路线构造物。其特点是形式简单,车辆行驶方便,行车安全。

(2)左转匝道。车辆需转 90°~270°越过对向车道,至少要设置一座跨线构造物。按匝道与相交道路的关系,可分为直接式、半直接式及间接式 3 种。

①直接式:又称定向式或左出左进式。左转车辆直接从左侧驶出,左转弯,到相交道路的左侧驶入,如图 6-21 所示。

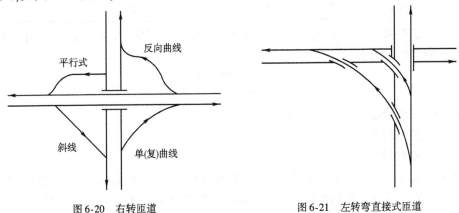

图 6-20 右转匝道　　　　　图 6-21 左转弯直接式匝道

②半直接式:又称半定向式匝道,如图 6-22 所示。

a. 左出右进式:左转车辆从左侧直接驶出后左转弯,到相交道路时由右侧驶入。

b. 右出左进式:左转车辆从右侧右转驶出,在匝道上左转,到相交道路后直接由左侧驶入。

c. 右出右进式:左转车辆都是右转弯驶出和驶入,在匝道上左转改变方向。

③间接式:又称环圈式,如图 6-23 所示。

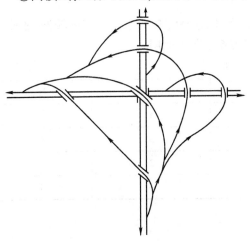

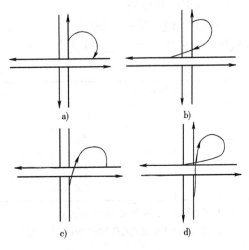

图 6-22　左转弯半直接式匝道　　　　　图 6-23　左转弯间接式匝道

左转车辆先驶过正线跨线构造物,然后向右回转约270°达到左转的目的。其特点是右出右进;匝道线形指标差,不适应车辆高速行驶。

2. 匝道的平、纵线形指标

(1)匝道的平面。匝道的平面线形要素,主要是匝道平曲线半径和回旋线参数的取用,它主要与匝道的形式、用地、规模、造价以及行车安全和舒适性。

①平曲线半径。设计时主要考虑匝道的设计速度,同时考虑经济性、安全性和舒适性。表6-6所示为公路立交匝道的最小圆曲线半径。通常应选用大于一般最小半径值,当受地形条件限制时,方可采用极限值。

匝道圆曲线最小半径　　　　　　　　　　　　表6-6

匝道设计速度(km/h)		80	60	50	40	35	30
圆曲线最小半径(m)	一般值	280	150	100	60	40	30
	极限值	230	120	80	45	35	25

对环式匝道的圆曲线半径,除满足上述要求外,还应有足够的长度以保证曲率的缓和过渡及上下线的展线长度要求,可近似按下式计算。

$$R_{\min} \geqslant \frac{57.3H}{\alpha i} \tag{6-1}$$

式中:H——上下线要求的最小高差,m;

α——匝道的转角;

i——匝道的设计纵坡,%。

②匝道回旋线参数。匝道回旋线参数应按设计要求在匝道及其端部曲率变化较大处设置缓和曲线。缓和曲线应采用回旋线,其缓和曲线的参数以满足$A \leqslant 1.5$为宜,并不小于表6-7所示的要求。反向曲线两个回旋曲线的参数相同,当不相等时它们的比值应小于1.5。

匝道回旋线参数　　　　　　　　　　　　表6-7

匝道设计速度(km/h)		80	60	50	40	35	≤40
回旋线参数(m)	一般值	140	70	50	35	30	20

(2)匝道的纵断面。

①匝道的最大纵坡,因匝道受上下线高程控制及用地条件,并考虑设计速度较低,故匝道的纵坡相对公路一般路段的纵坡值要大,具体可按表6-8所示取用。

匝道的最大纵坡　　　　　　　　　　　　表6-8

匝道设计速度(km/h)			80、70	60、50	40、35、30
最大纵坡(%)	出口匝道	上坡	3	4	5
		下坡	3	3	4
	入口匝道	上坡	3	3	4
		下坡	3	4	5

注:1.因地形困难或用地紧张时可增大1%。

2.非冰冻积雪地区在特殊困难情况下可增加2%。

②匝道的竖曲线半径,各设计速度所对应的竖曲线最小半径及长度如表6-9所示。

匝道竖曲线的最小半径及长度　　　表6-9

匝道设计速度(km/h)			80	70	60	50	40	35	30
竖曲线最小半径(m)	凸形	一般值	4500	3500	2000	1600	900	700	500
		极限值	3000	2000	1400	800	450	350	250
	凹形	一般值	3000	2000	1500	1400	900	700	400
		极限值	2000	1500	1000	700	450	350	300
竖曲线最小长度(m)		一般值	100	90	70	60	40	35	30
		最小值	75	60	50	40	35	30	25

(3) 匝道的横断面。匝道的横断面由车道、路缘带、硬路肩和土路肩组成,对向分离双车道匝道还包括中央分隔带,不包括曲线上的加宽值。匝道横断面的基本类型如图6-24所示。

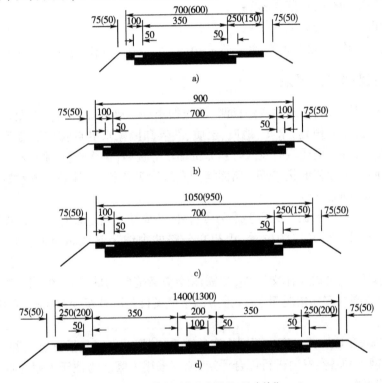

图6-24　匝道横断面的基本类型(尺寸单位:cm)
a)单车道;b)双车道;c)双车道(设供紧急停车用硬路肩);d)对向分隔式双车道

3. 匝道进出口、变速车道

匝道两端分别与正线应相连接的道口,包括进口、出口、变速车道及辅助车道等的位置,也称匝道的端口。端口设计时为保证匝道与公路组成一个共同面,以满足汽车的正常和安全行驶。匝道设计的一般原则应是出入顺适、安全,线形与正线一致,出入口的视距应尽可能保证,正线与比较线间能相互通视即可。

(1) 出口与入口。互通式立体交叉的出入口除高速匝道外,应设置在主线行车道的右侧,出口位置应便于车辆出入处的减速和加速。

(2) 变速车道设计。在匝道与正线连接的路段,为适应车辆变速行驶且不影响主要公路交通的需要,在匝道出入口前设置的附加车道称为变速车道。变速车道,包括加速车道和减速车道。车辆由正线驶入匝道时需减速的称为减速车道;车辆从匝道驶入正线时加速所需的附加车道称为加速车道。

①变速车道的形式一般有平行式和直接式两种。平行式是正线外侧平行增设的一条附加车道,其特点是车道划分明确,行车容易辨认,但车辆行驶轨迹呈反向曲线对行车不利。一般加速车道采用平行式。直接式为不平行路段,由正线斜向渐变加宽,形成一条与匝道连接的附加车道。其特点是线形与行车轨迹吻合,有利于行车,但起点不易识别。一般在减速车道采用直接式。

②变速车道的横断面组成与单车道基本相同,变速车道的长度为加速或减速车道长度与渐变段长度之和,可按下式计算取用。

$$L = \frac{V_1^2 - V_2^2}{26a} \quad (\text{m}) \tag{6-2}$$

式中:V_1——正线平均行驶速度,km/h;

V_2——匝道平均行驶速度,km/h;

a——汽车平均加(减)速度,加速时 $a = 0.8 \sim 1.2 \text{m/s}^2$,减速时 $a = 2 \sim 3 \text{m/s}^2$。

三、立体交叉的测设要点

在立体交叉设计之前,应通过实地勘测、调查搜集一系列外业资料。外业资料包括:自然资料即地形图测绘,用地规划,水文、地质、土质、气候和国家水准点及控制点等资料;交通资料,即交通量、交通组成、交通流向及人行和非机动车等资料;道路资料,是指相交道路的等级、平纵面线形、横断面尺寸和形状、交角、路面类型及厚度等资料;其他还有排水资料、文书资料等。一般从以下几方面进行:

(1)应搜集的资料除平面交叉所要求的资料外,还应征求当地政府及有关部门的意见。

(2)实地初步拟订交叉口的位置,用相交公路的中线为基线布设控制网,以供测量地形用。

(3)地形测量除分离式立体交叉外,均需测绘交叉范围内的地形图。比例尺用 1:500 ~ 1:1000。测绘的范围视实际情况而定,一般应测至交叉口范围外至少 100m。测量要求与桥位地形测量相同。

(4)拟订方案,在地形图上定出不同方案的交叉位置和形式(包括匝道),并到实地进行核实,然后根据所搜集的各类资料进行综合评定、拟订采用方案。为便于方案比选,必须时可制作模型或绘出透视图。

(5)按采用方案在实地上放样,并测得平、纵、横 3 方面资料,以供内业设计。

(6)地质勘探。在跨线桥和其他构造物处,应进行地质钻探,其要求与桥梁相同。

四、公路立体交叉设计成果

按实际需要,公路立体交叉在综合评定和精心设计的基础上,一般提供以下 8 个方面成果:

(1)远景交通量计算表及交通量分布图。

(2)立体交叉线位图,包括立交主线及匝道分布、各线路的里程桩号及曲线要素、各匝道线位坐标表、直线、曲线及转角表(同平面设计)。

(3)立体交叉的纵横断面图,比例尺和要求与平面交叉相同,格式同路线设计的纵、横面图。

(4)跨线桥设计图、其要求与一般桥梁相同。
(5)如遇有挡土墙、窨井、排水管、排水泵站等其他构造物,均需附设计图。
(6)有比较方案时,应绘制图并提供经济技术比较表等资料。
(7)交叉口的工程量等资料。
(8)立体交叉透视图及景观设计图(参见有关参考书)。

学习情境 公路与其他路线交叉

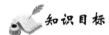

知识目标

熟悉公路与其他路线交叉的相关规定。

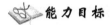

能力目标

能应用公路与其他路线交叉的主要参数。

任务六 公路与铁路交叉

公路与铁路交叉时,应根据公路的使用性质、交通情况、公路的规划断面和其他特殊要求,以及铁路的使用性质、运行情况、轨道数、有无调车作业(次数和断道时间)等情况。考虑并决定采用平面交叉、立体交叉或近期做平面交叉而远期改建为立体交叉的方案。

一、公路与铁路平面交叉

公路与铁路平面交叉主要有以下6个方面:
(1)公路与铁路平面交叉时,应设置道口,并尽量正交;当必须斜交时,交叉角应大于45°。
(2)根据交叉道口铁路等级,应保证汽车在公路上距交叉口相当于该公路停车视距并不小于50m范围内,汽车驾驶员能看到两侧各不小于表6-10所规定的距离以外的火车。

汽车瞭望视距　　　　　　　　　　　表6-10

路段旅客列车设计速度(km/h)	140	120	100	80
汽车瞭望视距(m)	470	400	340	270

(3)为了行车的安全和方便,公路在交叉道口两端钢轨的外侧,应有不小于16m的水平路段,该水平路段不包括竖曲线在内。紧接水平路段的纵坡一般不大于3%,困难地段应不大于5%。
(4)交叉道口垂直于公路的宽度,应不小于交叉公路的路基宽度。交叉路口的路面(铁路称道口铺面)应根据铁路纵坡度做成水平或单向横坡,铺砌易于翻修的路面,如钢筋混凝土预制块、整齐条石等,其铺砌长度应延至钢轨以外2m。路面高程一般应和轨顶相同。
(5)公路与铁路相接近时两者的用地界之间宜保持一定的间隔,高速公路、一级公路不应小于10m,二、三、四级公路不应小于5m。必要时还应设置防眩设施。

(6)平面交叉道口在任何情况下,都应设置标志。

二、公路与铁路立体交叉

公路与铁路立体交叉时,新建项目应首选立体交叉。高速公路、一级公路与铁路交叉时,必须设置立体交叉。其他各级公路与铁路交叉时,符合下列情况之一者,应设置立体交叉:

(1)交通繁忙或者通行能力和服务水平达不到该公路设计要求,经过技术经济比较认为合理时。

(2)铁路有大量调车作业且延误公路车辆、行人时间,损失严重时。

(3)地形条件适宜修建立体交叉而不致过多增加工程量时。

(4)受地形等条件限制,采用平面交叉会危及行车安全时。

(5)确有特殊需要时。

测设时,应与铁路部门联系并取得具体的协议。一般公路在铁路下面的立体交叉,由铁路设计单位负责设计。

公路与铁路立体交叉时,应尽量采用正交。立体交叉跨线桥的桥下净空规定为:当公路从铁路下穿行时,净宽以及路肩或人行道的净高应符合《公路工程技术标准》(JTG B01—2003)有关规定,行车道部分的净高不小于5m;当铁路从公路桥下穿行时,跨线桥下净空,应符合铁路净空限界的要求。

任务七 公路与乡村道路交叉

乡村道路是泛指乡村、城镇之间不属等级之列,用于机动车、非机动车及行人通行的道路。包括大车道、机耕道等均属乡村道路。乡村道路与公路交叉的数量,根据公路等级应有所控制。在乡村道路密集地区,当交叉点过密影响行车安全时,宜适当合并交叉点。高速公路与乡村道路交叉时,应采用分离式立体交叉。一级公路与乡村道路交叉时,可采用平面交叉。平面交叉应设在视距良好的地方,乡村道路应设置一段水平路段并加铺与交叉公路相同的路面。

乡村道路分为通行机动车道路和仅通行非机动车及行人道路两类。通行机动车道路又分为通行汽车道路和不通行汽车的机耕道路两种。

乡村道路从公路上面跨越时,跨线桥桥下净空应满足等级公路的规定要求。当乡村道路从公路下穿过时,其净空可根据当地通行的车辆组成和交叉情况而定,一般人行道的净高不小于2.2m;畜力车及拖拉机通道的净高不小于2.7m,净宽不小于4.0m。

在下方穿越的公路或乡村道路,均应保证排水畅通,并在适当位置设置必要的标志。

任务八 公路与管线交叉

各种管线,如电信线、电力线、电缆、管道、渠道等,均不得侵入公路限界,也不得妨害公路交通安全,并不得损害公路的构造物和设施。

为保证公路的正常养护和交通安全、畅通与公路发展的需要,新建或改建公路通过已有管线区时,应根据公路的使用要求,事先与有关部门协调,以便妥善处理因修建公路所引起的干扰问题。当需要沿现有公路两侧铺设管线时,有关部门亦应根据上述原则,事先与交通运输部门协调。

思考与练习

1. 如何减少或消除"冲突点"?
2. 平面交叉口设计的目的与主要任务是什么?
3. 各种公路与公路平面交叉类型分别适用于何种条件?
4. 交叉口立面设计的基本类型有哪些?其立面设计的方法又有哪些?
5. 立体交叉的类型有哪些?其使用条件怎样?
6. 匝道的作用是什么?匝道的基本形式有哪些?
7. 立体交叉的主要设计成果有哪些?

参 考 文 献

[1] 中华人民共和国行业标准.JTG B01—2003 公路工程技术标准[S].北京:人民交通出版社,2004.
[2] 中华人民共和国行业标准.JTG D20—2004 公路路线设计规范[S].北京:人民交通出版社,2004.
[3] 中华人民共和国行业标准.JTG C10—2007 公路勘测规范[S].北京:人民交通出版社,2007.
[4] 中华人民共和国行业标准.JTD D30—2004 公路路基设计规范[S].北京:人民交通出版社,2004.
[5] 中华人民共和国行业标准.JTG D50—2006 公路沥青路面设计规范[S].北京:人民交通出版社,2006.
[6] 中华人民共和国行业标准.JTG D40—2011 公路水泥混凝土路面设计规范[S].北京:人民交通出版社,2011.
[7] 中华人民共和国行业标准.JTG 034—2000 公路排水设计规范[S].北京:人民交通出版社,2000.
[8] 中华人民共和国行业标准.JTG E50—2006 公路工程土工合成材料试验规程[S].北京:人民交通出版社,2006.
[9] 中华人民共和国行业标准.JTG E401—2007 公路土工试验规程[S].北京:人民交通出版社,2007.
[10] 周志坚,等.道路勘测设计[M].北京:科学出版社,2005.
[11] 孙家驷,等.公路勘测设计[M].2版.北京:人民交通出版社,2005.
[12] 陈方晔,等.公路勘测设计[M].北京:人民交通出版社,2005.
[13] 金仲秋,夏连学.公路设计技术[M].2版.北京:人民交通出版社,2008.
[14] 刘伯莹,等.公路设计工程师手册[M].北京:人民交通出版社,2002.
[15] 孙家驷.道路设计资料集1:基本资料[M].北京:人民交通出版社,2001.
[16] 孙家驷.道路设计资料集2:路线测设[M].北京:人民交通出版社,2001.
[17] 邓学钧.路基路面工程[M].3版.北京:人民交通出版社,2007.
[18] 方福森.路面工程[M].2版.北京:人民交通出版社,1987.
[19] 方左英.路基工程[M].北京:人民交通出版社,1987.
[20] 姚祖康.道路路基和路面工程[M].上海:同济大学出版社,1994.
[21] 陆鼎中,程家驹.路基路面工程[M].2版.上海:同济大学出版社,1999.
[22] 何兆益,杨锡武.路基路面工程[M].北京:人民交通出版社,2006.
[23] 宋金华,张彩利.路基路面工程[M].北京:人民交通出版社,2006.